魂のコード

四つのダイモーンに捧げる
ベイビー・ジョー、クッキー、マッツ、そしてボイジーへ

序章にかえて——エピグラフ

……天賦《ゲニウス》の才は、一粒の実にも収まるが、人生のすべてを包み込む。

トーマス・マン

もし人生を支える基盤があるとするのなら……わたしの（人生）は間違いなく、この思い出に支えられている。セント・アイヴスの子供部屋のベッドに、夢うつつで寝転んでいた時のこと。黄色の日よけの後ろから聞こえる、1、2、1、2、とリズムを刻んで寄せる波音。日よけが風になびいて、外へ、内へと揺れる。その日よけの重しがわりのどんぐりが床を転がって音をたてる。うたた寝、耳にした音……そしてそのときの気持ち。それがなくては、今のわたしはなかっただろう。

ヴァージニア・ウルフ　『過去の素描』

この特定の体に生まれて来たこと。この両親のもとに、そしてこの地に、外的環境と呼ばれるここに生まれ落ちたこと。一つの統一体から生まれ、全体に織り込まれているものすべて、それは、運命によって示される。

プロティノス　Ⅱ・3・15

モイラ？　我らが運命の最終的な帰結、限界を定める線。それは神々が人に割り当てた課題、神々が許した栄光のわけまえ。越えてはならぬ人の境界。与えられた目標。モイラとは、これらすべてのこと。

メアリー・ルノー　『国王死すべし』

さて、ともかくこうしてすべての魂たちが生涯を選び終えると、みな籤の順番に整列して、ラケシスのもとに赴いた。この女神は、これからの生涯を見まもって、選び取られた運命を成就させるために、さきにそれぞれが選んだ神霊《ダイモン》をそれぞれのものにつけてやった。神霊は、まず最初に、魂を女神クロトのところに導き、その手が紡錘の輪をまわしている下へ連れていって、各人が籤引きのうえで選んだ運命を、この女神のもとであらためて確実なものとした。そして、このクロトに手を触れてから、今度はアトロポスのつむぎの席へ連れて行って、運命の糸を、とり返しのつかぬ不動のものとした。そこから魂は、あとをふりかえることもなく女神アナンケの玉座のもとにつれていかれた。

プラトン　『国家』10巻620e〈田中美知太郎他訳〈世界の名著〉中央公論社より引用〉

つまるところ、わたしたちが自分たちのうちにあるもののゆえに、意味がある。もしわたしたちが何もうちに抱いていなければ、人生には意味がなくなる。

C.G.ユング

もちろん、人がどこまで遺伝子に、そしてどこまで環境に作用されているのかを論じあうことはできる。そしてまた、そこには何かもっと別のものがあるとも主張できる。しかし、この何かがどんなかたちをとるのか想像したり、はっきりさせようとすると、そんなことは不可能だと分かるはずだ。遺伝子にも環境にもない何かの力となると、わたしたちが知覚可能な物理世界のリアリティを越えているからだ。それは科学のディスコースの彼方にある。……しかし、それは、その「何か」が存在しないということを意味するのではない。

ロバート・ライト『モラル・アニマル』

意味は不可視である。しかし不可視性は可視性とは矛盾しない。可視のもの自体が、不可視の枠組みをもっているし、不可視なものは、可視のものの秘密の対の相手なのだ。

M.メルロ＝ポンティ

環境にも遺伝にも、わたしに形を与えた道具も、わたしの人生の上にこの複雑な透かし模様を入れ込んだローラーも見いだすことはできない。この模様は芸術のランプが人生という大判の紙を照らしたときに、見えるようになるのだ。

ウラジーミル・ナボコフ『ナボコフ自伝　記憶よ、語れ』

科学者たちは、母親、父親、そして兄弟との行動と子供の心理学的な特性を結び付ける多くの重要な原理をいまだ発見できずにいる。

ジェローム・ケイガン『子供の性質』

いわゆるトラウマ的な経験は、偶然に起こるのではない。それは、子供が忍耐強く待ち望んでいた機会なのだ。もしそれが起こらなかったとしたら、同じようにつまらぬ何かを求めることになろう。自分の存在の理由、向かうべき道を思いだし、また自分の将来のために。人生を重要なものとするために。

W・H・オーデン

人は、いつも純真さとひきかえに自身の神秘を学ぶものだ。

ロバート・デイビス　『第五の仕事』

子供たちはかくも小さいために、経験よりも想像力に頼るのだ。

エレノア・ルーズベルト　『生きることで人は学ぶ』

想像力には、はじめもおわりもない。しかし、想像力は、意のままに、日常の秩序を反転させる時に喜びを感じる。

ウィリアム・ジャルロス・ウィリアム　『地獄のコーラ』

思うに、進化を逆向きに研究することを提唱したのはマルクスだ。兆《きざし》を過去に求めつつ、進化した種をしっかり見すえていたのだ。

ジェローム・ブルンナー　『知性の探求』

わたしは発達などしない。わたしはわたしだ。

パブロ・ピカソ

理性が生まれる前にも、それ自身に達し超えようとする内向きの運動がある。

プロティノス　Ⅲ・4・6

どんな芸術家の成長を見ても、後年の作品の芽は若いころの作品にも見られる。それは芸術家の知性が、その周りに作品を作り上げて行くことになるその核心である。……そしてそれは誕生から死までほとんどかわらない。

わたしが受けた唯一の影響力は、わたし自身からのものなのだ。

エドワード・ホッパー

青春は、表に現れたがっている秘密、ユニークな偉大さだ。それを少しでも表現したいときには、それは心に向かってメッセージを送る。それは全体をつかむための一つの重要なヒントなのだ。

ジョセフ・チルトン『進化の終わり』

ゲニウスとハートについて私の考える全てをご理解していただければよいのですが。

ジョン・キーツ『書簡』

これが、人が天職というようなものなのかしら。自分の心臓のなかに炎が、体のなかに悪魔があるような喜びを感じてすることって、これなのね。

ジョセフィン・ベイカー

小さな作品には当てはまるが、偉大な作品には当てはまらない方法は、明らかに間違ったところから出発している。……凡庸さは例外的なものを還元すれば理解できようが、例外的なものは凡庸なものを拡大しても理解できないというのは、歴史の教訓のように見える。論理的にも、因果的にいっても偉大なものは……（いかに奇妙に聞こえようとも）より理解しやすいカテゴリーを与えるという点で重要なのである。

エドガー・ウィント『方法論についての観察』

訳者はしがき

もし、あなたが一度でも星を見上げて懐かしいと感じることがあるのなら。

日々の生活に巻き込まれながらも、どこかで、かすかにでも、「こんなはずではない」とささやく小さな声があるとするのなら……。

『魂のコード』は、まさにあなたのための本だ。

私とは何者なのだろう、という素朴な問いにたいして、心理学は数々の理論を打ち立ててきた。しかし、心理学は科学としての立場にこだわるあまりに、本来の心理学の対象であるはずの人生からいつのまにかそれてしまった。その結果、「私とは何か」という根源的な問いが、「遺伝子とは何なのか」とか「今の私に傷《トラウマ》をつけた出来事は何か」という、的外れな問いにすり替えられてしまうのだ。

人間は、氏《うじ》と育ち、つまり遺伝子と環境（とりわけ両親）の相互作用によって組み立てられた精巧なプラモデル。私たちはそう信じ込んでいる。

しかし、本当にそうなのだろうか。一千人の教育熱心な父親がいても、たった一人のモーツァルトも生み出すことはできない。全く同じ遺伝子をもつ双子も、同じ人間には育たない。人生には、そしてあなたという人間には、これまでの心理学がとらえ切れなかった「何か」がたしかに存在している。

最もブリリアントな心理学者と称される本書の著者、ジェイムズ・ヒルマンはこの「何か」に果敢に挑戦する。そして、大胆にもその「何か」を「魂」という古めかしい言葉でつかみとろうとするのである。

ヒルマンは魂をとらえるために科学の言葉を捨てて、あえて神話のイメージを復活させる。プラトンが語った神話にあるように、もしあなたの魂が生まれる前からあなたのＤＮＡを選び、あなたの両親を選んでいたのだとしたら。そしてあなたのその魂が運命の働きとなり、そしてまたあなたを導く守護霊（ダイモーン）となっているのだとしたら。そんな見方をしたときに、あなたの人生はこれまでとは全く違う姿を見せはじめ、思いもかけない輝きを放ちはじめる。

巨大な樫《かし》の木がすでにたった一粒のどんぐりに内包されているように、あなたのなかには生まれながらの魂が存在するのだと本書は主張する。これがヒルマンが展開する「どんぐり理論」の中核《どんぐり》だ。

あなたの「どんぐり」、あなたの「運命」、あなたの「性格《キャラクター》」、あなたの「守護霊《ダイモーン》」。心理学の無骨な手からこぼれ落ちた、これらデリケートな目には見えない存在を、本書にちりばめられた数多くの伝記の断片はあざやかに開示する。そして、あなたがこの世にたいしてかすかに感じる違和感や、日々の問題は、ただの機械的な体の反応でも、心の傷が生み出す苦痛でもなく、かけがえのない魂の現れだということを思い出させてくれるのだ。

本書は、魂を取り戻すための、大胆で、そして霊感に満ちた心理学の書なのである。

鏡リュウジ

もくじ

第1章

まとめの一粒——どんぐり理論と心理学の救済

この本は、そんな運命の呼び声《コール》についての本である。この声は、それほど鮮烈ではっきりしたものでないこともある。ときにはそれは、川岸のある一点へと知らず知らずにあなたを進ませる穏やかな流れのようなものかもしれない。けれど、振り返ってみるなら、運命が手を貸していたことがたしかに感じ取れる。

この本は、そんな運命の感覚についての本である。

人生は理論では説明しきれない。何かが、遅かれ早かれわたしたちをある一つの道へと呼び込んでゆく。その「何か」は、子供時代に突然にやってくることもある。ふってわいたような衝動、あらがいがたい魅惑、思いがけない曲折――。そんな一瞬がまるで啓示のように、あなたにこう訴えかける。これこそがわたしがやらねばならないこと、これこそがわたしが手にしなければならないものだ、そして、これこそわたしがわたしであるために必要なものだ、と。

この本は、そんな運命の呼び声《コール》についての本である。この声は、それほど鮮烈ではっきりしたものでないこともある。ときにはそれは、川岸のある一点へと知らず知らずにあなたを進ませる穏やかな流れのようなものかもしれない。けれど、振り返ってみるなら、運命が手を貸していたことがたしかに感じ取れる。

この本は、そんな運命の感覚についての本である。

痛ましい虐待の記憶にもまして、この種の啓示や思い出がこれまでの自分《バイオグラフィ》を決定づけている。けれど、このような神秘的な瞬間は無視されることが多い。現代の理論は、トラウマととりくむべきなのだとさかんに思わせようとする。しかし、たとえ幼いころに傷つけられていたとしても、またどのような不運に石打たれ、矢で傷つけられることがあっても、わたしたちのなかには初めから、くっきりした個人の性格のかたち《キャラクター イメージ》が存在していて、それは消えることはないのだ。

この本は、そんな性格の力についての本である。

幼年期に対する「トラウマ的」な理解は、心理学のパーソナリティ理論と、その発達理論を強く支配している。自分の思い出の核、自分の物語を紡ぐ言葉は、いまやこうした理論によってすっかり毒されている。しかし、わたしたちの人生を決定づけているのは、子供時代そのものではなく、むしろ子供時代をそんなふうに想像するようにしむける理論なのである。子供時代を外から襲いかかる不幸が人をねじまげてゆく時代として想起させる、トラウマ的な見方。本書は、子供時代そのものは、そんな見方に比べれば与えるダメージは小さいと一貫して訴える。

　この本ではあなたのなかに存在した、いや今も存在する別の何かを示してそんなダメージをいくらかでも回復させたいのだ。無意味という渦や浅瀬にあなたの舟を巻き込んでしまった無数のうねりを修正し、あなたのなかに運命の感覚を回復させよう。この感覚は多くの人々のなかで失われてしまっているが、それはどうしても回復すべき感覚だ。わたし自身の召命、生きる理由をぜひとも回復させなければならないのだ。ただし、それは決定的な生きる目的（the reason）、普遍的にあてはまる人生の意味や宗教的信仰の哲学ではない。本書は、このような問いに答えられると偽るようなことはしない。

　わたしというかけがえのない人間が生きるための理由があるという感覚。日々のことを超えてやらねばならぬことがあるという感覚。日々の出来事に意味を与えるものがあるという感覚。わたしがここにいる理由を世界が与えてくれているという実感。わたしは、わたしの生まれながらのかたち《イメージ》に応えることができ、それが自分の物語を成就させることになる、という感覚。本書はそんな感覚に訴えかける。

　本書は、この生まれもっての運命《イメージ》を主題としている。その主題は、あらゆる伝記と同じものだ。実際、本書にはページを追うごとにたくさんの伝記の断片が出てくる。ヨーロッパの主体は、自己のセラピーがあふれかえっていることからもわかるように、伝記への関心に取り憑かれている。セラピーを受ける人、あるいはテレビのトーク番組の水っぽい話のような、薄っぺらなセラピー的回想にひたる人は、みな適切な自分史の語り方を求めている。わたしのきれぎれの人生の場面を、どう一つにまとめ上げればいいのか。わたしという物語の、基本的な筋をどう発見すればいいのか、と。

生まれもっての運命《イメージ》を見いだすためには、ふつう使われているような、いや、ほとんど使い古されてしまった心理学の枠組みを放棄しなければならない。心理学では解けぬことが多くある。心理学は人生を、心理学の枠組みのなかに押し込んでしまう。心理学は、新生児から、トラブルの多い青年期、中年の危機をへて、老齢期へ、そして死へと一歩一歩向かう発達成長という枠組みのなかに人生を削ぎ落としてしまう。こうなると、あなたが一歩一歩歩いている道の地図はすでに描かれていることになる。あなたは、どこから来て今ここにいるのか教えてもらえる巡礼団の一員、あるいは保険会社がほぼ正確に出してくる平均化された統計値のようなもの。人生のコースは、未来完了形で語られる。あるいは逆に、人生が完成したハイウェイのようなものではなかったとしたら。この風変わりな「旅」はただただ無秩序な出来事の集積となる。人生はただ「この次にあれ」と時間にそってだけ並べられてゆく。人生は筋のない物語となる。そして「わたし」という、筋の焦点、主人公は、無味乾燥な「経験」という砂漠のなかをさ迷ってゆくしかない。

運命の声が書き込まれた、一粒のどんぐりが人にはあるのだと想像してみよう。

人は本当の伝記を、つまり、どんぐりのなかに書き込まれた運命を奪われてしまったのだと、わたしは強く思う。わたしたちがセラピーに行くのは、それを見いだすためだ。しかし、生まれながらの運命《イメージ》は、運命の呼びかけに根源的な心理学的リアリティをおく心理学を持つことなしには、見いだすことはできない。それができなければ、あなたのアイデンティティは、ランダムな統計によって決定される社会学上の一消費者以上のものではなくなる。そして運命の霊《ダイモーン》の誘いは否定され、それはただ怒りやどうしようもない渇望から生まれる歪みとみなされてしまう。あらゆるセラピーの学派は声を揃えて、個人を形成している鍵は抑圧だという。しかし、抑圧されているのは過去ではなく、どんぐりであり、またわたしたち自身ときちんとつながることができていない過去の失敗たちなのだ。

わたしたちの人生を退屈なものにしているのは、わたしたちの人生への理解のしかただ。わたしたちは、人生を物語《ロマンス》や味わい深い空想とみなすことをやめてしまった。だからこそ、あえて美、神秘、神話といった大いなるものを持ち出して人の人生を見直し、ロマンティックなテーマを拾い上げたい。ロマン主義的な姿勢をずっと崩さずにいるために、本書では「ヴィジョン」「召命《コール》」といった大きな言葉が心に訴えかける響きをあえて大事にする。そういう言葉を別の単語に還元すまい。理解できぬものを矮小化《わいしょうか》したくないからだ。後の章では遺伝の問題を扱うことになるが、本書では遺伝の問題にすら神秘と神話を見いだすことだろう。

そこでまず最初に、現代人が人生をどのようにとらえているか、そのパラダイムをはっきりさせねばならない。人生とは、遺伝と環境の相互作用であるという——本当にそうだろうか。そこには何か本質的なものが欠けている。あなたがあなたであると感じさせる、何かが欠けているのだ。もしわたしが、遺伝的なものと社会的な力のせめぎあいの産物でしかないという考え方を受け入れたら、わたしは何かの単なる結果になってしまう。わたしの人生が、遺伝子の情報、両親がしたこととしなかったこと、またはるか昔の幼少期の経験などによって読み解かれていくにつれ、人生記はますます犠牲者の物語となってゆく。わたしは遺伝子のコード、先祖からの遺伝、トラウマを与える体験、両親の無意識、偶然の社会的な条件などが作りあげた筋がきを生きていることになってしまう。

本書は、このような犠牲者のメンタリティを引きはがしてゆきたいと思う。しかし、それを克服するには犠牲者のメンタリティを作り出している理論的な枠組みを看破《シーイング・スルー》し、取り除くことが必要だ。わたしたちは、理論を実践する前から理論そのものによって犠牲になっているのだ。今日の犠牲者としてのアメリカ人のアイデンティティは、英雄的で自分で人生を切り開き、不屈の意志の力によって運命を開拓する「男《マン》」という、まばゆいばかりのアイデンティティの裏面である。犠牲者は英雄の影の面というわけである。またさらに深い部分では私たちはアカデミックで科学的な、あるいは心理療法的な心理学の犠牲になっている。これらの理論のパラダイムは、人生の中心部分にある本質的な神秘・召命の感覚を説明することもそれに取り組むこともできないし、当然、それを無視している。

そこで本書は、簡潔に《イン・ア・ナッツシェル》［訳注、どんぐり一粒のなかに、とかけている］召命《コーリング》、運命《フェイト》、そして性格《キャラクター》の天賦のイメージを取り扱う。これらがすべて「どんぐり《エイコーン》理論」を形作る。どんぐり理論では、一人一人の人間は生きることを要請されている個性《ユニークネス》、また人生の中で実現される前からすでに存在している個性をもっているのだと説く。

「人生の中で実現される前から」という言い方は、もう一つ、重大なパラダイム上の問題を引き起こすことになる。時間の問題である。世界中を支配している時間は、ここでいったん停止させなければならない。そしていっとき脇によけておかねばならない。さもなければ、前が後のことをいつも決定することになる。あなたは、自分ではどうしようもない過去の原因に束縛されたままになってしまう。そこで本書では、時間より非時間性を重視し、人生を過去からの順繰りばかりではなく、後ろ向きにも眺めることにしよう。

人生を逆向きに読むと、幼いころに熱中していたことが、いかに大きく現在の行動を先取りしていたかがわかる。大人になってからでは幼いころできたことができないこともしばしばある。逆向きに人生を見ると、「成長」などは「かたち《フォーム》」に比べれば重要な人生上の鍵ではないということがわかる。発達などというものは、もとのかたち《イメージ》の一面が現れるときに初めて意味をなす。もちろん、人生は日々前に進んでいったりまた後退もする。いろいろな能力が発達したり、また衰えていったりすることもわかっている。しかし、それでもあなたの運命の、内なるイメージは今日も、昨日も、また明日もとぎれることなく存在している。あなたという人格は、プロセスや発達の結果ではない。もし発達などというものがあるなら、あなたこそが発達する本質的なかたち《イメージ》である。ピカソがいうように、「わたしは発達などしない。わたしはわたしである」のだ。

それがイメージの性質である。イメージとはそういうものだ。一時のうちにすべてがあるのだ。眼前の顔を見るとき、窓の外の風景を見るとき、また壁にかかった絵を見るとき、あなたは全体像を見るだろう。それぞれの部分は、同時に姿を現している。一部がほかの部分の原因になったり、あるいは時間的に後先になったりすることはないはずだ。画家が絵に赤い点を加えるとき、それが最初であろうが最後であろうが、あるいは陰影を後で考えて付け加えたのであろうが、最初から構想されていたのであろうが、大した問題ではない。あなたは、あなたが見ているものを見ているだけのこと。すべては現前に存在している。顔を見るときもそうだ。一つのイメージ、一つの表現から複雑さやさまざまな特徴が、同時に立ち現れてくる。どんぐりのなかのイメージも同じことだ。あなたは、ある性格《キャラクター》をもって生まれてきた。それは所与《ギフト》のもの。そう、それはまさに、古い物語がいうように生まれながらにあなたの守護霊が与えてくれた贈り物なのである。

＊＊＊

本書は、古い考え方にのっとった道を、新しい態度で進ませる。一人一人の人間は、この世界に召命されてやってくる。この考え方はプラトンの最もよく知られた著作『国家』の最後に出てくる、エルの神話に由来する。わたしは、この考え方を簡潔に要約できると思う。

わたしたちひとりひとりの魂は生まれる前から独自の守護霊《ダイモーン》を与えられている。それがわたしたちがこの世で生きることになるイメージやパターンを選んでいるのである。わたしたちの魂の伴侶、ダイモーンは、そこでわたしたちを導いている。しかし、この世にたどり着く前に、わたしたちは彼岸で起こったことをすべて忘れ、白紙でこの世に生まれ落ちたと思いこむ。しかし、ダイモーンはあなたのイメージのなかに何があるか、そしてそこにはどんなパターンがあるのかを忘れはしない。あなたのダイモーンはあなたの宿命の担い手でもあるのだ。

後のプラトン主義者のなかでも最も偉大なプロティノス（ＡＤ２０５〜２７０）が説いたように、わたしたちは自分自身で魂にみあう肉体、両親、場所、環境を選んだのであり、しかも、それは神話が語る通り必然の原理に導かれていることなのだ。ややもすると、悪しざまに言いかねないわたしの肉体、わたしの両親は、わたし自身が選んだものである。それが理解できないのは、わたしがただそれを忘れているからだ。

わたしたちがすべてを忘れてしまわぬようにと、プラトンは神話を語った。そしてその最後の一節で、プラトンは神話を残すことでわたしたち自身と幸せを今以上に守ることができると語る。言い換えれば、神話は救済という心理学的な役割をもっている。そしてそこから生まれ出る心理学は、この神話によってたつ人生にインスピレーションを与えることができるのだ。

神話はまた、実際的な役割ももつ。なかでももっとも現実的なことは、人生の物語を見つめるときに、召命《コーリング》、魂《ソウル》、ダイモーン、運命、必然などといった観念をより豊かに理解させることだろう。本書では、後に続くページのなかで、これらすべてを深く扱うことになる。子供時代を振り返って、幼いころのダイモーンのかすかな動きを捕らえようと、神話はほのめかしている。そして、ダイモーンの意図を理解し、その働きを阻まないようにしなければならない。それを受けた実際的な示唆は、そこからすぐに出てくる。a／召命を人間存在の基本的な事実として認めること。b／人生を召命とつなげること。c／失恋やさまざまな出来事などを含めて肉体が経験する偶然の事件はイメージのパターンに起因するものだということ、そしてそれらは必要なものであって召命を実現させるためのものだとみなす、共通の認識をもつことである。

召命は、遅らせたり避けたり、いっときは見過ごすこともできよう。あるいはそれがあなたを完全に支配することもあろう。しかし、結局、最終的に召命は姿を現す。運命は、運命を主張し始めるダイモーンは、けして立ち消えない。

幾世紀もの間、人々はこの「召命《コール》」のふさわしい名前を求めて来た。ローマ人は、それを″ゲニウス″［訳注：genius、ラテン語のゲニウス、霊から英語のジーニアス、天才は由来する。本書ではgeniusはゲニウスの表れが地上での才能、天才性であるとみなされている］と呼び、ギリシャ人は、″ダイモーン″と呼んだ。キリスト教徒は、守護天使と呼んだし、キーツのようなロマン主義者は召命をハートからくるものだといい、ミケランジェロの直感的な目は、彼が彫刻を作っているモデルの心臓《ハート》のなかにそのイメージを見いだした。新プラトン主義者たちはあなたを乗り物のごとく運んでいる、想像的《イマジナル》体、〃オケーマ〃を語っている。(＊1) それは、あなたを担うもの、あなたを支えるものである。ある人々にとっては、それは幸運の女神フォルトゥナであったし、また別な人にとってはジニーやジン、あるいは悪い種子や邪悪なゲニウスだった。エジプトではそれは〃カー〃であったかもしれない。あるいは〃バー〃とも。イヌイットと呼ばれる人々やシャーマンの伝統に従っている人々は、それをあなたの精霊、ないしあなたの自由《フリー》―霊《スピリット》あるいはあなたの動物《アニマル》―霊《ソウル》、あなたの息《ブレス》―霊《ソウル》であるというかもしれない。

一世紀以上も前のことだが、ヴィクトリア朝の宗教と文化の学者E・B・タイラー（1832〜1917）は、「未開人たち」（当時工業文明をもたない人々はそういわれていた）はわたしたちが「魂」と呼ぶものを、薄い非物質的な人間のイメージだと確信していると報告している。魂は蒸気とかもや、あるいは影のようなもので、触ることはできるが目には見えず、しかし物理的な力を引き起こすことができると彼らは信じてるとタイラーはいうのだ。(＊2) 時代は下るが、アメリカ先住民研究を専門とする民族誌報告者エク・ハルトクランツは、魂は「イメージの中に起源をもち」「イメージによって生まれる」と言う。(＊3) プラトンも、エルの神話のなかで同じようなことを〃パラディグマ〃という言葉を使って述べている。パラディグマとは、あなたの運命全体を方向づける基本的なかたちのことだ。あなたにつきまとい、あなたの人生に影を落としているこのイメージは、運命や幸運をもたらす。けれどこのイメージは倫理の教師ではなく、良心と混同してはならない。

ローマの「ゲニウス」は、モラリストなどではなかった。ゲニウスは「個人の行く末を知っているし、また運命を司っている」が、しかし「この神格は個人の倫理になんらかかわりをもたない。この神は、単なるツキや幸運の代理人である。自分のゲニウスに邪悪で勝手な欲望を叶《かな》えてくれるよう願ったとしても、非難はされることはない」(*4)。ローマや西アフリカ、あるいはハイチでは自分のダイモーン(何と呼ばれているかは別にして)に、敵を傷つけたり、相手の幸運を反故《ほご》にしたり、また相手を支配したり誘惑するように頼んだりすることもできる。ダイモーンのこの邪悪な側面については、後に詳しくみることにしよう(第10章参照)。

個別な存在と考えられる、魂のイメージの概念は、長く複雑な歴史を持っている。文化によってそのかたちもさまざまだし、その範囲も広い。それに与えられた名前も無数にある。ただ、現代の心理学と精神医学だけが教科書から魂のイメージを省いているのだ。わたしたちの社会の心の研究と魂のセラピーは、ほかの文化がすべて人間のキャラクターの核であり個人の運命の宝庫とみなすこのファクターを、無視している。本来心理学の何よりの対象であり、研究され関心を向けられるべき心や魂が、書物から抜け落ちているのである。

わたしは、このどんぐりをさまざまな名前で呼ぶことにする。文脈に応じて、イメージ、性格《キャラクター》、運命《フェイト》、ゲニウス、召命《コーリング》、ダイモーン、魂《ソウル》、宿命《デスティニー》などなど、自由に用いたい。このゆるやかな姿勢は、ほかの文化、それも古い文化のスタイルに従うものだ。そうした古い文化は、人生に満ちる神秘的な力の感覚、複雑な現象を一義的な定義に狭めてしまう現代の心理学よりもよりよく理解していることが多い。大仰《おおぎょう》な名詞を恐れてはならない。それらは空疎な言葉ではない。ただ、今のところ見捨てられていて、意味を回復させられるのを待っているだけなのだ。

これらの多くの言葉は、しかし、「それ《イット》」(it)が何かを語るものではない。ただ、あれこそ《ザット》(that)が「それ」

であると認めさせるだけだ。また、その言葉は「それ」の神秘性を示してもいる。わたしたちは、わたしたちが今何について語っているのかを正確に知ることはできない。それは、ただヒント、直感、ささやき、突然の衝動や、人生を狂わす症状と呼ばれるような、奇妙な出来事としてぼんやりと姿を現すだけで、その性質は霧につつまれている。

例えば、こんな出来事を考えてみよう。ハーレム・オペラ・ハウスでのアマチュア・ナイトでのこと。やせっぽちのみすぼらしい一六歳の少女が、おずおずとステージにあがろうとしていた。アナウンスが流れる。「次の参加者は、エラ・フィッツジェラルドという名前のお嬢さんです。……フィッツジェラルド嬢が、皆さんにダンスをご披露……ちょっとお待ちください。……どうしたんです、お嬢さん?……皆様、訂正です。ダンスではなく、歌をご披露いたします……」

エラ・フィッツジェラルドは、ここで三度もアンコールを求められ、優勝を勝ち取った。

しかし、本当はフィッツジェラルドは「ダンスをするはずだった」のだ。(＊5)

フィッツジェラルドが気を変えたのは、偶然だったのだろうか。歌の遺伝子が突然働き始めたのか? あるいは、その瞬間が、エラ・フィッツジェラルドを自分の運命に導きはじめた、天啓の瞬間だったのだろうか。

心理学は個々人の運命の本来の役割を認めたがらないが、それでもわたしたち一人一人が間違いなく《ディフィニトリィ》、いや、挑戦的な《ディファイアントリィ》までに独自の個々人であること、一人一人がそれぞれのなりたちをもっていることを認めている。しかし、この独自性のきらめきや、独自性をもたらしている召命を説明する段になると、心理学はとたんに当惑しはじめる。分析的な方法は、個人というパズルをパーソナリティの因子や性向に、因子をタイプやコンプレックス、気質などに分解してゆく。個人の秘密を脳内の事象や利己的な遺伝子の産物に求めようとするのだ。さらに厳密な心理学の学派は、こうした問いをすぐさま実験室の外へ投げ捨てる。超常的な「召命《コーリング》」の研究を専門とする超心理学の分野、はるかかなたの植民地での呪術や宗教、狂気を研究するセンターに十把一からげにして押し込んでしまうのだ。さらに、最も不毛で最も無味乾燥な心理学の説明では、一人一人の独自性はランダムな統計的な偶然によるものだとする。

本書は、「わたし」の核にある独自性《インディヴィジュアリティ》の感覚を心理学の実験室のなかにおきざりにはしない。わたしの奇妙な、そして貴重な人生を統計的な偶然の結果であるなどと認めることもない。しかし、これだけは覚えておいていただきたい。頭を垂れて教会に戻れと言うのではないのだ。個人の宿命への召命は、けして無信仰の科学か非科学的な信仰か、といった問題ではない。独自性《インディヴィジュアリティ》はやはり心理学《サイコロジー》の問題──それは、接頭辞である「サイキ」を対象にし、魂を前提とする心理学の問題なのだ。そうすれば心《マインド》は宗教という制度がなくとも信仰を持ち続けることができるし、制度化された科学がなくとも現象を注意深く観察することができる。どんぐり理論は、この二つの古いドグマ、時代を通じて互いにいがみあってきた、そして西洋の精神が溺愛してきた二つのドグマの中間に、巧みに入り込んでゆくのである。

＊＊＊

どんぐり理論が言うような、あなたとわたし、そして一人一人の人間は生まれもって特定のイメージがそなわっている証拠をごらんにいれたいと思う。個人であることは、――アリストテレスにさかのぼる古い哲学用語を借りれば――形相因にその基盤をもっている。わたしたちは、プラトンやプロティノスの言葉でいえば、わたしたち自身のイデアを内包しているのだ。そして、この形相、このイデア、このイメージは、そこから大きく外れることを許さない。この理論では、この天賦のイメージを、天使や、ダイモーンの意図に結び付ける。そのイメージは意識の火花のようなものだ。さらには、そのイメージは自身でわたしたちを選んだのであるから、心からわたしたちのためになろうとしているとも考える。

ダイモーンが心《ハート》からあなたのためになることを考えているということ。それは、この理論のなかでも特に受け入れがたい部分だろう。心が、それなりの考え方をもっているということなら、わかる。無意識には無意識なりの考えがある。運命は、すべてを思うがままになす。それだけなら、受け入れることもできるし、むしろ、なじみ深い考えともいえる。

けれど。わたしが何ものかによって見守られているということ。何ものかがわたしのために動いているということ。そしてわたしが恐らくは守護されていること、わたしの思いや意図のとどかないところで、わたしが生かされていること……。そんなことを想像するのはなぜこんなにも難しいのだろうか。なぜわたしは、わたしが存在することを保証している見えない存在より保険の制度を好むのだろう。もしそういうものがなければ、わたしたちはすぐに命を落とすだろうに。ほんの一瞬の不注意が明瞭な意識にほつれを生じさせる。しかし、日々何ものかがわたしを階段から転げ落ちたり、曲がり角で転んだり、車に撥《は》ねられることのないよう守ってくれている。テープをかけたり、物思いにふけったりしながら高速道路でドライブして、生きていられるのはなぜか。ヴィールス、バクテリア、毒物などにまみれた食べ物を毎日のように食べているわたしを守ってくれている「免疫系」とは実のところ何なのか。サイの背中の鳥のように、眉毛にだってダニがいるというのに。自分たちを守っているものを、本能、自己保存、第六感、サブリミナルな知覚などとわたしたちは名付ける（これらはすべて、日には見えないが存在するということを言っている）。しかしかつては、わたしを大事に見守ってくれているものは守護霊《ガーディアン・スピリット》であること、そしてそれへの適切な注意の払いかたを知っていたのだ。

このような見えないケアがあるにもかかわらず、わたしたちは、自分たちが裸で、まったくか弱く、そして根本的にはたった一人で生まれ落ちたのだと考えてしまう。たしかに、あなたが摂理によって導かれていると か、あなたをここに送った存在があなたを必要としているとか、困ったときには何かがあなたを助けてくれていると考えるよりは、自分で自分を作り上げてきたのだという英雄的な物語のほうが受け入れやすい。そんななかで、師《グル》の言葉をひくこともなくキリストに忠誠を誓うこともなく、また奇跡的治癒の話を言い立てることもなく、ただ中立的な事実としてこのことを語ることはできるだろうか。見えないものに見守られているという、かつては摂理《プロヴィデンス》といわれていたことを、心理学の範疇で語るにはどうしたらいいのだろうか。

摂理の心理学のための最良の証拠を提供してくれるのは子供たちだ。いや、子供が高い崖から落ちても無傷だったとか地震によって瓦礫《がれき》の下じきになっても命を取り留めた、という神の手技の奇跡を言っているのではない。わたしが言いたいのは、素質《キャラクター》の初めての芽生えというごくありふれた奇跡のことだ。全く突然、白紙のようなところから、子供は、自分が誰であるか、そして自分が何をなさねばならないかを周囲に示すようになるではないか。

このような宿命がひきおこす衝動は、周囲の環境の無理解や誤解によって抑えられてしまい、その結果無数の症状を引き起こすことがよくある。気難しさ、自己破壊衝動、事故を引き起こす傾向、あるいは「過敏な《ハイパー》」子供たち、というかたちの症状だ。しかし、これらの言葉はすべて、自分の無理解を隠そうとする大人たちが発明したものである。どんぐり理論は、子供たちの逸脱《ディスオーダー》にたいして、まったく新しい理解の仕方を提供する。この理論は、原因よりも召命を、過去の影響よりも直感的な啓示のほうを重大なものとして扱うのである。

子供と、子供たちの心理を扱うときには、習慣的な尺度(そして習慣に隠された憎悪)にとらわれないようにしたい。子供たちが経験することとは、この世のなかでその召命にふさわしい場所を探すこととかかわりがあるのだと考え直してみよう。子供たちは二つの生を同時に生きようとしている。一つには、彼らが生まれもって来た生。もう一つは自分の生を生きねばならぬ場所での生、周囲の人々と共に生きねばならない生である。宿命のもつイメージ全体は、小さなどんぐりのなかにつまっている。小さな肩が巨大な樫をつめこんだ種子を担っている。そしてその召命は、周囲の環境から発せられる叱咤《しった》の声にも負けぬほど、強く大きく子供たちに訴えかけ続けているのである。その呼び声《コール》は、癇癪《かんしゃく》だとか意地っ張りというかたちで姿を見せることがある。あるいは、内気さや内弁慶さとして現れることもある。こんな性向は、大人の世界に対する反抗に見えるかもしれない。けれど実はそれは、本来やって来た世界を守ろうとしている子供たちの試みなのかもしれないのだ。

この本は子供たちの側に立つ。この本は、子供たちの生を理解する基盤を提供する。その理論の基盤の基盤は、神話、哲学、異文化、そしてイマジネーションに由来している。そして、本音は子供たちの逸脱を文字通りに受けとってセラピーに送り出してしまうまえに、機能障害《ディスファンクション》に意味を見いだそうとするのである。

子供たちをその起源に立ち返らせる理論や、それぞれの子供たちを、生まれる前の存在につなげてゆく神話がなければ、子供たちは単なる産物・製品としてこの世にやってくることになる。偶然の産物であろうと、意図的に作られた製品であろうと、子供自身の意味《オーセンティシティ》がなくなってしまう。となれば、子供には子供の理由や自身の計画もなく、また導いてくれる守護霊《ゲニウス》もない。子供たちの障害にも意味がないということになる。

どんぐり理論は、子供時代の心理学を提供する。この理論は、子供が生まれもつユニークさや宿命があると断言する。それは通常、異常と診断される徴候は、ある意味でこのユニークさ、この宿命に由来するのだということを意味する。精神病理は、子供たち自身と同じように重要だ。それは二次的なものでも子供たちに付随しているようなものでもない。子供たちとともにある、子供たちに与えられた、病理学上の判断材料(clinical data)は子供たちの才能／賜物《ギフト》の一部である。つまり、子供たちはみんなあらゆる種類の材料を与えられた才能豊かな子供だということだ。子供に与えられた賜物は、それぞれの現れ方をする。ときにはそれは適応し難く、苦痛を引き起こすこともある、というだけなのだ。そこで、この本は、子供たち一人一人を個別に扱う方法を提供する。子供のイマジネーションのなかに入り込んで、その病理のなかから子供たちのダイモーンが示しているであろうこと、宿命が欲しているかもしれないことを捜し出そう。そう、本書は子供たちについての本なのだ。

召命《コーリング》

二人の子供の話をしてみよう。一人は、イギリスの名高い哲学者R・C・コリングウッド（1889〜

1943）。二人目は輝かしい業績を残したスペインの闘牛士マノレーテ（1917〜1947）だ。前者、コリングウッドの場合、ダイモーンは若いころに突然、姿を現した。後者のマノレーテの場合には、ダイモーンの常套手段のひとつなのだが、変装しその姿を隠して（これは苦痛を引き起こすことになるのだが）働いたのだった。

父は、たくさんの書物を持っていました。……八歳のころのある日、好奇心にかられて、小さな本を手にしたのです。本の背には『カントの倫理論』と書かれていました。……書棚のテーブルの間にすっぽり体をゆだねたまま、本を読み始めるやいなや、わたしは次々に訪れる奇妙な感情に打たれてしまったのでした。はじめに感じたのは、興奮でした。わたしは、どんなものにも優先しなければならない、何ものよりも重大なことがここに書かれてあるのだと感じたのです。それは、なんとしても理解しなければならないことでした。次に襲ってきたのは激憤です。わたしには、この本が理解できなかったのです。英語で書かれており、文章も文法にかなったものでしたが、お恥ずかしいことに、その意味となるやちんぷんかんぷんだったのです。そして三番目にして最後にわき上がって来た感情は、実に奇妙なものでした。理解できなかったのにもかかわらず、この本の内容は、どういうわけかわたしにとっての重大事だと感じたのです。わたし個人にとって重要なこと、いえ、あるいは未来のわたしにとって重要な事だ、と。……そこには、野心はありませんでした。言葉通りの意味では、大きくなったらカントの倫理を習得「したい」などとは思わなかったのです。ただ、まるでヴェイルがひきあげられ、わたしの宿命が明らかになったように感じたのです。

以来、ただ、「考えなくてはならない」という以外には、言いようのないような使命を負わされている、というような感覚が、どんどん強くなってきました。いまだわたしの知らないことについて考えなくてはならないのです。そして、この命令に従ったときにはわたしは静寂と、そして放心状態の自分を感じました。(*6)

形而上学、美学、宗教、歴史などについて考えを巡らせた哲学者は、八歳のころからすでに召命され、「哲学する《フィロソファイズ》」ことを始めていたのである。コリングウッドの父親は、確かに本を与えていたし、それが読めるようにもしておいた。しかし、この父親を選んだのはダイモーンであり、この本に手を伸ばしたのは、「好奇心」だったのだ。

一方、子供のころマノレーテは、とても将来の闘牛士には見えなかった。古いスタイルを変え闘牛の理念を革新したこの男は、はじめ臆病で怖がりな少年だった。

子供のころのマヌエルは弱々しく病弱で、二歳のときに肺炎で死線をさまよっている。興味のあることといえば絵を描くことと読書だけ。ずっと家のなかにいていつも母親のエプロンの紐を強く握ってばかりいたので、姉妹や子供たちは彼をからかっていたものだった。町では、彼は「放課後、

通りをぼんやりと歩き回っているやせっぽちの陰気な男の子で、ほかの男の子たちに加わってサッカーや闘牛ごっこに興じることはまずない」と思われていた。これががらりと変わったのは、「一一歳のころのことで、以後、牛以外のことには目もくれなくなった」のだった。(*7)

何という変わりようだろうか！　初めての闘牛のとき、まだ幼さの抜け切らない彼は一歩も動けず立ちすくんでしまった。それで、股の付け根に傷を負ってしまうのだが、彼はそれを恥ずかしく思い、母親のもとに連れて帰られるのを拒否して闘牛の仲間たちのところに戻ろうとしたのだった。

あきらかに、ここにはヒロイズムが布置《コンステレート》されている。彼のどんぐりのなかから英雄の神話が呼びかけているのだ。

おぼろげでも、彼は召命のことを初めから知っていたのだろうか？　当時少年マノレーテは弱虫で母親から離れることもできなかった（「エプロンの紐」は何かの暗示だったのだろうか？　あるいは、彼はすでに母親のエプロンやスカートをマントのかわりに使っていたのだろうか？）。そう、彼は路上で行われる闘牛ゲームを嫌がってエプロンのかわりに使って、台所に逃げ込んでもいたのだ。一体、この九歳の男の子が、どうやって自分の宿命に立ち向かうことができたのか。そのどんぐりのなかには、彼に向かってくるようになる、カミソリのような鋭い角をもつ、千ポンドもの黒牛が何頭もつまっていたのではないだろうか？　そのなかには、彼が三〇歳のときに、股と睾丸《こうがん》を貫いてマノレーテを死に追い込み、スペイン史上最大の葬儀を開かせることになった猛牛イスレロもいたのではないだろうか？

コリングウッドとマノレーテは、子供のささやかな能力ではダイモーンが要求することは満たせない、という基本的な事実を見せてくれている。たとえ低い成績しか与えられず落ちこぼれていたとしても、子供たちは、生まれたときから自分自身に先んじているのだ。ときには、有名なモーツァルトの例やほかの「天才児」のように、よい指導を受けて、早くから才能が現れるときもある。しかし、母親の台所に逃げこんだマノレーテのように、尻ごみしてダイモーンを追い詰めている場合もあるのだ。

コリングウッドを責めたてた「激憤の波」は、彼の未熟さによるものだった。「わたしにとって重要なこと、わたし自身にとって重大なこと」であったカントに、彼は追いつけなかったのだ。コリングウッドのなかの一面は、教育が足りず文章の意味が理解できなかった。しかし、彼の別な部分は八歳児ではなかった……いや、その部分は子供であったことなどなかったのだ。

次の二つの例も、子供の能力とゲニウスが要求していることの間の違いを同じように見せてくれるだろう。一人目は先駆的な遺伝学者バーバラ・マクリントック、二人目は著名なヴァイオリニスト、ユーディ・メニューインである。

マクリントックは、一人で考えを深め実験室で手作業での研究によってノーベル賞を受賞した。そうした研究は彼女に深い喜びを与えていたのだった。彼女は、こう報告している。「五歳のとき、一揃いの実験器具をねだったことがあります。［父は］大人向けの器具を与えてはくれませんでした。父は、私の手にあうような器具をくれたのです。……でもそれはわたしが欲しかった器具ではなかったんです。わたしは、子供向けのものでは

なく本物の器具が欲しかったのです」(＊8)

メニューインもまた、自分の手にあまるものを欲しがった。四歳になる前にも、ユーディは両親につれられて、キューラン劇場の安い席から、コンサート・マスター（ヴァイオリン第一奏者）、ルイス・パーシンガーがソロのパートを弾くのを聞くことが何度となくあった。「独奏を聞いているとき、四歳の誕生日にはヴァイオリンを買ってほしいと両親にねだったのです。そして、ルイス・パーシンガーがその弾き方を教えてくれるように、とも」。この願いはかなえられるかのように見えた。両親の友人の一人がヴァイオリンをくれるというのだ。しかし、そのヴァイオリンは本体も弦も金属でできているおもちゃだった。「わたしは、ワッと泣き出しました。おもちゃのヴァイオリンを床に投げ付け、それにはもう見向きもしなくなったんです」(＊9)

守護霊《ゲニウス》の才能は、歳やサイズや、教育、訓練などには縛られてはいない。だから、子供はみんな身の程しらずだし自分ではどうしようもないものを欲しがるのだ。自分の手にあまる道具を欲しがることは、過大な注目を求めるナルシシズムといえるかもしれない。子供じみた全能感からくる思い込みだと責められるかもしれない。けれど、この世にやってきた魂がこの壮麗なヴィジョンをもたらしたのではないというのなら、一体これは何なのか。ロマン主義者たちは、子供たちの、この壮大さを理解していた。彼らは、それをこう呼んだ。「我らが来るとき曳きたる栄光の雲」と。［訳注　ワーズワース「幼年時代を追想して不死を知るオード」］

バーバラの手は重いハンマーを支えられなかっただろうし、ユーディの腕と指は、正式《フル・サイズ》なサイズのヴァイオリンを引きこなせなかっただろう。しかし、彼のヴィジョンは完全《フル・サイズ》であって、彼の心の中の音楽にマッチしていたのだ。メニューインは、自分が欲しいものをこそ手に入れなければならなかった。彼は「本能的に音楽を

奏でることこそ、わたしが生きるということとわかっていた」のだから。(＊10)

ユーディは、わずか四歳だったが、子供扱いを拒んだ。その意味を考えてみなければならない。ヴァイオリンの演奏はおもちゃでの悪戯《いたずら》ではない、とばかりに本物の楽器を望み、怒りに狂わせたのはダイモーンだったのだ。ダイモーンは、子供扱いされることを望まなかった。ダイモーンは子供ではない。またインナー・チャイルドですらない。――実際、ダイモーンは幼い子供の体のなかに宿っている魂、つまりこの完全なヴィジョンと、未熟な人間とを混同することを絶対に許さないだろう。ユーディ・メニューインの例に見られるような反抗的な意固地さはどんぐりが見せるふるまいの、基本的な特徴なのである。

フランスの作家コレットの子供時代も見てみよう。コレットもまた、自分の芸術に必要な道具に魅せられていた。しかし、虎のごとく欲するものに向かって行ったメニューインの運命とは違って、コレットの運命は窓辺に座ったフランス猫のように、横目で父親の望みを眺めながら、書くという自分の運命を避けてじっとしていた。ちょうどマノレーテの場合のように、自分を現そうとはしなかったのだ。それは自分を守るためだったのだろうか？

コレット自身がいうように、書くことを拒んでいたのは時期尚早となるのを避けるためだった。ダイモーンが自分の才能を受けとめることができるようになる前に、書き始めることを望まなかったようにも思える。ダイモーンが望んだのは、書く前に、読んでまた読んで、経験を積んで学び周囲のものに触れ、匂いを嗅ぎ、そして感じ取ることだったようだ。書くことと、それがもたらす苦しみと喜びなどは、コレットはすぐに知ることになる。しかし、その前に文章をつくりあげるための、五感に訴えかける材料を吸収しなければならなかったのだ。またこの材料は、何も五感を通して得られた出来事の記憶ばかりではない。実際に書くときの道具そのもののことも指している。コレットは言葉を書くことは拒んではいたが、自分の召命に必要な道具を切望してはいたのだった。

真新しい吸い取り紙の束。黒檀《こくたん》の定規。ペンナイフでとがらせた、全部違う色の鉛筆を、一本、二本、四本、六本。中小のそれぞれのサイズの先のペンに、ツグミの羽よりも細いドローイング用のペンに極太のペン。赤、緑、紫の封蠟《ふうろう》。手拭き。液体糊《のり》。もちろん、「マウスグルー」「糊口」と呼ばれた琥珀《こはく》色の透明な板状の固形糊。軍用コートの切れ端を、スカラップ型に切ったペンふき。ブロンズ製の、小さな瓶も脇についているインク瓶。濡れているページを乾かすための、金色の乾かし砂をいれたボウル。いろいろな色の封緘紙《ふうかんし》をいれた、もう一つのボウル（私は白いものを食べたものだった）。テーブルに積み上げられた、クリーム色の透かし入りの便せんの束。

メニューインは、自分が望むことをはっきりと知っていた。彼はヴァイオリンを弾きたかったのだ。コレットは、自分が望まないことを同じようにはっきり知っていた。彼女は書きたくなかったのである。六歳になって、読むことができるようになったというのに、コレットは「書き方の勉強を拒んだ」

いいや、わたしは書いたりなんかしない。書きたくなんかないのだ。読めるようになったというのに、

豊かな本の世界に入り込むことができるというのに、どうして書いたりしなくてはいけないのだろう。……子供時代、わたしは、絶対に、何があっても書こうなどとは思わなかった！　わたしには、夜な夜な、こっそりと靴箱の上に詩を書き付けたことなどない。西風や月光にさそわれて言葉を紡いだことなどない！　一二歳から一五歳まで、作文でいい点をとったこともない。日に日に、わたしは書くためだけには生まれついていないと強く感じるようになっていった。……わたしは書かない運命を負って生まれた、唯一の人間なのだ。(＊11)

ここで、子供時代に宿命が与える影響について再び要点をくり返してみよう。コリングウッドの場合には、突然の啓示。マノレーテとコレットの場合には、内に引き止める抑制力。またマクリントックとメニューイン、コレットが取り憑《つ》かれたかのように自分の考えを実現させる道具を渇望するのも見てきた。そこに、子供とダイモーンの間の不一致を見ることができる。要するに、召命は一人一人個別の、興味深いかたちで現れるということがわかるだろう。すべてに共通するパターンなどない。それぞれのケースで個別のパターンがあるのである。

とはいうもののフロイト風の注意力をお持ちであれば、ひとつ共通の要因をかぎ分けられたことだろう。そう、父親、コリングウッド、メニューイン、コレットの父親である！　父親のなしたことが、召命体験のもととなったとも見えるわけだ。このような「両親の力という幻想《ペアレンタル・ファラシー》」――それについては、後で出てくる同名の章でより広く扱うことになるが――は避けがたいものだ。子供時代に両親が大きな影響力を与えるという空想は、両親が記念写真の中だけの存在となってからも人生にずっとつきまとう。すなわち両親の影響力とは、実は両親に影響力があるという考え自体の影響力なのだ。どうしてわたしたちは両親の力の幻想にこだわってしまうのか。どうしてこの考え方に安心させられたり、支えられ《ペアレント》たりするのか。わたしたちは、ダイモーンがかつて自分の人生を生きるように呼びかけたということ、いや、いまだに召命を与え続けていることを認めるのを恐れているのではないか。召命を拒んで、いまだ台所に隠れたままだということを認めたくないのではないか。わたしたちは、宿命が要求していることに直面せず、両親をだしに使って逃げているのだ。

　コレットが自分の宿命を先送りにしたとしたら、いや、強い抵抗のかたちで宿命をあらわにしたのだとしたら、一九七三年の戦争の際のイスラエルの指導者となるゴルダ・メイアは、ミルウォーキー・パブリック・スクールの四年生のときにすでに直接的なかたちで宿命によって突き動かされていたといえる。そのころ、メイアは、貧しい子供たちに高価すぎる教科書を買うように求めることは、教育の平等を否定するものだと主張して抵抗グループを組織した。わずか一一歳の(!)子供が会合のためにホールを借り、基金を集める。仲間の女の子たちを集合させ、妹にイディッシュ語で社会主義詩を朗読させる。さらに自分もそこで演説をぶちあげる。このとき、メイアはすでに労働党党首になっていたとはいえまいか。

　ゴルダ・メイアの母は、演説の原稿をあらかじめ書いておくようにといったが、メイアには「ただ、〝頭に浮かんでくる言葉〟、私がいいたいことをいうほうがずっとうまく伝わるように思えた」(*12)

　未来の生き方が、こんなにもはっきりとやってくるとは限らない。強い意志と指導力をもった女、ゴルダ・メイアの場合は、ダイモーンは直接的に現れている。彼女のダイモーンはその道を定め彼女に付き従っていた。

エレノア・ルーズベルトも、同じ年頃のとき、未来の人生を先取りして生きていた。ただし、行動によってではなく、空想のなかに閉じこもるというかたちで。

　エレノア・ルーズベルトは、自分が「不幸な子供」で、幼いころは「灰色の日々」だったという。けれど、彼女が実際に耐えてきたことを思えば、これはいかにも控えめな表現だ。彼女は「気が触れてしまうのではないかと恐れていた」のだ。[*13] 九歳になる前に、愛してくれなかったとはいえ母を、弟を、そして浮気者であった父親を彼女はみんな亡くしていた。「彼女は、ひどく風変わりな子だった。とても流行遅れの格好をしていたので、私たちはあの子を『おばあちゃん《グラニィ》』と呼んだものだ」。五歳のころにはもう、彼女は頑なな少女になっていた。その後どんどん無愛想に、頑固に、意地悪に、不機嫌になっていったし、また出来も悪かった（七歳になっても字が読めなかったし、そのころ、その年ではできて当然と思われていた料理や裁縫もできなかった）。ウソもついた。盗みもした。仲間の間ではあらゆる悪いことをした。彼女は、その後「何年もずっと憎み続け」ることになる教師に教育を受け、そして抑えつけられたのだった。[*14]

　そんななかで「わたしは連続ドラマのような空想物語のなかに生きるようになっていた。その物語はわたしの暮らしのうち一番現実味のあるものだった」[*15]。お話のなかで、エレノアは父親と暮らしていると想像した。そこでは大きな家の女主人であり、父の旅にはいつもつきしたがっているのであった。このお話は、父の死後何年も続いた。

　今日なら、「エレノア・R.の症例」には、セラピーが必要だと言われるだろう。今日なら、家族状況が報告されたとしても、恐らく生物精神医学的な薬物療法が処される。そして生物学という有無を言わせぬ理屈によって、「わたしは悪い子」だという、子供の感覚を強めてしまうのだ（つまり悪は原罪や病のように、わたしのこの細胞に宿っているにちがいない。だって、熱や痛みのために飲むような、こんな薬を飲まなければいけないんだから、と思わせてしまうのだ）。

エレノアの高度に発達した空想は、ダイモーンの想像力の開示とはみなされず、非現実への逃避、幻惑への転落だと矮小化されてしまう。精神医学的な薬物は、イメージの力を弱めたりイメージがわく回数を減らして病んだ心を和らげる。実際薬は効いたのだから、理屈の上から言って、薬が消し去ったものは本当に病であったということになってしまうのだ。

別の相談員が、エレノア・R・の症例にあたったとしたら、幼少期の空想を、のちに彼女が新聞に連載する、社会の現実をあつかったコラム「わたしの時代《マイ・デイ》」と結びつけるかもしれない。その相談員は、エレノアのゲニウスを、福祉を思う民主的な同情心に、そして彼女の幅広い楽観的なヴィジョンを、灰色の日々に抱いていた孤独で自分に閉じこもるような空想への補償作用に還元するだろう。

あるいは、またもや、父親だ。ここにフロイト風の解釈に滑り落ちてしまう余地が生まれる。エレノアのエレクトラ・コンプレックス（父への愛と、母親にとってかわろうとする欲望）が、灰色の鬱《うつ》と、願望充足的な全能感に満ちた空想の両方を引き起こしているというわけだ。しかし、それなら空想はほかの内容を含んでいてもいいはずだ。魔法による飛行、秘密の契約、ロマンティックなデート、動物による救助、王子さまとの結婚などなど何でもいいだろう。どんぐり理論はここで幼いエレノア・ルーズベルトのイメージに、全く別の理解の仕方を提示する。

誰かの世話をしたり、政治的手腕を発揮するという空想内容には意味があった。それは、後に彼女が生きることになる責任の重い生き方の予行演習だったのではないか。この空想は、召命によって作り出されたものであり、その内容は日々の現実よりもずっとリアルだったのだ。想像力は教師となった。複雑な家庭のため、無能な夫のため、また市長の妻としてニューヨーク市のため、ファースト・レディとして合衆国のため、ひいては国連のために尽くすという、大変な務めを果たす方法を前もって教えていたのだ。「父親」につきしたがうという空想は、他者のために尽くすという、召命が実現したときのための予行演習だったわけである。

補償理論

補償理論――エレノア・ルーズベルトは自分の絶望感を自信を与えるような空想で埋めあわせたと考えるような――は、心理学的な伝記に大きな影響を与えている。この理論をごく簡単にいえば、年を取って現れてくる優秀さは幼いころの劣等性のなかに隠されているというものだ。チビで、病弱で、悲しみを体験した子供は、補償の原理に衝《つ》き動かされ、行動力と力にみちたリーダーとなって頭角を現す、というのだ。

一九三九年から一九七三年（その二年後に他界）までスペインの独裁者であったフランシスコ・フランコ将軍には、この補償理論の枠組みをたやすくあてはめることができる。少年のころ、フランコは「ひどく内気で」「体が脆弱《ぜいじゃく》で」「とても小さ」かった。そのため、こんなこともあった。「一五歳のころ、彼はトレドの歩兵アカデミーに入学した……指導官の一人は、小さくて童顔だったフランコに重い標準サイズのライフルではなく、短身の小銃を渡した。フランコは、そこでキッと姿勢を正して、言い放った。『隊で一番強い奴ができることなら、どんなことでも、やってみせます』[*16]。フランコはこの屈辱を忘れることがなかった。フランコは、尊厳を何よりも大事にした男だったからだ。また、幼いころの弱さへの補償に加えて、フランコは陽気で、力のある、弁のたつ外交的な兄弟たちと競争もしていた（「同胞間の抗争《シブリング・ライバリィ》」である）。つまり、フランコは幼いころの劣等感を、大人になって勝利・圧政・無慈悲な政策をなすことで乗り越えたというわけである。

偉大なことをなしとげ、勇敢さを示した名だたる人々で、子供のころにはその正反対の性質を見せていた例は枚挙にいとまがない。エルヴィン・ヨハネス・オイゲン・ロンメル――砂漠の狐と呼ばれたこの英雄的な戦士は、二つの大戦の戦火をかいくぐり、多くの栄誉のメダルでその身を飾った。また彼は陸軍の元帥、戦略の達人で、ベルリン、フランス、ルーマニア、イタリア、北アメリカではその軍の男たちを鼓舞した人物でもある。そんな彼も小さな子供のころには、青白く夢見がちで、口べただったために家族には「白熊ちゃん」と呼ばれていたのだ。小学校ではすでにクラスメイトたちに遅れをとっていて、怠け者で、のらくら、うっかりものだと思われていたのだった。[*17]

北極圏の荒地を踏破、北極点を「発見」したロバート・ピアリは、未亡人の一人息子だった。彼はいつも母親のそば、家の裏庭にいて、「彼のことを『痩せっぽち』と呼んでは臆病者とからかう男の子たちを避けていたのだった」。

また、もう一人の極探検の英雄、ウラジミール・ステファンソンも同級生からは「軟弱者《ソフティ》」と呼ばれており、何時間もたらいのなかでおもちゃの船を浮かべては遊んでいる子だった。モハンダス・K・ガンディは背が低く、痩せていて、不細工、臆病な子供で、蛇や幽霊、暗がりをとくに怖がっていた。[*18] このような人物たちが証拠だていると思わせるような、補償の理論はアルフレッド・アドラーによって提唱されている。アドラーは、フロイト、ユング、アドラーという精神分析三巨頭のなかの最後の、そして最も短命だった人物である。アドラーの才能にあふれた人々の調査は、補償の概念を人間性の基本法則にまで普遍化することになった。アドラーが二〇世紀はじめのころ美術学校で集めた証拠によれば、生徒の七〇パーセントは視覚に何らかの異常があった。またモーツァルト、ベートーベン、ブルックナーといった大作曲家の場合には耳に変質した痕跡があるという。

アドラーの説によれば病気によるハンデや生まれつきの欠点、貧困や若いころの悪環境などが、あらゆる偉業のひきがねになる。人はみな——顕著な、あるいは非凡な人に比べて目だたなかったとはしても——弱さを強さによって補償し、無能さを権力や支配力に変えて行く。人間の心は、基本的に強さ／弱さ、優勢／劣等によって構築されており、常に頂点を目指しているとみなされているのだ。(*19)

スペインの独裁者のこのささやかな逸話は、アドラー流の補償をシンプルなかたちで示している。あるいはもっと巧妙で危険な考え方なら、それをフロイトの昇華の理論に結び付ける。フロイトの理論は、幼いころの弱さは単に強さに転じるばかりではなく、芸術や文化の産物をも生み出すという。そこをたどってゆけば、芸術や文化の産物には、その本当の起源として幼い子供のころのつまらない澱《おり》が見いだせるのだ。

この有害な解釈のモードの応用は、実に容易だ。例えば、ジャクソン・ポロック（1912〜1956）。彼は抽象表現主義派のアクション・ペインティングの、ドリップ・カリグラフィを「発明」した人物である。ポロックは床に大きなキャンバスを広げて、その上を歩き回り、筆から絵の具を撒《ま》き散らして描く。彼が動くたびに絵の具は、いくつにも重なった弧、カーブ、反転をなしリズミックなパターンを作り出しては巨大な網目細工を作りあげてゆく。彼は、こう言ったと伝えられている。「描いているときには、何をしているのかわたしにもわからないのだ」。

しかし、賢明なる心理学者なら、もちろん、ポロックが白いキャンバスに描く軌跡《トレース》の由来を、子供時代の一つの劣等性にさかのぼる《トレース》ことができる。ワイオミングの農場に暮らしていたジャクソン家の、五人兄弟の末っ子だった彼は、「兄たちに一〇代になってもまだ赤ちゃん呼ばわりされており、彼はそれを嫌っていたのだった」。

多くの農場労働者の例にもれず、ポロック家の男の子たちはできるだけ家の離れをさけて、乾燥したほこりまみれの地面（あるいは冬の白い雪）にすぐに消える模様を描くのを好んだ。幼いジャクソンは、兄たちがどれだけ小便を遠くまで飛ばせるか、競っているのを見ることがしばしばあった。競争に加わるにはあまりに小さかった彼は小便をするときは家の離れに隠れた。この癖は、彼の人生にずっと残ることになる。大きくなって、兄弟たちと同じように長い黄色い弧を描くことができるようになってもこの癖は消えなかった。(*20)

画家自身には自分のやっていることが分からなかったとしても、賢い心理学的伝記作家なら、分かる！　長じて彼が描く弧は、砂の上に残った放尿のあと、芸術家の恥にまみれた無意識のなかに残っている放尿のあとなのである。精神分析的な心理学的伝記作家は、画家自身が語ることを否定する（つまり、彼は、芸術家がその作品の不可視の源を知らないということ、いや知ることができないということを知っているのだ）。しかし、一方でこの解釈者はその解釈の基礎、つまり「無意識」の意味を無視しているのだ。もし無意識の内容や、無意識のふるまいがわかるならば、――つまりアクション・ペインティングに昇華された男根の競争や同胞の抗争として――その源はもはや無意識ではないことになる。ポロックはただ、心理学的伝記の解釈というプログラムを実行し、理論を裏付けているだけになってしまう。

わたしにいわせれば、しかし、創造の力をこんなにも貶《おとし》める理論は、全くお笑いぐさだ。補償理論は、非凡な人物や行動の、本来の力を奪って、精神《スピリット》を殺してしまう。優秀さは、より大きなイメージを表現したものではなく、低いところから生まれてきたものとなる。ほとんどすべての感銘を与える人生が示すように、そこには何かしら呼びかけてくるヴィジョンや理想がある。その召命がどんなことをさせようとしているかは、全くわからないことはないにしても、ふつうはぼんやりとしているが――。

もしすべての優秀さが過剰に補償された劣等性だとするのなら、そしてすべての才能がかたちをかえた傷で、高貴な仮面を被《かぶ》った弱さにすぎず、精神分析によってその正体を暴くことができるというのなら、フランコは実は単なるチビでいまだに兄弟と張り合っており、またポロックもいまなお単なる「赤ちゃん《ベイビー》」だということになる。彼らはただ理論どおりのものにすぎない。こうなると、だれもが「すぎない」という扱いをうけてしまう。才能などはなく、才能を授けたダイモーンもいない。わたしたちは、天使もいないこの惑星の上で孤独な存在となる。ただ、親から受け継いだこの肉体に縛りつけられ、家族や環境という圧政者の過ちにさらされている。それに打ち勝てるのは「強い自我」の意志の力だけなのである。

そこで補償理論をいったん捨て、どんぐり理論に戻ってその見地からガンディ、ステファンソン、ピアリ、ロンメルの子供時代の特徴を見てみよう。マノレーテの幼いころの内気さをみたときと同じように、彼らの人生を後ろ向きに読んでみてはどうだろうか。ガンディは不可視の存在と闇を恐れていた。彼の宿命を司《つかさど》るダイモーンは、インド式のこん棒で打たれる刑と暗い独房での永きにわたる幽閉生活をすでに知っていたのだ。また死と隣りあわせの人生となることも知っていたのだろう。暗殺は、ガンディの運命にすでに書き込まれていたのだ。ピアリとステファンソンはその風変わりな子供じみた遊びによって、氷に閉ざされた地球の頂点での孤独に耐える下準備をしていたのだろうか。またロンメルは（ロンメルは息子に「陸軍大尉だったときですら、すでにどうやって一個の軍を指揮していいのかわかっていた」と言ったという）(＊21)——青白くてのろまな、怠け者でぼんやりした「白熊ちゃん」は、恐らくエル・アラメインでの激しい砲火や二つの大戦で経験するであろう爆撃（自分の骨をノルマンディに散らすことになった猛砲撃、ヒトラー暗殺計画に参加したのではないかという疑いからＳＳ［訳注 ナチスの親衛隊］によってとらされた自殺的な役割を含めて）を何かのかたちで先に知っていて、そのショックから身を守ろうとしていたのではないだろうか。

　フランコの大仰な態度もまた、アドラー的な補償というよりはダイモーンの威厳の誇示として読み直すことができる。ダイモーンは、こう言おうとしていたのだ。「わたしは小さな童顔の少年ではない。我こそスペインの上に立つエルカウディロ、わたしの使命にふさわしい扱いを受けねばならないのだ」。どんな召命にまつわるものであれ、——敬意を求めるのはスペインの軍事指導者ばかりではない（第10章で見るように、殺人者ですら敬意を求める）——ダイモーンは、威厳をもたねばならないのだ。ダイモーンを見下してはならない。子供はダイモーンの威厳を守ろうとするものだ。「いたいけな」年頃のか弱い子供が、不公平やウソにたいして抗《あらが》い、自分を貶める誤解には荒々しい反応をみせるのは、そのためだ。子供にたいする虐待ということでいえば、その定義を性的なもの以外の領域にまで広げなければならないだろう。子供の虐待は、性的なものだから悪いのではない。人格の核にあたる尊厳、つまりどんぐりの神話に対する虐待だからこそいけないのだ。

動機理論

召命を補償理論で説明することを批判したが、動機理論ならここにあげた逸話的な証拠によって支持されるようにみえる。召命を非常に印象的なかたちで示した、傑出した人々は、一つの重要なファクターをもつという点で共通の特徴がある、と創造性の研究で知られるハーバード大学精神医学科教授アルバート・ローゼンバーグはいう。教授によれば、その要因は知性でも気質でも、パーソナリティ・タイプでも、内向性でも遺伝内容でもない。また幼いころの環境でも、霊感でも、強迫観念でも、心理的な障害でもない。これらの要因はあることもあれば、ないこともある。あるいは、そのうちのいくつかが強力に作用していることもあろう。しかし、ただ動機だけは「すべての場合において、どんなときにも共通して現れている」のだという。(*22)

樫の木のどんぐりを成長させる力は、心のうちの「動機」ではないのだろうか。あるいは、もっというなら、どんぐりのなかの樫の木性は動機ではないのだろうか。たしかに、どんぐりを実らせるのは樫の木だ。しかし、どんぐりは樫をそのうちにはらんでいるのだ。動機はエレノア・ルーズベルトの白昼夢のような奇妙なかたちで現れる。また、同じように、一九八一年にノーベル文学賞をとったブルガリア出身の思想家にして作家、エリアス・カネッティの幼い子供時代の話のように暴力的なかたちで現れることもある。それは、カネッティがまだ五歳のころの話だ。

父は、「ノイエ・フライエ・プレッセ」新聞を毎日読んでいました。父が、新聞をゆっくりと開いたときが、大いなる瞬間だったのです。……わたしは、新聞の何が父を魅了しているのかさぐろうとしました。はじめ、それは匂いだと思いました。……椅子によじのぼって、新聞紙の匂いを一生懸命にかごうとしたものです。……。（のちになって父は）大事なのは文字なのだと教えてくれました。父の指が指している、小さな文字。わたしにもそれが読めるようになるだろうと父はいうと、わたしのなかに文字に対するどうしようもない渇望がわきあがってきたのです。

（わたしの従姉妹は）読み書きができました。彼女はもったいぶって、目の前でノートを広げました。そこにブルーのインクで書かれた、アルファベットたち。それは、これまでに見たどんなものよりもわたしをひきつけました。けれど、文字に触れようとすると、……従姉妹はだめだというのです。……拝み倒したあげくに許されたことと言えば、ただ触らないように文字を指さすことだけでした……。

毎日のようにノートをくれるよう頼んでみました。けれど、そうすればするほど彼女はそれを拒むようになったのです。……ある日、家族のだれもが忘れ得ぬ日がやってきました。いつものようにわたしは、従姉妹を門のところで待っていました。「書いたものを見せて」……わたしは彼女を追いかけ、ノートをせがみました。……ノートは書き物とわたしにとっては分けられないものだったのです。従姉妹は、ノートを頭上高くにあげました。……小さかったわたしには、手が届きませんでした。……と、わたしはそこを離れ、家をぐるりと回って台所の裏庭に行きました。そこでアルメニア斧をとって、それで彼女を殺すために……。

斧を高く掲げ、中庭を殺人の言葉を何度も何度もつぶやきながらわたしは歩いて戻って来ました。「アゴラ・ヴォ・マタル。ルーリカ！」。つまり、「ルーリカを殺すぞ、ルーリカを殺してやる！」(＊23)

非凡な人々は、召命を非常にはっきりと示す。だからこそ、彼らは魅力的なのだろう。あるいは、召命が明瞭で、しかもそれに忠実だからこそ、彼らは非凡なのだ。彼らは、召命と召命の強さ、あるいは召命への信頼をもち続けた実例とみなすことができる。

彼らには、そうするよりほかになかったのだろう。カネッティは文字と言葉をもつ以外にはなかった。でなければ、どうして作家になれただろうか。フランコは、兵学校のどんな生徒にも負けぬくらいに強くなければならなかった。バーバラ・マクリントックとユーディ・メニューインは、本物の道具を手にしなければならなかった。二人は、もう仕事を始めなければならなかったのだ。普通の人々にはできないことをなすがゆえに、非凡な人はダイモーンの存在をよりよく示す証人となるのだ。わたしたちは、それほど強い動機ももたず、そんな一点は志向していないかのように見える。けれど、わたしたちの宿命も同じ宇宙的な動力によって突き動かされているのだ。非凡な人々も、別種の人間であるわけではない。ただ、彼らのなかで動いている動力が、外から見透かせるだけなのだ。

だから、彼ら本人やその「パーソナリティ」はさほどここでの関心事ではない。興味があるのは、運命の非凡なファクターそのもの——それがどうやってきて、いかに姿を現すか、それが何を望み、それがどんな副産物をもたらすか、ということなのだ。

これで、裕福な人々や有名な人々を崇拝しているわけでも、非凡な人々の伝記を宿命の現れとして眺めることになる。わたしたちは、非凡な人々の伝記を宿命の現れとして眺めることになる。あるいはモーツァルトやゴッホがいかにしてモーツァルトやゴッホになったのかの研究をしているわけでもないということが明らかになっただろう。守護霊《ゲニウス》は、だれにでもついている。けれど、人は守護霊《ゲニウス》でもないし、天才《ゲニウス》になれることもない。ゲニウスやダイモーン、あるいは天使は人につきしたがう不可視の非人間であって、ゲニウスがついている人間と同一ではないのである。

子供たちのヴィジョン

幼いころには、人間とダイモーンはしばしば同じものだと混同されることがある。子供は守護霊《ゲニウス》に吸収されているため、この誤解は無理のないことではある。子供にできることは少なく、一方、ダイモーンの力は大きい。子供自体を例外的だとか特別だと見たり、あるいは叱責すべき対象と考えたり、機能障害《ディスファンクショナル》のトラブルメーカー、暴力的犯罪者の卵として、査定したり、間引いてしまうことがあるのはそのためだ。

病理と例外性を結び付けることは、天才《ゲニウス》を狂気と結び付け、あらゆる種類の愚行をもちあげるロマン主義につらなっている。狂っているように見えれば見えるほど、天才である証拠だというわけだ。けれど、わたしたちの考えはもう少し責任感のある態度をとる。いや、この考えは、インスピレーションを与えるものであるとすらいえる。わたしたちのごく普通の生活と奇妙な逸脱の間に、生まれついてのイメージの感覚を与え、そのことによって一つの統一的な意味のパターンをもたらすのである。ここで語られる、傑出した人々の幼いころの逸話は、彼らの子供時代だけを示すものではない。それはあなた自身の子供時代、そして今わたしたちが面倒を見て、気を砕いている子供たちにも光を投げかけるのだ。一見、症状として現れる固有性のなかに召命を感じさせるものがあることを、それぞれの話は示している。心にこのようなヴィジョンをおきながら、子供たちを扱うことも可能ではないだろうか。この態度はきっと、子供たちの性格と習癖の病理を診断しようとしがちなわたしたちをしばしひきとめてくれるだろう。

ピーターとジンジャーのブレギンの『子供たちに対する戦争』(“The war against children”と題された著作)は、さまざまな問題を疫病のごとく広げてアメリカの子供たちを脅かしている。(*24) その数々の問題は、本来問題を解決すると彼らが言う方法が引き起こしているのだ。何世代も昔の悪は、今、援助プログラム、薬理的な予防、アパルトヘイトの人種差別などのかたちをとって繰り返し現れている。それらはすべて、優生学、白人中心の人種差別主義、去勢と避妊手術、強制退去、それによる極貧化、体罰、飢えなどにさかのぼる。

古代の地中海地方でのように、子供たちはサターン＝モロクへの供犠とされてしまっている。科学は若さ――つまり変則的なもの、過剰なもの、パラダイムを転換させ新しいものを生み出す可能性――を恐れる。そのため子供たちは科学のスケープゴートにされるのだ。薬物がコンドームよりずっと堂々と用いられている我らが「精神衛生のための施設」に、もし本書で語られた非凡な人々が子供時代に入れられたとすれば、彼らは一人残らずだめになっていただろう。

こんなにも罪深い処置とはいいえ、故意に行われているわけではない。彼らはみんな善意でやっている。それは理論のもつ不適当さ、罪深さからいやおうなしにもたらされる結果なのだ。すべてを標準化して考える発達心理学の統計が尺度を決め、その尺度から人生の驚くほどの多様さが査定されているかぎり、偏向《デビエーション》は異常者《デビエント》とされてしまう。統計と組になった診断は病である。しかし、統計と組になった診断こそが、アメリカ精神医学会が生み出した、専門家や医療事業関係者、あるいは保険会社などによって用いられている、世界的に認められたガイドの名前になっているのだ。――つまり精神医学の診断統計マニュアル、DSM(*25)。この分厚く、重厚で、しかし軽薄な本は、すべてにわたっていかに多様なかたちでダイモーンたちが人間の運命に影響を与えるか、そしてそれはわたしたちの文明のなかでいかに悲しく、奇妙なかたちで現れるかを語っているのだ。

本書では、病理と例外的であることを結び付ける「異常《アブノーマル》」という言葉を「傑出していること」という言葉に交換しよう。そして、「傑出していること」を、わたしたちが日々自分たちを測っている基準に対抗するヴィジョンとしてみよう。心理学者は症例《ケース・ヒストリー》ではなく、人間の歴史《ヒューマン・ヒストリー》を読むべきなのだ。生物学《バイオロジー》ではなく、伝記《バイオグラフィ》を。また異教の部族的な、非工業的な文化にたいして西洋の理解のしかたを適用するのではなく、彼らの人類学(人間の性質についての物語)をわたしたち自身に適用すべきなのである。わたしは、これまで教えられ、実践してきた心理学の思考を逆転させたいと思う。そして、無謀なことかもしれないが、この領域からいくばくかの罪を救済しようと思うのだ。

傑出していることと例外的であること

この章、いや本書全体にちりばめられた物語は、本書の焦点が主に人々の幼いころにあることを示している。それは、主に逸話を用いるという方法論も示している。また、これらの物語は非凡さ、という本書の核心をついてもいる。

この核心については、少し説明がいるだろう。非凡なものは、ありふれたものを拡大し、あるいは強調したかたち《イメージ》で見せてくれる。教訓をひきだすための、非凡な人の研究には長い歴史がある。ウァロ、プルタルコス、スエトニウスなど古典期の偉人伝から、教父たちのような人々やヴァザーリ（＊26）が書いたルネサンス芸術家列伝、さらに大西洋をわたってエマーソンの『代表的人間』にいたるまで、すべてがこの範疇に入る。また、こうした伝統にはアブラハム、ルツ、エステル、ダビデや聖者たちを含め、聖書の登場人物も加えていいだろう。――彼らはすべて、性格《キャラクター》の大いなる例証者たちなのである。また演劇の伝統の中にも非凡な人々がたくさんいる。オイディプス王、アンティゴネ、パイドラ、ハムレット、リア王、ファウストからウィリー・ローマンに至るまで、これら登場人物たちはわたしたち自身の人生を映す鏡である。

本書はノーベル賞受賞者や政治家を、ポップ・スターや殺人者、トークショーのホストと同列に扱う。だが、名声を得ることが創造性の証拠だと言っているのではない。傑出していることは、特定の道に導く召命の非凡な力を示しているのである。だから、本書は傑出した人々を、その本来のかたちで用いることにしよう。運命がわたしたちに求めていることを、彼らの運命を見ることによってよりはっきりさせようというわけだ。

これらの人物たちを、これまでに文化にならって、人々のうちの可能性を見せ、ふつうの人々をインスパイアするために用いるようにしたい。非凡《エクストラオーディナリィ》な人々は、人々を熱狂させる。非凡な人々は、人々を導く。また、彼らは警告もする。イマジネーションの回廊のなかで、偉大さ、驚嘆と悲しみの擬人像となって立ち、わたしたちが運命を担うのを助けてくれるのである。非凡な人たちはわたしたちの生に想像界的《イマジナル》な次元を与える。それこそ、わたしたちが伝記を買い求めたり、有名人の秘密の恋の話を読んだり、彼らの幸運や過ち、ゴシップを知りたがる理由なのだ。それは偉人たちを自分たちのレベルに引き落とそうとしているのではない。逆に、偉人たちと近しくなることでわたしたちをひきあげ、世界から不可能なことを減らそうとしているのである。彼らのような、ダイモーンを見せてくれる先人たちがいなければ、精神病理学の診断を下す以外に、非凡な人々を分類できなくなる。

高められたイマジネーションの人格化である彼らは魂に火をつけ、魂の教師となる。英雄や英雄の崇拝のことばかりをいっているのではない。悲劇の人物、美しい人、コミカルな人、老婆も、ハンサムな指導者たちもそうだ。非凡な人々が示す、劇場的なキャラクターの描写はロマン派の伝統に属しているものだ。しかし、狂人、恋人たち、詩人などのキャストをかかえる、ロマン主義的な壮麗さの伝統は平等主義によって矮小化され、アカデミックなシニシズムで解体され、また精神分析的診断によって誇大妄想のラベルをはられてしまった。その結果、文化のなかに生まれた空隙はポップ・スター、偽物の貴人たちやバットマンが無断で席を占めるようになって、文化の規範となるのはただやすっぽい有名人たちだけになってしまったのだ。

そこで本書は、心理学を二百年前、つまりロマン主義的な熱烈さが理性の時代を打ち破る前まで引き戻そうと思う。心理学のベースには、統計や診断ではなく、人々のイマジネーションをおこう。症例を読むときには、詩的な心をつかって、事例の本質を読み取りたく思う。科学的な報告としてではなく、現代版のおとぎ話《フィクション》として読もうと思うのである。

症例《ケース・ヒストリー》は、患者本人の疾患《ケース》よりも、心理学自体の過ちを示している。病歴の語りをみれば、一般の心理学が非凡《エクストラオーディナリー》な人をふつうの人の尺度で測り、そこから「偉大さ《エクストラ》」をひきぬく、逆向きの結論の引き出し方をしていることがわかる。——そしてわたしたちは皆、このような心理学に深く影響されている。本書の冒頭にのせたエピグラフのうちのひとつに、エドガー・ウィントのものがある。ウィントは恐らくルネサンスのイマジネーションの分野に対する最も偉大な学者であるが、そのエピグラフをもう一度繰り返すのもむだではあるまい。

小さな作品には当てはまるが、偉大な作品には当てはまらない方法は、明らかに間違ったところから出発している。……凡庸さは例外的なものを還元すれば理解できようが、例外的なものは凡庸なものを拡大しても理解できない。論理的にも、因果的にいっても偉大なものは……より理解しやすいカテゴリーを与えるという点で重要なのである。(*27)

例外的なものがより理解しやすいカテゴリーであるとすれば、非凡な人の研究は、ほかの例をどんなに集めるより人間性の深さを理解する方法だろう。たったひとつの逸話が、一つのヴィジョンの領域すべてを照らすということもある。自分の宿命のなかにいた牛を恐れ、台所のなかにすくんでいたマノレーテ。言葉を求めて斧をとったカネッティ。これらは、子供たちの問題は発達上の障害ではなく、自分たちを開示する表象にも思えてくる。

それぞれの伝記の断片は、簡潔に本書の主題を例証している。わたしたちは、わたしたちの人生の重要性を、新たな視点で見なおさなければならないのだ。そこで、時間と過去が今のあなたを決定づけていると言い張る、因習的な伝記の見方をわたしは、批判したいと思う。

ヘロドトスとツキジデスが歴史を発明して以来、あるいは聖書が系図を語って以来、西洋ではあらゆるものが時間にそって年代順に並べられて来た。時間については、ユダヤ人もギリシャ人も、意見を同じくするだろう。つまり、時間が重要《カウント》となるのだ。進歩は、時間によって立つ。進化は時間を必要とする。物理科学を成立させている計量も、時間にその基盤をもつ。消費意欲をかきたてる「新しい」とか、「改良された」といった観念は時間の発明品だ。西洋の精神にとって時計を止めるのは実に困難だ。そして西洋の精神は我らが内なる命を生物時計とみなし、心臓を時計の振り子のように考えてしまう。腕につけられた小さな電子機械は、「時間に縛られた」西洋の精神の具体的な象徴だろう。「腕時計《ウォッチ》」は、「覚醒《アウェイク》」や「自覚《アウェア》」という言葉と語源を同じくしている。わたしたちは、すべてが時間にそって動いていると信じ込んでいる。時間という川が、世界のすべて、すべての種族、そしてそこに属する一人一人を運んでいると信じているのだ。そのため、何かを見るときには、わたしたちはいつもそれを時間の流れの中で見てしまう。そして、本当は見えない時間そのものを見ているような気すらしてくるのだ。

ものごとへの見方を変えるためには、恋に落ちることが必要だ。恋に落ちたときには同じものが違って見えてくる。見方を変えることは恋する時と同じように救いをもたらす。――魂を天に引き上げるという宗教的な意味ではなく、もっと実際的な意味で。救済センターで起こるように、それまで誤って無価値と考えて来たものの意味を取り戻せる。日々の生活で起こる、不快な症状もその価値を回復される。役にも立たないことが新しい意味をもち始めるのだ。

わたしたちの文化のなかで、症状は何か「悪いもの」を意味する。しかし症状という言葉は本来、よくも悪くもない偶然の出来事の組み合わせ（sym）が、ひとつのイメージを作り上げているということを意味するにすぎない。その価値を倫理的に判断する必要はないし、またそれが医学の領分である必要もない。偶然の出来事、つまり症状は本来病ではなく、宿命に属するものなのである。

もし子供の症状を——たとえ苦しみをともなったとしても——ただちに悪いことやおかしいことと考えなければ、そのときはじめてわたしたちのイマジネーションの焦点を子供たちの症状から解放し、「似たものは似たものを治す」という医学の金言を悪用するのを止めることができる。つまり、子供になにか悪をなして、悪である症状を取り除くということを止められるのだ。もし症状が「悪いもの」ではないのだとしたら、症状を追い払うために悪い方法をとることはないのだから。

洗練された、あるいは迷信深いセラピストは、しばしば考える。追い払われた症状は、いったいどこにゆくのだろう、と。症状は本当に去ってしまったのか？ それが再び形を変えて戻ってくることはないのだろうか？ あるいは、本当に症状が去ってしまったとするなら、症状が表現しようとしていたのは何だったのか？ このようなとまどいは、症状のなかには、ただ非社交的だったり機能不全だったり、ハンディキャップをもたらす悪「以外のなにか」が含まれているという感覚を示している。

このようなとまどいは、症状のうちにある、不可視の存在にたいして目を開かせてくれる。症状を（倫理的な意味で）悪だと思いこまずに、単なる現象だととらえられるようになる（現象とは、もともと、見せるもの、輝くもの、光を放つもの、明るくするもの、見られるために現れるものを意味する）。症状は診られるだけでなく(loooked into)、観られたがっている(looked at)。

ものの見方を変えることが、本書のねらいだ。子供たちというかつてのわたしたち、今のわたしたちである大人、わたしたちを何らかのかたちで必要としている子供たちを、呪いではなく祝福の光で見るようにしたい。いや、祝福とまではいかずとも、少なくとも症状を召命のあらわれとして見るようになってほしいのである。

美について

心理学が犯すあらゆる罪の中で、もっとも致命的なものは美の否認だ。人生には、誰が何といおうと、美しい何かが存在する。しかし心理学の本を読んでいる時にはそうは思えない。ここでも、心理学は本来の研究の対象からそれてしまっているのだ。社会心理学も、実験心理学も、臨床的な心理学も、人生の物語を美的な視点で見つめる余裕がない。心理学の仕事は、調査と説明だけ。対象のなかから美的な現象が浮かび上がることがあったとしても、（それはジャクソン・ポロックやコレット、マノレーテのように美的なことに従事した人だけのことではない）美的な感受性などはじめから持ち合わせない心理学によって説明されてしまうのである。

運命の糸が働くところには、それなりの解釈があるはずだし、それなりの美があるはずだ。こんなイメージを思い直してみるがよい。金属製の弦の、おもちゃの楽器を投げ捨てるメニューイン。たらいに船を浮かべる弱虫のステファンソン。こわがりで、大きな耳のやせたガンディ。イメージとして現れた人生には家族関係や遺伝子の設計図など必要ない。人生の物語ができあがる前に、人生は自身をイメージで見せているのだ。イメージはまず、見られることを望んでいる。たとえ、それぞれのイメージには本当に意味が内包されており、分析の対象となるにしても、もしイメージそのものを味わうことなく一足飛びにその意味のほうに向かってしまったら、喜びは失われてしまい、どんなに優れた解釈でもそれを取り戻すことができなくなる。ここでまた人生から美が失われる。美の表現が出来事の意味よりも重要ではないということになってしまうのだ。

心理学の「致命的《モータル》」な罪というとき、わたしは何かを殺してしまうような罪のことを言っている。心理学の専門書。その言葉。地の底から響くような暗い声。分厚い教科書。深刻な主張。陳腐なだけの「新発見」の仰々しい発表。見かけだけ立派で虚飾に満ちた専門家たちの会合。効くはずの薬。静かなカウンセリング・ルーム。魂を回復するためと称するよどんだ水たまり。耳のないしけった食パンのように、やわらかいだけがとりえの、希望を売りにした、中産階級の最後の砦《とりで》。こうしたものが死んだような感覚を呼び起こす。

美を否定することは女神を否定することだ。だが、女神はいまやセクシャル・ハラスメント担当の部門、セックスとジェンダーについての「調査」実験室に逃げ込むほかはない。そして女神は相談室のなかで、ただただ性的な対象として扱われてしまう。美を失った心理学がそれ自身の考え方の構造によって犠牲になっている一方で、すべての熱意は出版や地位の追求にだけ傾けられてしまう。美がなくては喜びもユーモアも減じる。冒険への意欲は、実験の計画にあうように切り詰められ、大いなるものを求める動機は誇大狂や自我膨張として心理学から捨てられる。ロマンがいまだ残っているとするなら、それは苦しんでいる人を助けるべく、「セラピスト養成プログラム」を受けようという人たちの望みのなかだけのようにみえる。しかしもし援助が召命であるとするなら、魂や美、喜びを失った心理学に期待するより、マザー・テレサの教えを請うほうが苦しんでいる人を助けるためにはよいだろう。心理学は自身にたいしての自助のマニュアルをもってはいないのだ。

本書はこのような致命傷を避けようとしている。それはページのなかに現代心理学の言葉が出てこないことでわかるだろう。文章を心理学の病で汚染しないように、引用されたものをのぞいては、次のような感染源は用いないはずだ。すなわち、遂行《パフォーマンス》、成長、創造性、閾《いき》、連続、反応レベル、統合、自己同一性、発達、妥当性の評価、境界、対処の測定、オペラント条件づけ、標準偏差、主観、適応、検証可能な結果、試験結果、緊急情動、期待《ホープ》などである。診断のラベルもほとんどないだろうし、頭文字を綴《つづ》った省略語もない。本書は、「問題」という言葉を廃した心理学の本なのだ。「自我」や「意識」についてもほとんど言及されないし、「経験」についてさえ、言及しない！　またなかでも有害な言葉である「自己」という言葉が、文章のなかに忍び込んでこないように努力した。この言葉は大きな口をもっている。それは何でも無限に飲み込んでしまう。「ゲニウス」「天使」「ダイモーン」、あるいは「運命」などのかたちで人格化した存在を跡形もなく飲みこんでしまうだろう。最後に、こうも宣言しよう。この本は、情熱的な心理学的な意図をもってはいるが、その情熱をジェンダー戦争のために無益に使ったりはしないと。文明全体が、身から出たサビで崩れようとしている今、あなたが女であるか男であるか、またはそのどんな組み合わせであろうが、問題ではないのだ。わたしたちはここではひとつである。ジェンダーより急を要することのほうに心理学の情熱を傾けるべきなのだ。

そこで本書は心理学を美と結び付けたいと思う。このような救済は高望みだろうか。しかしそれはわたしたち自身の伝記のイメージに、何とか働きかけることができてはじめて可能になる。——つまりわたしたちの人生を美と結び付けて考えられるようになってはじめてできるのだ。

どんぐりの探求によって、お互いとわたしたち自身の見方が変わってくる。見ているもののうちに美を見いだすようになり、見ているものを愛せるようになる。こうしてやっと、人間の性格《キャラクター》の奇妙さや、召命が要求するものと取り組めるようになる。召命を愛することと、召命が求める愛とともに生きること、死が二人を分かつまで召命との結婚を全うすること――本書はそんなヴィジョンを与える。

わたしたち自身を召命を受けたものの実例として見ること。わたしたちの宿命をダイモーンのあらわれとして見ること。わたしたちの人生を、フィクションにたいして見るときのような想像力にあふれた感受性をもって見ること。それによって、原因を捜し求めることが生み出す心労や熱に浮かされたような激情、いらだちを止めることができるかもしれない。自分の尾を追いかけ回す犬のように、わたしたちは「なぜ」という悪魔的な問いにとり憑かれている。そしてその問いは双子の兄弟である、やはり悪魔的な問い、「どのように」――どのように変えればよいのか――を呼び起こしてしまう。幸福の追求のはずが、いつの間にか、誤った問いへの答えの追求となっている。心理学がいかに広範囲にわたって不安を呼び起こしているか、わたしたちはほとんど気がついていない。――心理学は、両親に、子供たちに、調査者に、その研究のうちに、どんどん「問題領域」をさぐりだそうとする。老い、ビジネス・マネジメント、スポーツ、睡眠、調査の方法そのものにいたるまで、あらゆるものが研究、調査、分析の対象となってゆく。けれど、たえまない審問のごとき研究ばかりでは理解にはつながらないし、また自己分析だけが気づきの方法でもない。イメージを味わうこと、子供時代からちりばめられたイメージのつながりとして、あなたの人生を見つめること、またそれらを深く見据えていくこと。それがせわしない探査への焦燥を緩め、何かを見つけだそうとする焦りやいらだちに安らぎを与えることになる。トマス・アクィナスは、その著『神学大全』のなかで、美は、その定義からして動きを抱き止めると言う。美こそ、心理学の生み出す熱病への治療法なのである。

この学問のなかで、人間の心がもつ美への渇望を認めるとなると、人間の心こそ、この研究の対象となる。心理学は、もし生き残ろうとするなら、美へと立ち返らねばならない。驚くべきことだが、創造的な人々の研究においてさえ、美への欲求は——もし言及されていたら、の話ではあるが——単なる可変的な要素のひとつとして扱われているようなのだ。美のもつ推進力(どんぐりは、美しい樫の木になろうとはしないだろうか?)を抜きにしたような書き方の伝記が、果たして人生のヒントを求めて伝記を読む人たちの心の渇きに応えることができようか。美の感覚を伝える物語だけが、人生を満たすことができるのだ。

似たものは似たものを癒やす。人生が求める美について説明しようとするなら、人生についての理論は美にその基盤をもたねばならない。ロマン主義者は、この本質的な真理をちゃんと知っていた。大胆にも雲のごとくたなびく栄光に手を伸ばそうとした彼らは、この世に不可視のかたちをもたらそうとしていたのだ。彼らは、それが人生をイメージするときに不可欠であると知っていた。最後のロマン派の一人、コネチカットの詩人ウォレス・スティーヴンズは、このような雲のごとき思考についてはっきりと言っている。

……雲は我々に先立つ。
我々が息をする前にも、ぬかるんだ中心があった。

神話が始まる前にも、神話があった。
畏《かしこ》むべき、はっきりとした、完結した神話が。(*28)

魂が特定の宿命を選び、生まれたときからダイモーンによって守られているという、プラトンから引用した物語は、まさにそんな神話だ――畏むべき、明瞭な、完結した神話。そしてその神話は、あなたが、あなたの物語《バイオグラフィ》と呼ぶもうひとつの神話を生きはじめる前から存在した。

話を戻して、まとめ直してみよう。これまで、どんぐり理論といってきたことを手短に「一粒で」まとめて見たい。この理論は、このように唱える。一人一人の人生は固有のイメージによって形作られる。このイメージは人生の本質であり、それが人生を特定の宿命へと導いていく。このイメージは、運命の力となって、あなたの召命を忘れることなく付き従う、あなたのダイモーンとして働く。

ダイモーンがあなたに召命を思い出させるための「ヒント」はさまざまだ。ダイモーンはあなたを動機づける。ダイモーンは守る。ダイモーンは作り話をし、執拗《しつよう》なまでに何かにとりくませる。ダイモーンは妥協を許さず、しばしば、本人に逸脱や奇行を強いることがある。(とくにダイモーンが否定されたり、妨げられたときには)ダイモーンは安らぎを与えたり逃げ場をつくったりもするが、無邪気なままでいさせることはない。また肉体を病気にさせることもある。ダイモーンは時間と歩調を合わせず、人生の流れのなかにあらゆる過ちやギャップ、節目をつくりだす。――しかもダイモーンはそれをむしろ好む。ダイモーンは神話と深い関係にある。なぜなら、ダイモーンは神話的な存在であり、神話のパターンにしたがって思考するのだから。

ダイモーンは、予見の力をもっている。ただし、それは具体的な事件を予見するものではない。（ロンメルやポロックが自殺するだろうとか、「おばあちゃん《グラニィ》」のエレノアがファーストレディになるであろうとか、カネッティがノーベル賞をとるであろう、といった類いの予見ではない）。ダイモーンにはイメージにそって出来事を支配したり召命を成就させることはできない。その予見は、完璧ではなく、ダイモーンが宿っている人生にとって重要さをもつ範囲に限られている。ダイモーンは不死である。ダイモーンは、消え去ることはなく、単なる人間的《モータル》な説明によって殺すことはできない。

ダイモーンは、ユニークさの感覚と関係がある。また、偉大さ、落ちつかない心、焦燥、不満、その渇望とも関係がある。ダイモーンは美を共有したがる。ダイモーンは見られること、とくに世話をしてくれている人によって認められることを求める。上からくる召命を孤独な放浪と感じようが、宇宙的な調和と感じようが、隠すことはできない。ダイモーンのメタファー的な言語は、あらためて学ぶまでもない第一の言語、そのメタファーを通してどんな人とも、どんなものともコミュニケートできることを可能にする心の詩的な基盤だ。

本書の後の章では、どんぐり理論をさらに発展させ、ダイモーンのそのほかの働きを見いだしてゆくことにしよう。

第2章

グロウイング・ダウン——この世への降誕

……トマトの木や高い木でも、光に向かって伸びていくときには、下方へも同じように根を張っているものだ。けれど、わたしたちの人生のメタファーは、生命の動きのうち、上向きのものばかりを指すばかりとなってしまった。

上昇主義的なモデルからは何か重要なものが抜け落ちている気がする。例えば、出産を考えてみよう。普通、わたしたちはこの世界、人間界に、プールに飛び込むように頭から先に生まれ落ちてくる。新生児の頭には柔らかい窪みがあるが、身体シンボリズムの伝統によれば、幼子の魂はここを通じて魂の故郷からの影響を受け続けることができるとされる。

霊的な進歩を暗に意味する、高みへと向かう梯子《はしご》の概念は、長い歴史を持っている。高みに関しては、ヘブライ人もギリシャ人もキリスト教徒も特別に大きな価値を与えてきた。西洋の倫理感を方向づけたこれらの霊的伝統はこぞって、善きものを上方に、悪しきものを下方に置く。そして一九世紀には、成長の概念は上昇主義の幻想にとりこまれてしまった。ダーウィンの論文『人類の由来《ディセント》』は、今では人類の上昇《アセント》となった。移民は社会階層を上るにつれて、より高層、より高級なフロアへとエレベーターで昇るようになる。工業技術によって精錬すると、単に下から上に上げるだけで、石炭、鉄、銅、石油など地下鉱物の経済的価値やその所有者の経済上の地位も高くなる。成長と結び付いた上昇の概念は今や伝記を書く際の定石となっている。大人になることは、すなわち成長――グロウ・アップ――することなのだ。しかし、これは成熟の一面である。それは英雄的な成熟の仕方でしかない。トマトの木や高い木でも、光に向かって伸びていくときには、下方へも同じように根を張っているものだ。けれど、わたしたちの人生のメタファーは、生命の動きのうち、上向きのものばかりを指すばかりとなってしまった。

　上昇主義的なモデルからは何か重要なものが抜け落ちている気がする。例えば、出産を考えてみよう。普通、わたしたちはこの世界、人間界に、プールに飛び込むように頭から先に生まれ落ちてくる。新生児の頭には柔らかい窪みがあるが、身体シンボリズムの伝統によれば、幼子の魂はここを通じて魂の故郷からの影響を受け続けることができるとされる。頭蓋骨のひよめき〔訳注　乳児の頭頂部の骨の間の隙間〕、骨の繋ぎ目がゆっくり閉じられ、堅い頭蓋骨へとなってゆくことは見えない彼岸からの分離、最終的なこの世への到着を示すという。下降には時間がかかる。人は、この世へと着地してゆく《グロウ・ダウン》。足でしっかりと地面に立つには、時間をかけて生きるほかない。

子供たちが現実的でせちがらい世のなかに降誕《グロウ・ダウン》してくるときのとほうもない困難、すなわち、恐れ、適応するための緊張、この世で彼らをとりまくささいなものごとにも当惑し驚くこと。これらはすべてこの世界に生きる《グロウ・ダウン》ことがいかに大変かということを示している。乳児を世話するとき、日本では母親か保護者はつねにそばについているべきだとされる。子供はあんなにも遠い世界からやってきたのだから、常にそばにおいて人間の世界へと導きいれてやらねばならないのだ。

西洋でもアジアでも占星術の黄道のシンボル体系は、頭から始まる［訳注　最初の星座である牡羊座は人体では頭に対応する］。最も洗練された、かつ最も微妙なのは最後の星の宮《サイン》、西洋では魚座、東洋では猪であり、その最後の星座宮の象徴的な身体対応は足である。どうも、足が最後に到達すべき部分とされているらしいのだ。また、ソクラテスの死などを見てもわかるように、命が離れるのは足からだ。ソクラテスが飲まされた毒ニンジンの毒はまず、足の指を痺《しび》れさせ、足からソクラテスをあの世につれ去った。大地にしっかりと足を立たせること、これは最終的な達成であり、頭で始まるあらゆることを終えた後の成長のステージなのである。スリランカで仏陀の足跡を敬虔《けいけん》な人々が敬っているのは驚くにあたらない。それは、仏陀が真にこの世にいたことを示している。仏陀は、まさにこの世に降り立ち《グロウ・ダウン》生を全うしたのだ。

実際、仏陀はグロウ・ダウンのプロセスを若いときから始めた。何不自由ない宮廷生活を離れ、市井へ出たときがその出発点だった。病人、死者、貧者、そして老人を目の当たりにして仏陀の魂はこの世でいかに生きるべきかという問いにかられるようになったのだ。

ソクラテスと仏陀のこのよく知られた物語や占星術のイメージは成長にもう一つの方向性を与える。それは「下」にまた別な価値を与えるのだ。一般的な用法では「下」(down)はただ下降、減少、暗い気持ちを意味するばかりである。魂は、キャリアの上昇ばかりを考える世界に入れられたとき、必ず病的な症状を起こすとまではいわないまでも疑念と不安をひきずってゆかねばならない。希望に燃えた若い大学生が突然、「自分の能力《パーソナル・コンピューター》」がダウンすることを体験する。せわしないコースから外れ、そして彼らは「落ちつく《ゲットダウン》」ことをのぞむようになるのだ。あるいは、酒、ドラッグ、鬱が突然襲ってくる。文化がグロウ・ダウンの価値を認めない限り、魂が人生に深くわけいってゆく時に必要となる闇の感覚や絶望に意味を見いだすには、一人一人がただやみくもにもがくしかない。

成長という有機的なイメージは、人生の木という人々が好むシンボルでよく描かれる。わたしは、しかしここで木をひっくりかえしたいと思う。わたしの成長のモデルは、根を天にもっていて、ゆっくり下へと人間世界へと降りてゆく木だ。これはユダヤのカバラ、キリスト教神秘主義の「生命の樹」である。

カバラの主要な経典『ゾーハル』は、下降がつらいものであると言い切る。魂はこの世に降りてくること、この世に巻き込まれることを厭《いと》う。

聖なる一者が、おお祝福あれ、世界を創造されたとき人の子らに配されるようすべての魂を造られた。そしてひとつひとつの魂は、それが宿るよう定められた体の輪郭に正確にそってかたちを与えられた。……行け、かの地へ、各々の体へ降りて行け。

しかし、魂はこのように答えた。世界の主よ、わたしはこの領域に留まることで満足しています。

ここを離れ、奴隷となり汚されるであろう別の場所などには行きたくないのです。

そこで、祝福あれ、聖なる一者は答えられた。汝の使命は、汝が造られたときから、かの世に行くことなのだ。

逆らうことができぬと悟った魂は、渋々ながらも下降し、この世にやってきたのである。(＊1)

一三世紀スペインで発展したカバラの生命の樹では、下へのびて行く枝が魂の生きざまであると想像されている。魂は下降するにつれ、どんどん現実化してゆき、可視的になってゆく。近年のカバラの心理学的解釈者シャルル・ポンセは、下にゆけばゆくほどその意味を把握することは難しいと言う。ポンセが言うには、上方の領域や象徴はこの世的なものと比べれば秘儀的《オカルト》ではなく、「足はいつまでも神秘」なのである。(＊2) この逆さまのイメージから道徳的な示唆を読み取ることはたやすい。人がこの世ととりくむときにこそ、精神《スピリット》の下降の証拠が得られる。徳とは、謙遜《けんそん》、慈しみ、教えること、などの「低める」ことにあるのであって「傲慢」になることではないのだ。

カバラの樹はわたしたちの文明のなかでもっとも長く生きながらえている、聖書とプラトン主義の創造神話のなかでも繰り返し現れる。聖書は、神は全宇宙を造るのに六日を費やしたと伝える。第一日目には神は昼と夜をわけ、基本の枠組みを造る巨大な抽象的な作業と高みの部分の建築を行った。五、六日かけて創造のプロセスの終盤で、やっと動物や人が増えてゆく。超越的なものから今ここにある、内在的なものの増殖へと創造のプロセスは下に向かってすすんで行くのである。

下降にまつわるプラトンの物語は、エルの神話だ。『国家』の最終章から、それを要約してみよう。

魂たちは、前の生から到着すると神話の世界にいならぶ。各々はそこで成就すべき籤《くじ》をもつのである。この籤は運命《モイラ》の断片と呼ばれており、その魂の特定の性格《キャラクター》を示すもののようであった。例えば、神話の語るところでは節度を知らぬつわものの戦士であったアイアスの魂はライオンの人生を選び、また俊足の若き女走者であったアタランテは男性の競技者の人生を選んだ。また腕のいい職人の人生を選んだものもいる。オデュッセウスは試練と苦難に満ちた人生を忘れることができず、「もはや名を求める野心も枯れ果てていたので、長いあいだそこらをあるきまわっては、厄介ごとのない一私人の生涯を探し求めた。そしてやっとのことで、そういう生涯がほかの者たちから顧みられずに、片隅に見捨てられてあったのを発見」した。『国家』田中美知太郎他訳〈世界の名著〉中央公論社より引用〕

「さて、こうしてともかくすべての魂たちが生涯を選び終えると、みな籤の順番に整列してラケシスのもとに赴いた（ラケシス＝人の固有の籤、もしくは運命の割り当て）。この女神は、これからの生涯を見守って、選び取られた運命を成就させるために、さきにそれぞれが選んだ神霊《ダイモーン》をそれぞれの者につけてやった」。ラケシスは魂を、宿命を人格化した三人の女神のうちの二番目、クロト（klotho＝紡錘でよじる）の元へと導く。「その手が紡錘の輪をまわしている下へ連れて行って、各人が籤引きのうえで選んだ運命を、この女神のもとで改めて確実なものにした」。（それに特定のねじれを加えた？　の意か）。「そしてこのクロトに手を触れてから、こんどはアトロポス（atropos＝曲げることのできない、変化しない）のつむぎの席へ連れて行って、運命の糸を、とりかえしのつかぬ不動のものとした」

「そこから魂は後ろを振り返ることなく必然の女神アナンケの玉座の下へつれてゆかれた」。これはしばしば、

必然の女神の「膝」とも訳される。(＊3)

テキストからは「籤」(kleros) がどのように想像されていたかはあまり明確ではない。klerosという言葉は、それぞれ近しい、三つの意味をもっている。a／現代、子供の遊び場（サンド・ロット）、駐車場（カー・ロット）、空地（エンプティ・ロット）というような意味での土地の一片。そこから拡げてb／あらゆる秩序のなかにおけるあなたの位置、そして、c／嫡子として正当にひきついだ遺産、である。(＊4)

わたしは、神話のなかでのこの籤をイメージであると理解している。籤はそれぞれ個別的で、運命の全体を示すものであるから、魂は自分の生涯全体を見渡すイメージを直感的に理解するにちがいない。そして、そのイメージが引き付けるものを選ぶのだ。「これがわたしの欲するもの、これがわたしが正当にひきつぐもの」だと。わたしの魂は、こうして己が生きるべきイメージを選び出す。

プラトンのテキストは、このイメージをパラディグマと呼ぶ。翻訳者がふつうこれをそう訳すように、これは型《パターン》のことだ。(＊5) したがって、「籤」とはあなたが引き継いだイメージであり、世界の秩序のなかにおけるあなたの魂の割り当てであり、地上でのあなたの場所である。それらはあなたの魂が、この世に来るにあたって選んで、パターンのなかに入れ込んだもの――いや正確に言うなら、時間は神話の方程式のなかには入って来ないものであるから、自分の魂がいまだ選び続けているものなのである。（ローマの異教哲学者サルーストは「神話はかつて事実だったことはないがずっと存在している」という）。古代の心理学は魂を心臓の近くか、心臓に存在するとしている。あなたの心臓はあなたの宿命のイメージを抱いており、あなたを召命するのだ。

そのイメージを開封してゆくのは、一生涯の仕事だ。イメージを知覚するのは一瞬だが、理解するには時間がかかる。魂は運命のイメージをもっているが、ただ、運命は時間によって「未来」として示される以外にはない。「未来」とは運命の別名なのだろうか。そして「未来」について思いを寄せることは、運命をめぐっての空想なのだろうか。

人間の生にやってくる前に、魂は忘却《レーテー》の平原を渡る。此岸《しがん》への到着の前に籤を選んだ記憶、必然の女神の膝下から持ちこんだ記憶などは、すべてここで一掃される。これがわたしたちが生まれるときのタブラ・ラサ、白紙の状態だ。人は物語のすべてを忘れてしまうのだ。しかし、籤が定める不可避の、必然のパターンは消えないし、人の同伴者であるダイモーンは、それを忘れない。

プラトンの伝統を受け継ぐものの中でも最も偉大なプロティノスはこの神話をわずか数行にまとめている。「誕生、特定の肉体、特定の両親、この場所、つまり外的環境と呼ぶもののなかにやってきて、……まるで紡ぎあわされたかのように一つの統一体となる」(*6)。ひとつひとつの魂はダイモーンに導かれ、必然の力によって特定の肉体、場所、両親、環境に宿る。しかし、そのことをぼんやりとでも覚えているものは誰もいない。忘却の野で記憶は完全に消えてしまうのだ。

また別のユダヤの伝説によれば、魂が両親を選んだことを忘れ去った証拠は、上唇に残っている(*7)。鼻の下の小さな溝は天使が人差し指で唇を封じたときの名残だ。この窪みは、生まれる前に、魂としてダイモーンと暮らした時代の痕跡をのこしている。だからこそ、ひらめきを待ったり、何かを思い出そうとするときに、つい指をこの窪みにやってしまうのである。

このようなイメージは心に愉しい推測をもたらしてくれるし、実際何世紀ものあいだはそうだった。なぜこの女神は必然と呼ばれているのか。また神は人類を造る前にまる一日かけて海の怪物たちや地を這《は》うものたちのことを考えられたのか。わたしたちは最後に造られたものであるゆえに最善なのか。あるいは、後で襲ってくる後悔のように、最悪のものなのだろうか。

このような宇宙論的な神話はわたしたちを世界のなかに位置づけ、また世界と人間をかかわりあわせる。今日のコスモロジー——ビッグバンとブラックホール、反物質、無に向かってひろがってゆく曲がった、永遠に膨張する宇宙など——は恐るべき理解不能性のなかにわたしたちを落とし込む。偶発的な出来事があるばかりで、本当に必然的なものは何もない。科学のコスモロジーは魂については何も語らない。だから科学のコスモロジーは魂に対し語るべきものを持たない。またそれは、魂の存在意義も、魂がどこからきてどこにゆくのかも語れない。今の生を超えた目には見えない存在が人生には織り込まれているという感覚を、科学のコスモロジーは抽象化してしまい、文字通り目には見えない、かなたの銀河や波動とみなしてしまう。それらは知ることも感じ取ることもできない。宇宙は時間で計測されるが、わたしたちの生涯など科学の神話の広大な世界にあってはほんの一〇億分の一秒ほどなのだ。これでは生の目的など見いだせようか。物理世界のこのような「不可視のもの」は知ることも感じ取ることもできず、ただ計算されるだけである。それらは何光年も先にあるし、また定義上からして不確定なのだから。ここで、ある種の古代の哲学では、不確定《アペイロン》なものが悪の基盤とみなされていたことを、記しておいてよかろう。(*8) わたしたちの人生の目的と究極の起源を物質科学で説明しようとするのは得策ではない。間違ったところに基盤をもつコスモロジーはどんなものであれ不完全なものにしかならない。それは、存在への愛を不完全なものとしてしまう。想像もできぬ宇宙のなかで偶発的な出来事から創造がなされたという神話は西洋の魂を、窒息しそうな成層圏のなかに捕らえてしまっている。そこで人がプラトンのエルの話、聖書の創世記、カバラの樹など、科学以外の神話に目をむけてしまうのも無理はない。そしてこれらの物語は、ものの在り方について同じような神話的説明を与えている。それらは人間を神話のなかに見いだす。そして神話は、一人一人の奥底へと染み渡り意味を開示してゆく。

プラトンが、彼の「寓話」についてこんなふうにいうのも不思議はない。「もしわれわれがこの物語を信じるならば、それはまた、われわれを救うことになるだろう」

スターダム1　ジュディ・ガーランド

この世への降下は苦痛に満ちて、代償も大きい。とくに家族にとってその代償は大だ。召命を実現する代価は、しばしば、どんぐりが根を降ろしたまさにその環境、つまり肉体、家族、あるいは夫や妻、子供や同僚、師など召命をうけた人のごく身近な人々によって支払われる。召命がつきつけることによって、優雅で快適な生活が台なしになることもある。

もちろん、偉人ばかりが召命を受けているわけではない。どんな職業に就いていても、多くをひきうけすぎた、やりすぎた、という感覚を感じていない人などいるだろうか。人はみな、まだやれるのにと思い煩う。感謝祭のディナーに、もう一皿の野菜料理を。ピアノの練習をあと三〇分できたら。いやせめて練習用の機械ででもできたら。完全を目指す中毒症状とは、天使の呼び声の別名である。警告の声は、ダイモーンのメッセージの一面でしかない。理想へと向かわせるのもダイモーンの声なのだ。それを現代的なストレス、経済的な必要性、超自我の命令、つらい締め切りなどのせいにするのは、非人間的な天使とそのかすかな呼び声の元型的な性質を矮小化しようとする試みだ。誰もが、いつも召命の重圧を感じている。ただこれらの要求がより明瞭で、記録されているのは偉人たちの生涯の場合だ、ということなのだ。

富と人気は両立しない。スターはいつも国を追われた難民のようなものだ。貧しくて孤独で、そして両親や恋人の裏切り、病気や人間離れしたスケジュールなどの悲劇につきまとわれている。しかし、真に責めるべきは天使なのだ。つまるところそれは、非人間的なことを人間世界でなそうとすることからくる困難だ。スターを孤独にし「孤高にさせている」中毒、自殺の試み、夭折《ようせつ》などは召命と現実の人生の間のギャップの結果である。因習にみちた、すべて中庸をよしとする人間世界のなかで、召命が求める人間離れした要求をどうすることができようか。

グロウ・ダウンすることの難しさを示すために、ショウビジネス界で広く知られた二人の天才の話を比較してみたいと思う。まず、ジュディ・ガーランド、すなわち一九二二年六月一〇日にミネソタのグランド・ラピッズに生をうけたフランセス・ガムの話だ。ショウビジネスを生業とする一家に生まれた彼女は、立てるようになるやすぐにデビューさせられたのだが、ガーランドの運命《コーリング》は、二歳半のときにもう姿を現した。ガーランドは、ベイビー・ガムの名で二人の姉と一緒に舞台に立った。そして「ジングル・ベル」をソロで歌うと観客は大喝采、何度も何度も彼女をステージに引き戻したのだった。彼女も応えて歌い、ベルをますますはりきって鳴らして歓声に応えたので、ついには、父親が無理やり舞台から引っ張り降ろさねばならなかったほどだ。彼女はまさに瞬時に客の心をつかみ、瞬時に喜びをもたらしたわけだ。

それより前、ベイビー・ガムはザ・ブルー・シスターズの舞台を見たことがある。二歳から五歳までの、三人の少女たちのグループだ。「ブルー・シスターズのうちの、一番年下の少女が一人で歌い始めたとき、ガム一家はフランセスがとても興奮するだろうと思ったが、まさに図星だった。フランセスは全くくぎづけになった。舞台が終わったとき、彼女は父親に向き直り、こう言った。そのことを私は一生忘れないだろう。『わたしにもできるかな、パパ?』」。ガーランドの姉妹バージニアはこうも言っている。「二歳半の頭で、あの子はもう自分がしたいことをはっきりと知っていたんです」

ガーランドは、自分の召命が「遺伝によるものだ」と信じていた。「ステージのことは誰にも習ったことはない。……ただ自然に心にわいて来たことをやっただけ」なのだ。最初の「ジングル・ベル」の公演を、彼女は「一九〇〇の気付薬を飲む」(taking nineteen hundred wake-up pills)のラッシュ公演にもなぞらえている。ハリウッドとカーネギー・ホールに立つガーランドは、二歳半のベイビー・ガムのなかにもうすでに存在したのだ。

彼女のいう「遺伝」は、文字通りの遺伝子的なものではなく(それについては第6章で扱う)ダイモーンやその召命のような、「自然に」与えられた天賦の才を意味している。千人の支配的な父親もたった一人のモーツァルトをつくることはできないし、また世界で最も押し出しの強い母親でも一人のジュディ・ガーランドを生み出すことはできない。グランド・ラピッズにいた二歳半のフランセス・ガム。その輝くばかりの磁力は、ジュディ・ガーランドのどんぐりが舞台の上でめざめた結果ではないか。彼女のどんぐりは、地上での生活を始めるにあたって、ショウビジネスに従事していた両親、姉妹、環境を正しく選んでいたのだ。

しかし、その人生はフランセス・ガムには犠牲を強いることになる。グロウイング・ダウンは苦しい道であり、またそれは「スター」たちのなかへと導いて続いてゆくものでもあった。彼女と一緒に歌い、踊り、映画に出演したりまた彼女の演技を見たショウビジネス界のビッグ・ネームたちは次々にガーランドに大きな賛辞を送る。一九六一年、カーネギー・ホールで彼女が見せた二時間半の独演につめかけた聴衆のなかには、リチャード・バートン、レナード・バーンスタイン、キャロル・チャニング、ジェイソン・ロバーツ、ジュリー・アンドリュース、スペンサー・トレイシー、アンソニー・パーキンズ、マイク・ニコルズ、マーヴ・グリフィン、などなどの顔触れが交じっていた。レコードの売上はエルビス・プレスリーを上回り、高価な二枚組のアルバムは「七三週連続トップ40以内」の記録を作った。彼女の形容にはいつも最上級が使われる。「史上、おそらく今後も最高のアーチスト」——フレッド・アステア。「知るなかで最も才能に恵まれた女性」——ビング・クロスビー。「アメリカ史上最も優れたオールラウンド・パフォーマー」——ジーン・ケリー。エリア・カザンはカルーソ、カラス、レーミュ、ガルボなど偉大な女性アーチストのリストに、「晩年のジュディ・ガーランド」を加えている。ガーランド自身も言っている。「人生を通じて、わたしは何でもやり過ぎてしまうのよ」

しかし、ガーランドの下には、蛇が鎌首を持ち上げてもいた。救急入院。胃洗浄。脅迫。ガラスで喉を切ったこと。舞台恐怖症。公衆の面前でののしりあい。手のひら一杯の薬物。酒癖。奔放なセックス。給料の剥奪。路上に追い出されたこと。陰鬱な絶望感。体がマヒするほどの脅え。この世への下降には、年をとったり、肉体の束縛、醜くなること、死への接近などがつきまとう。

一九三〇年代、四〇年代の逼迫した社会状況と民主的理想主義——大恐慌、ニューディール政策、戦争など——の時代をジュディ・ガーランドはハリウッドで生きた。彼女は、確かにその時代に参加はしたが、果たしてグロウ・ダウンできたのだろうか。ガーランドは、最も価値ありかつ持続力のある抗鬱剤としてアメリカの戦争に貢献した。それなくしては戦うことも生産することも、一日の楽しい日を送ることもできない抗鬱剤、つまり純真さの神話と現実否認の心理を維持させるものとなった。彼女は、だから軍事基地で歌ったり慰安に回ったりして戦争資金を集めている間も自分の道《キャラクター》から外れることも、選んだ籤を捨てる必要もなかった。彼女のポスターは兵士の二段ベッドや壁に張られた。死んだ兵士の財布のなかに彼女の写真が「故郷の恋人」の代わりとしてねじこまれた。しかし、そういう扱いがいまだに彼女を「上」においてしまって、グロウ・ダウンを妨げたのだ。また彼女の像はフランセス・ガムがいた小さな町や高校にも映されるようになったが、しかしジュディ・ガーランドとしてはこの世へ降り立つ「黄色のレンガの道《イエロー・ブリック・ロード》」を見いだすことはできなかった。レコード録音、『若草の頃』などの映画の製作、交渉、決裂などにその日々は費やされたのだ。

『時計』(The Clock 1945)と『ニュールンベルグ裁判』(1961)の二本の映画の製作は、彼女にグロウ・ダウンへのチャンスと、その難しさを同時に示したはずだ。『時計』では、兵士に出会い、結婚するあたりまえの女性労働者の役。『ニュールンベルグ裁判』ではユダヤ人の友人をもつ悲劇的でみすぼらしい家政婦という悲しい役柄を演じた。この二つの映画はガーランドに魔法に満ちた子供、スターとなる成功から、またドロシーあるいはリトル・ネリィ・ケリーから大地へ降りてくる道を提供できた。しかしその機会はあまりにも少なく、またガーランドもそれを拒否したのだった。彼女のどんぐりは「虹の彼方」に属している。晩年のステージでは、顔がむくんでいたり、傷つきやすさが露呈されていたり、支離滅裂であったり、何かにおびえている様子があってもなお、『オズの魔法使い』からの曲は聴衆をうっとりとさせ、彼女も観衆も双方、天にも上る気持ちにさせつづけた。

批評家クリフトン・フェイドマンはガーランドの核心にある、本質的なイメージ、天賦の「過剰」を看破している。それは、年齢も性別も肉体も超えた、不死の天才《ゲニウス》の霊そのものだった。

なぜわたしたちは彼女を何度も何度も、ステージに引き戻すのだろう。それはすぐれた演技のためではなく、まるで彼女が救済の感覚を与えてくれているためであるかのようだ。

彼女の声を聞くと、彼女を見ると、そしてそのボロボロの衣装をみると彼女が何者でわたしたちが何者であるかということを忘れてしまうのだ。――それこそ芸術家の試金石のようなものだが――真の道化がすべてそうであるように（ジュディ・ガーランドは歌手であるのと同様に道化としても優れていた）彼女は男性でも女性でもなく、若くも老いてもいなく、美しくも醜くもなかった。彼女には「魅力《グラマー》」はない。ただ魔法があるだけだ。彼女はいくつかの簡素でありふれた感情をきわめて純粋に表現した。その感情は、暗い劇場のなかを、まるで固有の人格からは切り離されたかのように、体からも離れ浮遊していた。（＊9）

ガーランドの人生に満ちた悲劇は、ふつう「ハリウッド」そのもの、あるいはエージェント、スタジオからの重圧や虚飾に満ちた現実のせいにされることが多い。「すべてを手に入れた」才能あふれる人物が「こんなにも転落する」のを説明するにはそれしかない。

しかし、わたしはこの転落を下降の試み、不適切ではあってもグロウ・ダウンへの道であったとみなしたい。彼女が到達できなかった現実世界は、ガーランドを、セックスと金、取引人と恋人、ブローカーと契約、結婚と失敗などのありふれた道具によって引き下ろそうとしていたようだ。殺人事件に関する証言から、六月二一日から二二日にかけてのトイレでの死の場面(一年のうち太陽が近地点に到達する日、つまり太陽がもっとも輝いて、夜が一番短いときの)の転落にいたるまで、下へ下へと。

ほとんどの人々がガーランドのようには「成功」できない。また人生をかけてもスターの夢を実現できないし、ひとときの成功も難しいことを思えば、ガーランドが逆のことを望んだのは実に印象的だ。

彼女はごくふつうの生活をしたかった。一人の男と長く続く結婚をして、子供も持ちたかった(彼女には三人の子供がいたが四〇代のときにもう一人子供がほしい、と心から語っている)。ファンだけでなく友達を求めていた。しかし彼女を駆り立てていたのは、そういうふつうのことではなかった。いや、凡庸さに逆らう、彼女の召命の性急さだったのだ。

家事、家庭対仕事という現代のあたりまえのジレンマはガーランドの場合には十字架を思わせる元型的な次元にまで達して、彼女の運命《コーリング》が現実のなかにグロウ・ダウンすることを妨げていた。地獄のような苦痛と天国の奇跡の間に伸びる垂直の次元。それは日々の世界という水平面にはとても収まるものではない。彼女の星《スタア》は実は生まれてはいなかった。ハリウッドは彼女の人生を彼方の世界から来たどんぐりに応えさせようと、その召命の声を増幅していた。ハリウッドは、それ自身、一つの大きなエージェントとして働く。そして彼方のどんぐりの実現以外の自分の人生の面倒は自分でみるべきだとハリウッドは思っている。しかし、フランセス・

ガムは家を管理することも結婚の仕方も料理も自分ですべきことに関しては何も知らなかったのだ。彼女は適切な服を着ることすらできなかった。『スタア誕生』での主演男優であったジェイソン・メイソンは、ガーランドの葬儀に際してこう述べている。「かくも多く豊かに与えてくれた彼女でしたが、また彼女は与えられることも必要でした。彼女は、わたしたちのだれもが与えられぬほどの献身と愛を必要としていたのです」。人間離れした要求である。そう、それは人間世界における、人間離れした望みなのだ。

ガーランドは、自分の運命《どんぐり》が与えたディレンマをこう語っている。「多分、それはわたしがある音、音楽的な音、宇宙に属しているような音を奏でたからでしょう。しかし、その音は同時にわたしの内側から出てきた、わたしのものでもあったのです」

ここでわたしたちは一般原理に立ち戻る。心《ハート》のイメージには、友人に対する誠実さであっても、契約の遵守でも健康でも時間に対する正確さでも、また土地の管理でもよいのだが、環境に錨《いかり》を降ろす着地点が必要なのだ。「音は宇宙に属しているように見える」が不可視の賜物《たまもの》を通してやってくるのだから、それが根を張れるような世界は存在しない。スターたちはなぜ「そんなに転落する」のか。整形して、アル中になったり、セックス・フリークスになったり、宗教マニアになったりしてしまうのか。それは、あたりまえの世界に触れようとする絶望的なまでの試みではないのか。すべての症状は妥協の産物であると、フロイトは考えた。症状は、正しい目的をもっているが、しかしそれを誤ったかたちで達成しているのだ。高みは低さを求める。人はこの世に何とか着地しようとする。たとえそれが自滅的な契約と破産、情緒的な混乱状態であっても。軟着陸など望めやしない。「中道なんかは彼女にはありませんでした」と、ガーランドの娘ライザ・ミネリは、葬儀のときに言い残している。(*10)

孤独と流浪

「ジュディ・ガーランドの物語」は、現世のただなかにおける寂しさを語っている。では日々の生活につきまとう孤独感を人々はどんなふうに説明しているのだろう。孤独はハリウッドの豪邸に住むスターや施設に住む老人ばかりのものではない。孤独感は、子供時代にも存在する。暗がりや両親の罰、仲間からの拒絶などが子供の孤独感を深めることはある。しかし、そもそも、それはそれぞれのダイモーンが個別であるがゆえの寂しさであり、それは子供の語彙《ごい》では説明できない、元型的な孤独感なのである。

落胆を感じたとたん、孤独の底に投げ込まれることもある。出産、離婚、最愛の伴侶の死などの後にも深い孤独感の波が押し寄せる。魂は引きこもり、一人悼む。また孤独感は華々しい誕生祝いや栄光に満ちた勝利の瞬間にですら心を疼《うず》かせることもある。これらは、単なる反動、めったにない高みからの補償としての落下なのだろうか。この落下から支えてくれるものは何もないようにみえる。わたしたちを複雑にとりまくどんなネットワーク——家族、友達、隣人、恋人、日々の作業、何年もの仕事の成果など——も、役にはたたない。自分が自分から切り離されたような、遠くにいるような奇妙な感覚に襲われる。そう、流浪だ。どんなつながりもないのだ。孤独の霊が、支配する……。

こんな瞬間に対する防護策として、孤独を説明する哲学、あるいは孤独を否定する処方箋をわたしたちは作り上げて来た。哲学によると、現代社会の故郷から切り離された、慌ただしい都市生活と非人間的な仕事がアノミー【訳注　既存の価値観の崩壊によって生まれる混沌】の社会状況を生み出したという。人は工業的な経済システムのゆえに孤立させられている。人間は単なる交換可能な変数の一つとなってしまったわけだ。わたしたちは共同体《コミュニティ》ではなく消費主義社会《コンシューマリズム》に生きている。孤独は、犠牲にされていることの症状なのだ。どこかおかしい生活のゆえの犠牲。わたしたちは孤独であるべきではない。だから、システムを変革しよう――協力的で心の通じあった世界に生きよう。チームで働こう。あるいは、人間関係を確立しよう。「つながれ、つながりさえすればよい」というわけだ。社交生活をせよ。回復グループに参加せよ。何かにかかわれ。電話には出よ。あるいは、医者に抗鬱剤《プロザック》の処方を書いてもらえ。

倫理神学の説明は社会哲学や社会的な治療法よりは深い。そこでは孤独は堕落の罪とされている。人はエデンと神から、人類の原罪によって切り離されている。孤独に悩み、谷間に迷っていると感じているとき、人間は救済の道から外れた迷える子羊なのであり、神の恩賜《おんし》からも信仰からも、そして希望からも切り離されている。羊飼いの声を聞くこともなく、良心に罪の意識を感じさせる牧羊犬に従うこともない。群衆の喧躁《けんそう》がかき消しがちな静かな小さな声に耳を傾けさせるために、わたしたちはあえて孤独にされているのかもしれない。いや、状況はさらに悪いのかもしれない。孤独感は堕落しやすい、肉体の欲望に支配された故の天罰なのだ。そう、ジュディ・ガーランドは家もなく、貧しく、無一文で孤独だった。もちろん、それは罪の報いなのである。

東洋の倫理神学は孤独の苦しみは、過去のカルマが次の生のために課した、あるいは次の生のために準備した仕事と考えている。東洋でも西洋でも倫理神学は巧みに孤独の感覚を孤独の罪へと置き換え、不幸をつのらせる。顔で笑って我慢せよ。さもなくば悔悟せよ。

実存主義も孤独を説明する方法だ。それは人間存在の理論の基盤に孤立の苦悩をおいている。たとえば、ハイデッガーやカミュは人間存在を「投企」の状況におく。わたしたちはただ今ここ（Dasein）の中に投げ込まれているのだ。「投企」を表すドイツ語の言葉（Wurf）はサイコロを投げること、投影、そして牝犬、牝豚が産む子供、などの意味を組み合わせたものだった。人生とは自分が投げかけたものだ。人生について人に語れることは何もないし、だから実存的不安や憂慮はついてまわる。何かに意味があるなどということを宇宙は保証してくれない。だからすべては自分次第、一人一人次第なのだ。神はいないし、また求めるべき神性もない。人は深い無意味の感覚のなかから人生を作り上げねばならない。孤独を自分の力に変える英雄的な能力を、ジュディ・ガーランドは見つけ損ねたというわけだ。彼女は依存的すぎたし、弱すぎた。「一人でいること《ソリタリィ》」を「結束《ソダリティ》」に結び付けることができなかった。これはカミュが適切にも『流浪と王国』と名付けた作品のなかに収めた話で提唱したモットーである。ガーランドの鬱は実存的ニヒリズムが真実であることを示している。実存主義者の解釈は、こんなところだろう。

　孤独をめぐるさまざまな考え方——社会学的、治療的、倫理的、実存的——は、わたしには承服できない二つの仮定を用いている。まず第一に、それらは孤独を文字通りただ一人《アローン》でいることと同じだとみなし、よって罪の悔悟や治療関係、自身の英雄的な手による人生への投企といったなんらかの人間の行動によって対処することができるという。第二に、これらの論は孤独が本質的に不快だと考えている。

　しかし、そもそもわたしたちにつきまとう元型的な孤独感があるとしたら、生きることは孤独を感じることでもあるということになる。何をしようが孤独はやってくる。文字通り一人であるかどうかは問題ではない。孤独の痛みは友達の輪のなかにいても恋人とベッドをともにしていても、声援を送る観衆の前でマイクを手にしても心に響いてくる。孤独感が元型的なものとみなされたとき、孤独は必要なものとなる。もはや孤独は罪や恐れのしるしでも、何かが間違っていることの証拠でもなくなる。そして孤独感の奇妙な自立性を引き受けることができ、孤独を文字通りの孤立と混同しなくなる。また孤独が元型的な背景をもっとすれば、基本的に不快なものではなくなるだろう。

孤独感をじっくりと見つめれば——いやむしろそれを感じるとき——それがいくつかの要素からなっていることがわかる。ノスタルジア、悲しみ、静寂、今ここにはない「何か別なもの」へ想像力を向けること、などなど。これらの要素、イメージは、わたしたちは文字通り一人のことへの対処を考えることではなく、それらに焦点を合わせて向き合うべきだと示している。絶望《ディサピアー》から抜け出そうとするほど、強く求める感情《ディスパレイション》が深まるのだ。

ノスタルジア、悲しみ、静寂、想像力を求めることなどはジュディ・ガーランドの歌、その声と歌い方、身振り、その顔、目などに現れている。彼女の舞台がほかの誰よりも人々の心《ハート》に届いたのは驚くに当たらない。ノスタルジア、悲しみ、静寂、想像力で何かを求めることはまた多くの言語、多くの文化のなかで宗教的、ロマン主義的な詩の内奥にある素材でもある。それは、どんぐりに自身の故郷を思い出させるのだ。スピルバーグの映画『E．T．』のように、どんぐりはノスタルジックで哀しみに満ち、静かで、そして「故郷《ホーム》」のイメージを求めてやまない。孤独は流浪の感情を表している。魂は完全にグロウ・ダウンすることができず、故郷に立ち戻るのを待っている。一体どこへ？ それはわからない。神話や宇宙論が語るところでは、その場所は記憶から消えてしまっているのだから。けれど想像力の憧憬《しょうけい》と悲しみこそが、魂が孤独としてしか表現できない、流浪の証しなのである。魂が思い出せるのは、ノスタルジアの感情と思慕への想像ばかりだ。そして、それは個人ができること以上を望むことでもある。

こう考えてジュディ・ガーランドに再び目を転じれば、彼女自身が歌詞を忘れたときも、キーが合わないときでも、スターであったその人生を理解することができる。観衆はその歌詞そのもの、「虹の彼方」を求めていたし、また歌詞のなかの最後の憧憬に満ちた問い「どうしてわたしにはできないの?」を追い求めてもいたのだ。また、酔っ払って混乱したフランセス・ガムは情けない失敗や気まぐれな激怒などを露《あらわ》にしたにもかかわらず、ガーランドがなぜ自分のファン、賛美者であるプロの人々を集めておけたかも理解できるようになる。彼女は聞き手の中に、人々が最も切に求めているものを気づかせたのだ。つまり、追放された心のなかのイメージを呼びおこしたいのだということ、この世にはないものを求めていることを。

あるいは彼女の人生の終章を流浪にふさわしい状態だったと読み換えることもできる、ちょうど路上の放浪者、さすらい人、巡礼者、ディアスポラの民、スーフィーの托鉢《たくはつ》詩人、ないしは酔狂の禅僧のようなものとして——。ダイモーンの故郷はこの地上ではないし、ダイモーンは変性状態のなかにこそ住まう。身体のはかなさは魂の地上での生活の前提条件だし、だれでも死ぬときにはやり残したものがあるのではないか? 社会学や精神分析による説明を放棄すれば、ガーランドは完全にはこの世に着地《グロウ・ダウン》できなかった数少ない例とみなすことができる。彼女のどんぐりは舞台のスポットライトを浴びてただ歌い踊るだけのものでもなく、魔法の子供で白い顔の道化として他界の存在を現出させるだけでなく、流浪とそれにつきまとうあこがれの化身でもあったのだ。

スターダム2　ジョセフィン・ベイカー

もう一人、同じように奇跡的な女性が、カバラの樹の別な道筋を通って、一九〇六年の六月にセント・ルイスの社会悪救済病院で生まれ落ちた。この惨めなこの世への参入から、驚くべき下降の道程をたどるまえには彼女はまずは星の高みへと上らねばならなかった。フランセス・ガムが「ジュディ・ガーランド」の守護霊を宿していたようにフリーダ・マクラウド（あるいは子供のころの呼び名、タムピイ）は「ジョセフィン・ベイカー」を宿していた。彼女もまた魅力と放縦さに満ちた女性であった。ジョセフィン・ベイカーは一九二五年の一〇月にパリの「天国の理想郷」劇場で、わずかな羽だけを身につけてこの世に突然現れたのだ。その情熱的な踊り、肉体の動きは「パリ中を勃起させた」。そのとき、彼女は一九歳。

一三歳になる前に彼女は結婚していた。最初の夫は製鋼所の工員でよく稼いでいたが、ジョセフィンは「帰る途中で一文残らず、服に使ってしまった」。パリを皮切りにした成功はさらに収入をもたらし、彼女の「衣装」はさらに増えて行った。ついには二匹の犬をいつも連れて歩き、肩には猿を乗せ、ダチョウにカートを引かせるようにもなった。運転もできないくせに、車が大好きだった。彼女は入手しがたい高級車ブガッティも手に入れていた。一九二八年、ベイカーと彼女のマネージャーがパリからウィーンへ移動するときにはとりまき、愛人たち、親戚、さらに「二人の秘書、おかかえ運転手、メイド、タイプ書記、二匹の犬、一九六足の靴、それにあうドレスと毛皮、六四キロのおしろい、ファンのための三万枚のパブリシティ用写真」が彼女と一緒に動いた。

彼女の魂が降下して宿った肉体と、その環境とは全くそぐわなかった。わずかな食べ物に床シラミだ。追い出されて二匹の犬と床に寝るようになった。子供のときには仕事場では彼女は犬と同じものを食べ、また同じようにノミに侵されながら働いた。雇い主の女性からは打たれ、服は高いからといって着るものも与えられなかった。まだ子供なのに他の家に働きに出され、そこで白髪の老人と一緒に寝なければならなかった。それでも生き抜けられたのは、一つの偉業ではある。実際、セントルイスの保険局の記録では子供たちの五人に三人が、三歳になる前に命を落としていたのだから。

しかし、そんなときでも彼女は踊っていた。地下で小さなステージを作り、箱を客席にした。子供たちをあつめ、演じているときにはぶってでもおとなしく鑑賞させた。地方のクラブやホールで何かが上演されるときには、一分たりとも見逃さないようにし、やってくる舞台関係者につきまとった。

あるとき、彼女は葬式に蛇を持ち込んだことがあった。そのとき柩は開いたままになっていた。と、蛇が逃げ出し参列者たちはパニックに陥った。柩はひっくりかえり、遺体が転がり落ちた。人々が怒って蛇を叩き殺した。タムピィ——いや、そのとき彼女はすでに動物愛護者ジョセフィンだったのか——は金切り声をあげた。「お友達を殺しちゃったのね!」。子供が動物たちの魂を感じ取るのはそう珍しいことではない。けれど、ここで蛇が最も古く普遍的なゲニウスの霊の担い手、守護霊の姿、あるいは「ゲニウス」そのものであることを思い出してしまう。彼女はすでに自分のどんぐりと友になっていたのだろうか。

最後にジョセフィンの奔放な逸話をもう一つご紹介しよう。

ストックホルムでは、彼女は王の前で舞台に立った。「でも王様がどんなふうだったかって聞かれ

ても困るわ。踊っているときは踊っているんですもの。王様でもだれも目には入らないわ」……そのとき二八歳の若者だった、皇太子グスタフ・アドルフも同席していた。……皇太子はジョセフィンを宮殿に招待した。隠れ扉から入る部屋には高価な毛皮で覆われた天蓋付きのベッドがしつらえてあった。彼女が裸で横たわると王子は召し使いに、銀の盆いっぱいに宝石をもってこさせた。王子は一つ一つ、ジョセフィンの体をダイヤモンドで、エメラルドで、ルビーで、覆っていった。

……この話はいまや国の語りぐさのひとつになっている。

ジョセフィン・ベイカーのスターとしての人生は多くの点でジュディ・ガーランドと似通っている。人々からの絶賛と公衆の面前での日食のようなかげり。催眠にかけるような演技。「愛されること」への渇望。恋人、パートナー、搾取者との争い（ある若者は彼女の目の前で自分を撃ち抜き彼女の足元で死んだ）。指の間からこぼれ落ちて行くお金。ショウビジネスにつきものの混乱とその幻惑が生活習慣や健康にもたらした影響。何もないところからのなりあがり。通常の教育の完全な欠落。肉体的欠点への強迫観念（ガーランドは身長や体型の、ベイカーは髪の悩みをもっていた）。それから、セックスである。

性的関係はジョセフィン・ベイカーの演技にとって不可欠なものだった。彼女は舞台の袖でも性関係をもった。出番の直前、立ったままでも性的交渉をした。ゲイであれ、そうでない人であれ、あらゆるダンスのパートナーと。また金を払った大物や有名人と。あるいは望む相手と望む場所で、望むときに。あるとき、彼女は自分の特別室の床に身を投げ出しつれないダンスの相手を誘惑したことがある。「わたしの体を見て。世界中がこの体に恋しているのよ。なのになぜあなたはそんなに生意気なの?」

メグレ刑事の創造者である作家のジョルジュ・シムノンはベイカーの無数の愛人の一人であり彼女もシムノンのお気に入りの一人だった。彼は彼女の体の秘密を、特別な「馬の尻」だといっている。「フランスでは馬の尻とは馬の後身四半分のこと、ランプ(尻)、ヒップをいう。ジョセフインの『尻』は、」とシムノンは読者にいう。「世界でもっともセクシーだ。……なぜかって? 誓っていうけど、それははっきりしている。あの尻にはユーモアのセンスがあるんだ」

ガーランドの伝記作家たちも、逆らいがたいエロティシズムをほのめかしている。この二人の女性の大きな共通点は魅惑する力、また観衆一人一人の魂に訴えかける、魂の超越的な側面を体現する力だろう。二人はダイモーンを出現させ、目に見え、耳で聞けるようにするかのようだ。ガーランドのダイモーンは「虹の彼方」であり、ベイカーのそれは「野生の踊り」であった。しかし、違う面もあった。ベイカーはグロウ・ダウンできたのだ。この下降運動は彼女がひきうけた汚れ役、また社会の底辺での子供時代を過ごしたこと、そのキャリアでの失敗のおかげだったともいえる。あるいは黒人だったから自分の道に着地することができたのだという、安易な人種主義的な説明によって語ることもできる。彼女は引きずり下ろされたのでも転落したのでもない。彼女はグロウ・ダウンしたのだ。

彼女は一歩一歩政治的な世界、社会的な世界に入っていた。それはまず、一九三九年に戦争が勃発したときに始まった。当時三二歳だった彼女は、今や母国ともなっている国、フランスのためにできることは何でもしようと考えた。これは彼女の命を危険にさらすことを意味した。フランスの地下組織は、楽譜のなかに情報を隠し、フランス、スペイン、ポルトガルの国境越えをしたからだ。黒人であった彼女は劇場から追い出され、国外追放、あるいは処刑される可能性すらあった。モロッコでは王族の親戚にかくまわれ、そこでユダヤ人狩りからユダヤ人たちを救う活動をした。しばらくの間、彼女は衣装の羽飾りとは打ってかわって黄色のダビデの星を身につけていたこともある。パリ解放後の寒い冬の間何百ポンドもの肉や野菜の袋、石炭などを集めて貧者のために使った。彼女はそうした貢献によってレジオンドヌール勲章と戦功十字章に輝き、ド・ゴールに祝福を受けた。

下降の次のステップはアメリカへの帰還であった。そこでセント・ルイスと再び関係をもち始めたのだ。彼女は、公民権運動に早いころからかかわり、舞台係に黒人を雇うように主張した。また一九六三年のワシントン行進にも加わった、ニュージャージーの監獄にいる、黒人の親しい友を訪ねた。統一のための彼女の努力をマーティン・ルーサー・キング・Jr.とラルフ・ブンチも称賛している。またカストロ政権のキューバも訪ねた。彼女に関するＦＢＩのファイルは、千ページにも上った。

ベイカーの最後の下降はさまざまな国からの、さまざまな皮膚の色の一二人の養子を支援し、彼らが一緒に暮らせるよう、また食べものや住まいを与えられ学校に行けるように戦ったことである。彼らの家である国の土地を支えるための基金を募るためにツアーを組んで歌い、自分の金をすべてつぎ込んだ。グレース・ケリーやブリジット・バルドーに助けられたこともあったが、ついに彼女は建物を抵当にとられ雨のなかに文字通り追い出された。破産し、家もなく、老いた彼女は、一九七五年四月一二日、死ぬ数日前にパリで最後のショウに出た。そして大喝采を浴びた。彼女の死はセント・ルイス社会悪救済病院での誕生を繰り返しているようだった。サルペトリエール病院は、宿無しの女たち、売春婦、梅毒患者、貧者、そして犯罪者のために設立されたものだったからだ。

上昇と落下。それは人生の元型的パターンであり、また最も古い宇宙的な教訓のひとつでもある。しかし、その落下の仕方、いかにして降りてくるかはそれでもなお興味深い。ジュディ・ガーランドの落下は英雄的で悲しい破滅への転落であった。彼女はもとの世界へと帰ろうとしていたのだ。何度も何度もスターとしての上の世界へとつながろうとしたが、皮肉なことにそのための苦闘がロンドンの安アパートでのみじめな死につながったのだ。ジョセフィン・ベイカーがパリで最終週に浴した、三〇分にも及ぶ喝采は彼女の体に宿ったダイモーン(「客は劇場を去ろうとしなかった」)と、そしてファシズム、人種差別主義、子供たちの放棄、不正義といった「社会悪」に満ちたこの世界へと着地《グロウ・ダウン》してくる、長くゆっくりとした人生の両方に捧げられたものであった。(*11)

この章の冒頭で触れたグロウ・ダウンにまつわるプラトンの神話は、四つの道を通って魂は降下してくるということ。つまり肉体、両親、場所、そして環境を通じてである。これらの四つの道はこの世にやってきたときに抱いていたイメージについて思い巡らせるための指標となる。第一に自分の肉体。グロウ・ダウンは老いととにもに感じるようになる重力を受け入れて生きることを意味する(ベイカーはまだ三〇代半ばのころに、自分が六四歳だと言っていた。老人のための服を着て、禿《は》げていることも隠さなかった)。第二に自身が周囲の人々、あるいはその歪《ゆが》んだり腐ったりした枝もふくめて、自分が家系の木のなかの一人だと認めること。第三に、自分の魂にふさわしい場所で生き、義務と慣習、習慣をひきうけること。そして最後は、この世界と正面から向き合って、環境があなたにしてくれたことに応えることである。

第3章

両親の力という幻想

……あなたが、大人として、社会人として、親としてここにいる理由は何なのか。それは、ダイモーンを受け入れやすい世界を作ることだ。文明を正し、子供がそのなかにグロウ・ダウンでき、また子供のダイモーンがそこで生きられるようにすることではないか。それこそが親の仕事だ。自分の子供のダイモーンのためにこの仕事を成し遂げるためには、まずは自分自身のダイモーンをはっきりと見いださねばならない。

現代の文化を強く捕らえてはなさない幻想があるとしたら、それはわたしたちは両親の子供であり、母親と父親の行動こそが運命の第一の道具であるという考えであろう。両親の染色体が、わたしたちの染色体となるように、両親の欠点、両親のありかたはわたしたちのものとなる。二人の無意識――抑圧された怒り、満たされなかった望み、夜の夢など――が、わたしたちの魂をつくりあげている。そこから逃げだすことはできないし、この決定論からは自由にはなれない。個人の魂は、家系に由来する生物学的な産物であると想像され続けている。肉体が生物学的に両親の肉体から生まれ出てくるように、わたしたちの心は両親の心から成長してきたのである。

親の役割《ペアレンティング》を果たすことと両親の明確な定義は、法律や人口統計、生化学などによって崩れつつあるが、親たることと両親の概念は倫理の改革主義者や心理療法家たちの頭の中でかつてないほど堅固なものとなってきている。「バッド・マザー」や「不在の父親《アブセント・ファザー》」といったキャッチフレーズによって表現される「家族価値《ファミリー・ヴァリュー》」という陳腐な言葉が「家族療法」のなかに入り込んでいる。そして、この「家族療法」は社会的な機能障害に関する理論や精神衛生にかかわる実践を決定する、最も重要な観念体系となっているのである。

しかし、その一方で小さな小人が別の考えをささやいている。「おまえは違う。おまえは家族のほかのみんなとは違う。おまえは、本当は家族の一員ではないんだ」。胸のうちに、疑念を抱くものがいる。その声は家族を幻想、幻惑だというのである。

生物学的モデルにすら、解きがたい謎がある。受精の事実に比べれば、避妊のほうが説明も実践も容易《たやす》い。何百万のうちからたった一つのきわめて小さな精子が選ばれ、大きな汚れなき丸い卵子に侵入を許される。その卵子のなかで一体何が起こっているだろう。いや、この問いはむしろ精子に向けられるべきか。精子のひとつがとくに狡猾で強引でよい相性だったのだろうか。あるいは、受精はたんなる「運」の結果なのか。――とすれば「運」とは何なのか。わたしたちはDNAについても、その結合の結果も知っている。しかし、ダーウィンが一生をかけた謎、つまり選択の神秘は残されているのだ。

それに対し本書が提示するどんぐり理論は、素朴な解決案を打ち出す。あなたのダイモーンが、その担い手、つまり「両親」を選ぶように卵子と精子を選ぶのである。受精は必然《ネセシティ》の結果であり、その逆ではない。このように考えれば反発しあう二人の出会いや不釣り合いなカップル、すぐに子供ができたけれど子供を遺棄してしまう多くの親――とくに偉人によく見られることだが――などを説明するのが楽ではないだろうか。二人は自分たちのための結び付きによって一緒になるのではなく、特定のどんぐりを担った、かけがえのない子供をもうけるべく一緒になるのだ。

トマス・ウルフの例を取り上げてみよう。一九〇〇年一〇月三日に生まれた、雄弁なロマン主義者、そしてそびえたつ巨人の小説家である。ウルフの伝記作家のアンドリュー・ターンブルはこういう。「ウルフの両親は、伝説的なまでに不釣り合いだった。気質の面でこんなにも合わない二人は、ちょっと想像するのも難しい」(*1)。父親は「気前がよく、好色で屈託がな」かった。一方母親は「冷たく倹約家で、抑圧的」だった。

では、この二人はどのようにして出会ったのだろう。トマス・ウルフが地上にやってくる一六年ほど前、母親のジュリア・ウェストールは二四歳の田合の学校教師だった。彼女は、墓石用の大理石切り職人であるW・O・ウルフの店を訪ねた。W・O・は離婚しやもめになっていた。彼女は本を売ろうとしていたのだ（これはわずかな副収入を得るための隠れた仕事だった)。

彼女が売っている本を一瞥《いちべつ》して、彼は一冊購入した。そして、小説を読むことがあるか、と彼女に尋ねた。

「ええ、ほとんど何でも読みますわ」彼女は答えた。「でも、聖書はあまり。本当はもっと読まなくちゃいけないんでしょうけど」。W.O.は優れたラブ・ストーリーを何冊か持っているといい、その日の午後に……彼女にオーガスタ・ジェイン・エヴァンズの『セント・エルモ』を送った。数日後、ジュリアがまた別の本を売りに来たとき、……W.O.は彼女をひきとめて昼食に誘った。その後、彼は彼女を居間に連れて行って南北戦争の複式幻灯(ステレオオプティコン)のスライドを見せた。……彼は彼女の手を握り、言った。店の前を通るあなたをずっと見ていた、結婚してほしい、と。ジュリアは……お互いを知らなすぎると言って断ろうとした。しかしW.O.の意志は強く、押し切られたジュリアは自分が売っている本をぱっと開いて、その右ページの真ん中のパラグラフの言葉で決めたらどうかといいだした。「ちょっと馬鹿だったかもしれないわね」ずっと後に彼女はそう回顧している。そこにあったのは「死が二人をわかつまで」という結婚の文句だったのだ。「やった!」W.O.は叫んだ。「ぴったりだ。この言葉にしたがおうじゃないか」。結婚式は一月、この向こう見ずなプロポーズのわずか三カ月後に行われた。

この突然の、不似合いな結婚にはさまざまな説明がつけられるだろう。例えば二人は反対の傾向を求めたのだろうとか——若人と年をとったものとの結婚だ。あるいは単純に功利的な要因（彼女は経済的基盤を必要としていたし、彼は家政婦が必要だった）。サド／マゾ的な衝動。両親のドラマの再演。独身者への社会的な重圧。……だが、それで納得できるだろうか。

せめて二人が「本を通じて」出会ったと考えられないのだろうか。彼女は本を売ろうとして彼に近づいた。彼は本を送ることで応えた。出会いは本を開くことで決定的になり、本を通じての結び付きが、本の著者となるトマス・ウルフを生み出すことになったのだ。ウルフが二歳のとき、両親は居間で「客のために大きな声で本を読ませ」る遊びをさせたという。またジュリアは妊娠中に「午後はベッドのなかで本を読んで過ごした」ことで、見えないかたちで息子に文学の才能を与えたのだと信じてもいた。

ウルフには六人の兄弟姉妹がいたが、彼らには別などんぐりがあったのであり、同じ両親を別な目的のために選んだのだった。どんぐりがもっとも露になるのは、卓越した人物の場合であることがここでもわかるだろう。

トマス・ウルフがノースカロライナのアッシュビルの家庭に生まれることが運命づけられていたとすれば、両親はウルフがなすべきことをなせるような家庭をつくるべく出会う運命にあったことになる。もし、両親が彼を知る前に、彼が両親を知っていなかったとしたら、どうしてそんなことができただろうか。天使の指先は、二人が子供を授かる前に、その子の両親となすべくページを開かせたのだ。

母親

ジュリア・ウルフは息子トムへの決定的な影響力をもったと信じている。わたしとて、母親の性質が、血のつながった子供に刻印されるという考えに反対するつもりはない。議論や証拠を持ち出すまでもなく、母親はまごうことなく存在する。母親の影響についての議論はすべてとばしてもよかろう。数学者G.H.ハーディは「賢明な人間は多数意見を述べることなどに時間を無駄にはしない」という。だから、母親のことは脇においておこう。母親はいずれにしても背後に立っている。母親はこの本でとりあげるいろいろな人生の、中央の舞台の後ろにたっている物静かな偶像のようなものだ。

ただ、ここでこの偶像と偶像崇拝のもつ力をめぐって、しばしば語られる物語を繰り返しておきたい。

現在三〇歳の一卵性双生児の男性が、生まれたときに引き離され、尊敬に値する養父母によって別々の国で育てられた。二人とも清潔に——病的なまでに清潔に——暮らしている。服はいつもきちんとしていて、約束は正確に守り、赤くむけるまで手を何度も洗うのだった。彼らの一人がどうしてそんなに清潔にしているのかと聞かれたとき、その答えはごく単純だった。

「母のせいです。育ててくれたとき、母は家を完璧に整頓していました。どんな小さなものでも元あった場所に戻すようにといいました。時計は——わが家には何十個も時計があったのですが——お昼のチャイムですべて時刻を合わせるのです。ずっとこれをするようにしていたんですよ、

わかります？　わたしは母から学んだんです。ほかにしようがありましたか」

その双子のもう一方は同じようにセッケンと水で手を洗う潔癖主義者だったが、自分の行動をこう説明している。

「理由は簡単です。全くだらしのない母親への反動ですよ(＊2)」

この話に含まれる三つの要素、つまり潔癖症の事実、反応因果論、そして母親の神話をどのように組みあわせて考えたらよいのだろうか。遺伝主義者はこの話は遺伝の要因が優勢であることを示す典型的なエピソードだと主張するだろう。幼児期の環境の重要性を主張するものは、実際、二人の男性はその母親に反応していたのだと考える。一人の場合には、その教えのままに、そしてもう一人は逆の方向に反応したのだ。いずれにせよ母親は、彼らの強迫行動を形成する上で決定的な影響を及ぼしたのだ、と。

わたしには、この話は理論にとってかわって事実を説明する神話の存在を示しているようにみえる。潔癖症に加えて、この一卵性双生児は潔癖症についての理論まで共有していることを見逃さないようにしよう。彼らは二人とも「母親」がすべての背後にあると考えているのだ。わたしたちの文化のなかでは母親の神話は大きな権威をもつ理論の力となっている。わたしたちの国はこの理論に固執し母親を支持する、お母さん子の国なのだ。

こんなにも簡単に母親神話を受け入れることができるのに、この本が掲げるプラトンの神話のような、別の神話を受け入れることはなぜ難しいのだろう？　母親の神話をこんなにも容易に容認できるのだから、どんぐり理論を受け入れがたいと感じさせているのが神話への抵抗であるはずがない。思うに、ダイモーンの神話への抵抗は、この神話があまりにあけっぴろげなために起こるのだろう。この神話は経験的な事実であるかのようなふりはしていない。それはあからさまに神話であることを示している。さらに、ダイモーンの神話は、安心してよりかかれる元型的な支えである母親を認めず、自分の個別性を生まれながらの権利として認めさせようと試みているからでもあろう。一対一の母親と子供の関係は崩れつつある一方で、この神話はその元型的な乳房にしがみつきながら、しぶとく生き残っている。デイケア・センターの登場。拡散した家族。おしめを替える父親。幼い兄弟の面倒を見る家もない子供たち。二人も三人もの子供をもつ一〇代の母親や、四〇代になってはじめて子供を授かる母。こんなすべての変化を目の当たりにしながらも、わたしたちは母親《ママ》への信仰を抱き続けている。一方ですべては変わりつつある。人口統計学的、経済的、法的な意味での親の定義。受胎、養子縁組、薬物、ガイドブック……。

しかしながら、万人の人生において母親が重要な役割を果たすという神話は、変わらぬままだ。生身の母親、保護者(ケア・テイカー)一人一人の背後には普遍的なグレート・マザーがいて、わたしが両親の幻想と呼ぶ信仰体系を支えている。そしてそれがわたしたちをグレート・マザーに縛り付けているのだ。グレート・マザーは人間の母のかたちをとって現れる。彼女はよい存在でもありまた悪い存在でもある。抱き締めたり、養ったり、罰したり、貪《むさぼ》ったり、すべてを与えたり、独占しようとしたり、ヒステリックだったり、不機嫌だったり、忠誠心にあふれていたり、気楽だったりする。しかし母親がどんな性格をもっていても、母には母のダイモーンがあり、彼女の運命はあなたの運命とは別ものなのだ。

けれど、伝記は母親を重要視する。伝記は、偉人の宿命の代理人としてすばらしい《マーヴェラス》、あるいはひどい《マレヴォレント》母親を描きたがるのだ。母親の名前ケイト・コール・ポーターの名を継いだコール・ポーターはまた、「プロの音楽家になるという母親の一生の夢」をも引き継ぐことになった。(＊3) この母は、八歳の男の子に演奏させ、一〇歳のときには音楽の授業のために三〇マイルも電車で通わせたのだった。フランク・ロイド・ライトの母は、自分の息子が将来建築家になることを知っていたという。伝記作家がいうには、彼女は子供部屋に建物の絵をかけて、子供の将来に影響を及ぼしたのだ。また、ジェイムズ・バリーが思いつきでお話を語るようになったのは、落ち込んだ母親を励ますためだった。『ピーターパン』などの作品には、そうした下地があったというわけだ。

カタルーニャの村の貧しい家族の一一人兄弟の一人として生まれたパブロ・カザルスは、音楽を学ぶために四〇マイルほど離れたバルセロナへ、母親に連れて行かれた。そして「パブロが二二歳になるころには一家はバラバラになって苦しんでいた。息子の才能が発揮され、世間が認めるのを見たいという母親の望みが招いた出費で一家は貧困に追いやられていた」のだ。(＊4)

核兵器開発の先頭にたった物理学者エドワード・テラーの母親はある日、妊娠した大きなおなかを抱えてブダペストの公園を散歩していた。と、彼女は歩調を落とし、まわりの風景を見わたしはじめた。どうしたの、と連れがたずねると、テラーの母は答えた。「今度は、男の子が生まれるような気がするの。きっとこの子は有名になるわ。だから、この子の記念碑を立てる場所はどこがいいか、見ているのよ」。(＊5) 普通の心理学なら、テラーは母親の期待によって動かされたのだというだろう。けれど、イローナ・テラーが、直感的に自分の子宮にいる息子のダイモーンを感じ取ったのだと考えてみてはどうだろう。

哲学者にして教師のクリシュナムルティは、まだ小さいときに母親を亡くしている。が、彼は「母親の死後もその姿をしばしば目にした。あるときなど、二階へと上る母の幻の後をつけたこともある。……わたしはその服をぼんやりと、またその顔の一部も見た。これは、たいてい出掛けようとしているときに起こるのだった」(＊6)。クリシュナムルティの母親の幻像の目撃は、記憶のなかの母親と現実の存在の母、そして母の霊、母のダイモーンが子供のダイモーンと解け合ったり、影響したりすることを示している。また、それによって影響力の大きい傑出した人にもなってゆくことすらあることをはっきりと示してもいる。彼女は子供の才能を見いだして、自分の志向性と混同せずに、支援することができる数少ない母親であった。

ピアノの巨匠であるヴァン・クライバーンは、母親に音楽を習った。この母親は精神を指導することと、子供に母親として接することをはっきりと分けて考えていた。

ヴァンの非凡な才能を知ってからは、わたしたちの関係は、レッスン中は、母と子ではなく、教師と生徒のそれになりました……。

初めからわたしは幼いヴァンが「みせびらかし」をしないよう諭していたのです。……ヴァンの才能は深く感謝すべき神からの贈り物であり、自分だけのものではないことを思い出させるようにしていたのです。

クライバーン自身もこう母の言葉を裏付けている。「三歳のときから母はずっとピアノのレッスンをつけてくれました。一日も欠かさずに、です。ピアノの前に座ると、母は言ったものです。『さあ、わたしが母さんであることは忘れて。わたしはあなたのピアノの先生です。本当に真剣にやらなければなりませんよ』

母親の力が偉大であることは、特に母親が子供のダイモーンを見いだしそれを守ろうとするとき――とりわけクライバーンの母親のように指導しようとするときには――議論の余地もない。

けれど、ダイモーンは母親に先立っている。いや、その母親を前もって選んだのかもしれない。――少なくともどんぐり理論ではそう主張する。小さなヴァンは、二歳のときにすでに音楽家であったのだ。別の部屋でのレッスンを聞くだけで、彼は「ややこしい休止とシンコペーション」を含んだ、「左手と右手を交差させ」なければならない「複雑な小曲」をまねることもできたのだ。(*7) どんぐり理論は、だから彼のダイモーンは適切な母親、神童をどう扱えばよいのかを知っている母親を選んだと説くのである。たとえば、もし彼があなたの母親を親として、あなたの家庭で育っていたとしたら。テキサスのキルゴール出身の若きクライバーンがモスクワで審査員たちに衝撃を与え、チャイコフスキー国際コンクールで優勝することなどできたであろうか。

この抜きん出た才能は母親によるものなのだろうか。お腹が大きいときに子供たちの霊を誕生に向かわせ、子供たちを造りあげるというのか？ 母親のダイモーンを子供のダイモーンと区別しなければ、母は怪物の創造者と呼ばれなければならない。母親は、肉魂は、自分のダイモーン、もしくは悪霊《デーモン》を自分の子供の肉体に宿らせて生きさせるのだから。ヒトラー、毛沢東、エジプトのナセルは、深く母親に結び付いていた。ガーナのクワル・エンクルマは母親によって村から脱出し、西洋風の教育を受けることになった。カリスマ的な指導者が母親によってその才能を見抜かれ支援されるのか、または指導者が母親の神話を信じて、自分の母親に賛辞を送るようになるのかは、定かではない。けれどどういうわけか、母親神話は独裁者を好むようではある。

ウッドロー・ウィルソン、ハリー・トルーマン、D・D・アイゼンハワー、リンドン・ジョンソン、リチャード・M・ニクソン――彼らもまた母親を愛していた。または母に愛されていた。ニクソンがホワイトハウスを惨めにも出てゆくとき、その最後の演説では涙ながらに母親に謝辞を送ったことを思い出してほしい。

わたしの母は、フランクリン・D・ルーズベルトの母親、サラ・デラノ・ルーズベルトに会ったことがある。そのとき、彼女は何人子供がいるかと尋ねられた。「四人です」とわたしの母は答えた。と老ルーズベルト夫人は、こう答えた。「私には一人しかいませんでした。でも、あの子はほんとうによくやったわ」。サラ・デラノ・ルーズベルトは、息子に何かのかたちで手を貸したのだろう。恐らく早いうちにその才能に気づき、ずっとそばで、困難な道を一歩一歩進ませたのだろう。

では、子供の召命に無理解で、その性質を見誤った母親の場合にはどうなのだろう。あるいは、母親と争い、その心、癖、その考え方を嫌った偉人たちの場合には？　その場合の相違も両親の神話を崩すにはいたらない。両親の神話は、母親が無償の支援を与えたとしても、自己中心的でナルシスティックな無関心な生き方をしても揺らぐことはない。伝記は反対の事実を同じ結論へとねじ曲げる。自分がいかに今のようになったのかを語るわたしたち自身を含め、伝記作家たちは、真っ赤に皮がむけるまで手を洗い続けたあの双子のように、両親の神話を語り続けるのである。

ハンガリーの作家であり影響力のある批評家ゲオルク・ルカーチははじめから母親とはおりあいが悪かった。その最晩年（一九七一年）にも彼はまだ「母が優しくなかったことを覚えていた」。彼はずっと「形式的な礼儀」すらも示すことはなかった。ルカーチは書いている。「家にいるときは、完全に孤独だった。母親とはほとんどコミュニケーションがなかった」。彼の母親は保守的で皮相で、社交生活にばかり興味をもっていたゆえに、ルカーチの伝記は彼のマルクス主義者としての抑圧されている人々へのシンパシーと反ブルジョワ的な反逆精神を母親との対立に結び付けている。だが、どんぐり理論は、もちろん、この母親が彼のゲニウスにとって必要だったのだとみなす。彼は、ダイモーンが憎悪する価値観の体現者となる敵を身内のなかに必要としていたのだ。「幼いうちから、わたしは強い敵対感情に支配されていました」(*8)と彼はいう。

因習的な母親に対するこの種の極端な憎悪は、作曲家イーゴル・ストラビンスキーや写真家ダイアン・アーバスの場合にも現れている。

ストラビンスキーの母親は、自分の息子にスクリャービンのような「先人を見習え」といって叱った。彼女がその世紀の画期的な作品のひとつである『春の祭典』を初めて聞いたのは、彼女が他界する一年前、一二五周年記念演奏のときであった。そのときですら、彼女は、息子は「私好みの音楽」を作曲するわけはなく、期待はしていないと友人に語っていたのだった。(*9)

ダイアン・アーバスの母ガートルードは子供たちのことをとても気にかけていた。「ほかの母親たちと同じように、彼女は子供たちが『ちゃんとしたこと』『まともなこと』をしてほしいと願っていた。そしてそのためにあらゆる努力をしたのだ」(*10)。アーバスは、しかし、独創的なアウトサイダーで、フリークスの写真を撮り、最後には自殺している。ストラビンスキーは長命できわめて生産的な生涯を送ったが、それでも「母親好みの音楽」は作曲しなかったのだ。

ストラビンスキーとアーバスは母親の示した狭い道からは大きく外れていた。けれど強制的に道から外れさせられたとはいうまい。酔狂な子供が保守的な母を生み出すとは考えられないように、保守的な母親が酔狂な子供を作るとも、奔放な母親がまじめな子供を作るとも考えられない。調査者が報告するように、あらゆる種類の母親が、あらゆる種類の子供を作り出している。この二つの世代は、きれいな結び目でつながっているわけではないのだ。

母親と子供は、たとえずっと同じ家族のなかにおかれているとしても、別々の祭壇で別々の神を奉じている。物理的にはどんなに近くとも、母と子は全く異なる運命をもっているのだろう。歴史の表舞台に登場した、老《ろう》檜《かい》な権力者ロイ・コーンは、実は保守的で過保護な両親に育てられている。

「わたしの両親は、いつも『あたりまえの』子供時代を過ごさせようとしていました」(*11)。サマーキャンプにパーク街のアパート。ホラース・マン校にコロンビア法律学校。一人っ子のコーンは母親と一緒に暮らし、旅もし、母親が死ぬ四〇歳になるまでずっと一緒にいた。ずっと母親が彼の面倒をみていたのだ。世話焼きで、面倒見がよくて、親切な母親。彼女は彼を「特別の子《ザ・チャイルド》」と呼んでいた。彼女が「あたりまえ」でいさせようとしていた子供は、悪名高き存在になったのだった。ハンナ・アーレントの母親もまた面倒見がよく気がついた。彼女はハンナが生まれてから一〇代になるまでずっと娘の行動の記録と、そのときの思いを日記に綴っていた。彼女は、ハンナがあまり立って歩かないように、また自由に足を動かさないように、当時の習慣にしたがってヴィルケルテピッヒ、つまり細長い産着で足をくるんでいた。彼女は娘の教育をあらゆるかたちで支援した。この二人の、よくできた母親は子供たちのために最善を尽くそうとした。が、コーンは衝動的で、無能で、倫理観のない人間になり、一方アーレントはマルティン・ハイデッガーを愛し、カール・ヤスパースの友人ともなる、現代の指導的な倫理哲学者となった。彼女は「友人を作る才能に恵まれた」「まばゆい子供」でありつづけたし、またその第一に「隣人を愛すること」は、生涯を通じての思想のなかで中心的な位置を占めた(*12)。

その一方で子供を無視する母親もいる。「母は、床に枕をおいて、おもちゃを与えたら、それきり私をほっておいたんです」と、バーバラ・マクリントックはいう。後には、過労に苦しんだ母親は娘をほかの州に住む親戚に預けた(*13)。看護師であったエドナ・セント・ヴィンセント・ミレーの母は、校長と口論して八年生の［訳注　日本の中学二年生にあたる］ときにエドナを退学させた。エドナは学校では優秀だったし友達とも仲良くやっていたのに、母親が働いている間、昼間ずっと、いや夜でさえも家に一人でいなければならなくなった(*14)。ティナ・ターナーは言っている。「最初から母親や父親から愛情を受けたことなどありません。……孤立や拒絶？　そんな言葉さえ知らなかったわ。ただ、母親とは話もできないということは分かっていたの……はじめっからね。わたしには誰もいなかったし、人生の支えもなかった。だから、人生の使命を自分で見つけなくちゃならなかった(*15)」

母親には受け入れられなかったけれども、ここにあげた子供たちをダイモーンは見放さず、人生の基盤を与えた。マクリントックやミレーにはその使命を実現させるのに一人でいることが必要だったし、見捨てられたターナーは自分の召命を自ら見いださなくてはならなくなったのだ。彼女らのどんぐりは明らかに、この若い少女たちにふさわしい環境を与える、冷たい母親を選んでいるではないか。

母親から支援を受けようとも（カザルス、ライト、ルーズベルト）、母親との相違を強調されようとも（ルカーチ、アーバス、ストラビンスキー）、母親に無視されようとも（マクリントック、ミレー、ターナー）、伝記作家は、その元型的イメージと個々のどんぐりの力を混同して母親を神秘的なまでに偉大な存在として描くようになるのである。

両親の解体《デコンストラクション》

両親の幻想は、おそらくタテ型の因果論の空想から来ている。大きなものが小さなものへ、年をとったものが若いものへ、経験者が未経験者へと影響を与えるというわけだ。しかし、社会変化がそれまでの慣習を変えていて母親の役割が衰退しつつある今、母親の重要性を説く理論は、家族内でのタテ系列の因果論を否定する証拠によって崩れつつある。

ここでまた、よく語られる話を繰り返してみよう。これは、日本のある無人島に住むアカゲザルの一家の行動についての報告だ。研究者は、島の海岸に新鮮なサツマイモをおいておいたのだが、すると、

イモはサツマイモについていた砂を吐き出すと、それを海に入れ、空いている方の手でごしごしとこすり始めた。そしてイモは、きれいになった芋を、塩味を堪能しながら食べたのだった。ニムビイは、それをそばで見ていた——そして自分の芋を海につっこんだ。砂は全部は落ちなかったがそれでも芋の味は良くなった。この二匹の遊び仲間の試みはほかのサルに伝わっていった。すぐ

にオスもメスも、同じ年くらいの遊び仲間が芋洗いの習慣を身につけた。イモの母親もそれを学び、すぐにイモの弟や妹にもそれを教え始めた。イモの父親は、強さと指導力で知られていたのにもかかわらず、頑固でこの新しい技を試すことはなかった。(＊16)

調査にあたったデイビッド・ローウェーは創意工夫とアイデアの伝達がさまざまなかたちで行われることを示そうとしている。まずは、家族のなかを水平方向に。(兄弟から兄弟へ)または子供から母親、母親から子供へと相互に垂直方向で。若いサルがほかのサルから学ぶというように、家族の外からの場合もある。が、なかには、――老いたオスだが――学ぼうとしないものもいる。少なくとも芋洗いは彼らは学ばなかった。

しかし、ここで重大な疑問がひとつ残っている。イモは、どうやってこのアイデアを得たのだろう。最初の芋をどうやって洗うようになったのか。このちょっとした行動を思いつかせたものは何だったのか。一連の出来事が始まるよう思いつきを与えたのは、そして、このよく語られる報告が生まれるようにしたのは、もちろん、イモのダイモーンであった。イモのゲニウスは今でもこの物語によってあなたとわたしにこう教え続けているのだ。そう、動物たちにも天使がいるということを。文化史を想像出来る限り遡《さかのぼ》ったところでは、初めには動物たちが教師だったのだと広く信じられている。人間の最も古い言語、踊り、儀式、食べられるものと食べられないものの知識は、動物たちを通じてわたしたちのものとなった。

タテ系列の因果関係に対する疑問、とりわけ運命を定める第一の要因が母親だとすることへの疑問は、また別の方向からも来ている。ダイアン・エアは母子の絆(bonding)(これは彼女の本のタイトルとなっている)を「サイエンス・フィクション」と呼ぶ（これがサブタイトルだ）。

絆は、事実のところ科学的発見であるというよりイデオロギーの延長線上にあるものでもある。さらに詳しくいうなら、それは母親が子供の人生の第一の設計者とみなすイデオロギー、子供時代ばかりではなく、大人になってからもずっと、本人にふりかかる災難のすべての責を母親に負わせるイデオロギーの一部である。

その著書の後半で、エアはこういう。「不可能なことかもしれないが、あえて主張したい。……絆という言葉を完全に撤廃したいのだ。……そうなれば、子供たちは大人の手のうちの粘土ではないと認めざるを得なくなるだろう。子供たちは、実にさまざまな人格と能力をもって生まれてくるのだ」。エアのいう「サイエンス・フィクション」は、わたしの言葉では「両親の力という幻想」である。彼女が子供たちに「さまざまな人格」を認めることは、それぞれに固有のどんぐりがあるとわたしがいうのと同じだ。両親以外のものが大きく人生を形作っている。

子供たちは、交流する人々、口にする食べ物、耳にする音楽、見るテレビ番組、子供たちが大人たちの社会に見いだす希望などによって、とても大きな影響を受けている。……日々の世話や遊び、音楽、芸術、公式の学習を通じて、いや遠くにいたとしても、子供たちと知的にも情緒的にもかか

わることができる。子供たちを養育することには、多くの、実に多くの次元がある。（*17）

エアのいう養育の網は、子供たちのうちに自律的に生じる、ロバート・コールズが詳しく報告しているような霊的・宗教的現象にまで広げて行くことができよう。また、その網を子供たちを囲む機械類やインテリア、その市街や騒音、彼らに教えられる説明や価値観や自然が示す目に見えないものなどにまで広げていくことができるだろう。これらは、子供たちにとってただの刺激や入力条件となるだけではない。これらはすべて世界の意味を表現しているのであり、それにたいして子供たち一人一人が応答することになる。予想外の応答をする子やまた全く応答しない子供がいることは、両親との結び付きが不安定だからというだけの合理的な理由づけだけですますことはできない。子供であれ、大人であれ、わたしたち一人一人にとってすべてに優先する問いは、このようなものだ。あなたとともにやってきたものは、一体どうやってこの世界に居場所を見つけるのか。わたしの意味をどうやって、この世で求められている役割と合致させるのか。グロウ・ダウンすることを手助けしてくれるものは何か。

両親の力の幻想は、なんらグロウ・ダウンに益するものではない。それは人をどんぐりから引き離し、母《ママ》と父《ダッド》のもとへと引き戻す。父と母はもう亡くなっていたり、そばにいなくてもその影響に執着させてしまうのだ。こうなると、自分は両親を原因として作られた、結果にすぎなくなってしまう。その英雄的なまでの個人主義にもかかわらず、アメリカは人間が根本的に両親たちによってつくられたものであり、それゆえに根本的に過去におこったことの犠牲者で、過去においてぬぐうことのできない汚点をつけられたと考える、母親を重視する発達心理学に固執している。国家をあげて心理学的に自分たちの背後の過去を見て、過去の虐待をあばきだそうとやっきになっているのだ。恐らく、そこからの回復は母親神話をよけて通ることからはじまる。わたしたちは、両親の犠牲《ペアレンティング》ではなく、両親というイデオロギーの犠牲者なのだから。そして母親の致命的な力の犠牲というより、母親にそんな力を与えている理論の犠牲なのだから。

ジョン・ボウルビィの影響力の大きい著書『チャイルド・ケアと愛の成長』はまさにこの理論をいいたてている。この本を通じて元型的なグレート・マザーの声が警告を発して響いている。もし、この理論を無視し、母親の力をあなどると、悪いことや死がやってくるぞ、と。

次のような一般的命題に関してはもはや疑いの余地はない。——幼い子供を長い間母親の手から離しておくとその子の性格に重大でかつ広範な、将来の人生すべてにわたる影響を及ぼす。それは出産前のドイツはしかの後遺症や幼児のビタミンDの不足にも比肩できる悪影響をもつ(*18)。

あなたが大人になってからの人生の主導権を握っているのは、母親ではなく、出生後の数時間や出生そのものによって人間が決定づけられるというイデオロギーであり、また小さな原因とその影響の集積が今日のあなたを生み出し、また今度はあなたが自分の子供にどう影響を及ぼすかを決定するというイデオロギーなのである。あなたは子供たちを傷つける直接の原因になる。ただ欲求不満や失敗を導くだけではない。犯罪や狂気の原因になるのだ。このイデオロギーは、女性を両親の力という幻想の罠に、子供を母親への責任転嫁の考えへと閉じ込める。しかし、母親の解体は破壊的なことではない。それは、束縛を作り上げている幻想をゆるめてゆくことをねらっている。デイビッド・ローウェーはこのようにいう。

人間を形成するのが、より大きな文化史、ひいては人間進化のルーツではなく、独り立ちするまでの一四年の期間であると信じることは、幻想だ。文化の伝統は、理想化された核家族などよりも、広範に多くのかたちで影響を与える。第二次世界大戦の前に、ナチスの少年団に熱狂的に入会しようとした思春期の若者たちは、幼少期にひどい育てられ方をしてその魂をねじ曲げられ引き裂かれた訳ではない。実際、その家族は堅い中流階級に属し、情緒面でも協力的だったのだ。国の若者は大きな文化の変化があれば数年の内に変わる。とすればなぜ子供時代を強調しなければならないのか。(*19)

両親を、とりわけ母親を誇大に評価することは、社会的、環境的、あるいは経済的なほかの現実を否定することである。これは元型の力が働くと常識が失われることの例だ。マザリングの世界的な権威者たち（ボウルビィ、T.ベリー・ブレイゼルトン）はカンボジアや第二次大戦後の、うつろな目をした幼い子供たちの無気力や悲しみを、世界を襲った恐怖に母子がさらされたことをとりあげて、母親の喪失や母子関係の障害のせいにする。もし、子供たちが「適度によい母親《グッド・イナフ・マザー》」と「よい絆《ウェル・バウンデッド》をもって」いれば、そしてその「愛着《アタッチメント》」のなかに守られてさえいれば、国土の荒廃や大量虐殺《ジェノサイド》、絶望は、子供たちの悲しむべき状況にとっては二次的な意味しかもたないというのだ！　母親が子供を完全に包み込み、ほかのあらゆる影響力を遮っているという元型的な神話は、実世界の苦痛を覆い隠している。母親神話は科学的な観察者の知性すら盲目にする。母親に基礎をもつ理論は、心をやすらげもするしまた窒息させもするのだ。

全く異なるタイプの観察者、メアリー・ワトキンスは、母子関係が生涯にわたる決定的な因子だとした主要な理論家たち——D・W・ウィニコット、メラニー・クライン、ルネ・スピッツ、ジョン・ボウルビィ、アンナ・フロイド――が爆撃が続き建物が炎上する時代のイギリスで、あるいは世界大戦直前直後にその研究を進めていたことを指摘している。危険が迫っているときには母親へと逃げ込むことは珍しいことではないが、しかし、だからといって精神分析的な「科学」もまた母親のスカートのなかに逃げ込まねばならないのだろうか？

子供たちは「大人たちの世界にたいして抱く希望によって……深く影響される」というエアの言葉は、子供たちの恐れや障害を解く鍵になるかもしれない。子供たちは大人の世界にどんな希望を抱くだろうか。大人の世界に大きな希望を抱くより、子供とその将来に希望をおしつけるほうがたやすいものだ。いにしえの人々や部族共同体では子供たちに連続性、無限の将来を見いだし、そこに生命のつながりをみようとした。周期的な変化や移住生活などは、その基盤を揺るがすことはない。神話は生活を生き生きしたものにしたし、希望などという言葉すらなかった。生命の連続性への信頼が薄れて初めて、希望の概念が歴史に、そしてわたしたちの心に登場したのだ。

現代の主要な神話は、聖書の最後の文書である『ヨハネの黙示録』を思わせる、終末輪的なものになっており、子供たちは今や大破局のイメージのなかに生き、それに反応しようとしている。(*20)　当然のことながら子供たちの自殺率も驚くべき上昇傾向にある。自分の惑星が資源の枯渇や種の絶滅、喪失などによって崩壊しつつあって、それは満足できる人間関係を築いたとしてもとりかえしがつかないのだと考えることが、子供たちにいかに悪影響を及ぼすことか。この神話は、これらはすべて人間の手には負えない難題だという。公認された破局の筋書きによれば、唯一の希望は神による救済であり、そのときに与えられる二度目のチャンスばかりなのだ。ハルマゲドンの宇宙論的なSFを前にして、親たちがみんながけっぷちに向かっているというのに、心理学のSFは子供たちの荒廃の原因を機能不全の両親としているのだ。

不在の父親

「お父さん、帰ってる?　だれかいる?」。答えはノーだ。父さんは昼食に出ている。しかし、それでいいのだ、とあえてわたしは主張したい。父親の仕事場は、別な場所にある。後で説明するが、家族に対する父親の根本的な意義は、どこか別な場所との結び付きを維持することなのである。

ホームコメディやそのCMなどでテレビに父親が出てくるときには、父親はたいていぼんやりしていたり、どこかずれたところがある馬鹿な男として描かれる。こんな週末の父親のイメージは父権制のもつ強い権力を弱め、ジェンダー間の関係を平等にし、そして父と子の地位のヒエラルキーを弱める働きはするが、そのために父親は故意にこっけいに、時代錯誤的に見えるようにされていると現代の父性に対する批評家は嘆く。そのため、一方で妻たちはより実際的で地に足がついており、子供たちはものわかりがいいように描かれる。父親はたとえいい男であったとしても、強い発言権はないのである。

けれど、わたしは、社会的な慣習が変わっているとか家長としての父親の権力が弱まっているだけではないと言いたい。テレビで流されているコメディは、その後に微妙な伏線をもっている。恐らく、父親の真の仕事はコーヒーの入れ方や漂白の仕方、歯磨きの仕方を知っていることでも、年頃の子供の恋の悩みを解決することでもない。父の沈黙は、そこが本来の自分の世界ではないことを示すものなのだ。父親の居場所は、テレビのセットのなかにはない。それは、舞台の外、どこかほかの、日には見えない場所なのだ。父親は、その片足をどこか別の場においておかねばならず、また別の世界のメッセージに耳を傾けていなければならない。父親は自分の召命からそれてはならず、また自分の心《ハート》の願い、自身が体現するイメージを忘れてはならない義務がある。

もちろん、その義務は男性ばかりの義務ではない。しかし「不在《アブセント》」だと定義されているのは男性たちである。そこで、わたしたちの心理学の仕事は、多くの父親の状況だと思われる、いわゆる親の役割の放棄やワーカホリック、絆を結ぶことへの怠慢、養育費の不足、ダブル・スタンダードなどを超えて、この「不在」とは何かを探求してゆくことなのである。

父親の存在は、もう幾世紀もの間、遠いものだった。出兵していたこともある。また何年も水兵としてかなたの海に出ていたこともある。また牛追い、旅人、漁師、炭鉱者、伝令、囚人、仲買人、行商人、奴隷売買者、海賊、伝道者、移民などとして、遠く離れた場所にいたこともある。また一週間は働きづめであった。「父性」のありかたは国や階層、仕事、時代によって大きな違いがあるが、(*21) 不在であることがかくも罪であるかのように言われ、犯罪的な、いや、犯罪者を生み出すような行為であるといわれるのは、現代特有の現象だ。

不在の父親《アブセント・ファザー》は社会悪なのであって、わかりもしないものを治そうとする、このセラピー、回復治療、社会プログラム全盛の時代にあってその格好の対象のひとつとなっている。

仕事を持って稼ぎ、夕暮れには帰宅、子供たちを世話して有意義な時間を過ごす父親、という因習的な父親像もまた、両親幻想の産物だ。合衆国では、一九九三年の時点で、専業主婦である妻――母と、二人の子供を支える収入を得る夫――父親という家族形態に合致するのはほんの数パーセントにすぎない。そのほかはみんな違うのだ。統計的には父親はそんなイメージにはあてはまらないし、また女性も家を守る妻――母のイメージどおりにはいかない。もし「家族の価値《ファミリー・バリュー》」が両親がそろっていて血のつながった子供を自分たちの家で育てることだとすれば、このような価値観はアメリカ人が実際にやっていることとはほとんど関係がないということになる。

父親の不在、そしてその不在のためにかかる母親や教師、学校、警察、納税者への負担を父親のせいにするばかりではなく、父親は「家にいない」ときにどこにいるのかを問うべきである。父親は不在《アブセント》だとするのなら、そのとき、彼はどこに「存在する《プレゼント》」のか。彼を外に誘い出しているものは何なのだろう。

リルケは、その答えを出している。

男は、夕食のときに立ち上がり外に出て、歩き続けることがある。
東方のどこかにある教会を求めて。
そして、子供たちは彼が亡くなったかのように祝福の言葉を告げる。

また、家のなかに止まり、そこで皿とグラスに囲まれ死す男もいる。そこで、彼が忘れてしまった、その教会にむけて、子供たちが旅立たねばならなくなる。(＊22)

リルケは、父親の不在の理由を説明する。では、彼の存在の性質《プレゼンス》——怒りや憎しみについては？ 父親は、なぜそんなに暴力的で、家族を破壊する暴君なのか？ その激しい怒りは何なのか？ 自分の言うことを聞かず、また金がかかるからといって、父親が憎んでいるのはその妻、殴りたいと思っているのは子供たちなのだろうか？ あるいは、個人的なものではなく、彼を捕らえてやむことのないもっと悪魔的《デーモニック》な要因がそこにあるのではないだろうか？ わたしは、両親幻想こそが父親の精神《スピリット》を誤ったイメージに歪め、父親のダイモーンを道から逸《そ》らせて悪魔的《デーモニック》なものにしているのだと確信するようになった。父親はアメリカの父性と呼ばれる概念やディズニーランド、子供の食べ物や家電製品、意見や皮肉が好きな優しい男であるべきだという倫理的な訓戒に縛られている。

このような弱腰のモデルは、父親の運命の天使、つまり子供時代から今にいたるまで見え隠れしていた自分の心のうちのイメージ、この本が確かにあると証そうとしているイメージを裏切るものである。自分の天使を失った人間は悪魔的になる。不在、怒り、カウチの上での怠惰などは、何かほかのもの、彼方への失われた誘いの声を探求しようとする症状なのだ。激怒と無気力《アパシー》の間を揺れ動く父親は、子供のアレルギーや逸脱行動、妻の鬱やいきどおりと同じように、家族全員が共有するパターンの一部をなしている。といっても、それが属するのは「家族システム」ではない。「彼方」を「もっと」におきかえることによって、感受性をマヒさせてゆく消費経済のシステムの一部なのである。

そこで、父親の不在——肉体的にであれ、知的にであれ、霊的にであれ——は天使の翼をつぶそうとするアメリカの妄想のカゴから男を連れ出すのだ。インスピレーションがなくては、ただ無味乾燥で目的もない、野蛮さが残るばかりだ。理想を求める強い気持ちがなければ、ただ欲にまみれた空想や現実味のない薄っぺらなイメージが残るばかりなのである。肉体としてはここにいても、精神のレベルでは不在の父親が、カウチに寝そべっている。こうなると抑圧などできぬ魂の内の可能性があると訴えるダイモーンを前に、父は恥じ入るばかりだ。父親は、抑圧すべき怒りや欲望を極端なかたちで想像してしまい自分は実は破壊的なのだと感じてしまう。その解決策は? さらなる仕事、さらなるお金、さらなる飲酒、さらなる重圧、さらなるモノ、そしてさらなるあふれる情報がもたらす娯楽。また、子供たちがどんどん消費者として育っていって、幸福がつかめるよう成熟した男としての自分の生活を犠牲にする、ほとんど熱狂的な献身である。

子供を「幸福」にすることが、親であることの目的であったためしはない。実際的で役に立つ子供。柔順な子供。健康な子供。ききわけがよく行儀のよい子供。問題を起こさない子供。神を恐れる子供。楽しい子供。そういう子供たちを育てることであれば、これまでにもあった。しかし、両親の力という幻想は子供たちに靴や教科書、ドライブできる休みなどと並んで、幸福を与えることが親の仕事だと思わせる。しかし、不幸が幸福を作り出せようか。幸福は古代ではユウダイモニア(eudaimonia)つまり喜んだダイモーンを意味していた。正しい代価を与えられたダイモーンのみが幸せを子供の魂にもたらすことができるのだ。そうだ、ここでわたしはトーマス・ムーアのいう「魂への配慮《ケア》」のことをいっている。子供の魂を幸福にするのは、魂への配慮《ケア》によってなのである。

もしソウルメイキング【訳注　ソウルメイキングとは、ヒルマンがキーツより借用している独特の言葉。日常の中から魂のあらわれを見いだし、それによって魂を造りだそうというほどの意味といえようか】の目標が子供の魂を作ることになってしまったら、両親はどんぐりが与えられた自分自身の人生の仕事から逃げ出すことになる。かくして子供がどんぐりにとってかわる。自分の子供は特別だ。だから子育てが自分の召命そのものとなり、子供のうちのどんぐりを実現させることを追求するようになる。こうなれば、目を向けられぬあなた自身のダイモーンは不平を言い出し、またあなたの子供も両親の召命の肩代わりになったことで不平を言い出すだろう。母親は、すでに言ったように、ダイモーンかもしれないが、母親はあなたのダイモーンではない。あなたの子供も、あなたのダイモーンではないのだ。

何年も患者とのかかわりや男性グループとの合宿治療、あるいは興味深い例に耳を傾けわかったのだが、子供を自分のダイモーンとすると、どんなにいい意図や強い倫理観をもっていたとしても人はしだいに子供を嫌うようになり、ついには憎むようにすらなるものなのだ。小説家であり鋭い社会評論家のマイケル・ヴェンチュラはアメリカ人は自分の子供たちを憎んでいると見ている。(*23) その意見は一見的外れのように見える。過去のどんな文化がこれほど子供の感情をくみ取ろうとし、子供の側に立ち、子供じみたものを残そうとしていただろうか。今日のほかのどの文化がこんなにも地球上の子供たちを救おうとしているだろうか。どんな代償を払っても未熟児や臓器移植手術を必要とする幼児に手を差し伸べようとする文化が他にあろうか。あるいは胎児を守るべく戦いの前線に立とうとする文化は？　しかし、これらはすべて、子供の無視を隠す恐るべき覆いなのだ。

その証拠を見てみよう。五千七百万人の子供たち（一五歳以下）がアメリカに暮らしている。うち千四百万人以上が、文化的な最低限以下の経済レベルで生きている。合衆国は未熟児の率でいえば、イランやルーマニア以下にランクされる。子供の六人に一人は養子であり、五〇万人が保護施設あるいはフォスター・ホームを「家」としているのだ。癌《がん》、エイズ、出生時の障害、インフルエンザ、心臓病、肺炎、あるいはそれらを合わせたよりも多くの子供たちと思春期の若者が自殺によって亡くなっている。また毎日、少なくとも百万人の「鍵っ子」が、銃のおかれた家に帰っているのだ。(*24)

このような社会学的な統計に含まれなくとも、あらゆる経済階層のなかに、注意障害、過敏、肥満、反抗、過食症、鬱病、妊娠、嗜癖《しへき》中毒などのための治療を受けている子供たちがいる。

貧富の差、政治的消極性、現実逃避が子供たちの窮状の原因となっている。しかし、またわたしは両親の力という幻想も大人たちの怠惰を支えていると糾弾したい。自分たちがそれぞれうちに抱いてこの世に生まれてきた召命に親は注意を払わない。大人が自分の召命に無関心であるとき、あるいはそこからの逸脱に過敏に反応するとき、生き生きとした生は生きられなくなる。あなたの子供があなたの人生を生きる理由となったとき、あなたは、あなたが今ここにいる見えない理由を放棄することになる。あなたが、大人として、社会人として、親としてここにいる理由は何なのか。それは、ダイモーンを受け入れやすい世界を作ることだ。文明を正し、子供がそのなかにグロウ・ダウンでき、また子供のダイモーンがそこで生きられるようにすることではないか。それこそが親の仕事だ。自分の子供のダイモーンのためにこの仕事を成し遂げるためには、まずは自分自身のダイモーンをはっきりと見いださねばならない。

自分自身のゲニウスの小さな声を打ち捨てた父親は、子供に向かうときも、自分が否定したものを思い出す術がなくなってしまう。子供たちのなかに、自然に、自発的に起こってくる理想主義やロマンティックな熱情、ささやかなものへの愛着、大きな疑問への関心などを受け入れることができなくなってしまうのだ。これらはすべて、自分のダイモーンを忘れた男には我慢できないことだ。

すべての人の人生にとって、子供たちは見えないものの存在を示す生きた証人である。しかし、父親たちは子どもたちから学ぶことをせず、子供たちを束縛し、おもちゃの世界に閉じ込めて子供が文明のなかに着地《グロウ・ダウン》してゆくのを阻んでいる。その結果は？　ピストルを手にした、機能障害の子供たちがあふれる、子供中心で父親のいない文化が生まれてしまうのだ。子供たちを魅了するヴァンパイアのように、子供たちはその無垢ゆえにセンチメンタリズムの対象となり、一方で彼らが引き起こす厄介ごとのために拒否されてもいる。そして大人の生活から生命力を飲みほしているのである。

祖先たち

両親が一《いち》から人の世界を造るという信念はわたしには、「場違いの具体性」の一種に見える。これは、イギリスの哲学者アルフレッド・ノース・ホワイトヘッドから借りた言葉だ。場違いな具体性とは、「抽象」と「具象」とを十分に区別しないことである。宇宙論的で神秘的な両親と生身の母と父を混同すると、天と地、天空の男神と大地の女神（あるいはエジプト神話のように、その対応が逆のものもある）といった抽象存在が物事を形成する力や神秘は、具体的存在である母や父の属性となる。そして母と父は神格化され、宇宙的なまでに大きな影響力を奪うようになってしまうのである。

ゼウスとヘラのような、世界を支える神秘的なカップルの力はその本来の位置を外れ、フロイトが「家族幻想《ファミリー・ロマンス》」と呼ぶ誤診となる。両親とのかかわりが、わたしたちを造ったりまたダメにしたりもするという幻想だ。さらに、目には見えない神話的な両親にではなく、人はこの個人的な物語、あなたの両親の個人的な人生への影響にのみ左右されていると考えるようになるのだ。両親の世界によって、宿命的に人生を形成されるということは、より大きな世界——両親を失うこと、世界を両親と考えられなくなることを意味する。しかし実は世界そのものもまたわたしたちを形成し、育み、また教えているのだ。

現代の文明は環境破壊が招く破局を避けようとしているが、その自然との和解の試みの第一歩は両親の家という垣根を越え、世界を家とみなすことだろう。もし、「ペアレンティング」（親たること）が、見守り、教示し、励まし、諭すことだとするのなら——わたしたちは自分をとりまくあらゆるものによって「ペアレンティング」されている。例えば、人間がこの大きな脳の力だけで車輪を発明できたなどと信じられるだろうか。火はどうだろう。かごは？　あるいは道具の類いは？　石は坂を転がり落ちる。鳥は織物をしたりなかを探ったり、木をつついたりする。また猿や象も同じだ。自然を征服した科学は、自然からその征服の仕方を学んだのである。

両親の圧倒的な力にこだわり、両親に宇宙論的な力を与えるようになればなるほど、日々自然があなたの人生に与えてくれている父なる、あるいは母なる恵みに気がつかなくなる。コーネル大学のJ.J.ギブソンの心理学派が主張するように、世界は家を造り身の守り場所を与え、食べ物を与え喉《のど》の渇きをいやし、冒険と遊びの場を与えている。世界は名詞ではなく、動詞からなりたっている。世界は、ただ物体やモノからなっているのではないのだ。世界は有益な、楽しい、そして好奇心をそそるような場に満ちている。コウライウグイスは、枝を目にするのではなく、止まる場を見る。ネコは、人間が空箱と呼ぶようなものを見ているのではなく、のぞき込まれない安全な隠れ場所を見ているのだ。クマは、ハチミツにあふれたハチの巣を見るのではなく、いつでも手に入って、空であることはない、情報に満ちたぶんぶんうなるものを見ているわけである。

子供たちは、とりわけ自然が与えるこのような教育や教えを理解する。エコロジーの分野の輝かしい先駆者エディス・コッブの観察によれば、子供たちの想像力は完全に、環境とのかかわりの上になりたっている。(*25) 想像力はただ「自然に」育つのでもなく、両親に聞かされる空想物語に育まれるものですらない。世界が子供たちにグロウ・ダウンする機会を与え、そこにかかわらせるのだ。これはジャン＝ジャック・ルソーやフリードリヒ・フレーベル(幼稚園の創始者)やアリス・ミラーの考えの受け売りではない。わたしは、子供たちが生まれつき善なるものであるとか、完全だなどというつもりはない。ただ、子供たちの想像力と知性は、彼らの親である自然によって養われるといいたいだけなのだ。だから、もし、現代の子供たちに障害があるとすればこの現実の物理世界で信頼と喜びを子供からうばっているのは、彼らが必要としている生身の両親とのかかわり《ペアレンティング》ではなく、両親中心主義《ペアレンタリズム》であろう。

自分の性質が両親から生まれると強く信じるほど、人は周囲から受ける影響にたいして心を開ざすようになる。そして周囲の世界が自分の物語にとって身近でなく重要ではないと感じるようになってしまう。しかし伝記はその主人公を特定の場所におく所から始まる。自己は土地の匂いをただよわせながら生まれてくる。天使が人生にやってくる瞬間、天使は環境に入ってゆくのである。わたしたちは、第一日目からしてエコロジカルな存在なのだ。

だから、わたしたちが心を砕いている来たるべきエコロジカルな災厄は、もう実際には起こっているし、またそれは進行中だ。自分を両親中心主義に結び付けたことで世界から自分を分離し、世界にあるものは、身近な家族よりも自分を形成する上では重要なファクターではなかったと信じたときに、エコロジカルな災厄は起こるのだ。両親の幻想は、自己認識に致命的な影響を及ぼす。そしてそれは世界を殺そうとしているのである。

この心理学的な幻想が是正されるまでは、文化多元論も環境保全論も共感に満ちた運動にはならないだろうし、フィールド・トリップもピース・コープも、バード・ウォッチングも、クジラの歌も、根本的には世界と人を結び付けることはできない。まずは、両親の家ではなく世界という家を信じられるようになるための心理学的な再構成をしなければならないのだ。

心理療法はこの過ちを見逃している。家族によって発達上の損傷が起こるという理論は、安らぎと教訓を与えるあらゆるものから両親を離れさせてしまう。セラピストが訪れたことのないようなものに、魂が向かうなどということがあろうか。魂は、問題を木々や川岸や動物の仲間や時間をかけた星空の観察などにつれてゆく。窓の外を、お茶を入れるときの沸き立つお湯をみているといい。心のうちのダイモーンは絶望よりもメランコリーを選び、静かに喜ぶはずだ。ダイモーンはそこで安らぐ。

D・W・ウィニコット（穏やかで家庭を重視する、実際的な療法に関する医療哲学者）は適切に両親としての働き《ペアレンティング》をするには「成長を促進させるような環境」の空想が必須なのだという。しかし、実はその環境は、こんなにも否定され、恐れられてもいる、生の環境なのである。主要な理論のなかから生身の現実世界を抜き去った。そのため心理学理論は外の世界を客観的で、冷淡な上に無関心、敵対的ですらあるとイメージするようになった（保護手段としてのセラピー。相談室は聖域なのである）。こうして世界は悪い母親《バッド・マザー》、殺人的な母親といった、理論が生み出したものの投影をひきうけることになる。そしてわたしたちは、デカルトが四世紀も前に考えていた、延長されたものとしての自然界、つまり魂のない、荒れ果てた、機械的で、ときには悪魔的ですらある物質の延長されたものの領域へと連れもどされるのだ。

もちろん、外的世界にはなだめるべき悪魔たちもいる。危険は潜在しているものだ。しかし、扉の外、茂みのなかにはただ細菌や蜘蛛《くも》や流砂ばかりではなく祖先たちもいるのである。わたしたちは宇宙論的な両親の居場所を取り違えてしまい、その上に祖先たちをも失ってしまっている。両親たちは祖先をも呑み込んでしまったのだ。

現代では伝記や症例は、両親と出生の場所についての事実から書き始められる。ときにはその家系を四人の祖父母、あるいはさらに八人の曾祖父母にまでたどることもあるが、ほとんどの場合は母と父でとどまっている。いや、ときには父は不在だという理由で、母親だけに触れているものすらある。

つまり、祖先の観念は現実の両親というフィルターにかけられているのだ。天地を揺るがす存在にまで神格化された上に、両親は伝統的には見えない祖父母に属すると考えられて来た、保護者としての義務と役割をもとりこんでしまったのだ。現代の文化では「祖先性」といえば染色体のつながりを暗示している。祖先とはこの肉体の生体組織を受け継いだ、人間存在なのだ。生物学的遺伝子が霊的世界にとってかわっているのである。

しかし、ほかの文化では、祖先は樹木であったりクマであったり、サケであったり、死者であったり、夢のなかの精霊であったり、不思議に不気味な場所であったりもする。これらはすべて「祖先」とみなされるし、家の中にも住まいから離れたところにも祖先のための祭壇がもうけられる。祖先は人間には限られていない。血のつながった家族を通じてだけあなたの世界に入りこんだ、肉体に宿るつながりばかりが祖先ではない。血のつながった家族(これとていつも確定できるとは限らないが)のメンバーのうち、たとえば、祖父母、伯父や伯母のうち、十分力強く、知恵があってその名に値する者だけが、守護霊という意味での祖先とされるのである。祖先であるためには、死んでいる必要はないが、死は知っていなければならない。つまり、不可視の世界を知っていること、そしてどこでどのように生者の世界と不可視の世界を接触させるかを知っていなければならないのだ。

精霊《スピリット》たる祖先は、他の精霊たち、共同体全体、自分たちが宿る事物、その場所、そしてあなたという人格を健やかにする。またそれらを通じて祖先はあなたを見守り、心《ハート》の内のイメージを全て気遣っているのである。もし人が激怒したり規律から外れたり、喧嘩《けんか》早かったりつまらない人間になってしまったときには、悪い影響力を排除し、ことを正すために特定の祖先が呼び出される。しかし、その障害が両親のせいにされることはない。あなたに起こった悪いことは、呪術、タブーの違反、悪い空気や水、場所、遠く離れた敵、神の怒り、義務の不履行などに起因する。しかし、あなたの魂の状態が、母親と父親が三〇年も前にしたことのせいにされることなど、絶対にない! 両親は、ただあなたがその共同体に現れるために必要だっただけ、父母はあなたの魂がこの世界にやってくる儀式をしてくれただけなのである。

祖先の感覚を無くしてしまえば、自分たちの人生に直接の支配力を振るうものとして崇めるべき対象は、両親以外にはなくなってしまう。わたしたちは「汝の父と母を敬え」という、上品で優しく見える戒律を文字どおり取っているわけだ。しかし、この条目に先だつ、第五の戒律を忘れないようにしよう。それは祖先崇拝を不可欠の要素とする、異教的な多神教の民の絶滅をねらっている［訳注　第五の戒は、「安息日をかたく守り、これを聖とせよ」である］。また、聖書はこれらの「両親」が人間の父と母ばかりではないことをはっきり示している。彼らは大きな力をもち、運命の保証人として敬うべきなのだ。「あなたの神、主が与えようとしておられる地で、あなたの齢が長くなるためである」（『出エジプト記』5：16）祖霊とおなじく、ここでの両親は寿命を守る守護霊、幸運の運び手、土地に住まう自然霊そのものなのだ。この戒律によって、そしてそれ以後ずっと、両親の幻想はしっかりと確立されたわけだ。原初の霊の世界は、ただの人間にすぎない、具体的な個人の姿に還元されたのである。

　祖先たちという、壮麗な古い群れを公認宗教が矮小化してゆくには幾世紀もかかった。その過程をわたしたちは文明化と呼んでいるのだ。ガイアとウラノス、ゲブとヌート、ボーアとベストラは、その大きさをうんと縮めて母と父となった。彼らはもはや天にはおらず、日常の営みのすぐ上、容易に手の届くところにいる。現代の地平はその尺度を切り詰めてしまい、またそれにとってかわった両親のスケールは巨大になっている。わたしたちは、両親の魔力が私生活に強い影響力を振るうと信じているにもかかわらず、両親への儀式は一年に一度の記念日や老後の心配、たまにかける電話に矮小化されてしまっている。

「汝の父と母を敬え」――全く正しいことだ。しかし、両親を創造神や破壊神、祖先と混同してはならない。たしかに「両親問題」と「取り組んで解決すること」は、骨が折れる。それは、単に論理の上での過ちでも「場違いの具体性」もないし、個人の自己決定能力を育む治療過程の内の困難なステップであるからでもない。両親の力という幻想と取り組むことは、むしろ、宗教的回心に近いのだ。つまり、世俗主義からの、個人中心主義《パーソナリズム》からの、一神教からの、発達至上主義からの、そして因果性信仰からの回心に。この回心は、かつての見えない存在とのかかわりへの回帰、世界によって与えられる豊かで豊饒な影響力を信頼して受け入れるための大きな一歩を要求する。「宗教とは」と、ここでもホワイトヘッドはいう。「世界への忠誠である」(*26)。だがこれは、社会全体が長らく抱いてきた、そして一般にセラピーが抱いてきた、またあなた自身が抱いてきた信仰にとっては裏切りとなる。つまり、両親の力への信仰への裏切りとなるのである。

第4章

見えないものへの帰還

どこかほかの世界からやってくるものは、人を狂わせるのだろう。不可視の世界は悪魔的であるだろうから、遠ざけておかねばならない。見えないものは知り得ない。知り得ないものは、恐ろしい。恐ろしいものは、憎い。憎いものは、退治しなければならない。こんなふうにして合理的な知性は懸け橋よりも分裂を好むようになる。合理的知性は、二つの領域を切り離そうとする。内側から具体的に見る限り、すべての不可視の存在の正体は皆同じ——それは悪いものなのだ。

顕微鏡でも内なるどんぐりは見ることができない。したがってどんぐりに接近するには不可視の現実の存在が前提となる。どんぐりについて理解を深めるためにはまずは不可視の存在の性質について知らなければならないのだ。存在するなら、それが何であれなんらかの量をもっており、計量できるはずだという大原理がアメリカ人の心理や常識の前提にある。だからわたしたちは不可視の存在を前にすると困惑するのだ。人を運命に駆り立てるイメージが心のうちにあるとするなら、しかもそれが強力で永続的なものだとするなら、そこには計量可能な次元があるのではないか。科学は肉体の部位やシステムのなかに魂の座を求めようとする、何世紀も続いた探求をすでに放棄している。しかし心理学を突き動かしている原動力は、いまだに不可視のものを可視的な方法で測ろうという野心なのだ。

魂に接近するには別の道がある。また運命を決定する不可視の存在にも別な説明の方法がある。例えば、スウェーデンには、森にまつわるこんな民話がある。マツやモミ、エゾマツを相手にきこりが一人で仕事をしていた。きこりは木を切り倒し、枝を伐採していた。雪の降りしきる厳寒の短い昼の間。彼はコーヒーを飲んでいた。と、とつぜん、激しい寒気が襲ってきた……そんなとき、ハルドラが現れるのだ。ハルドラは実に精妙な存在だ。繊細で、魅惑的で、まったく抗しがたい。きこりは手をとめ、斧《おの》を投げ捨てて彼女を追いかけ森の奥深くへ迷い込んで行く。ハルドラが背を向けると、――そのとき彼女は消えてしまう。いったんハルドラがその笑顔をそむけてしまうと、そこには何もないのだ。そして森の奥深くに迷い込んだ男はなじみの道しるべを見失い、森から出ることができずにそのまま凍えてしまうのだった。

神話的思考

この章をわたしは、セイレーン——いや樹木の精霊《ウッド・ニンフ》、樹霊《ツリー・ソウル》——の神話的な物語から始めた。日常の仕事をしていた人間が、精霊の消滅とともに方向感覚を喪失し死ぬ話だ。この物語は多様に解釈できる。男性と女性の役割、元型的アニマ、空想の投影による魂の喪失、母の領域としての魔法の森、あるいは斧をもつ殺人者に対する、太古の植物霊の復讐劇——しかしこれらはいずれも根本的なところには立ち戻って説明していない。ハルドラの存在しない背中《バック》にまでは立ち戻《バック》って説明できていないのだ。

すべての物語、物語の解釈の背後にはやはり物語がある。その物語があらゆる分析の背景となっている。人が与えるすべての説明の背後には神話があり、その神話は、自身を説明できない。神話は不可視の存在に立ち戻ってゆく。神話は魅力的な顔は見せているが、細かくみようとするとその背中は消えてしまうのだ。そこには何もない。ここでわたしたちは森に迷ってしまう。

神話の起源については多くが語られている。夢から生まれたとか、宇宙や自然現象を説明しようとする原始「人」の試みであるとか、畏怖すべき力を語ることで部族の法を設定しようとする方法であるとか、シャーマニスティックなヴィジョンや啓示から生まれたものであるとか、あるいはただ夜中に火を囲んで語られた老婆の素朴な娯楽のための話、子供たちの寝物語が語り継がれ発展したなどといわれている。しかし神話の起源の説明はどんなものでも、神話の背後にあるものには手がとどかないのだ。

見えるものと見えないものとの関係は哲学上の大問題だ。現代の宗教的信仰は、天と地、現世と来世を分離する。哲学的思考は精神と物質に境界線をひく。そしてそれが見えるものと見えないものの間に分裂を生み出しているのだ。この分裂にどのように橋がかけられるだろうか。どのようにして見えざるものを見える世界へと移せようか。あるいはどうやって見えるものを見えないものに?

伝統的には三つの懸け橋がある。数学、音楽、そして神話、である。第四番目として神秘主義をあげてもいいかもしれない。しかし神秘主義は可視と不可視を一緒にしてしまう。あらゆるものは透明で、かつ不可視の基盤をもつと断言するのだ。神秘主義者にとっては、だから分裂などないし、はなから何の問題もない。二つの世界をつなぐ合理的なつながりをつくることなどは、彼らにとってはせいぜい少しばかり、この二つの距離をおしひろげることにしかならない。これが神秘主義者がディレンマを繕うのではなく、それについて瞑想せよという理由だ。

数学の方程式、音楽の楽譜、神話の人格化は二つの世界をつなぐ境界にまたがっている。これらは知られざる世界の側面を見せていると思わせるような、魅惑的な境界の前線となっている。そしてその魅惑は数学、音楽、神話こそが彼岸なのだという確信をもたらす誘惑となる。わたしたちは、不可視の世界の真理は数学だと思いこみ、それが一つの統一場理論の方程式に集約できるとたやすく信じこむ。あるいは、天球の音楽。また見える世界を決定する糸を握る、名前と姿をもつ神話的な存在や力が不可視の真理だとも考える(これら三つのいずれか一つか、あるいはその組み合わせが不可視の真理だと考えてしまうのだ)。これらの三つのかたちのモードは、不可視の神秘を、わたしたちにも扱うことのできる、可視の方法に移し替える。つまり不可視の存在を高等数学、音楽の記譜法、神話のイメージにするのだ。これらの体系に移し替えられた神秘に酔いしれるあまりに、人はこれらの体系と神秘とをとりちがえてしまうのだ。実のところ、これらの体系は不可視の存在を指し示すばかりなのだが。わたしたちは、月を指さす指を、月ととりちがえてはならないという古くからの教訓を忘れているわけだ。

ハルドラの不可視の背中は、その正面と同じように美しいものと思いがちだ。だが、見ているものと見ていないものとの関係はどのようなものだろう。その背中は正面に反映されているのだろうか。美しい笑顔は、不可視の世界を表す最良の表現であるゆえに誘惑的なのだろうか？

美も懸け橋と言えるかもしれないが、これはさほど確かではない。ハルドラの背中は恐ろしいものかもしれない。きこりは、最終的には道に迷い凍死させられてしまうのだった。新プラトン主義者たちは美を可視のかたちに現れた不可視の存在、地上に現れた神的な魅惑と定義してきたが[*1]、そこに何の構造も何の一貫性も与えてはいない。その定義の歴史をたどって行っても、今わたしたちが向かおうとしていることとはつながらない。美は数学的比率、各パートの調和、女神アフロディーテの光輝として、ほかの三つの懸け橋に還元されてもきた。奇妙なことにハルドラの背中を探索しようとすると、神話の深い森へといざなわれてゆく。よく知られた事実をそこに求めていても迷うばかりだ。不可視のものは、事実など見せてはくれない。

神話が語る話は歴史のなかには文書化されてはいない。神と女神、英雄とその敵たちは、粘土板や彫像に刻まれた物語のなかで語られてはいる。しかし、それらが物理的に見える存在であったことはあるだろうか。神話に出てくる想像上の場所は、この世にはない。――すべては作られたもので、空想だ。神話の永続的な、そしていつも新鮮な生命力の背後にあるのは事実ではない。神話の力の背後にあるものは、不可視のものにほかならない。「神話は真理と詩的な空想の混合物だ。神話が不確実さへと消えて行くのは、神話の性質そのものに帰因している」とプラトン学者のパウル・フリートレンダーはいう。(*2) 森へ消えるハルドラは、恐らく人格化された神話であり、ひとつの詩的なイメージとなって示される神話の基本的な真実を示している。

ごくふつうの生活も不可視のものに背後から支えられている。わたしたちが出くわす、目に見えて手で触れられる、そして永続的なものは高エネルギー物理という不可視の抽象物に支えられている。わたしたちは神学という不可視のものにかしずく。人を戦争や死に誘うのも不可視の理想だ。結婚、動機、狂気について説明を与えるのも不可視の診断上の概念である。あるいは時間についてはどうだろう。そういえば最近、時間を見た人がいるだろうか。あたりまえに思われる、これらの不可視の存在はすべて、神話のもろい空想に比べてずっと強固であるようにみえる。

わたしたちは、自分たちを律する不可視のものに囲まれて生きている。「家族の価値」「自己成長」「人間関係」「個人の幸福」など。あるいはさらに「管理」「成功」「経済効率」そして(最大にして最も普及している不可視の)「経済」という一連の神話的な像がある。もしわたしたちがかつてのフィレンツェや古代のローマ、アテナイに暮らしていたら、我らが不可視の存在たちにたいして、かつてのフィレンツェやローマ、アテナイの人々が「幸運」「希望」「友情」「優美」「穏健」「信念」「名声」「醜悪」「忘却」などにたいしてそうしたように、像や祭壇を作るか、せめて絵を描いたりしていたことだろう。だが、今重要なのは見えざる存在すべてを回復することではない。そのなかからかつてはダイモーン、ゲニウス、ときに魂と呼ばれ、いまはどんぐりとされるものを選び出し、それを回復させよう。

わたしたちが疑いもなく受け入れている、日常的な不可視のものは、わたしたち自身が愛着していることで堅固さを得ているのだろう。わたしたちがフジツボのようにお気に入りの不可視のものたちにしがみついているのだとしたら、その基盤は確固としたもので岩のようなものでなければならない。哲学者アンリ・ベルグソンはなぜわたしたちが神話よりも分子を好むかをこう説明している。「人間の知性は生命力のない物体、とりわけ固体に囲まれていたほうが安心できる。そうすれば人間の行動は支えを得られるし工業的な道具も使えるからだ……わたしたちの概念は固体のモデルにのっとって作られてきた。……わたしたちの論理は何より固体《ソリッド》の論理なのだ(＊3)」。したがって、ベルグソンは、知性は実際の生活や生命の説明には向いていないと結論づける。にもかかわらず、同じこの無骨な知性が、神話のような別の種類の説明体系に激しい戦いを挑む。事実によって支えられ、証拠に支持され、論理によって構築された知性は、頑《ソリッド》な議論をもって攻撃をしかけるのだ。

ウィリアム・ワーズワースは、固体の論理のうちにある不可視のものを見透かしていた。

「岩や果物、花などあらゆる自然のかたちに
路傍にちらばる石にさえ
わたしは倫理的ないのちを与えた。わたしは、それらが感じているのを見て取った、
いや、それらと感情を結び付けたのかもしれぬ
大きな地勢のうち生き生きした魂を、
わたしの目の前のすべてに内なる意味を(＊4)」

「不可視のものの真のささやき！」とウィリアム・ジェイムズは「人間のある盲目性について」と題されたエッセイに付け加えている。そして彼はワーズワースをラルフ・ウォルドー・エマソンやW.H.ハドソン、ジョイア・ロイス、ロバート・ルイス・スティーヴンソン、レフ・トルストイ、ウォルト・ホイットマンらと並べて、不可視の存在を見てとった人物として引用している。(＊5)

ジェイムズは、この「ある盲目性」を皮肉をこめて賞賛したり非難したりしている。一方で彼は岩や果実、花の不可視の内奥を見ない通常の知覚を非難している。しかし、他方でこの通常の知性のもつ盲目性や刃先の鈍さのおかげで、ワーズワースのように「それらが感じているのを見る」ということができるともいうのだ。

このワーズワースの句は神話的な「思考」の表明であって、単純な感情ではない。「それらが感じるのを見る」という言葉は不可視の存在の真のささやきを受け取り理解する、知性の内にあるやわらかな感受性を表している。わたしが神話的な感受性と呼ぶこの知性の敏感さこそが、わたしたちの生活の基盤であるいきいきとした魂に気づかせてくれるものだ。ワーズワースにとって、そして神話的な感受性一般にとってどんぐりは心臓のペースメーカーとは違って自分のなかにあるわけではない。そうではなく、自分がその独自の一部分をなす、どんぐりという神話的な存在のうちに座しているのだ。ロマン主義者たちのいう「いきいきとした魂」は、今や心的現実と呼ばれている。わたしたちは、それが不可視であると主張するが、しかし、それはあらゆるところに存在しているのだ。

直感

不可視のものを知覚する伝統的な方法、つまりどんぐりを知覚する方法は直感だ。直感はまたわたしが神話的感受性と呼んだものを含んでいる。神話は心にひびき、真実を感じさせて思いがけない洞察を与えるように思われるからだ。

心理学においては直感は「直接的で非媒介的な知識」とか「複雑なデータ群の即時的あるいは生得的な把握」[*6]とされる。直感は思考していない状態であると同時に感情の状態でもない。直感は、明晰で素早いもので、かつ全体的な理解をもたらす。「プロセスの即時性がその大きな特徴」なのである。[*7] 直感は「いかなる既知の知覚や内省的思考のプロセスも伴わずに起こるもの」[*8]である。

人を見る場合、多くは直感的だ。人を見るときには全体として見るものだ。――訛《なま》り、服装、体型、態度、顔色、声、立ち姿勢、身ぶり、住んでいる場所や社会階層などこれらがすべてひとつの全体図《ゲシュタルト》として直感に訴えかけてくる。かつて内服薬の処方は直感にしたがって行われて来た。それと同じように写真家も占星術師も秘書も野球のスカウトマンも人事部長も、おそらくＣＩＡの分析官でさえ多くの情報を集めては膨大なデータのなかから目には見えない特徴をつかんでいるのだ。直感はイメージ、すなわちパラディグマ、全体のゲシュタルトをつかみとる。

直感は生まれるものである。人は直感を作り出したりはできない。直感は、とつぜんのひらめき、決定的判断、意味の把握などのかたちで訪れる。直感は出来事によってもたらされるように、あるいはその出来事のなかにあるように直感は出来事にともなってやってくるように思われる。人が何か言ったときに「ああ、わかった」(Aha!)と感じられることがある。また美術館の戦争の記念展を訪れたときに、解説を読んだり音声の説明を聞いたりする前に、とつぜん、壁にかかった絵を見ただけで「ああ、そうか」と理解できることがある。そのとき、直感に打たれているのだ。

直感的に理解できる文、複雑な詩、美術館の壁にかかる絵などはすべて表現形であり、日に見えるものだ。わたしをとらえる素早い理解、心理学が「直感的理解」(aha Erlebnis)と呼ぶ、突然の洞察による反応が絵の力によって生まれ息をとめさせたり、息をつかせたりするのだ。神話的思考はこの力、洞察を作り出す力を事物のなかにある力だとみなす。事物のなかの力が不可視のものの現実性を、いや物質性までも生み出しているのだ。

直感のもうひとつの重要な特徴は、その働き方だ。それは気分《ムード》と違ってゆっくりと拡がってゆくのではない。また思考に導かれて一歩一歩積み上がるのでもない。また目の前の対象全体を構成する、細部すべてを注意深く観察して直感が生まれるのでもない。すでに述べたように、直感は明晰で瞬間的で、完結しているのだ。直感は啓示のごとく一瞬にしてすべてがやってくる。直感は時間からは自立している——ちょうど神話が時間にはとらわれていないように。「いつ起こったのか?」とか「その起源は?」「神話は発展するのか?」「新しい神話はないのか?」といった時間上の疑念を発すれば神話は崩壊する。時間のデータに拘泥《こうでい》する歴史学者は、けっして神話的感受性にふれることはできないだろう。

直感は明晰で瞬間的、そして完結している。だからこそ、正しいときもあるが、説得力にあふれるが、ポイントを外して完全に誤っていることもある。ユングは直感を意識の四つの機能の一つにおいたが（ほかの三つは思考、感情、感覚）、直感機能にはとくにそれを補佐する機能が必要なことを強調した。(＊9) 直感だけでは、勝ち馬の予測は当たるも八卦《はっけ》のようなものだ。強迫的な思いこみ、あるいはあいまいな論理、感情、事実へ直感は落ち込んでゆく。しかし直感に対するユングの皮肉な現実論は直感主義的哲学者たちの直感を賛美する話しぶりとは異なっている。バルク・スピノザ、フリードリヒ・シェリング、ベネデット・クローチェ、アンリ・ベルクソン、エドムント・フッサール、アルフレッド・ノース・ホワイトヘッドらはさまざまな流儀で直感を、真理を知るための哲学的方法であるばかりではなく、半ば神から与えられた才能として高く評価していた。

直感は創造性や天才の由来を説明するためにも使われる。本来説明できぬものを説明できないプロセスとして語るのである。しかし直感を偶像化するとその暗い影を無視することになる。反社会主義者の直感に基づいた御都合主義や、精神病的犯罪者の、突然の全く正気を失った発作などは、その影だ。彼らは、考えも、感情も、事実を見ることもなく、思いつくままに、しかも気軽に暴力に手を染めてゆく。

直感は道を示すが、正しい行動を保証するものではないしまた知覚の正確さを示すものですらない。好きになってはいけない人に惚れたり間違った非難をしてすぐに人を解雇したり、全くヒポコンデリア的な誤った医学的な自己診断をすることなど、確信に満ちているのに早まった心の動きを思い起こせば、すぐにそのことはわかるだろう。どんなに確からしく思えても直感は正確だとは限らないのだ。神話的な感受性は内なる真実だと思わせる信号を拾い上げはするが、それが正確かどうかは事実を調べたり、過去を振り返ったり、注意深く考えたり、感情によって価値を判断することによってのみ確かめられるのだ。何世紀もの間、ローマカトリック教会は、この方法によって、直感に基づいた聖人であるという主張をテストし、奇跡を検討してきたのだ。

直感へのこのようなつけ加えの説明は三つの理由から必要である。第一に、神話的に見る知覚（「わたしはそれらが感じているのを見る」というような）、見えるものを通じて見る知覚、不可視のものを感じとると主張する知覚にたいしては、適切な言葉が必要だからだ。本書の神話に対する信頼が説得力をもつためにも、数学や音楽に匹敵するような、神話的感受性について心理学的に納得しうる概念が必要なのだ。神話を把握すること、あるいは神話によって自身が把握されるときには直感が必要だ。神話がもつ人生への重要性は、啓示のごとく、ないし自明の前提のように心に訴えかける。それは論理によって示されるものでも証拠の事実を積み上げて得られるものでもない。最良の証拠は逸話や実例だ。それらはぼんやりした概念を明晰な直感の閃光で照らし出せるのである。

直感に対する補論が必要なことへの第二の理由は数学、音楽、神話の三つの懸け橋、美や審美の領域に共通の役割を示すことである。それらに即時性や確実性をもたらしているのは直感だ。カントの美学理論は直感によっているしまたモーツァルトの作曲の描写もそうだ。詩的霊感や数学的発明を研究した権威者たちは、瞬間的に確信をもたらす直感を受けたことを述べる場合がある。たとえば数学者アンリ・ポアンカレはしばしば引用される、こんな言葉を残している。「最初に最も強く心を打つのは、突然の啓示の出現だ」（＊10）。第三の理由は、再びわたしたちを伝記に引きもどす。多くのどんぐりの例に見られるように、直感《インチュイション》と教育《チュイション》の間には鋭い緊張がある。エマーソンは書いている。「最初の英知を直感《インチュイション》といい、後のあらゆる学習は教育《チュイション》という」（＊11）。エマーソンはイン‐チュイションを非《ノン》‐チュイションとみてこの二つを対立させている。洞察と学習、心のイマジネーションと教室での勉強は必ずしも対立するものではないが、しかしエマーソンが正しくも直感したように多くの偉人たちは教育よりも直感を選んでおり、そのため強い緊張が生まれた。彼らは学校に通うのをやめた。彼らは学校を憎んでいた。勉強しようともしなかったし、またできなかった。放校もされた。教師は彼らを見捨てた。直感は教育指導と戦争状態にあったのだ。

学校時代と悪夢

四百人の現代の有名人の子供時代についてレポートした楽しい（そしてよく記録された）『偉人たちの幼年時代』（Cradle of Eminance）は、その調査対象の五分の二が「深刻な問題を学校時代に抱えていた」ことを示している。「教室からの拒絶は国を問わない現象で、それは公立であるか私立であるか、無宗教校か宗教校か、あるいはそこで採用されている教育哲学の種類にもあまり関係がない」(*12)。また、傑出した人たちの学校での問題は家族の態度や経済的状況、あるいは教育レベルにも関係がない。学校嫌い、落第、強制退学はあらゆる苦しみを生み出し、それがいい結果も悪い結果も生み出している。

トーマス・マンがノーベル賞をとったのは二〇代初めのころに書いた小説によるところが大きいが、彼は学校を「行き詰まっていて満足できないところ」と描写している。偉大なインドの学者であり詩人であるラビンデラナタ・タゴール（マンと同じく高い教育を受けて、育ちがよかった）は、学校では非常につらい思いをして、一三歳のときに学校をやめている。「幸運にも鈍感さが刷り込まれる前に自分を救い出すことができた」と彼はいう。「ガンディは学校時代は人生で一番みじめな時期だったという。……彼は授業にはまったく適性がなかったし教師を尊敬することもほとんどなかった。……学校になんか行かないほうがずっとよい結末を出せたであろうに」。ノルウェーの小説家であるシーグリ・ウンセットは断言する。「本当に学校は嫌いだった。授業中、ぼーっとするテクニックを身につけて、しなくてはならないことから逃げ出したものだ」。またノーベル賞物理学者リチャード・ファインマンは幼いころの学校時代を「知的砂漠」と呼んでいる。俳優であり監督でもあるケネス・ブラナーは学校を恐れていたあまり、学校に通うよりはと、一一歳くらいのときに階段から飛び降りて足を折ろうとした。のちに彼は自分の部屋に閉じこもり、一人読書にふけるようになる。ドイツの映像制作者ライナー・ヴェルナー・ファスビンダーは「普通の子供たちのなかに交じることなどできなかった」し、結果的にはルドルフ・シュタイナー学校に行くことになった。ジャクソン・ポロックは、「服装に関する校則を無視し、また楽しげに学校の宿題を侮辱し」、ロスアンゼルス高校を退学になった。ジョン・レノンは幼稚園から追い出されている。

学校に通う子供たちの悲劇のうち、最も痛ましいと思えるのはイギリスの詩人ロバート・ブラウニングの話だ。彼は八歳か九歳のときに寄宿学校に送られた。そこで彼はすっかり鬱状態に陥り、そこで「鉛の水槽を自分の埋葬場所とした」のだった。その水槽には、顔が一つ浮き彫りにされていた。彼はその蓋を墓碑銘だと想像し、何度もそれをさすっては「あわれなブラウニングの思い出に」と唱えたのだった。授業に関しては、ブラウニングは「そんなものは何も教えてくれなかった」という。

想像力豊かな実存主義作家ポウル・ボウルズは「新しい教師、ミス・クレーンとはうまくやってゆけなかった。ボウルズは彼女の権威主義的なスタイルが我慢できず……頑として教室での合唱に加わらなかったし、復讐の方法として、宿題を全く意味のないやりかたで済ませる方法を考え出した。彼はすべてを完璧に、しかし逆向きに書いたのだ」

ボウルズが一番我慢できなかったのは合唱だったが、他の人にとってはラテン語、代数、体育、あるいは英語の作文がそうかもしれない。内なるどんぐりは境界線をきっちり引いている。どんぐりが定めた苦手な領域に踏み込ませることはだれにもできない。それはオークの樹を曲げたり、オークの樹がかわいらしいポプラの樹の真似をできたりしないのと同じだ。どんぐりは才能ももたらすが、同時に限界も定める。学校が直感を教師の教育方法のなかで生かすことができて初めて、そこに懸け橋が生まれ、この限界を越えて才能があふれ出すのである。

学校での失敗はよくあることだ。しかし、子供が学校で失敗するのか、あるいは学校が子供を失敗させているのだろうか。いずれにしても、子供本来の直感的な能力と学校の教育制度のギャップは広がるばかりである。作家のウィリアム・サローヤンが書くには「わたしは学校は嫌いだが、学ぶことを嫌いになったことはない」。彼は学校では問題を抱えていたが、一人で「カリフォルニアのフレンゾの公立図書館の本をほとんど全部読んだ」のだった。

作曲家のエドヴァルド・グリーグも言っている。「学校はわたしのなかにただ邪悪さを育んだだけでいい面には何もしなかった」。トーマス・エジソンは言う。「わたしはいつもクラスでびりでした」。スティーヴン・クレーン、ユージン・オニール、ウィリアム・フォークナー、F.スコット・フィッツジェラルドらはみんな大学でコースを落としている。『不毛の地』の著者でありピューリッツァー賞作家であるエレン・グラスゴーにとって学校は「我慢できない」ものだった。ウィラ・キャザー［訳注 アメリカの女流作家］、パール・バック、イザドラ・ダンカン、スーザン・B・

アンソニーもまた学校が嫌いだった。ポール・セザンヌはパリの美術学校に受け入れられなかった。マルセル・プルーストの教師は彼の作文は構成がよくないと考えたし、エミール・ゾラは文学で零点をとり、またドイツ語、修辞学でも落第した。アルバート・アインシュタインは彼の中等学校(ミドル・スクール：九歳半のときから通った)についてこう書いている。「機械的な復唱をするくらいならどんな罰も受けようと思った」。それより以前、小学校ではとくに利発な子供ではなく、ビーダーマイヤーと呼ばれていた。それは少し鈍臭《どんくさ》くて、単純で、ちょっと「おバカさん」という意味だった。彼の姉妹はこう書いている。「スピードや正確さという点では彼は算数は得意ではありませんでした。でも彼は我慢強かったし、しっかりとやろうとしました」。このような性格の一面は、彼の話し方がおっとりしていたことにもよるのだろう。

ジョージ・S・パットン将軍は失読症であり、落ちこぼれていた。ウィンストン・チャーチルはハーロウ校で、「数学、ギリシャ語、ラテン語を学ぶのを拒み、今でいう救済学級にあたる、一番下のクラスに入れられた。そこでは要領の悪い少年たちが英語を教えられていた。彼の英語の力は、しかし劣っていなかった。シェイクスピアに関する彼の知識は尋常ではなかったし、またそれは独力で得られたものだった」

学校の判断と子供たちの感じ方のギャップの作用の仕方には二通りある。多くの場合、不可視の自分の道を歩む子供たちは「問題児」、教えがいもなく、愚かであるとさえみなされる。しかし、全く反対の重圧感が生まれることもある。奇抜で非凡な写真家であるダイアン・アーバスは言っている。「先生たちはいつもわたしが利口だと思っていた。それがわたしを苦しめた。わたしはほんとうはひどくまぬけだってわかっていたんだから」。アインシュタインのように子供が「まぬけ」だとみなされるか、あるいはアーバスのように「利口」だと思われるか。子供と学校の考えの間のギャップは埋められないままだ。子供のなかの不可視の存在が見て取られたとしたら、トルーマン・カポーティ、エリア・カザン、ジェイムズ・ボールドウィンの例のように、それは忘れ難き奇跡のように思える。

試験はとりわけ大きな試練となることがある。細菌学の権威パウル・エアリッヒは学校で作文の授業を免除されてしまった。彼は「全く無能」だったからだ。ジアコモ・プッチーニはいつも試験に落ちていた。ガートルード・スタインはハーバードで、クラスの最終試験を受けなかった。アントン・チェーホフは古典を学ぶのを拒否し、学校の試験に二度落ちている。こうした失敗は彼には悪夢をもたらした。「人生の間ずっと、彼は教師に『つまみだされる』夢に取り憑かれていた」。パブロ・ピカソは「アルファベットの順番を覚えることができず」一〇歳のときには学校を離れた。「彼は頑として絵を描くこと以外のすべてを拒否したからだ」。家庭教師ですら、算数ができなかったパブロにサジを投げた。(*13)

召命が現れるのは、学校のなかではなく、学外であることもよくある。――課外授業や学校から離れている時などだ。多くの場合、心のうちのイメージは指導方針や規則的な時間の拘束に苦しんでいるように見える。アンリ・マチスは病後の回復期に絵を描き始めた。最高裁判所の主席裁判官であり大統領候補のチャールズ・エヴァンズ・ヒューズは大学に入学を許可されるまで六カ月間もニューヨーク市をうろついていた。ウィリアム・ランドルフ・ハーストとアーチストのジョン・ラ・ファージはマンハッタン街で「むだな時間を過ごし」て学習を積んだ。マリー・キュリーは一五歳のとき一年間まるまる学校に行かず自由に過ごした。(*14)どんぐりがどこで最もよく学べて、そして魂がどこで人を試すか、前もって言えるようなものがいるであろうか。

試験は一種の儀式の機会である。そこでは何でも起こり得る。結婚式や初産のように、試験はある状態から次の状態への移行を記すものである。「最終試験」前夜の奇妙な食事やまじないめいたしきたり、そして試験の際のパニックなどは、テストの儀式としての背景を示している。試験は忍耐力や能力、知識を試すばかりではない。試験は召命をも試すのだ。ダイモーンはあなたが選んだ道を望んでいるのだろうか？　その道をあなたの魂は本当に進んでいるか？　首尾よい試験結果が運命による確認を示すとするなら、不合格の結果は間違った方向に向かっていることを示しているのかもしれない。

何百万人もの人材と莫大な物資を扱う大戦略を立てることになる五つ星の将軍オマール・ブレイドリィは、ウェスト・ポイント陸軍士官学校に入学したとき、ほとんど最下位——二八人中二七位——の成績だった。コツコツと精進したものの一六八人のクラスのなかでやっと四四番で卒業できただけだった（同じクラスにはドウェイト・D.アイゼンハワーが六一位に、ジェイムズ・ヴァン・フリートが九二位にいた）。指導《チュイション》はブレイドリィの直感《インチュイション》の助けになった。直感はまた、彼が一日四時間、四日間の試験をやり遂げてウェスト・ポイント校に入るときに彼を助けた。

「代数の試験はほんとうにひどいものだった。合格するには六七パーセントはできていなければならなかったのだが、二時間の試験が終わろうというのに、二〇パーセントしかできていなかった。……それでは完全に不合格だ。受かるはずがない。まったく気落ちしていたね。……解答用紙を集めて試験官のところへ歩いて行くと、彼は本につっぷして寝ていた。起こしては悪いと思ったの

で席に戻って、だめもとと思いながらもう一度だけやってみた。と、魔法のように定理がどんどん浮かんできたんだ」(*15)

ブレイドリィは合格した。彼は「ほかの試験も何とかやりとげ」ウェスト・ポイント陸軍士官学校に入学を許可された。

ときおりどんぐりは、よい天使のごとく「魔法のように」、運命的な瞬間に試験場にやってくる(第8章で話すバーバラ・マクリントックの試験と比べよ)。人生を逆向きに見てみると、ブレイドリィは試験に合格しなければならなかったのだ。彼の軍事的な才能は一九四三年から一九四五年の、ドイツへの勝利に欠かせないものだったし、のちに陸軍のリーダーになることにも不可欠のものだった。

ラッシュ・リンボウは弁論一〇一(Speech 101)に落ちたが、コースを再履修したときサウス・イースト・ミズーリ州立校の生徒たちをくぎづけにした。しかし、彼の指導教授は、独創の才や自信、「瞬時にことを分析する能力」にもかかわらずDをつけた。教授は言っている。「何かきどった感じを受ける。彼は教師のいうことを聞こうとしない」(*16)。リンボウの聴衆を把握する力は、直感《インチュイション》に基づくものだった。彼にとって指導《チュイション》は邪魔なだけだった。

学校と生徒の間の葛藤は、リンボウの例のように、とくにどんぐりが深くかかわっている領域では激しくなる。銀行政策、経済、国際経済に関する大統領顧問であったバーナード・バルーチはハーバードではよい成績をとってはいたが、政治経済や計算(数学)ではクラスで下から半分の順位だった(*17)。

最後に、ウディ・アレンの場合。「彼は教師以外なら、すべてに注意を払っていた」

彼は学校への嫌悪をいかにもという形で示して見せた。彼はP.S.99に初め出席したときには、高い知能指数のために特進クラスに入れられた。しかし厳しいクラスのために彼は自分を表現することも、授業のなかで自分の想像力を使うことができなかった。そこで彼は問題児となって自己表現するしかなかった。……学校で彼はサボった。……また宿題をしなかった。彼は授業中に騒ぎ、先生に悪態をついた。教師はそれに対して悪い成績をつけたのだった。(*18)

人生を全体のイメージとして読むことができる天使なら、これらの不平を耳にしてこう言うだろう。「学校がひどいところなのは、あたりまえです、ウディ。おまえはもう映画を撮っているのだし、その状況のなかでジョークを書いているのですよ。どうして、その状況をそんなにきまじめにうけとるのですか」と。ビリー・グラハムには「学校にいく意味が全くなかった。文学は……彼には実にやっかいなことだった」。(*19) 彼はミルトンの『アレグロ』を読むとき、「みんなのなかでびり」だった。もちろん、だ。世界の最も知られた福音主義者はミルトンを知る必要はなかったし、ほかの文学も習う必要はなかった。彼は真実の言葉をすでに手にしていたのだから。ポール・ボウルズは想像力を働かせることが多すぎて学校のためにむだにできる時間などなかった。ラッシュ・リンボウはもう全国的な聴衆を得ることになっており、もちろん、ミズーリ州立校の先生などからスピーチについて習うことなどなかった。ブラウニングは、碑文を書いていたとき、すでに人生を後ろから眺めていたのである。では、ブラナーは学校に行くよりも、劇的にも階段から落ちることを望んだのだろうか。

（ちょうど舞台や映画のように）このときすでに彼は英雄的な役を演じる俳優になってはいなかっただろうか。あるいはチャーチルの場合。彼は、いうまでもなく言葉の問題をもっていた。ノーベル文学賞を受賞し、そして一九四〇年から一九四一年にはその雄弁さで西洋の文明を一時救いだしたこの人物は、巨大なダイモーンをどのようにして背負えたというのか。それは小さな学童には荷が重すぎるではないか。不可視の運命は、目に見える失敗として現れることもあるのだ。

たぶんわたしたちは学習上の障害や学校での問題を違った見方で見なければならないのだ。「学校での落ちこぼれ」としてではなく、「学校から救われた」と見ること――もちろん、わたしは個人的にそれを勧めているわけではない。ただ学校での子供たちの悲しみを単に失敗の結果と見るだけではなく、内なるどんぐりの現れとも想像してみるよう、お願いしたいだけなのである。ダイモーンの直感は、あたりまえの学校教育にはついてゆかないことがよくあり、そんなときにはダイモーンは悪魔的《デーモニック》なものとなる。人生を逆向きに読むことで、そしてどんぐりのふるまいを成長した木の高い視点から見ることで直感の重要性に対しても指導の意味を評価することができるようになる。

しかし、どんな親が、そしてどんなカウンセラーがそんな高みに上って見渡すことができようか。そして、どんな子供が――たとえ「天才」であったとしても――その直感にしがみつくことができようか。ただ子供たちは、完全な無理解によって、あるいは失読症、注意力の喪失、アレルギー、ゼンソク、あるいはてんかん、など子供を学校から離す症状によって、直感が導くところに流されて行くことはあるかもしれないが。これらは子供を学校から切り離す。その通りだ。しかし、学びから切り離すのではない。教育的指導《チュイション》からは切り離されるが直感《インチュイション》からではないし、また他の何かを見るための、ある種の盲目性から切り離すのでもない。子供の皆がどんぐりを見るわけでもなく、また子供のすべてに不登校が益をもたらすわけではない。しかし子供たちを見守り、指導すべきだとされているわたしたちは、さまざまな障害のなかで働く不可視の要因にたいしての扉を開いておく必要がある。ひょっとしたら、それは単なる病ではなく、天使からの合図かもしれないのだから。

ユングの「神々は病になった」という言葉を思い出そう。病のなかに天使を見いだすためには不可視のものを見る目が必要になる。片目を閉じて、もう一方で別なところを見なければならない。まず天使について気づきがなければ天使は見ることはできない。そうでなければ、子供はただ馬鹿でわがまま、病理的に見えるばかりだ。科学においてすら、誰かが何を見るべきか言ってくれなければ、天空の現象や顕微鏡の下での出来事を見るようにはならないではないか。見ることの技術への指導が必要なのだ。その上で初めて不可視のものが見えるようになり、細めたあなたの目の前にそれは現れるのである。

わたしたちの内にはみんな、ふだんは見えないものを見たいというあこがれがある。知的に理解できるかたちでの、不可視のものの啓示を求めて人は占星術家を訪れる。黄道を進んで行く惑星たちの、不可視で信じがたい影響力がどんなふうに日々をつくりだしてゆくのか。どうか、わたしの夢を解いてください。わたしの状態を変えてください。何か兆しを見せて。週末のワークショップは知覚の扉を開ける手助けをし、不可視のものが入ってくる準備をしてくれる。しかしながら、歴史の長く厳格な伝統は、その扉を長く開けっ放しにしておくことには警告を発している。とくに精神異常（wacko）とウェーコ（waco）の町［訳注　テキサスの小さな町。カルト教団の集団自殺事件があった］の区別がつかないような文化においては。

領域をつなぐこと

精霊たちが頻繁に往来し、この世界そのものが懸け橋であるような文化――ハイチや西アフリカ、メラネシア、そしてわたしたちがイヌイットと一くくりにして呼ぶ極圏に住む人々の文化など――からもたらされる教えは異世界からの訪問者の性質や名前、その階級、権能、活動の領域などを知ることを中心としている。これらの文化には今、この世界には属さない存在を隔てる方法を知る門番や番人たちがいる。わたしたちにも、かつてはそういう人々がいた。プラトン主義哲学者たち（イアンブリコス、プロクロス、ポルフィリオス）らはあらゆる種類の天使やアルコーン［訳注 グノーシス派でいう天の監視者たち］やダイモーンたちのリストをあげている。世界は互いに浸透しやすいものであって、そこには物理世界の存在と想像界の存在が共存していた。(*20) 宗教心理学者デイビッド・ミラーはわたしたちの文化のなかのこれらの「霊たち《ゴースト》」ないしはガイスト（精霊）を取り上げ、その重要性を説いている。(*21) しかしそうした見えないものとの交流はずっと以前に、別な意識の領域に存在していたものだ。それ以来合理的な意識が魔術的、神秘的、神話的なものと呼ぶものからわたしたちの関心はひきはがされてゆき、すべての想像界的な存在は例外なく化け物じみたものとされるようになった。結果、不可視の存在は「エイリアン」になってしまったのだ。異邦人化《エイリアン》によって不可視のものはさらに不気味で近寄りがたいものとなり、現代のスティーブン・キングをスターにするような文化のなかでは狼男、タイムワープ、異星人による誘拐などの形でその姿を現すようになってしまったのだ。現代という回廊はかくも狭くまた天井も低いために、不可視の存在は、ここを訪問するために身をよじって奇怪な異形のものとなるほかはない。

どこかほかの世界からやってくるものは、人を狂わせるのだろう。不可視の世界は悪魔的であるだろうから、遠ざけておかねばならない。見えないものは知り得ない。知り得ないものは、恐ろしい。恐ろしいものは、憎い。憎いものは、退治しなければならない。こんなふうにして合理的な知性は懸け橋よりも分裂を好むようになる。合理的知性は、二つの領域を切り離そうとする。内側から具体的に見る限り、すべての不可視の存在の正体は皆同じ――それは悪いものなのだ。

聖パウロの教えでは精霊を区別できることは真の霊的意識のしるしである。不可視の存在にも区別がつくようにならなければならないのだ。この識別のため教会がとっていた方法の一つは公認の天使や聖者を増やしてゆくことだった。その多様な種類がさまざまな性質を見せ、それぞれの領域で加護を与えていたのだ（しかし最近の合理化された教会では、その想像に歴史的な証拠を与えようとして不可視の領域を狭めて来た。不可視の聖者はすべてその歴史的な身元をはっきりさせなければならない。そのため聖クリストファーやほかの聖者たちは「単なる神話」とされて失われてしまったのだ）。

可視と不可視の間をめぐってはまだ疑問がある。では、なぜそもそも橋をかけねばならないのだろうか。プロティノスは言っている。「それは彼らがこちらへとやってこられるようにであり、わたしがあちらへ行くためではない」。たぶん、彼らはこちらを訪問などしたくはないのだろう。ひょっとしたら、彼らはヴィム・ヴェンダースの映画の天使のように、すでにここにいるのではないだろうか。けれどそれはわたしたちにはわからない。現代の知覚の理論は、天使の出現を許してはいないのだ。いや、彼らは全く不可視などではないのかもしれない。ただ現代のドグマ的な盲目によって見えないように思えるだけかもしれない。不可視なのは、その本性のためなのか、あるいは彼らを不可視だと規定するわたしたちの見方のせいなのか。

西洋の王国（あるいは町？）のなかで、意識はその超越性の壁をますます高く、生身の実生活からは掛け離れたものにしている。懸け橋を作れるはずだった分裂は宇宙的な虚無となっている。詩人ヘルダーリンやリルケは、神々は隠れてしまったという。キルケゴールは、信仰の跳躍がいる、という。いや、それすらできない、神は死んだとニーチェは言った。どんな懸け橋であれ、それは超人的なものでなければならないのだ。よろしい。その種の橋は、わたしたちの文化はすでに手にしている。かつて打ち立てられた、見えるものと不可視のものをつなぐ、最も偉大な橋があるとあるものはいう。それこそイエス・キリストの像だ。

人がそのただなかで生きるあらゆるものの背景から不可視の存在が奪われてしまった以上、周囲のあらゆる《グッズ》ものはただわたしたちには何も応答しない、ただ消費されるばかりのモノ《スタッフ》となってしまった。キリストのみが、わたしたちの文化を支える根源的な不可視の存在へと連れ戻す、残された唯一の像となったのだ。ファンダメンタリズムは、文字通りかつドグマティックに文化に不可視の基盤を回復させようとする試みなのだ。ファンダメンタリズムの強みは、それが求めているものにある。その強迫性は、それが推し進めようとするやり方にあるのだ。

懸け橋としてのキリスト（そしてキリストの代理人としての教皇は、いまだポンティフと呼ばれているではないか。この言葉は橋を意味するponsに由来する）。受肉とは不可視のものが地上のあたりまえの物質のなかに存在することを意味するのだ。神―人として、見えるものと不可視のものが一つとなる。幾世紀も続いた果てしない議論は、この合一をどちらか一方へと分けようとしたことから起こっている。一方ではイエスは神から霊感を受けていたが、実は目に見える人間だったという。また一方はキリストは実際には人間のかたちを借りた不可視の神だったというのだ。

この二つの神学的に次元の異なるものを合わせるためには、何か接着剤、何か独立した結び目が必要だった。この二つとは別の、死すべきものと不死のものを結び付ける第三の存在。この第三者をキリスト教の神学では聖霊と名付けた。しかし、この像ですら不可視の存在に属しており、そのためこの世から別の世界のほうへバランスは傾いてゆく。そこで議論はまた続く。この二つの関係性が、形而上学的な思考や宗教的実践を生み出し、それが不可視の存在というやっかいな観念を失われないようにしているのだ。またこの同じ議論は、本章の焦点、つまり学校時代に起こる不可視のどんぐりと、そのどんぐりが実際に生きる生身の人生との間の緊張をはらんだ関係もひきおこしている。

この神学的な論争は心理学的に大きな教訓を与えてくれている。学ぶべきは、この二つの次元の違うものの結合を信じることでもなく、またその神秘に満ちたつながりの説明でもない。重要なのは、この二つが分離したときに何が起こるか、である。

精神病理は霊的な理想や公理ではなく鋭い心理学的な洞察を与えてくれる。暗さは光を際立たせてくれるのだ。受肉の物語全体のなかでもっとも病理的な瞬間は、十字架上の嘆きだ。それは人がただ見える世界にのみとり囲まれたときに起こる悲痛を物語っている。三三年の生涯にわたって、イエスはいつも敵に囲まれていたし、いつも誰かに敵対され追われていた。しかし、このときほど追い詰められたときはなかった。そのとき、人間世界、自然界、物質すべてが残酷にも敵意を剥き出しにしていた。

その一方で、不可視の存在に満たされた世界の状態をキリスト教徒は異教主義《ペイガニズム》という。不可視のものが実際の世界を見捨てたときには……ちょうどヨブを不可視の存在が見捨て、あらゆる物理的な災厄に直面するままにしておいたときのように……目に見える世界ももはや生活を支えてはくれない。そのときには生活を背後から支える不可視のものがないのだから。そこで世界はあなたを引き裂くことになる。これは、部族の文化が精霊にかわって物資を得ると、崩壊してゆくことをみてもわかる単純な教訓ではないだろうか。

見えるものと不可視のものの共存が人生を支えているのだ。わたしたちは、不可視の存在のこの上ない重要性に、それがわたしたちを見捨てた後に初めて気づく。森のなかにハルドラが背を向けて去り、ゴルゴダの丘でヤハウェが消えるときのように、不可視の存在がわたしたちを見捨てるまではそのことに気が付かないのだ。

そこで、生を支えるための文化の重要な役割は、不可視の存在がちゃんとそばにあるようにすること、ほほ笑み、喜ぶ神々がいるようにすることだ。神々への慰撫《いぶ》の儀式。歌や踊り。記憶に止めるための記念祭。受肉のような大きな教義や、木に触れたり数珠を数えたり、ウサギの足やサメの歯を身につけたり、ドアにユダヤ教のメズーサー（札）を張ったり、ダッシュボードにサイコロをおき、磨いた石に花を静かに手向けたりすること。これらを通じて神々を招きここに止まらせるようにすることなのだ。

これらのことは信仰とは関係がない。また迷信とも関係がない。それはただ、不可視の存在が去ってしまうこともあり、あなたを何の支えもない、人間関係の間だけに置き去りにしてしまうこともあるということを忘れないようにするための行為なのだ。古代のギリシャ人は神々についてこんなふうにいう。

「神々は多くを求めない。ただ忘れないようにしてほしいだけだ」と。神話はダイモーンの世界を目には見えないかたちで存在させ続ける。そして、斧を落としてあのほほ笑みに近づこうと森に深く分け入ってゆくきこりの物語のような民話もまた、同じ役目をもっているのである。

第5章

ESSE IS PERCIPI——あることと見られること

このような、心《ハート》の愛情でつながる人間関係はもはや信じられなくなっている。これらの絆を、わたしたちは性器を通じて見るようになってしまったのだ。わたしたちは、イマジネーションに基づいた絆があることを想像できないのだ。現代の文化のなかでは、欲望は無意識のなかでは性的なものであり、接触は体のつながりを求めているに違いないとされる。心を開いての告白は、実際には相手を誘惑し支配しようとすることだというのだ。

マノレーテは闘牛士になるよう召命《コーリング》を受けていた。が、この運命を実際の人生へと結実《グロウ・ダウン》させるためには、だれか見ていてくれる人が必要だった。マノレーテを見守ったのはその師、ホセ・フロレス・カマラ、「将来を見越して」、マノレーテの指導者にしてマネージャーとなり、最期の瞬間まで彼につきしたがった人物である。

マノレーテの生涯《キャリア》で決定的なことが起こった。ホセ・フロレス・カマラが、偶然マノレーテの戦いを見たのだ。……マノレーテが闘牛場に上がったとき、彼はその時点での少年を超えて、将来のマノレーテを見ることができたのだった。

彼は即座に、この少年がパーソナリティや体つきにそぐわないことをしていると見抜いた。負け続けているのは、向かないことをしているからだ。

彼はまたマノレーテに驚くべき勇気が備わっていることにも気がついた。彼は、少年が今までにみた誰よりも上手に牛を殺すのを見た。危険な、しかしいきなな身のこなしで右の角をつかみ、ずぶりと柄まで剣を突き刺す昔ながらの流儀。それはもうすっかり闘技場では見られなくなっていたものだ。

カマラはマノレーテと契約を交わし、マネージャーとして彼を再教育しはじめた。子牛を飼う牧場へと彼を連れ出し闘牛を一から教え始めたのだ。(＊1)

フランクリン・ルーズベルトもまた、同じような眼力をもっていた。少なくとも、リンドン・ジョンソンにたいしてはそうだったといえる。

大統領とその若い議員との間の絆の秘密――ルーズベルトの人生のなかでも特異な絆――は何だったのかを説明する際に、ルーズベルトの顧問の一人だったジェイムズ・H．ローウェーはわたしにこう言った。「この二人は偉大な政治の天才だったことを理解しておいてほしい。二人は同じ地平に立って話を交わせたのだ。いわんとしていることのニュアンスまで含めて、ルーズベルトを理解できる人物はごくわずかしかいなかった。が、リンドンは、二八歳にして全部理解できたんだ」。ルーズベルトはジョンソンについて、ハロルド・アイクスにこんなふうに言っている。「わかるかい、ハロルド、奴は大胆で、若いプロだ。わたしがもしハーバードになんか行っていなかったら、ああなっていただろうね」。ルーズベルトはまたこんな予言もしている。「ハロルド、これから二世代のうちにこの国の力のバランスは南部と西部へと移るだろう。リンドン・ジョンソン君は最初の南部の大統領となるかもしれない(*2)」

ジョージ・ワシントンもまた青年アレグザンダー・ハミルトンを側近として選んだ。一七七七年、革命期の暗い冬のさなか、ハミルトンが二二歳のときのことだ。これまで二人の関係は伝記上の、あるいは心理学上の膨大な憶測を生み出してきたし、今でもそれは続いている。が、ここで重要なのはこの若く生意気な、しかし同時に傷つきやすい砲兵士官を見いだしたワシントンの優しいまなざしだ。それから数カ月のうちに、ワシン

トン自身の言葉を借りれば、ハミルトンは「最高指揮官のもっとも重要で信頼のおける側近」になったのだった。(＊3)

戦場での人事は鋭い眼力を必要とする。中尉が命を落とし、それに次ぐ人材が頭を打ち抜かれたら――しかるべき人物が、後任を選ばなければならない。が、何を選別の根拠にすべきなのか。個人の調査表でも知能指数検査でも個人史や子供時代についての面接の結果でもない。その人物の性格を即座に、ときには戦火の下でも見抜かねばならないのだ。つまり、潜在能力を見いだすことが必要だ。――危機はどんぐりへの洞察をもたらすのであろうか？

野球選手のスカウトマンはどうやって、草野球に興じる一九歳の内野手のルーキーを見抜くのだろう。技術ばかりではなく、チームへの適性や観衆を喜ばせる才能や、莫大な時間と金の投資にみあうかどうかといったことなどをどうやって見抜けるのか。この眼力の才とは何なのか。

天才を見いだしたわたしのお気に入りの話を、ここで三つほどしてみよう。今ではこのような話を教授のえこひいきや男同士の同性愛的な愛情に帰したり、せちがらい我欲に還元してしまって説明することが多い。二人の人間の間のこと、とりわけ一方が若くもう一方が年上だった場合、また一方に力があってもう一方が無力だったようなとき、性や権力を抜きにして説明することは今や少なくなっている。わたしたちは人を見抜く力を失ってしまったのかもしれない。だから二人の人間の相性のうちに、権力の関係しか見ることができなくなったのだ。では、こんな話はどうだろうか。


一九八〇年代、ハーバードでウィリアム・ジェイムズ教授のクラスに、カリフォルニア出身の、

ちょっと落ち着きがなくてずんぐりした、おしゃべりなユダヤ人の女の子がいた。彼女はいつも授業に遅れてきた上、授業内容もわからないようだった。綴りも間違えたしラテン語も解さない。全くの落第生だった彼女は、皆になじむこともできず、今で言う「典型的な神経症」だった。けれど、ウィリアム・ジェイムズは白紙の試験用紙を返し、そのコースで高得点を与えた。そしてジョンズ・ホプキンス大学で医学の勉強ができるようにはからったのだ。彼はこの学生に何か特別の才があることを見て取っていた。彼女は、ガートルード・スタイン、その一〇年後にハーバードからはるか離れたパリで、かのガートルード・スタインとなる人物だったのだ。

また南部の小さな町にフィル・ストーンという男がいた。彼はイェール大学で文学の教育を多少受けていた。彼はその町で、背が低く酒飲みの、そしてとても生意気な若者の面倒をみていた。この若者は詩を書き、杖を携え独特の服を身につけてイギリス人を気取っていた。第一次世界大戦のおり、ミシシッピー沿いの小さな町でのことだ。フィル・ストーンは、今日のユング心理学者なら「典型的な永遠の少年《プエル》」と呼ぶであろうこの少年に耳を傾け、彼のユニークさを見て取っていたのだ。この少年はやがてウィリアム・フォークナーとなり、一九四九年にはノーベル文学賞に輝くことになる。

そして次の三番目の話は「この少年がやがてなるであろう」将来を見越した目についてのものだ。

一八三一年、すばらしい、古風な科学探検の一つが開始された。そこでジョン・ヘンスロウという名の教師が、かつての教え子の中から自然学者の候補を選ぶことにした。その若者は当時二二歳だった。学校での彼の出来は良くなかった。郊外で熱心に甲虫を集めてはいたが、数学は全くできなかった。若者は、クラスのこの手の少年たちととりたてて変わった所もなかった。猟や銃が好きで、聖職者を目指すグルトン・クラブのメンバーでもある、ありふれた少年だった。今日なら彼は「典型的な家族コンプレックス」があるといわれただろう。母親に甘やかされ、また体重が三百ポンドもある父親に支配されていた。しかしヘンスロウは何かを見て取って、隊のメンバーにこの学生、つまりチャールズ・ダーウィンを加えるように説得して回った。そして、探検を成功させたのは、このダーウィンだったのだ。(*4)

エリア・カザンやトルーマン・カポーティがそうであったようにチャールズ・ダーウィンにとっての人生の重要な転回点となったのは教師の目だった。彼らの親は、子供たちに何をなすべきかを知ってはいなかった。内なるどんぐりは、師を必要としていたのだ。

カザンは、こう書いている。

一二歳のとき、わが家はニュー・ロシュレへ引っ越しました。そこで幸運なことが起こったんです。八年生のときにたまたま、その先生と出会ったことです。その人の名は、アンナ・B.シャンク女史といって、ほかのどんな人より、わたしの人生の航路に影響を与えました。先生は当時四〇代後半だったのですが、わたしにはとても年をとっているように思えました。彼女は、わたしを気に入ってくれました。……瞳に深い色をたたえたロマンチストであった先生は、わたしが美しい茶色の瞳をもっているといってくれました。二五年後、新聞でわたしの名を見つけた先生は、手紙をくれたんです。「あなたがまだ一二歳だったときのこと」と先生は書いてくれています。「ある朝、あなたはわたしのデスクのそばに立っていました。窓から頭越しに光が差し込んで、あなたの顔の表情を輝かせていたの。そのとき、あなたの将来に大きな可能性がある、という考えが浮かんできたのです……」

シャンク先生は伝統的な長男としての規範や父親からの期待からわたしを熱心に解放しようとしました。簿記や会計に重点をおいた商業科ではなく、今では人文科学といわれる教育を受けるようにしてくれたんです。(＊5)

トルーマン・カポーティの母親は、自分の幼い息子を扱いかねていた。彼女は、息子を嘘つきだといっていた。彼は二番目の父のキューバ訛りを真似した。また軟弱な子だった。四年生にもなっても声変わりせず、声はずっと高いままだった。一四歳になっても、わがままでだだをこねた。「思いどおりにいかないことがあると、床に寝転がって足をバタバタさせ」癇癪《かんしゃく》をおこしたのだ。眠りながら歩いたし、体育をサボったし、生物学の授業中は「ずっと」髪をクシでとかしていた。代数、フランス語、スペイン語では落第した。五歳か六歳のときにはすでに鉛筆と紙を持ち歩き、一人で書き物をしていた。また小さな辞書をどこにいくときにも持ち歩いていた。また先生について映画を見に行き、暗闇のなかで自慰をしていた。そこで母親は彼をニューヨークのオッシング(シング、シングだ!)の軍学校にやったのだった。

(英語教師だったエンター・キャサリン・ウッドは、)彼と同じ信念をもっていたばかりではなく、彼の才能を花開かせるのは義務であり、使命であり聖なる課題でもあると信じていた。

彼は、荒々しいかたちで彼女の注意をひくことになった。彼女は生徒を連れて図書館の使い方を説明していた。ウッドはシーグリ・ウンセットの本を一冊とって生徒の女の子に手渡した。彼女は言っている。「全く突然のことでした」「わたしのグループではない幼い生徒の一人が、座ったままこちらを向いて、話に割り込んできたんです」「原書で読んだらすばらしいだろうね!」彼は言いました。「ええ、まったくそのとおりね」。わたしはもちろん、ノルウェー語を解さなかったのですが、そう答えました。これがトルーマンとの出会いでした。次の年、一一年生のクラスに入った彼は私の受け持ちになりました。そのときから、ずっと彼のことを見て来たんです

この背の高い、灰色の髪のオールドミス、ウッド女史は、それから彼をしばしば夕食に招いては物語を聞かせたり教授したりした。また彼女は同僚にもそうするように勧めたのだった。……「彼の母親は、この少年が普通とは違うことを好むことが理解できなかったんです」。彼女は言っている。「自分のダイニング・テーブルに座って彼の母親に事実を告げるのがつらかったのを覚えてい

ます。けれど、何年かたって、普通の男の子たちがあたりまえのことをしている間に、トルーマンは有名になっていったんです(＊6)」

人を見抜く目は、ときに家族がもっていることもある。——例えば、それが姉妹であることも。イスラエル史の成立にかかわり一九七三年戦争当時に宰相を務めたゴルダ・メイアには、九歳年長の姉、シェンヤがいた。ゴルダは、一四歳で初等学校をその総代として卒業した。「このときは、高等学校に進んで、そのまいけば教師になるつもりでした。それが夢だったんです」。が、母親の考えは違っていた。母親にしてみれば、「洗練されたキャリアウーマンにしたかったのでした。わたしは、店で働くようになりました。……そして結婚したいと思うようにもなったのですが、母は、州(ウィスコンシン)の法律では女性の教師が結婚することは禁じられていることを改めて思い出させてくれたんです」

ゴルダは姉にこっそり手紙を出した。姉は貧しく結核を患っており、何年も前に母親と争って家を出ていたのだった。ゴルダ・メイアは、そこで自分のつらいディレンマを訴えたのだった。シェンヤは、こう返事をよこして来た。「いいえ、おまえは学校をあきらめるべきじゃない。おまえには、十分可能性があるのよ。……準備して、こちらへいらっしゃい。……できることならなんでもしてあげるわ……すぐにいらっしゃい(＊7)」

ゴルダ・メイアは一六歳で家を抜け出した。姉は妹のなかに何かを見て取り、その可能性のためにと、住処を与えたのだった。ゴルダ・メイアの物語においては、また、娘の将来に投げかけられた、親の空想、つまり母親の無理解も同じように重要な役割を果たしている。それがゴルダのダイモーンと不屈の反逆的な理想を解放し、彼女が自分の本質にしたがって歩きだすことを助けたのだった。

　作曲家アルバン・ベルクは、一〇代のころ、ベルク家の親族の一人ヘルマン・ヴァッツナウアーに心酔していた。彼は少年の「友人にして師、そして人生の上の触媒」となったのだ。二人が知り合ったときにヴァッツナウアーは二四歳でベルクよりわずか一〇歳年上だったが、彼はときには三〇ページにも及ぶ手紙にしたためられた、少年の魂《ソウル》からの告白、心《ハート》からの叫びを優しく受け止めた。(＊8) 心の師は、何か本質的なものを見て取るものなのだ。詩人ウラジーミル・マヤコフスキーの家庭教師は、教え子より一〇歳ほど年上だったのにもかかわらず、こんなふうに言っている。「彼は大人と一緒にいるのを好むし、僕が子供扱いすると怒る。初めて会ったときから、この性向はすぐにわかった」(＊9)

　アルチュール・ランボーは、一〇代のころに二一歳の教師イザンバールを魂の盟友《ソウルメイト》だと見いだした。ついに、彼は「詩と詩人について話し合える」人物と出会ったのだ（そのころ、ランボーは「ほとんど空想のなかで生きていた……学校からも通学路では、彼はありふれた道を歩いているのではなく船の甲板にいたりローマの街道にいたりアクロポリスの舗装道路にいたりした」という）。イザンバールは、こう言っている。「この子は最初から年下の同志ではありましたが、徐々に親友になっていったんです」

　ダーウィンの教師がダーウィンを見いだしたように、ウッド女史がカポーティを見いだしたように、イザンバールはランボーを見いだしたのだ。けれど、ランボーが「ぼくらは愛を知りそめる年頃です。つまりぼくは一七歳になるところです。自分のなかに何かがあるのですが、どんなふうにそれを引き出せばよいのか……」と手紙を書き送った、当時の最も著名な詩人パンヴィルは、自分を認めてほしいという少年の訴えを受けても、何も彼のなかに見いだすことはできなかった。(*10) 目は閉じられ、師と生徒の触媒作用は起こらず、また見抜く眼力もなかったのだ。

このようなさまざまな「相手を見抜く人間関係」（「Perceptual relationship）においては年齢や性別は問題ではないように見える。一七七七年当時、ワシントンは四五歳、ハミルトンは二〇歳だった。その一方でイザンバールとランボーはわずか六歳違いである。今日年齢や性別が関係ないなどというのは、常識に反するように響く。また、年長のワシントンと聡明でスリムな若者の間に、同性愛的な愛情があったのではないかという疑念を抱くと、二人の秘密を見すごすことになる。その秘密とは人に言えない関係などではなく、相手を見抜く眼力の秘密なのだ。それは心《ハート》の目である。心《ハート》のなかで何かが動いてそれが、相手の心《ハート》のなかのイメージを見抜くようにさせるのだ。ルーズベルトはリンドン・ジョンソンに「愛情」を感じた。「窓から光があなたの頭越しに差し込んで来た」とシャンク女史はいう。彼女は何かを見たのだ。「マノレーテは彼の体格や素質にあわないことをやっている」とカマラは見抜いた。「リンドン・ジョンソン君は最初の南部の大統領になるだろう」とルーズベルトは看破したのだ。

「どうしようもなく古い、暗くて寂しい校舎のなかで」……一クラス五〇人の生徒、そのほとんどが男の子でしかも黒人という環境のなかで……オリーラ・ミラーは一〇歳のときのジェイムズ・ボールドウィンを見いだした。ボールドウィンはこの「若い白人の教師、美しい女性を愛していた……そう全く子供らしい恋心を抱いていた」という。「お互いディケンズに関心を抱いていたことがわかった。二人はディケンズを読み、熱心に意見を交換した。中西部出身のこの若い女性は、スラム出のこの少年の聡明さに魅了された」。そして友情が生まれ、それがボールドウィンのダイモーンを前に引き出したのだった。
ボールドウィンもまたミラーを見いだしていた。何年も何年も後になって、彼が影響力のある著名な作家になってから、二人はまたつながりをもつようになった。彼は彼女に手紙を書いて「その懐しい友人に写真をくれと求めた」。彼は書いている。「何年もずっと心のなかにあなたのお顔を抱いていたのですから」(＊11)。ハーレム学校の校舎で最初にあってから、そしてディケンズを通じて心を通わせてから、何年もたって、オリーラ・ミラーとジェイムズ・ボールドウィンは（再び）『二都物語』の映画を一緒に見にいったのだった。

このような、心《ハート》の愛情でつながる人間関係はもはや信じられなくなっている。これらの絆を、わたしたちは性器を通じて見るようになってしまったのだ。わたしたちは、イマジネーションに基づいた絆があることを想像できないのだ。現代の文化のなかでは、欲望は無意識のなかでは性的なものであり、接触は体のつながりを求めているに違いないとされる。心を開いての告白は、実際には相手を誘惑し支配しようとすることだというのだ。しかし、ここにあげた二人組たちからは、一つの共通のヴィジョンが引き出せる。彼らは、空想《ファンタジー》に基づいて恋に落ちたのだ。ボールドウィンとミラーにとってはディケンズ。カポーティとウッドにとってはノルウェー語のシーグリ・ウンセット！　ルーズベルトとジョンソンの場合には、天才《ジーニアス》同士の会話だった。ローウェーが言ったように「彼らは同じレベルで話した」。年齢、経歴、事実はたいした問題ではない。そこにあったのは、二人の大統領の会話だった。心《ハート》から心《ハート》へ。どんぐりからどんぐりへの、つながりがすべてなのだ。

ジョン・キーツが「わたしは、ただ心《ハート》の愛情の聖性と想像力《イマジネーション》の真実しか知らないのだ」と書いたとき(＊12)、彼は人間関係に働く創造的な眼力へと、目を開かせようとしている。この言葉は、指導の営みへ通常の人間性《トランスヒューマン》を超えた基盤を与えている。指導することは、一方の想像力《イマジネーション》がもう一方の想像力《ファンタジー》に恋をするところから始まる。ソクラテス以来、そして現在でも、エロティックな要素は教育には不可欠であった。しかし今日では、それはコンピュータを使った学習のなかでは払拭されてしまっているか、あるいはただ性器的な視点からばかり見られて、虐待、誘惑、ハラスメント、あるいは非人格的なホルモンの衝動とみなされるばかりとなってしまっているのだ。性器の視点からばかりでは、内なるどんぐりが求めるものを見てとることはできないだろう。

例えば、個人情報欄でのパートナー募集の広告を見るとき。体形、肌の色、性的な嗜好、あるいは職業、年齢、軍での地位など社会的な条件を目で追っているとき「想像力の真実」が立ち現れてくる。散策、料理、ユーモア、映画、ダンス、抱擁、そして会話。また個人情報は音楽の好みや休日のすごし方、嗜好、また夢なども載せている。そこでわたしたちは、ただベッドを共にする相手ではなく、自分のどんぐりによりそってくれる相手を探しているのだ。一つの個人情報が「心からの愛情の聖性」をあらわにする。個人情報欄は、ロマンティストの夢である。「深い瞳の色をたたえたロマンティストである彼女が、わたしが美しい茶色の目をしているといってくれたのです」とエリア・カザンはシャンク女史のことをいう。シャンク女史はカザンのなかに「大きな可能性」を見たのだった。

見ることは信じること――あなたが見たものを信じ切ること、何であれ、あなたが見て取ったものを信頼することでもある。見ること《サイト》の才能は、洞察力《インサイト》を上回る。このような眼力は恵みだ。それは、変容をもたらすのである。

セラピーは洞察力への過信を広めようとする。心理療法はオイディプスの盲目性を広め、かつそれを実行しようとしている。オイディプスは、自分が本当は何者なのかと問いかけた。まるで、自分を振り返って自問することで、内なる真のどんぐりを見極められるかのようではないか。(*13) このような誤った心理療法的な幻想が次々に積み重ねられている。いわく、どんぐりは子供時代のなかに隠され、押し込められて見えなくなっている。抑圧され、忘れられている。それはただ内省によって精神の鏡に映し出せば救い出すことができるというわけだ。鏡は、しかしながら半分の真実しか告げることはない。鏡に映った顔は本当の顔の半分だ。あなたが本当に見せている、ほかの人が見ている顔の半分でしかないのだ。(*14)

心理療法的な真の存在への追求は、この章の格言、受動態で述べられた「見られること」に忠実に従うことでもっとたやすく可能であろう。あなたは、提示された現象なのだ。「あること」はなによりもまず、見えることである。あなた自身を、見られるようにすることが、祝福への可能性を開く。だから、わたしたちは、見てとられ、かつ祝福を求めて恋人や師や友を求めるのである。

シャンク女史は、カザンに「その顔の表情を照らし出した光」を見た。カマラはマノレーテの動き、彼の殺し方、彼の動きがその地形にあっていないことを見てとった。ヴァツナウアーはベルクと散歩し、耳を傾け、かつまた彼を見ていた。前線では、司令官は白昼のもと、後任者を選び出す。内なる人間が、外見を通じて立ち現れるのだ。その登場の仕方。その行動、そしてその在り方。人と出会うとき、わたしたちが最初に内的な状態をたずねる言葉はなにか。それは、「ごきげんいかが」(How are you =あなたのありようはいかが)ではないだろうか。あなたは、あなたが実際にあるあなたであると同時に、今のあなたのありよう(how you are)なのだ。あなたの存在、いや恐らくあらゆる存在は、その現れ「かた」、ただ、その存在《ザイン》のありようだ。そのありようがそれぞれの出来事がだれで何で、そしてどこにあるのかを示しているのだ。そのありようを言うことは、それが何であるかをいうことでもある。身振り、スタイル、色彩、動き、話し方、表情――つまりそのイメージの実際の組み合わせ――がまさにそのありようを物語る。

ここで、現象を強調しているからといって、隠されているものや影がないといっているのではない。出来事はただ仮面《ペルソナ》であり、ショーケースのように全てをあらわにしているなどとはいっていない。しかし隠れているもの、影は不可視ではない。遠回しの言い方、婉曲表現、伏せたまなざし、言い間違い、控えめな身ぶり、心変わり、拒絶などのなかにそれは現れてくる。平坦な顔などなく、単純な表層などはない。隠されているとされるものは、鋭いまなざしの下では見えてくるし、優れた観察者には見ることのできる、出来事の一部なのだ。師が生徒や弟子のうちにみるイメージは、すべてが表に現れているわけでも、全部が背後に隠されているわけでもない。偽の自己と真の自己があるのでもない。イメージのうちにある、あなたのリアリティこそがほんとうのあなたなのだ。すべてのイマジネーションの真実をなす、複雑な凹凸や曲線の組み合わせ。それが全体的な現れとして、イメージとして形づくられる。師はその複雑な現れを見て取って把握するのである。……わたしは、ここ、あなたの目の前にいます。あなたには、わたしを読み取ることができますか?

そこで、再び隠された不可視の可能性としてどんぐりのことを考えてみよう。例えば、逆にそれが、行動の仕方のなかにすべて現れているとしたら……闘牛そのものではなく、闘牛の仕方がマノレーテなのだとしたら。ガートルード・スタインが書いたことではなく、彼女の書き方が、彼女が見て取ったイメージのユニークさなのだとしたら……。どんぐりの不可視性は、日に見える行為のなかに現れる。お望みなら、その痕跡が現れるといってもいいだろう。不可視のものは、樫の木全体を通じて見えてくる。それ以外のところで見えることはないし、また樫の木に先立ってもみることができない。それは見えるものの基層をなす暗在系秩序のようにふるまう。ちょうどクロワッサンのなかのバターや、レーズンパンのなかの芳香のようなものだ。それは不可視ではある。しかし、文字通りに不可視なのではなく、不可視の見えるものなのだ。

ときおり、この不可視の見えるものは土地の雰囲気《スピリット》だとか、物事の性質だとか、人の魂、風景のムード、芸術のスタイルなどといわれる。わたしたちはそれを文脈とか、形の構造とか、全体像の影響などといって説明することが多い。それを見てとるための概念とわたしたちの眼力は想像力やイメージを読み取る力の面では、鍛えられていないのだ。だれかを見ようとしたとき、類型、カテゴリー、階級、診断名などによって見ようとすると、実の人間は全く見えてはこない。どんな種類であれ、類型論は個別性を覆い隠してしまう。

ウィリアム・ジェイムズの言葉を借りるなら、心《ハート》の目は、「一人一人」を見据えるし、その「一人一人であること」が心の目に影響するのだ。心からの愛情が、かけがえのない存在を見つけだす。このひとつのイメージが、わたしたちを動かすのだ。例えば、教室の子供たちのなかから、高い声の、小さなトルーマンを見いだすように。だれでもない、あの人にわたしたちは目を奪われる。

けれど、アイルランド人であるとかドイツ人であるとか、ユダヤ人であるとかカトリックであるとか、黒人か白人かだとか、アルコール依存症であるとか自殺傾向があるとか、被害者であるとか境界例であるとかなどと一人の人間を見だすと、分類概念を見ているのであって人を見ていないことになる。これでは魂についてではなく、社会学についての話をしていることになる。表情について語るには、驚くほど多くの言葉を用いなければならない。「ほとんどの人は、人々がどんなふうであるか『言う』ことはできない。しかし言葉にできないといって、何も見ていないことにはならない」と哲学者のホセ・オルテガ・イ・ガセットは言っている。(*15)そこで心理学の本を閉じて、小説の本や旅行記、いや料理本でいいから開けて見よう。そこには、多くのふさわしい言葉が見つかるはずだ。あるいは、映画のなかでは生き生きと副詞や形容詞が使われていて、スクリーン上を動く映像とうまくあっているのがわかるだろう。「頭で考える人生より、感じ取れる人生を」とキーツは書いている。(*16)どんぐりを見るためには、イメージを見る目、真実の現れ《ショウ》を見るための目、そして見たものを言葉にできる言葉が必要となるのである。

恋、友情、家族関係の失敗は、しばしば、想像力に満ちた知覚《イマジナティブ・パーセプション》を用いないことからくる。心の目で見ないとき、愛はまさに盲目となる。そんなときには、想像的な真実であるどんぐりの担い手として、相手を見ることができていないのだから。感情はそこにあるだろうが、何も見えてはいないのだ。ヴィジョンが曇れば、共感や相手への関心も曇ってしまう。ただ、気分を害されて診断を下したり類型論に逃げ込んでしまう。しかし、あなたの夫は「マザコン」(mother-bound)ではない。ただ、愚痴をこぼしたり期待をかけたり、しばしば麻痺したりするようになっているだけだ。あなたの妻は「アニムス狂」[訳注　アニムスとはユング心理学の用語で女性の内の男性的な部分。女性がアニムスに憑依されるとヒステリックに議論をするようになるという]ではない。ただ、命令調の言い方、論理的な議論をしていて、リラックスできないだけなのだ。人のありかた(How)は、人そのもの(Who)なのであり類型や階級によって言われているもの(What)ではないのだ。心理療法においては、「エンパシー」とか「同調性の逆転移的同一化」を推奨することで、このような想像力が近視眼的になるのを修正しようとしている。また彼らはサイコドラマやロール・プレイを用いて、典型的立場にたって他者の心を見すえさせようとする。夫の、妻の、そして子供の立場にたってみよう。彼らがどんなふうに感じているか、もし彼らの立場だったらどうか、想像してみよう。そう、想像するのだ！　想像力によって見ることができたら、彼らの行動のなかに真理の核心を発見することができよう。

想像力に満ちた知覚《イマジナティブ・パーセプション》には忍耐が必要である。錬金術師たちがその労多き想像力に満ちた知覚作業に関して言ったように「汝の忍耐のうちにこそ汝の魂がある」のである。忍耐以外のどんな方法で、人の理解しがたい行動や奇妙さ、発達の遅れと向きあうことができようか。エドワード・テラー博士は三歳をすぎるまで言葉を話さず、知能の発達が遅れているのだと思われていた。しかし、「ある日、エドワードは話したのだ。それも単語ではなく、文を。まるで何か言うべきことができるまで、しゃべろうともしなかったようだった」。マルティン・ブーバーもまた三歳まで話さなかった。ジェイムズ・サーバー［訳注　アメリカの短編小説家・随筆家］の教師の一人は「母親に、彼が言語（聴覚）障がい者だと言った」。アメリカ大統領のなかで、恐らくもっとも読書家であったウッドロウ・ウィルソンは「九歳のときまで文字が覚えられず、一二歳のときにやっと読めるようになった」。かつての伝記作家たちは、この発達の遅れを両親とウィルソンの関係のせいにしている。しかし、今日の伝記は「ウッドロウ・ウィルソンは発達上の失読症」であったと精神医学的な診断を下し、それを脳の問題に帰すようになってきている。[*17]

失読症、慢性的な遅刻症、注意力の低下、過敏症《ハイパー・アクティビティ》などはひとまとめにして「注意障害」と呼ばれている。――それに向き合うにはいかに忍耐力のいることだろう。しかし忍耐なくして、子供の「欠損」を受け入れ、それが訴えるものを読み取ることができようか。精神遅滞と分類された子供、あるいは大人が、平均以上の知能をもっていることがしばしばある。彼らは白昼夢にひたっているだけなのだ。大きく開かれた感受性豊かな魂であるがゆえに、その「自我」の行為は柔順ではなくなり、混乱しているわけだ。そこで処方されるリタリン、プロザック、エクサナックなどなど。もちろん、それらも効くだろう。けれど薬がそうした問題にたいして効果があるからといって、それらが原因を示すわけでも障害の意味をあらわにするわけでもない。松葉杖は役にはたつが、骨折に対する説明にはならない。このような障害はなぜ、今こんなに広がっているのか。魂がしたくないこととは何なのだろうか。そしてダイモーンが望むのが読書や発話や期待にそった行動などでないなら、ダイモーンは何を欲しているのか？　そのことを見いだすには忍耐が、ヘンリー・ジェイムスが「明らかになった事件《ケース》でも、さらに扱い続ける」と描写したような想像力ある眼力が必要になる。

＊＊＊

「存在することは見られることだ」とアイルランドの哲学者ジョージ・バークレー（1685～1753）は言った。知覚の力によって、わたしたちは存在し、かつ存在させられるようになる。バークレーは、全知の神の知覚が万物を維持していると言おうとしていた。倫理家にとっては――バークレーは司教であった――人は神の目から逃れることはできないのだから、善人であったほうがよい、という意味になろう。形而上学者にとって「存在《エッセ》は知覚《ペルシピ》」は、もし神がうたたねをしたり、ほんのわずかでも瞬きをしたり、心を乱しブルーノ風の宇宙「訳注　ジョルダーノ・ブルーノが考えた宇宙」に注意をそらしたら、世界の存在は、無に崩れ落ちることを意味した。

論争の種を投げかけることが好きな律法学者ならこの司教にこんなふうに問いかけるだろう。神は自分自身を知覚しておられるのか？　もしそうでないなら、神は存在しているといえようか？　そしてもし、神が自身を知覚しているのなら、いかにして？　もし神が自身を自然を鏡にして知覚しているのなら、自然は神の面影であり神と区別することが難しくなるはずだ（スピノザが提示したように）。また自然が神を存在させているのだとすれば、自然が知覚する力を持ち、それ自身の神的な意識を持っているのであろうか。また全能者が自身を人間によって知覚しているのだとすれば、世俗的ヒューマニズムとなる。神が存在できるのは人間の知覚の力のおかげだからだ。神の存在は人間にかかっていることになるわけだ。わたしたちが神をあらしめている。この律法学者は、まちがいなく、神の存在は知覚を必要としないのではないかというだろう。しかし、そうなると神は知覚可能な世界の外におかれることになり、世界から切り離された超越的なものとなる。そうなっては神は全知でも全能でもなくなる。そして、神の存在が知覚によらないとしたら、この司教の前提が間違っているか、あるいは神は存在しないことになる。

アイルランド人であり、ダブリンのトリニティ・カレッジで教育を受け、しばらくをアメリカ南部で過ごしたバークレー。彼ならこの難問に即妙の答えをだすこともできたであろうし、このパズルをさらに複雑なものにもしていけたであろう。しかし、彼が見落としていた可能性がひとつある。彼はキーツをあまり読まなかった（少なくともどんぐりのなかでは）。この心理学的に、そしてエコロジカルで、すばらしく美しく、かつ有名なフレーズを知らなかったのである。知覚には、祝福がある。――この章に素描した物語が示そうとしているように。見ることが存在をあらしめ、そして見られたものを存続させて行く。眼力が「心《ハート》の愛情の聖性さ」を見いだしたときには、これらの物語が告げているように、想像力の真実を示すさまざまなものが現れてくるのだ。

第6章

氏でも育ちでもなく——何か別のものを

しかし、それでも氏《うじ》にも育ちにも帰せない何かが人生に介入する。わたしたちの感情自体、そして一人一人に運命的な出来事があることがその証拠だ。何億人もの人がいるなかで、生まれたばかりの子供や親戚、一卵性双生児ですら、あるいはそういう人々が同じ環境で同じ影響力にさらされても、一人一人が驚くべき個別性を示す。——この事実が、個性《ユニークネス》の問いに今なお回答を求めさせているのである。

運命は愛の経験を通じて、その姿を最も明白に現す。個人の運命は愛において最も力をふるうようだ。とすれば、まず実証主義的な心理学が恋に落ちることについて何を言っているか検討してみるべきだろう。そのためにまず、心理学が個性《インディヴィジュアリティ》をどのようにとらえているか見てみることにしよう。そもそも、わたしたち一人一人が、本当に「かけがえのない一人」であるとどうして言えるのだろうか。人は、遺伝内容と早期の環境の結果として、深い部分では実は同じような存在なのではないか。双子の研究は、個別性という問題、同じ家庭環境を共有した一卵性双生児のそれぞれ異なる人生をその焦点としている。すると、氏でも育ちでもない、何か別のものがあるように見えてくる。まずは、この研究を検討し、それからロマンスについて見てゆくことにしよう。

科学的な心理学は原因の領域をたった二つ、つまり生得的なものと後天的なものの二つに分ける。定義からして、この二つ以外の可能性を消去しているのだ。分子生物学や薬理学的精神医学も含めて行動科学は人間の性格の原因をこの二つのカテゴリーに分ける。人生について第三の要因を考えるときにも、その第三の要因はこの二つのうちどちらかに含まれて現れるしかない。そこで、行動科学が言っていることをうのみにするばかりではなく、それを注意深く検討しなければならない。証人本人も全部を語り尽くしていると思っているときに、その証言の中から見えない不在の人物を嗅ぎ出す探偵のつもりで進んでゆかねばならないのだ。

何でも二つの選択肢に分けるのが西洋の知性にとってお気に入りの癖であることにまず気が付かねばならない。もっとも単純なところでは聖書がそうだ。我らと彼ら。アベルとカイン、ヤコブとエサウ――善人と悪人――彼らはこの区別を人格化したものだ。対立思考は、出演者ががなりたてているテレビの討論番組が始めたものではないし、また二つの政党のシステムも急に出て来たものではない。一組、一対、一番、敵対者《つがい》などからなる二元性は、リチャード・タルナスの西洋思想史の本の題を引用していうなら、「西洋の知性の情熱《パッション・オブ・ザ・ウエスターン・マインド》」に影響を与えてきたのだ。

アリストテレスの論理は、三によっては考えることはできない。排除の法則と呼ばれるアリストテレスの矛盾の法則から現代のコンピュータの二進法――〇と一――にいたるまで、わたしたちの知性は賛成と反対、これかあれか、によって構築されている。デカルトは脳の真ん中に、かろうじて第三の存在のための場所を認めた。デカルトは、その思考体系を占める二つの巨大な領域、つまり内なる精神と外に延長された空間の間を結ぶものとして、魂を松果体《しょうかたい》においたのである。

この章では、長い歴史が確立してきた、しかもすでに楽な習慣と化した、対立思考と格闘してゆくことになる。その思考は、こんなふうにいうことだろう。もし行動が完全に遺伝によるものでないとすれば、あとは環境の結果によって説明できる。あるいは、環境でなければ遺伝だ、と。「何か別のもの」などと言い出せば、わたしたちの思考のモードや、習慣的な考え方を覆すことになってしまう。「別なもの」は、安易な考え方と明晰《めいせき》な思考をとりちがえがちな知性にとっては実にやっかいなものなのだ。

しかし、それでも氏にも育ちにも帰せない何かが人生に介入する。わたしたちの感情自体、そして一人一人に運命的な出来事があることがその証拠だ。何億人もの人がいるなかで、生まれたばかりの子供や親戚、一卵性双生児ですら、あるいはそういう人々が同じ環境で同じ影響力にさらされても、一人一人が驚くべき個別性を示す。――この事実が、個性《ユニークネス》の問いに今なお回答を求めさせているのである。

双子

まず、遺伝の問題を考えよう。グレゴール・メンデル（1822〜1884）からジェイムズ・ワトソン、フランシス・クリックにいたる、遺伝研究の第一波は、すでに去ったとはいえ、ぬぐい消すことのできない影響力を残している。人間が神によって創造されたとか（神学）、経済によって作られるとか（マルクス）、前世によるのだとか（ヒンズー教、仏教）とか歴史の結果だとか（ヘーゲル）、社会の産物だとか（デュルケム）いうのと同じように、人が遺伝子のコードの構造によって成り立っていると大ていの人が信じるようになったのだ。明白な証拠がそこにはある。DNA螺旋《らせん》が、人間の生活を肉体的にも、心理的にも、また精神的《スピリチュアル》にも支配するコードを担っているのである。

研究の第二の波が、続いてやってきた。それは方法論においてより分化したもので、また研究対象も洗練されたものだった。研究が次に問うたのは、差異、つまり遺伝子的には同じような存在が示す違いである。例えば、双子はどうして違う性格、異なる運命をもつに至るのか。

差異の研究にとっては、最も都合のよい研究対象は一卵性の双子であった。一卵性の双子は、二つの異なる卵子ではなく同じ一つの卵子から生まれて来ている。異なる卵子から生まれた双子は兄弟《フラターナル》双子と呼ばれている（血のつながりという意味では、男兄弟しかいないとでもいうような、父権的な呼称ではある）。一卵性の双子は、同じ内容のDNAをもっている。遺伝的にはこの双子は同一なのだ。同じ遺伝的情報が二人には織り込まれている。また逆をいえば一卵性双子以外の人は、すべて遺伝的には異なる人間なのである。

そこで、一卵性の双子は全く同じ存在であるにちがいないと思われやすい。けれど、そうではないのだ。一卵性双子は髪の色や髪質、血液型、歯の並び、指紋など一〇の肉体的特徴のうち、九〇パーセントが一致するだけである。(＊1)また、心理的な内容が入り込んでくると一致点はますます減り始める。身長や体重、外見などもさほど一致しないし、表情や糖尿病、潰瘍《かいよう》、肺ガン、高血圧などの疾患にかかる率もさほど一致しているとはいえない。そこでは個別性《インディビジュアリティ》が全面にでてくるのだ。

では、なぜ「一卵性の双子《アイデンティカル》」が実際には同一《アイデンティカル》ではないのだろう。双子の肉体的な相違は何に由来するのか。それに対する単純な答えは、環境による、というものだ。(＊2)「わたしたちは、環境という言葉を、非遺伝的な影響を指すものとして用いる」。もし、氏でなければ、育ちにちがいない、というわけだ。環境ということについてはあとで取り上げることにするが、ここでは、まず、遺伝について考えてみたい。

推理力、言語の流暢《りゅうちょう》さ、記憶力など認知能力についていえば、差異はさらに目立つようになる。(＊3)通常の兄弟姉妹の場合――どちらの種類の双子でもなく――「あらゆる性格特性において一致度はきわめて低いように見える」(＊4)。つまり、同じ両親をもち似たような生育環境にいても人は違うということだ。アルツハイマーですら――これは脳の病であり人格障害ではない――兄弟では九〇パーセントの相違を見せる。

統合失調症の詳細な診断（この病にはいくつかの種類がある）に関してはいまだ議論があるが、過去五〇年にわたって莫大な金銭と努力が統合失調症研究にあてられてきた。しかし、統合失調症の一卵性双子に関する研究が示すのは、この簡潔な一文にまとめられる。「統合失調症にかんしては、遺伝的に同じ一対のうち、半分以上は一致をみせない(＊5)」。つまり、双子のどちらか一方が発病したら、もう一人は、恐らく発病しないということだ。何かが介入し、双子を異なる存在にしているのである。

この「何か」は育ちの結果だと性急に結論づけたいところだが、それは完全に誤りだ。双子の兄弟が養子となって同じ家族に育てられ、うち一人が統合失調症だと診断されたような場合でも、他方が同じ診断を下される危険は大きいわけではない。「家族環境が同じであることは、重要ではない」と、双子研究の分野ではライバル関係にあるジュディ・ダンとロバート・プロミンも、ここで口をそろえる。「この発見が示していることは、一人が統合失調症と診断され、もう一方はそうされない主要な要因は、家族に共有されていない環境の影響力の結果にちがいないということだ」（著者による傍点[*6]）。診断を下された統合失調症に影響を及ぼしているものは、受け継がれた遺伝子でも家族環境でもなく、何か別なもの、なにか「共有されていない」ものなのである。何か個別的で、ひとりひとりの存在に固有なものが働いている。

さらに、三つの発見に好奇心がそそられる。それらの発見は、われらがどんぐり理論を支持しているのだ。ここで、みなさんに想像力を刺激する考えをご紹介したい。その発見とは創造性、保守志向《トラディショナリズム》に関する事実と、そして遺伝的要因が児童期の中頃に強まるという事実だ。

「認知領域の次元（記憶、言語の流暢さ、推理力など）で、遺伝的な影響力をほとんど見せないのが、創造性である[*7]。ここでは「創造性」というあいまいで理想化された言葉を定義する泥沼には入り込まないつもりだし、創造性を測定する方法を詮索することもすまい。しかし、集積されたデータや人生の物語の断片などから、偉人たちは通常、家族や仲間、故郷やその子供たちからはっきりと違っていたということは分かっている。偉人たちは、ふつうそのもっとも近しい近親者（氏《うじ》）にも似ておらず、またその家庭環境（育ち）にもそぐわずなにかが「違って」いるのだ。「創造性」にかかわると考えられる（その定義が何であれ）、抜きん出た人々の驚くべき個性《インディヴィジュアリティ》は、氏にも育ちにも帰すことができない。そこには何か別のものがあるようだ。何か、独立したものが。

行動主義の説明は、この何か「別のもの」、独立した要因が入り込むのを避けるべく、氏と育ちを混ぜ合わせて考える。黒と白の糸が神秘的に複雑に織り合わさったために、グレーのスクリーンを見ていることになるというのだ。創造性が遺伝的なものなのか、環境的なものなのかが特定しづらいのはそのためだ。人間の創造性という永遠の謎に対して、この「グレー」説は、全く違う第二の要因を導入して、なじみの二元的な考え方を揺るがす危険がないようにしている。その全く別のものとはどんぐり理論で「召命《コーリング》」と呼ぶものである。しかしこのグレー説は、想像的な心を十分納得させてはくれない。

創造性にほとんど遺伝的な影響がみられない一方で、「保守志向《トラディショナリズム》」は、驚くほどはっきりと遺伝的に受け継がれている。この研究では「保守志向」という言葉は「規則と権威に従い、高い倫理基準と厳しい自己抑制を順守する傾向」として用いられている。[＊8]

科学の流儀として、データは非政治的なものであって、遺伝的な「保守志向」は実際の政治的な立場（共和党支持）とか宗教的な立場（根本主義《ファンダメンタリズム》者や正教徒）とは直接関係はない。しかしながら、保守志向の描写は、保守的な、いや反動的ですらある政党や教会の党派関係のなかに何か遺伝的な骨組みが含まれていることを示している。ジェローム・ケイガンの先天的性格の研究は、気質的な偏向があることを示している。[＊9]占星術では、染色体への土星の影響力を考えるだろう。フェミニズムでは、父権的な態度がいかに動かしがたいものか理解して絶望するだろう。マルクス主義者は農民やプロレタリアートが革命に目覚め難い理由に気が付くはずだ。一方、教会は安心することになるだろう。ヴァチカンを支持する一定数の人々がつねに遺伝的に供給されるというのだから。

四〇年程前、人類学者のポール・ラディンは一神教の成立についての理論を提出した。彼がいうには一神教は宗教の自然な発達の段階ではない。むしろ、一神教的な志向は司祭階級、知的な階級に属している。一神教は、特定の「気質」に始まると彼はいう。彼は、保守志向についての遺伝的なデータが現れるまでにも直感的に、保守志向者の態度の決定的な要因はその性格にあることを先どりしていたのである。(＊10)

そこで新しい変革をもたらすのがいつも難しい理由がわかるだろう。保守志向とは、老王《オールド・キング》の元型的な姿に人格化されるような、ファンダメンタリズム、頑なな心を生み出す保守傾向のことなのである。「高い倫理基準と厳しい自己抑制」が必ずしも天使の方針や召命の声からくるものではなく、骨格のような肉体的な枠組みに属するものであると考えると、わたしはほっとさせられる。

では、保守志向は多くを遺伝的な要因によっているとして、ゲニウスがなぜ伝統的な生活から人を遠ざけているのかの説明になるだろうか。幾世紀もの間、メランコリー的な狂気（あるいはフロール、「創造的」な人々の例外的な心的状態）をめぐるアリストテレスの『プロブレムマータ』から一九世紀のチェザーレ・ロンブローゾ［訳注　イタリアの精神病理学者。犯罪の遺伝説を主張］にいたるまで、召命は、非伝統的で異常なものとみなされてきたのだ。(＊11) 人々は、新しいものやオリジナリティは非伝統的なものだと想像することを好む。まるで定義からしてインスピレーションは秩序や規則、規範、権威――すなわち「保守志向」――に反するに違いないとでもいうかのようだ。少なくとも保守的な遺伝的な態度と、そこから引き離そうとする何か別のものとの間に葛藤があると結論づけたくなる。

第三の興味深い発見は、知能（ＩＱ測定）に対する遺伝的な影響は、幼児期の後に児童期の中頃にかけて増加してゆくということだ。[＊12] 事実、「ＩＱの遺伝傾向は児童期の初期から後の成年期にいたるまで増加する証拠があるように見える」[＊13]

以前にはわたしは知能のような人間の能力にたいして遺伝的な要因が最も強力に作用するのは、人が外的世界からの影響にさらされる前、またその影響を選択できるようになる前、つまり、この世へと子供が生まれ落ちた直後だと思っていた。生後数カ月、あるいは数年の間に遺伝的要因が大きな役割を担うのだと信じていたのだ。しかし子供のＩＱに関する発見は、子供が大きくなるにつれて──三歳から六歳ごろにかけて──遺伝性が増大することを示している。そしてそれは、七歳をすぎると再び低下してゆく。さらに、「ＩＱスコアは、遺伝的要因が強く関係しているとはいえ、子供時代にはずっと増加してゆく」[＊14]（ＩＱについてここで少し論じよう）。

遺伝的要因が二歳や三歳のときには七歳や八歳のときに比べて力を振るわないのはなぜか。知性に対する個別性は、生まれたばかりのときに顕著で児童期のなかごろに次第に弱くなってゆくのか。この発見は、幼児は育った子供に比べ氏の影響も育ちの影響もあまり受けておらず、──少なくとも天性の知的能力においては──自身の固有の才能によっているということを示しているのかもしれない。このデータを読むと、人は遺伝子とは別な型《パラダイム》を持って生まれて来ているのだが、児童時代の中頃にかけて、しだいに遺伝子の影響がそれにとってかわってゆくというプラトン的な神話に説得力が出てくる。さらに「のちの大人時代に」なって、召命、性格《キャラクター》、そして運命が避けがたく本人とくみあわさったときには、人の知的能力は、知的能力が使われる全てのこととともに、遺伝子のコードではなく、魂のコードに属するようになる。

また「遺伝可能性は思春期早期には減少するように見える」(*15)。これもわたしたちの予想の通りだ。多くの伝記は、一〇代のときに突如として召命体験があることを語っている。言い換えるなら、召命の声は三歳から八歳のときに最も接近し、そしてまた再び思春期のときに近くから聞こえるようになるということだ。――これは召命の力が遺伝の力が後退するときに強くなると想像してのことではあるが。この章にあげた人生の物語のいくつかは、ダイモーンが幼いころ、あるいは青春期に現れることを示している。

このような推測は経験的ないし統計的な研究にとっては、意味はない。ただ、そう推測すれば文献を読むのが楽しくなる。ストレートに受けとろうものなら、統計的研究は心を殺してしまう。わたしは今、具体的な事実を堅実に示そうとする、研究の本来の意図に忠実にそうした発見を伝えているのではない。わたしは、推測をかきたてるために研究を紹介しているのだ。このような推測は、分子生物学や統計学が洗練されたものになり、標本数が増えて行くにしたがって、ますます重要なものとなるだろう。想像力は、データが増えるにしたがって拡大されてゆくべきである。一万一千組の双子が毎年合衆国で生まれている。そこで、たとえ遺伝の影響を機械的にプロットしたり、きれいなグラフに描こうとしても、それは極めて複雑で変化にとんだものであることがますます明らかになりつつあるのだ。

こうして、IQをめぐるイバラの園にわたしたちは迷い込んでしまった。「IQのスコアに関する遺伝の影響の問題は、伝統的に行動科学においてはもっとも議論の多い問題ではあったが、一千を超える最近の科学者、ないし教育者による調査が示していることは、『IQのスコアにおける個人的な相違は、少なくとも部分的には遺伝による』とほとんどの人が信じているということだ」。[*16] ここでわたしが強調した個人、という言葉にぜひ注目していただきたい。性別でも肌の色でも、人種でも階級でも、どんな集団によるものでもなく、個人によって異なる相違があるということなのだ。

それをふまえて、いわゆる白人と黒人のＩＱスコアの比較を、少なくとも次の四つの点で批判したいと思う。

(1)ヨーロッパ人がアメリカを侵略し、またアフリカ人を輸入する以前の遺伝子の混交の歴史は度外視するとしても、三五〇年もの遺伝子が混交してきた文化において、遺伝的にだれが白人でだれが黒人なのだろうか。

(2)「ＩＱ」と呼ばれ、「ＩＱテスト」で測定されているのは実際には何なのだろうか。

(3)さまざまな社会共同体のなかにおける「テスト」の心理学的意味は何だろうか。そして儀式としての「ＩＱ」テストとそのほかの「テスト」という儀式との関係は?

(4)ＩＱ、その成績、テストに関して尽きることのない議論を呼び起こしそうな、先のような疑問はおくとしても、本書の内容から推論できるものがひとつある。もしどんぐり、ないしダイモーンが存在するなら、そして偉人たちの物語がしばしば示すようにそのファクターが社会化に抗うものであるなら、ダイモーンの抵抗がＩＱテストに影響していることはないだろうか。高いＩＱスコアは通常ベル曲線のなかで社会的に望ましいとされる地位へのパスポートとなるのであるから。[*17]

個別性《インディビジュアリティ》

人間一人一人、個人のアイデンティティは宗教のお題目でも西洋の知性の格言でもない。人間の個別性はまた統計学的にも、疑似的にではあるが確かな根拠をもっている。

わたしたちはみんな固有の遺伝子のセットを持つ、一〇の三千乗個の卵ないし精子を生む能力をもっている。一人の女性が生み出す可能性のある一〇の三千乗の卵子と、一人の男性が生みだし得る同じ数の精子を考えれば過去においても未来においても、あなたと同じ遺伝子をもつ人が出る可能性は無限小である。(*18)

さらに、遺伝学的研究は、遺伝子は単純な説明によって把握してはならないと警告している。遺伝的要素の介入のタイミングは早かったり遅かったりするし、環境との関係性も複雑にからんでいる。一九八〇年代以降の研究は、個別性《インディビジュアリティ》とわたしたちが呼んでいるようなもの、離れて暮らす双子や行動の相違、共有されていない志向性などを対象にするようになっている。

個別性の遺伝的な側面を語るうえで、次の三つの理論が重要性を増してきているが、これらの説明理論もまた、「何か別のもの」を指し示している。

最初の理論は創発説と言われるものだ。この説は、他の家族のメンバーには見られない遺伝的特性に関して、

別々に育てられた一卵性双生児の間に共通して見られる嗜好やスタイル、特有の癖の研究から生まれて来ている。(＊19)

ここに上げる例は、別々に育てられた双子に見られる驚くべき一致である。

一組の男性のMZA（一卵性の大人）は、大人になって初めて再会したときに、二人が歯磨きには同じバデメカムを、同じカノエのひげそりクリームを買い、ヘア・トニックにはバイタルを、タバコはラッキー・ストライクを選んでいることを知った。この再会の後に彼らはそれぞれ郵便で誕生日プレゼントを交換したのだが、別々の町で買ったにもかかわらず、二人は同じものを選んでいたことがわかった。

双子のグループのなかには鉄砲鍛冶《かじ》を趣味にしている人が一組いた。七つの指輪をつけている一組の女性がいた。ある組はそろって強迫的にものを数える。また二人とも消防隊にボランティアで入っている人もいた。二人そろってファッション・デザイナーの組もいた。二人そろって家のなかに妻に短い愛を込めたメモを残していた。この場合には、いずれのケースもMZAのペアであった。

しかし、わたしたちが研究した、幼児期のころに引き離されて育てられた二卵性の双子の場合には、それと対照的に「一致」を見せることはほとんどなかった。(＊20)

これらの輻湊的《ふくそう》［訳注　遺伝と環境の相互作用によって生まれてくるとする考え方］な現象を創発説は説明する。つまり、こういうことだ。類似はその起源においては遺伝にあるに違いなく（それは一卵性の双子に現れるのであるから）、そして遺伝情報のある組み合わせが、個別的なかたちで発現するペアがある、というわけだ。そうした習慣や嗜好が、どの個人にも現れるのであれば、遺伝の影響を示す証拠にはならない。しかし、引き離された一卵性の双子に合致は現れるのだから、これは遺伝の結果にちがいないということになる。

創発説は両親双方からひきついだ遺伝形質を組み合わせることで、遺伝的な素材はユニークなものとなると考える。「君が父親からスペードの一〇とキングを、母親からジャックのクィーンとスペードのエースを受け取ったとしよう。それらのカードは、それぞれの家系のなかではあまり重要ではなかったかもしれない。しかし、君が受け取ったカードの組み合わせが、オリンピック記録を生み出すことになるかもしれないのだ」(*21)。ユニークさを生み出すのは遺伝素材の山ではなく、あなたがひくカードの手、つまりその組み合わせが特定の役を生み出すことになるかどうかにかかっている。

ここでいう「組み合わせ」は「パターン」ないし「イメージ」、つまりプラトンの神話でいえば、あなたがひきあてた籤であるところの、特定の「型《パラデイグマ》」なのだ。創発説はあなたのものであるパラディグマを遺伝的に、それはわたしの考えでは偶然性《ランダム》によってだけれども——説明している。あなたが勝利のカードをひくかどうか、誰に分かろうか。いや、それは運命のみぞ知るということか。あなたのもつ組み合わせは、あなたが産声を上げるまえに、魂がひきあてた籤なのである。

第二の理論的な説の名は「優性(顕性)遺伝」である。これは極めて多様なコンビネーションのなかで、ある遺伝子がほかの遺伝子に対してもつ抑制効果のことをいう。

個々人の行動の相違には多くの、恐らく何百もの遺伝子がかかわっている。その遺伝子の一つ一

つが、個々人の差異を生み出すための小さな、それぞれの役割を果たしている。……優性（顕性）は……遺伝学的な運だともいえる。受胎のときの、カードをひく時のような運が遺伝子のユニークな組み合わせを生みだし、両親や兄弟には見られないような、驚くべき効果を生み出すのである。（*22）

「カードをひく時のような運」がわたしたちのありように深くかかわっている。プラトンにおいては、この偶発的な原因はアナンケーと名づけられている。それは必然の恐るべき女神だ。彼女は理性など意に介せず、プラトンの神話ではわたしたちの魂が選ぶ籤を支配している。また、それはティケーとかモイラとも呼ばれている。彼女たちは運命の人格化された姿だ。ローマ時代からルネサンスにかけてはこの原理はフォルトゥナと呼ばれた。――奇妙に聞こえるかもしれないが、個人の性格と運命を説明するために、ここに来てこのような元型的存在へと到達することになったのだ。人はその存在をずっと知っていたように見えるが、わたしたちはそれに新しい名前を与えている。その名は、カオス理論、現在の遺伝研究において異彩を放っている第三の学説である。

「非線形系（もちろん生命は非線形の系である）では入力の段階のごく微細な違いが、出力においては巨大な差異を生み出す。……カオス系は予測不可能（そしてもちろん、人生の特徴も予測不能だ）ではあるが、その変則的なパターンにおいては安定しているのである」。（*23）カオス理論は「初期条件における影響されやすさ」に大きな重点をおいているわけだ。

ここで、わたしたちは天使、ないしゲニウスの影響というテーマに立ち戻ってきてはいないだろうか。見かけは微細だが、しかし、きわめて顕著なかたちで天使は働く。幼いころのユーディ・メニューインが癇癪を起こしておもちゃのバイオリンを壊したときのように、あるいはエラ・フィッツジェラルドが突然、アマチュア・ナイトで気を変えて歌を歌ったときのように。前の引用文のなかの最初のフレーズ、「非線形系」に注目していただきたい。人生は誕生から死に向かって進む、時間に束縛されたものだとは考えられない。それではただ一つの次元、時間的、直線的なものにすぎなくなる。

魂は円を描いて動く、とプロティノスは語っている。わたしたちの人生は直進などしない。人生は曲がりくねり、順行、逆行を繰り返したりする。遺伝子の働きには緩と急がある。正道をいっているという感覚、心に何かが触れている感覚、心を開いたとか、落ち込んだとか、何かを知ったり見たりしたという感覚の去来は全く予測不可能だが、しかしそこにはある安定したパターンが同時に存在する。

わたしは、ほかの誰とも異なるが、同時にほかの誰とも同じである。わたしは一〇年前のわたしとは異なるが、同時に一〇年前のわたしと同じだ。わたしの人生は安定したカオスだ。カオス理論の語るように、人生は混沌としていて、また同時に反復的でもあり、小さくわずかな入力の変化がどれほど大きく顕著な出力の違いを生み出すのか予測できない。わたしは、わたしの世界に何が、そして誰がかかわったか、そして日々かかわるかといった初期条件に大きく依存している。わたしは、それに大きく依存しているのである。

愛

愛することにおいて、わたしたちは自分たちが信じるほど個別的な存在ではない。人々は似たような愛のスタイルを持っている。成人の一卵性双生児はこの類似性をもっとも鮮明に見せる。双子は同じような仕方で愛する傾向にあるのだ。

「愛のスタイル」という言葉を、わたしは「愛研究《ラブ・リサーチ》」で使われているモデルの意味で使っている。「愛」という広い概念は、責任感のある利他的な配慮（アガペー）であるとか、実利的な人間関係（プラグマ）であるとか、エロティックな親密さ（エロース）であるとか、さまざまな分類のバスケットにいれることができる。一卵性双生児は、これらのカテゴリーで一致する。しかし、この類似性の理由は遺伝的なものではないのだ。

成人の愛のスタイルについて、行動遺伝子の分析から発見された成果は、二つの理由から注目すべきである。第一に、遺伝の要因がこんなにも小さな役割しか果たさないパーソナリティの領域［つまりストレス耐性とか怒り、統制など］をわたしは知らない。……第二に、遺伝的要因がこれほど小さな役割しか果たさない態度［宗教的信仰、人種偏見など］もわたしは知らない。(*24)

ここに、奇妙だがうれしいことがある。双子はあらゆる愛のスタイルにおいて一致しているが、一つ例外があるのだ。それは、熱狂《マニア》、通常恋愛の特徴である強迫的で苦痛をもたらす感情である。狂おしいほどの恋愛がなぜ例外なのかを考えねばならない。この点についていえば、ハートが独立した存在であるかのようにみえる。狂おしい愛はなにか別のものなのだ。スタイルの類似性は遺伝によるものではないと説明されているので、調査のモデルは、たったひとつの選択肢しか用意していない。つまりそれは環境のせいだというのだ。よく似た双子が同じように愛するのは、同じラブ・マップを選んでいるからだということになる。

「ラブ・マップ」は心理学が愛の神秘にたいして説明を与えようとするときの方便のひとつである。人は両親が与える環境のもとで育つ。そこでいくつかの要素が喜びを与え、欲求を満たし、また生命力を増大させる。これらの特徴が、ある枠組みを作り上げ、そのラブ・マップにふさわしいと思われる人が通りかかったときに恋に落ちるようになるのである。「大人になると、無意識的なマップがかたちをとりはじめ、理想の恋人のイメージの姿が次第に現れる……つまり、教室や商店街やオフィスで、あなたの愛《いと》しの君があなたのそばを通り過ぎるずっと前から、あなたの理想の男性の基本的な要素は構造化されていることになる」[*25]

ラブ・マップには層がある。異文化比較の研究によれば、ラブ・マップ一般には、例えば容姿などに集合的なレベルがあるという。世界的に女性では肉体はふくよかで大きなヒップであることが魅力的だとされる。男性では、車やキャメルのタバコなどの持ち物が魅力の条件である。また伝統やファッション、地方独特の規範を反映する層もある。ラブ・マップ理論によれば、環境の条件があなたの求める対象を選ばせるのだ。

この対象の選択の鍵を投影に求める心理学者もいる。ユング心理学によれば、投影はそれぞれの魂のエッセンスの一部である、元型的な源からわき出てくる。ユング派の学者にとって、ラブ・マップは高度に個人的な特徴をもつものだ。「恋に落ちる」ときの、そして運命の力の感覚は心《ハート》の内なる複雑なイメージが呼び起こすものなのだ。そのイメージが強迫的に、そして強制的になればなるほど、人は愛の狂気に落ち込む。そしてそれが運命の導きだと確信するようになるのだ。ユング派は特定の人にひきつけられるラブ・マップを生む、この元型的なファクターをアニマとアニムスと名づける。[*26] アニマとアニムスの像はラブ・マップの表面的な特徴を担うものではあるが、しかし、すべてをこれらに還元することはできない。

「アニマ」と「アニムス」という言葉はもともとラテン語で「魂《ソウル》」と「精神《スピリット》」という意味だった。あなたの恋心《ハート》は、子供時代のイメージの組み合わせにひきつけられてゆくかもしれないけれど、同時に知られざる何かがあなたのマップを形作り、そこに奇跡と神秘の経験を加えているのだ。(*27) これこそ、ユング派的にいうなら、愛の圧倒的な力の源である。愛はあなたを大地から浮き上がらせ、現実離れさせてしまう。

ロマンティックな恋の経験は万難を排し、すべての障壁《しょうへき》を越えて相手に尽くさせる。プラトンによれば、狂気《マニア》は神々、それもアフロディーテとエロースの介入によるものだった。(*28) 恋に狂う瞬間に比べれば、人生のほかのことなどささいなものだ。人は相手にひきつけられてゆく。ロマンスは運命に感じられる。恋は運命、カルマ、宿命のようだ。こんな言葉が口をついてでる。「きみじゃなくちゃだめなんだ」「代わりなんかいない」「あなただけ」「ずっときみを探して来た気がする」「きみは僕の希望の星だ」。このあらがいがたい魅惑は、化学的な説明が与えられ、潜在意識に働きかけるフェロモンのせいにされてはいるが、この力はそれ自体自律性をもっていて遺伝子と環境ばかりでは説明できない。

錯覚であるかどうかは別にして、この感情はこれはユング派のロマンティックな恋の解釈に説得力を与えている。何かが「意図されていた」のであり、何かとくに「ロマンティック」なものがこの現象につきまとっている。もちろん、一卵性の双子はここでその同一性をいくばくか失い、それぞれのかたちで恋におちてゆくのである。

つまり、ラブ・マップを想像するには二つの形があることになる。――ユングのアニマ／アニムス・モデルと遺伝／環境モデルの二つである。後者に従えば、「ロマンティックな恋愛のスタイルは遺伝的な要因には強くは影響されていない」とすれば、唯一の可能な仮説は環境によるとするものだ。人は、幼いころに愛のスタイルを学び取ったということになる。が、それはどのようにしてなのか。ひとつには「個別的な経験によって」だ。そしてまたひとつには「恐らく両親を共有することによって、そして恐らく、両親の愛の関係を観察することによって」であろう。(*29) そう、この説に従えば、フロイト派が示唆するように両親そのものに惚《ほ》れることはないにしても、人は両親の代理人にひかれるというわけだ。あるいは少なくとも両親のパターンに従うことになる。理解されざるものを説明するために、ここで再び、両親の力という幻想が現れている。マップの集合的で社会化されたレベルについてならともかく、「大好きなパパと結婚した女の子に似ている娘がいい」というにせよ、母親とはできるだけ違った女の子がいいというにせよ、自分の愛のファンタジーやスタイルが母と父を再現しているなどと信じるのは、大きな飛躍だし、自分の心がひきつけられた相手への侮辱でもある。

ユング派にとって母親と父親はアニマとアニムスの、一種の予告的なイメージではある。しかし、母親と父親をまねるようになっても、またその愛のスタイルを模倣しても、わたしたちは断じてその完全なコピーではない。

ファンタジーはマップを彩る。あるいは、デザインするといったほうがいいかもしれない。ロマンティックな恋愛の経験的な研究は、「ロマンティックな恋愛は徹底的にファンタジーと結び付いている」と断じている。(*30) そこでは最も重要なのは模倣ではなく理想化だ。既知のものの模写ではなく、未知のものへの期待。両親の関係性の作り方のある面は繰り返されるかもしれないが、再現されない面もある。空想をかきたてその中身を決定するのはアニマとアニムスなのである。元型的なファンタジーが母親と父親から選び取ったものを統合してゆくのであって、その逆ではないのだ。

双子の間に見られる類似については家族のスタイル以外の「原因」も考えられる。双子は、自分たちが互いに築いた関係性を模倣する。――安定性、友情、実際的な関係に世話の焼き方、無意識的で卵子時代に由来する近親感。これまで自分たちのライフスタイルだったものが、恋人に転移される。キスと戦いは、双子の場合には子宮のなかで続けられていたのだ。[*31] 模倣そのものが同じようなラブ・マップを与えるのかもしれない。しかし、ここで研究しようとしているのは、類似性の原因ではない。狂おしいほどの相手を求める気持ちや気分の浮き沈み、押し付けがましいほど相手によりかかる気持ち、どうしようもない気持ちを生み出す、恋愛感情《マニック・ラブ》のことなのだ。

双子の恋愛スタイルが似ていないことへのもうひとつの説明は、ロマンティックな恋愛が与える「心理学的な鏡」[*32]によるものだ。類似性の鏡では、双子のよく似た顔しかみることができない。が、狂った《マニアの》鏡には、なにか別のものを見ることができる。見つけられない顔、知らない顔、ロマンティックな苦痛をもたらすような何かを、そこに見いだすことができる。一卵性のアイデンティティが同じＤＮＡにあり、かつ共有された環境がそれを強化しているなら、差異を生み出すには、何か歪んだものが必要になるはずなのだ。

滑らかなヒップとか車、キャメルのタバコといった見えるものについてはラブ・マップで説明できる。しかし、恋とは「何か別の」不可視のものにひきつけられるものだ。「彼女には何かがある」「彼が現れて、世界が変わった」などと、わたしたちはいう。フローベールはこんなふうに言っている。「彼女は、世界の焦点となる光だ」

ここでマップの限界につきあたる。話はもはや超越的なものの領域にかかわってきている。この領域では通常のリアリティ以上に不可視のものが力を振るう。もし、ダイモーンとその呼び声の存在への明確な証拠が欲しいなら、一度恋に落ちればよいのだ。遺伝と環境による、合理的な説明ではロマンティックなせつなさを語ることはできない。すべてはあなたに起きていることだ。恋ほど重要に思われ、恋に落ちたときほど運命を感じたことはないはずだ。そしてあなたがこんなにも悪魔的になることも、恋をおいてほかにはない。

自分の重要性への陶酔は、ロマンティックな恋愛が「個別性《インディヴィジュアリティ》を実際に成長させる」ことを示唆している。(*33) スーザンとクライドのヘンドリックによれば、西洋の個人の感覚は、文化のなかでロマンティックな恋愛に与えられる重要性と平行して発達してきた。つまり、まず宮廷愛と吟遊詩人によって示され、次にルネサンスに示されたロマンティックな恋と平行して個人の価値は高まったのだ。個人主義と個人の運命という理想はロマンティックな恋愛が異様に強調された一九世紀に絶頂を迎えている。つまりヘンドリックがいうように、ロマンティックな恋愛は「自己と個人性を創造し、強化する力ないしは装置として解釈できる」のだ。これらの力動性《サイコダイナミックス》の心理学は愛の運命を個人の「自己《セルフ》」のうちに置いている。しかし、わたしのダイモーンを中心にすえた心理学《サイコダイモニックス》は、愛の運命を現象学的に想像していて、神話、詩、物語、歌といった愛そのものが用いる言葉を使う。運命の声は「自己」を超えたところから、まるで神々や悪魔的な存在からくるようにみえるのだ。

これが、ロマンティックな恋愛の狂おしい《マニアックな》スタイルがラブ・マップには収まり切らない理由だ。運命の声は、あなたが運命を感じているその人の顔となって結晶化する。その人は、ロマン主義者のいう、外在化した神のように、運命の支配者、魂の主人のようになる。その人は悪魔的でも天使的でもあり、一度ひかれると離れることもできない。わたしの力が弱いのではない。その運命、呼び声、宿命はかくも強いのだ。もちろん、そのとき人は苦しみ、胸が一杯になり、自分の足で立てなくなり、苦痛に落ちる。ダイモーンがラブ・マップなど引き裂いてしまう。

一卵性の双子はアフターシェイブ・ローションや歯磨きなら同じものを選ぶかもしれない。しかし「最も重要な選択――恋人の選択――は例外のように見える」「ロマンティックな陶酔は……ほとんど偶発的なものだ」行動主義科学は、「人間のペアリングは遺伝的にランダムである」と結論づける。(*34) 何にもまして重要な選択を統計的な運のせいにしている。科学としての心理学は、測定できないものを想像しようとはしないのである。

しかしここで、最近の調査をゲニウスの自律性を支持するものとして読むこともできる。よい関係であれ悪い関係であれ、短期間の関係であれ長期間の関係であれ、求める相手に光をあててみれば、その相手はかけがえのない人間であり、その人とのかかわりはまったくユニークなものであるということではないか。研究のなかで示されている、ほかのスタイルの愛――シェアリングやケアリング、実際的なかかわり、リビドー的な近親性――はそれほど選択的でも個人的でもない。そのような関係性は、人が胸に抱いているイメージを体現するような、特定のパートナーを必要とはしない。ロマンティックな狂気は、あなたが存在する以前からどんぐりのなかにあるものを、見つめている。

スペインの哲学者、オルテガ・イ・ガセットは、長い人生のなかで恋に落ちることはそんなに度々はないという。(*35) 恋はまれなる思いがけない出来事で、深く心を打つ。愛が生まれるのは、相手がまさにその人一人《シンギュラリティ》であるからにほかならない。ただ、その人だけ。それは相手の属性や長所によるのではない。声やヒップや預金額のせいでもない。幼いころからの家族パターンを投影しているからでもない。ただ、心《ハート》の目が選んだ、その人がその人であるということに尽きる。運命的な選択だという感覚がなければ、愛は力をもたない。この愛は、個人の関係でもないし遺伝的な力でもない。むしろダイモーンがもたらす遺産、不可視の祖先たちからの恵みでもあり、また呪いでもあるように思われる。

恋ほど突然で熱いものではないにしても、同じような運命の感覚や献身は、人以外の土地や仕事にたいしても起こる。そこから解放されることはないし、気持ちが収まるまでは自分ではどうしようもない。ただ、それに対して魔術的な儀礼を行うことはできるが――。「その相手」が人であるか、場所であるか、仕事であるかは別にしても、人生をずっと共にしたいという同じような魅惑、感覚が起こる。そしてその相手のために生きると思わせる感覚ばかりではなく、そのためにこそ命をかける、という感覚も存在する。

死は、ロマンティック・ラブのはらむ強烈な雰囲気とはそぐわない重苦しく嫌な言葉だ。けれど、ロマンティックな恋は、永遠と人生のはかなさの感覚によっていっそう深まる。無限の「彼岸」へといざなう死の運命はロマンティックな情熱に、いつも影を落としたり霊感を与えているようだ。恋をすると、人は大きな危険を冒す。文学がロマンティックな恋人たちを描くときには、いつも死と愛は結び付けられる。

「見る力のある」心《ハート》の目は、日に見える現れから不可視の核を見透かす、死の目である。ミケランジェロが当時の人々や宗教や神話のなかの像を彫り出すとき、彼はイマジン・デル・クール、つまり心《ハート》のイメージ、彼が彫っているものの「予想形」を見ようとしていた。石を彫る彼のノミは対象の中核《ハート》まで見透かす、彼の目にしたがって動くかのようだった。(*36) 肖像は、彼が彫るものの内なる魂を開示することを目的にしていたのだ。

心《ハート》のイメージは一人一人のうちにある。抗えぬ恋に落ちたときにそれははっきりと現れる。そのとき、わたしたちはわたしたちの真の姿を現し、魂のゲニウスに目をむけることになる。人々はいう。「彼は違ってみえる。――恋に落ちたんだね」「彼女は恋をしているんだ。全然変わったもの」。愛がハートを動かすときには、偶像化された対象のなかに、何かが見えてくる。詩の言葉は、それを捕らえようとしている。(＊37)ミケランジェロはこのイメージを彫刻のかたちのなかに捕らえようとした。氏《うじ》とか育ちといったカテゴリーは、ハートのなかには届かずその目を見透かすこともない。だからこそ、愛をめぐっての遺伝・環境論に、この終章を付け加えねばならない。

愛する人と愛される人との出会いは、ハートからハートへの出会いだ。彫刻家とモデル、手と石の出会いのようなもの。それはイメージ同士の出会いであり、想像力の交換である。恋に落ちると、人はロマンティックに、猛烈に、野性的に、狂おしいほどに、嫉妬深く、何かに取り憑かれたようにパラノイア的な強烈さをもって、想像し始める。心の目の前に呼び起こされたイメージに恋をする。――ちょうど新しい計画を始めたり、休暇の旅行の準備をしたり、別な町に引っ越しをしたり、妊娠したときのように……。想像力が冒険にかりたてる。実験室を離れることができず、道具を買うことがやめられず、パンフレットを読みふけり、名前を想像してばかりいるようになる。想像力によってこそ、人は恋をする。想像力を解放することで、一卵性の双子ですら、その同一性から解放されるのである。

環境

この章を終える前にもう一度、最初の一組の双子である氏《うじ》と育ちに戻らねばならない。とくに育ちという環境の問題に。環境の概念は、本章における二つの大きなテーマ、つまり遺伝と愛について、あいまいなかたちではあるにせよ、その相違を説明する基盤となっているもので、これを検討することなく先に進むことはできない。

奇妙で、そしてほとんど使われることのない動詞environは、囲むこと、囲い込むこと、封ずることを意味する。文字どおりには、周囲に輪を描くことだ。名詞としての「環境《エンバイロンメント》」は周囲の状況の総体である。人と生活を「囲む」文脈、物理的状況、外的状況のことなのだ。

双子の研究は環境を大きく二種類にわける。つまり共有された環境と共有されない環境の二種類である。一般的にいって、環境を共有するということは何年かにわたって同じ家族で育てられ、その家族の活動、価値観、会話、習慣にかかわっていることを意味している。あるいは同じ教室で、同じ教師と過ごすこと。同じコーチにつき同じチームメイトと過ごすこと、だ。ただし、共有された環境のイメージなどはいわば一九五〇年代の白人映画のように理想化されたものにすぎない。

「非共有環境」とは、双子のうち一人がもつ単独の経験のことをいう。それには偶然の出来事や病気、個人的な感情や夢、思考、人間関係などが含まれる。

しかし、共有環境と非共有環境の間にくっきりと線をひくことなど可能であろうか。現実の共有環境にはさまざまな相違が詰まっている。母親の双子のそれぞれへの接しかた。両親との関係性の発展。産後の入院生活(双子の場合にはしばしば必要だ)での、世話のされかた。それぞれにどのような違いがあっただろうか。

とくに重要なのは一卵性双子同士の相違だ。彼らは補償という元型的な原理に支配されているはずだからである(弱者／強者、賢いほう／愚鈍なほう、最初／最後、外向／内向、大地的／天上的、死すべきもの／不死のもの、などなど)さらに、競争が起こる環境にいる双子では、抗争《ライバル》の意識が発達してお互いの個別的な反応を生み出すことを研究者は示唆している。(*38)

抗争を生み出すのは現代の文化の競争的な雰囲気ばかりではない。それは「同一」のものを分化させるための内なる衝動のあらわれなのだ。人は、遺伝や環境の影響にさらされてもそれぞれ胸《ハート》の内なるイメージと運命の道に従って、「かけがえのない」ものになろうとしている。それぞれの家族は類似を生み出す温床であると同時にその構成員一人一人が相違を生み出すための遠心力ともなっているのだ。一卵性双子の場合には必ず、その近親性がかえって二人を引き離そうとする。同じ極同士を近づければ磁石は互いに反発しあう。相違をただ競争心のせいにするだけではなく、独自の運命へと誘う天使の声によるものだとも考えてみよう。

環境という観念については、さらに分析が必要だ。環境とは、もちろん、単なる家族ネットワークのイメージ――同じようなジョークと口げんか、冷蔵庫から同じようなスナックをとりだして、同じように就寝のときを過ごす、陳腐な連続コメディのようなもの――などには収まらない。環境は家具や知人、ペットや窓辺の植物なども含んでいる。また環境は壁を越えて庭へ、近所へと広がり、路上で行われていること、何百マイルも離れたところで作られた製品、テレビやインターネット、ウォークマンなどで伝えられるものまでも含んでいる。また世界をパッケージにいれ、棚に並べているスーパーマーケットも。そこでは、エクアドルのバナナ、カナダのニューファウンドランド島産の魚がある。いやバナナの化学コーティングやパルプ工場から廃棄され魚の細胞に入り込んだ、水銀の残留物も。

一度エコロジーへの目が開かれれば、環境とは——直接的で、私的で、個人的な環境とは——どこまでのことを指すのか。

実際のところ、「非共有の」環境など存在するのだろうか。真の意味で自分が一人きりでいられる、遮断された時間などあるだろうか。わたしが真夜中に一人夢の中をただようときに使っている枕でさえ、羽毛やポリエステル、コットンが何か気配を出している。あるいは枕が製造された環境。枕とわたしが交換する微粒子……。

一人きりになれる壁で囲まれた庭園などという概念には実際のリアリティはないと思えてしまう。しかしそれはきわめて淡い兆しやしるしを送ってきてくれる不可視の存在とコミュニケーションを図るために必要なファンタジーなのだ。「非共有」という観念は、個別性《インディヴィジュアリティ》という庭への門なのだ。わたしたちは、独自性の、私的な感覚を確信するために、そしてその運命の声を聞くために非共有という観念を必要とするのだ。

「非共有環境」というカテゴリーは一人一人の相違の原因を押し込めるためにハード・サイエンスが発明したものだ。それは、遺伝や共有環境などの科学のカテゴリーにはあたらないものを説明するために用いられる。しかし、「非共有」という観念は囲い込みのイメージ、すなわちわたしだけに特別の仕方で影響する私的な周囲の状況、というイメージによって立っている。しかし、非共有の、いや共有されることのない唯一のものはダイモーンの独自性、そしてダイモーンと人の関係性の独自性でしかない。それは、いつもここにあって、人生に力を振るっているのだ。行動科学の言葉を使うとするなら、それは「非共有環境」となるであろうが、ダイモーンは氏《うじ》にも育ちにも、その両方の領域で決定的な力をもっている。狭い学問の世界には、専門用語抜きにしては、つまり「非共有」という言葉を使わずしては入ってはゆけないのだ。

非共有とは、孤立ではない。この惑星そのものである、共有環境から抜け出すことなどできないのだ。そして、孤立などというものがなかったとしても、独自性は存在する。孤立は独自性の必要条件ではない。

あなたは、人と違う存在であるために文字通り隔離される必要はない。ほかのだれかとあなたの相違、「非共有環境」は、共有された世界のなかで生まれている。あなたのアイデンティティこそが独自なのだから。あなたの独自性は壁などに頼ることはない。人生を通じて、あなたにつきしたがう、内なる心のなかのイメージによって、最初からあなたが独自な存在であることは保証されている。とはいうものの孤立というファンタジーは、ダイモーンに心を向けるのに有効だ。だからこそ、人は休暇をとったり、ヴィジョン・クエストに出掛けたり、精進潔斎をしたり、あるいは数日電気もつけずベッドに閉じこもって、自分だけの、だれとも共有できない召命の声を取り戻そうとするのである。

＊＊＊

遺伝研究の結論は、二つの(!)方向に向かっている。一つは狭い道、もう一つは広い道。狭い道は単純な、単一原因論に向かっている。それは心のもつ広大な意味を組織のなかの一部に押し付け、そこに関連づけようとする。知性を脳に還元しようとする愚行は、西洋世界から消えたことがないように見える。それは西洋の合理主義的、実証主義的な心性の基礎にまでなっているために、わたしたちはこの考えを手放すことがない。心に対する合理主義者は原因を手が届く範囲に見つけだして、そこに押し止めたいのである。

その欲望のためには機械が最上のモデルになってくれる。取り出して、内側のメカニズムを見つけだし、なかの追い歯《ラチェット》を調整し、燃料をいれて接触部分に潤滑油をさす……。アメリカのメンタルヘルスの父としてのヘンリー・フォード。その結果、リタリン、プロザック、ゾロフト、そして、わたしたちの何百万人もが一日に一度も二度も内的な調整のために服用する何十種類もの効果的な薬が生まれてくるのである。単純な単一原因論は、やがて薬物による行動コントロールを生み出す。――つまり薬漬けの行動が生まれるのだ。

ロバート・プロミンの情熱的で豊かで敏感な作品に、この章は多くを負っているが、彼は単純な方法で遺伝学を使うことにたいして、せっぱつまった様子で警告している。「遺伝子の行動への効果は多元発生的で確率論的なものであって、ひとつの遺伝子が決定的に働くことはない(*39)」。わたしは彼の言葉から精神医学への警告も聞き取る。つまり、あなたという高貴な容器を薬学や保険会社や政府の金の圧力でひっくり返してはならないし、遺伝が「精神医学での病の実体(*40)」を規定するような、偽りの国に自分の羅針盤を向けてはならない。「わたしたちは発達面での遺伝の力(いかに遺伝子が働き、相互作用するか)についてはほとんど知らない。ただ、その複雑さに感銘をうけるばかりなのである(*41)」。だから、ひとつの決定的な遺伝子がある臨床的な状態と対応するということには決してならないのだ(ハンチントン舞踏病のような真の例外は除いて)。そうした警告の効果はしかし小さい。単純な思考が多くの願望を成就させているのだから。ヘンリー・フォードとトマス・エジソンの顔が、知性というラシュモア山には彫り込まれている。メカニズムのモンスターが、現代の西洋史においてはどの国にも現れる。わたしたちはそれに気をつけねばならない。とくに、それが氏《うじ》でも育ちでもない、「何か別のもの」とは幽霊や魔術を信じるようなものだと言い出したときには。

一七世紀のフランスの合理主義以来（マルティン・メルセンヌ、ニコラ・ド・マールブランシュ）、一八世紀（コンディヤック、ジュリアン・オフロワ・ド・ラ・メトリ）から一九世紀の実証主義（アントワーヌ・ルイ・デテュ・ド・トラシ、オーギュスト・コント）にいたる人々によって、すべての心的な出来事は生物学に還元できるとされてきた。西洋の集合的な知性の一部は、重い荷車をひく牛のように、フランスの機械論的物質主義にくびきをつながれている。フランス人のように繊細な感覚やエロティックな感受性をもつ人々が、心理学にこれほど堅苦しいものを持ち込んだのは、驚きではある。フランスからの輸入品はすべてラカン主義、構造主義、脱構築主義など流行のラベルを張られていてもこのフランスの病に感染しているのだ。

今日、合理主義はグローバルなものとなり、コンピューターと相性のよいものとなってどこででも見られるようになっている。それは知性のありかたの国際的なスタイルである。合理主義を、どこか一国の国旗の下に押し込めることなどできない。それは国際的な協力体勢の旗印の下にあり、精神医学を推進する大きな力となっている。そしてそれが心理学についての考えを支配し、魂を単一原因論的な一神教へと向けてゆくのである。障害には、それに対応する遺伝子があるという。だから、遺伝子を継ぎ合わせよ。それにトリックを教えよ。組み合わせよ。そうすれば、障害は消失するか、少なくとも感じられなくなるというのだ。この狭い道は精神医学の歴史では一九三〇年代や四〇年代にさかのぼる。そのころはもう少し洗練された方式であったたし、また報道もよくされてはいたが。三〇年代から五〇年代にかけて、脳の特定の部位と多くの感情、および機能を直接対応させる考えが、問題をかかえる多くの魂たちに、脳外科手術とロボトミー手術を受けさせるという暴力行為に合理的な弁明を与えてきたのだった。

狭い道はさらに古く、フランツ・ジョゼフ・ガル(医学博士、ウイーン、一七九五)の頭蓋骨分析にまでさかのぼる。ガルはパリに居を構え、フランス人から大きな称賛を受けた。彼は、頭蓋骨のコブやへこみが心理的な能力とかかわっているという「証拠」を見つけだしたのだ(この体系はのちに骨相学と呼ばれるようになる)。今日もそうだが、心理的な機能には、記憶とか判断能力、感情、音楽的、数学的才能、犯罪性などといった広い範疇を含む言葉が当てられていた。方法論における洗練は、必ずしも理論の進歩を示すわけではない。一七九五年から一九九五年まで——物理的な局在論と、心の局部への還元論が、その企てを推し進めて来ているのだ。

脳への単純な期待とは正反対の方向に進む狭い道もある。育ちを単に環境というより広いものへと拡大するものだ。もし環境が、文字通り周囲にあるものとすれば、それは周囲にあるものすべてを含むはずである。そこで、無意識は日々、環境のなかで出会うもののなかから、きわめて無作為的に何かを選び出している。昼間の出来事の残りかすが夢で示される。小さな情報のかけらが巨大で潜在的な心への影響を与える。わたしたちは、もっともつまらないものを夢に見ているのだ! 日々起こることのほとんどは気づかれることもないし、思い出されることもない。しかし心は環境のなかの漂流物を拾い上げ、それを夢に送り出していく。夢は環境をリサイクルする工場だ。夢は、環境を再利用しごみのなかに夢の価値をつくりだす。あるいは芸術家としての夢は環境のなかから安らぎを想起しようとイメージを拾い集めているともいえる。

わたしたちは、日々の生活に影響を与えている心的現実のなかをさまよっている。そのために、環境という概念を「ディープ・エコロジー」と呼ばれるものにまで拡大してゆかなければならない。それはこの惑星は生きていて、息づき、かつ自己制御している有機体だと考える仮説だ。わたしたちをとりまくものはすべて、イマジネーションに滋養を与え魂を潤すことができる。魂の素材は外部にあふれている。なのに、ディープ・エコロジーで考えているように、環境そのものが魂を与えられており、生気に満ち、人間と複雑にからみあっていて、根本のところで人間とは分かつことはできないと、なぜ認めないのだろう。

エコロジカルな視点は、環境を回復させるばかりでなく、プロビデンティアという、古典的な観念をも復活させる。——それは、世界はわたしたちを支え、見つめ、世話すらしてくれているという観念だ。また、世界もわたしたちがそばにいてほしいと考えている。捕食動物、トルネード、六月の蝿などは、世界の全体のごく一部にしかすぎない。味のよい、甘い香りのするすべてのものを思い出してほしい。鳥たちが歌うのは、鳥たち同士のためだけであろうか。この空気に満ち、食べ物を与える、そして心地よい惑星は、見えないところから支えられ維持されている。そしてその生命を維持するあらゆるシステムを使って、わたしたちを生かしてくれている。このような考え方こそ、真の意味で「育む」の名に値する、「育ち」ではないだろうか。

「環境」とは、こうなると社会的、経済的条件をそして文化状況全体をも超えている。つまりは、それはわたしたちを気遣うすべての事物なのだ。タイヤやコーヒーカップや、ドアノブや今あなたが手にしているこの本。

世界で起こっていることを重要度の順にランク付けなどできないのと同じように、環境を構成する、ひとつひとつの小さな部分を重要だとか軽いなどとは区別できない。重要性を云々するとすれば、それはだれの目から見てのことなのか。重要性をめぐるわたしたちの考え方も、変わらなければならない。「わたしにとって重要だ」というのではなく、「環境のほかの面にとって重要な」ことを考えよ。この物は、まわりのもの、ただ、「わたしたち」だけにではなくものに滋養を与えるだろうか。わたしたちは、ただ短期間、場の一部を占めるにすぎないが、その物はその場の意図に貢献することができるのだろうか。

環境の概念が変われば、わたしたちは環境を違った仕方で見て取るようになるだろう。そうなれば、心と世界、主体と客体、内なるここと外なるあそこを区別することはますます難しくなるだろう。心はわたしの内側にあるのかすら、怪しくなってくる。夢のなかにわたしがいるように、心のなかにわたしがあるのか。風景の雰囲気のなかに、市街にわたしがいるように、あるいはわたしは「深い楽の音のなかにいて／耳には聞こえないがあなたが音楽となる／楽の音が続くかぎり」(T.S.エリオット(*42))というように、わたしが心のなかにいるのか。どこまでが環境で、どこからがわたしなのか。あるいは、そもそも、世界の自然によって滋養を与えられている、どこかの場所に深くかかわることなく、わたしなど存在することはできるのだろうか。

第7章

三文小説と純粋なファンタジー

　スポーツ界の巨人の肉体がジャンクフードで育つことがある。イマジネーションもまた同じように、安っぽく、大衆的で、「不健康」なもので育まれることもあることを忘れてはならない。大事なのは情熱、それこそほかのありきたりの基準よりも未来の可能性を示したり、生産的な動機をつくりだしたりするものなのだ。コール・ポーターは言っている。「わたしの詩のなかには、そういう下品な本から生まれたものもあると思う」。食物に正しいもの、間違ったものなどはないのだ。食事は食欲に従うだけだ。そして食欲が、正しい食物を捜し出すのである。

内なるどんぐりにとってふさわしい滋養あるものを選び出すことは可能だろうか。むだな時間とは何か、どうやったら判断できようか。魂のためによい糧とは何か。必要なものは何か。

古きよき時代には、価値観は揺るぎなく、そこから直接的に指針を得ることができた。基本的な三つの「R」〔訳注 読み、書き、算術〕に加え、絵画、雄弁術、音楽鑑賞、自然観察などの、学習の要綱（それは今日では基礎カリキュラムと名づけられている）があった。理性の面でも、芸術的な面でも、幼い子供の知性は導かれ、磨かれた。今日、功利主義や自由の観念で知られる一九世紀の哲学者、ジョン・スチュアート・ミルは学校に通ったことはない。しかし、家庭内で父親に教育されて三歳でギリシャ語を、八歳でラテン語を、そして一四歳でほとんどの古典文献を原語で読めるようになっていた。また一九世紀教育のもう一人の驚くべき実例は、アングロ系アイルランド人のウィリアム・ローワン・ハミルトンである。

> **三歳にして彼は英語をよく読み数学にもかなり秀でていた。……五歳のときに……好んでホメロスをギリシャ語で引用した……。八歳になると、イタリア語とフランス語も習得して……ラテン語を自在に操った……一三歳まで、ウィリアムは一年に一つの言語を習得したことを自慢することができたのだった。**

言語に対する、この悪魔的なまでの貪欲さのせいで、彼はペルシャ語、アラビア語、サンスクリット、カルデア語、マレー語、ベンガル語を学ぶことになる。「そして彼は中国語を学び始める所だった」と、彼の伯父はこ

の欲ばりな甥のために買う本にかかる額に不平をこぼしている。(＊1)

天才性についての研究のパイオニアで、またヴィクトリア朝時代のもう一人の知的怪物、フランシス・ゴールトンは、二歳半になるころには字が読めたし、三歳になる前に自分の名前を書くことができた。五歳前にして、姉にこんな手紙を書くこともできた。

大好きなアデレへ
僕は四歳で英語の本なら何でも読めます。ラテン語の実名詞と形容詞と動詞を全部、それからラテン語の詩の五二行もいえます。どんな足し算もできるし、次の数での掛け算もできます。
二、三、四、五、六、七、八、一〇。
度量衡の換算も言えますし、フランス語も少し読めるし、時計もわかります。

フランシス・ゴールトン
一八二七年二月一五日(＊2)

現代にもう少し近いところでは——といっても、時代に関してだけであって、精神においてはゴールトンやミルと同じくらい離れているが——ドロシー・トムソンに、メソジスト派の牧師であった父親が与えた罰をあげられる。一世紀まえに生まれたトムソンは、「タイム」誌にエレノア・ルーズベルトに次いでアメリカで最も影響力のある女性と評されたことがある。彼女は大きな影響力をもったリベラルなジャーナリストで、女性で初めて海外情報部の長になった。またヒトラー自身の命でドイツから国外追放になった最初の通信員でもある。コラムや放送を通じて彼女の声は何年もの間に何百万人もに届いた。その勇気、技術、知識をもって、右翼、共和党、反セム主義者、ファシスト、そしてクレア・ブース・ルースに対峙したのだった。

あるとき、彼女が妹をぶったとき、

父親は彼女をクロゼットのなかに閉じ込め、彼女がシェリーの『アドナイ』を最初から最後まで暗唱できるまで出そうとはしなかった。長じる前にドロシーは聖書のいくつかの章やシェイクスピアのソネット、『草の葉』(Leaves of Grass)のかなりの部分、チェスタートンの『レパント』、何十もの詩編、アメリカの憲法すべてを一気に諳《そら》んじることができた。(*3)

彼女自身の父親がなしたこの類いの罰は今日の教育基準から見るとまごうことなく残酷で異常なものではあろうが、これは彼女自身の守護ダイモーンが選んだようにもみえる。このダイモーンは、まさにこの文学の素養のある父親を選んでいたのだ。テキストの暗記は、アレグザンダー・ウールコット、レベッカ・ウェスト、H・L・メンケン、そしてトムソン自身の夫でありノーベル賞作家であるシンクレア・ルイスと同時代人として物書きとしての人生を送る、彼女の運命《パターン》にふさわしいものだった。

ミル、ハミルトン、ゴールトン、そしてトムソンは、幼いころに学を習得したという点では例外的であったが、習得した素材という点ではそうではない。プラトン(学問に音楽は必須であると主張した)からストア派とソフィストまで、カトリック（とくにイエズス会）から正統ユダヤ教、フィリップ・メランヒトン（その野望とはプロテスタント・ドイツを教育することだった）から、ルソーやフローベールのロマン主義的な教育論まで、そして、ルドルフ・シュタイナーからマリア・モンテソーリまで、いつの世でもヨーロッパには子供たちがつまらないことで時間をむだにしないように公認の教育課程を推奨する強い伝統があった。生まれたときは白紙であろうがそうでなかろうが、内的な精神生活は論理や数学ばかりによってではなく、倫理や想像力によっても十分かつ適切に滋養を与えられる必要があるのだった。

したがって、推奨された多くのことのなかには知的なものや文字の上でのものは少なかったが、しかし、課題はドグマティックに強制されていた。手を休めることはできない。遊ぶのも厳しい監督の下。怠けてはならない。テキパキと仕事をしなければならない。建設的であれ。物を造れ。つくろい物、縫い物をせよ。手工芸を身につけよ。修理し、手入れをせよ。近所の人たちとともに衛生的に、みなりをただして行儀よくテーブルにつけ。子供たちがきちんと話せるように、言葉も教えなければならない。宗教家から倫理的な指導を受けた。彼らは魂に聖書、賛美歌、説教を流し込もうとした。そして、とくにルソーからシュタイナーにいたるまでのロマン主義者たちは、自然からの教えを重視した。魂はその滋養をまず野や花や牧場や、海岸や海に突き出た岩ばった岬や潮溜まり、潮騒と風から吸収するのだ。

エディス・コッブの『子供時代におけるイマジネーションのエコロジー』（＊4）は、精神の詩的な基盤は、自然現象から滋養を得る必要があることを明らかにしている。イマジネーションは、自然現象に深くかかわらないと心には培われない。少なくともときには驚異に触れる必要があるのだ。たとえば、都会の少年であったジョン・

レノンは思春期が始まったばかりのときにスコットランドを訪ね、一日中歩き回った。そこで彼は「トランスに入った……大地があなたとヒースの下に沈み始め、この山を遠くに見ることができた。そしてこの種の感覚《フィーリング》がわいてきた。これが、いつも彼らがいっていることなんだ。あまりに圧倒的なために、だれかに伝えるしかない。だからあなたは書いたり、絵を描いたりするんだ。……だから、あなたは詩を書くんだ」(＊5)

プラトンからシュタイナー、そして厳格なアラン・ブルーム、ウィリアム・ベネットに至る保守的な思想家は子供に最上のものを与えることで最上のものを引き出すことができるという、厳しい教育理念を打ち出してきた。ポルノやマンガなど下品なもの(プラトンによればワインですら)がこうして禁じられた。イマジネーションは高い文化水準、自然のリアリティ、かつ独創性をひきだす進取の精神、また倫理的な模範によって滋養を与えられるべきだというのだ。彼らがいうには、魂は永遠の真実や原初のイメージを想起するためには模倣《ミメーシス》すべきモデルを必要とする。地上での生活において、そのような魂の核を映す鏡、魂が真実を認める鏡に出会えなければ、魂の炎は死に、そのゲニウスは隠れてしまうという。理想的な英雄や女英雄は、魂の導き手たる元型を解放する地上での写し絵となる。

しかし、その才能がきらめき花開いた人々の、これらの物語をみていただきたい。そして彼らのイマジネーションが味わった「魂の糧《ソウルフード》」を食べてみてほしい。優雅な詩を書くことで知られる、爽やかなソングライター、コール・ポーターは、インディアナの学校に通っていたとき、音楽のレッスンの行き帰りに寄り道をしていたという。彼はきわどい本――三文小説――の「あくなき顧客」になってしまって、音楽の道具を入れるかばんに本を隠して持ち帰った。レッスンが終わるや飛び出して、安っぽい冒険小説に没頭して一日を過ごしたのだ。建築家フランク・ロイド・ライトは少年のころヴィオラを弾いていた。彼はゲーテ、ハンス・ブリンケル、ジュール・ヴェルヌを読んでもいた。——しかし、同時に「ニッケル・ライブラリーの安っぽいスリラー」も読んだし、ニヤニヤ笑いを浮かべた顔から勇ましい吹き出しがでている、けばけばしい表紙（ジェイムズ・バリーの本）にものすごくひきつけられた。リチャード・ライトは、ミシシッピーの貧しい少年で食べるものも満足になかったころ、「家では教会の関係の本か聖書以外は読書を禁じられていた」。しかし、配達夫として稼いだお金で安っぽい冒険小説を買った」のだ。彼は殺人ミステリーが好きで、「フリンの週刊探偵物語とアルゴシィ」を読んでいた。「これは両方一九二〇年代に人気のあった大衆雑誌だ」。ハヴロック・エリス［訳注 イギリスの医者・文筆家］はミルトン、ウォルター・スコット、デュフォーを読んでいた。が同時に「イングランドの少年」という、週刊の安雑誌に「すっかりとり憑かれた」。そのなかには「全く現実ばなれした」設定で書かれている劇があった。エリスは「食べているときも、町を一人で歩いているときも、寝たように見えるときですら、何かを読んでいた(*6)」

ヨーロッパ人でも初めてエヴェレストを征服したエドモンド・ヒラリー卿は一〇歳になる前にエドガー・ライス・バローズのターザンの話やH.ライダー・ハガードや、その類いの作品を読んでいた。「想像のなかでわたしはヒロイックな行為を何度も繰り返していました。わたしはずっと英雄だったのです(*7)」。また、ライダー・ハガードの本は、ジョン・レノンもよく読んでいた。

さらに、ある落第高校生がいた。彼は「ほとんど黒の服を来て、銀のシビックを乗り回し、デニーズとジャック・イン・ザ・ボックスでばかり食事をし、犯罪小説とコミックをむさぼるように読み、エルビスとザ・ストゥージズが好きで、しかも、誕生日を映画館で祝っていた。——これは伝説だが、彼は七千ドル分のパーキング・

チケットを溜め込んだのだ」[*8]。彼がとりわけ愛した映画は、監獄にいる女性やアジアの武術のものだった。この人物とは誰だと思われるだろうか。脚本家にして映画監督、クエンティン・タランティーノだ。そして今や彼の代表作は、『パルプ・フィクション』である。

スポーツ界の巨人の肉体がジャンクフードで育つことがある。イマジネーションもまた同じように、安っぽく、大衆的で、「不健康」なもので育まれることもあることを忘れてはならない。大事なのは情熱、それこそほかのありきたりの基準よりも未来の可能性を示したり、生産的な動機をつくりだしたりするものなのだ。コール・ポーターは言っている。「わたしの詩のなかには、そういう下品な本から生まれたものもあると思う」[*9]。食物に正しいもの、間違ったものなどはないのだ。食事は食欲に従うだけだ。そして食欲が、正しい食物を捜し出すのである。

「どんぐり」に重要性をもつ「副読本」ということであれば、コールリッジを思い出すといい。彼は『フィリップ・クアリ氏の苦難と驚くべき冒険』を読んでいた。そのなかには大きくてきれいな海鳥を撃ち落とす場面が出てくる。……それは今でもはっきりと思い出すことができる」[*10]。そして、その死んだ海鳥が主題にもなっている『老水夫行』は、コールリッジの最もよく知られた長編なのだ。

そこで思うのだが、子供のころにイマジネーションをかきたてるため必要な滋養に満ちたものが偶然を超えて与えられることがある。ジョン・レノンにはヒースの野が、ハヴロック・エリスには没頭した三文小説があったように。想像力を広げるさまざまなもののなかで、わたしは少なくとも次の二つは挙げたいと思う。第一に、子供の両親、ないし直接的な世話役が、子供にたいしてファンタジーを抱いていること。第二に子供の周囲に奇妙な男や特別な女性のいること。そして第三に強迫的な強い興味が尊重されていること。

伝記はふつう、母親に目を向ける。リンドン・ジョンソンは、お母さん子だと呼ばれている。フランクリン・ルーズベルトもそうだ。ハリー・トルーマンは、世界の歴史に向けてポツダム宣言を出そうというときに、母親に手紙を書いていた。母親の理想とその野心の強さを、子供が実現していると見てしまうことが多い。伝記作家によれば、成功は母親の行為にかかっている——あるいは子供に自身のことを強要する、裏返しの自己中心性に。

このような両親の力という幻想には、バッド・ダブルバインド・マザーとか誘惑的で窒息させるような母親、あるいは不在の父《アブセント・ファザー》、独占的父親《ポゼッシブ・ファザー》など専門用語《ジャーゴン》にあふれており、そのような専門用語《ジャーゴン》が物語の語られ方を決定し、結果としてそれが偉大さの理由の説明法を決めてしまうのだ。このような心理学主義が、注意の対象を子供たちから親にすり替えていることに気をつけてほしい。そして親は、こう自問し始める。「わたしはうまくやっているか」、子供の生まれつきの性質ではなく、両親自身の問題について疑念と不安が大きくなっていく。わたしは、正しい態度をとっているか。厳しすぎやしないか。あるいは甘すぎるのでは。十分いい親《グッド・イナフ》だろうか。これらはすべて両親の力という幻想のなかにある、ほとんど避けられない自己言及的ナルシシズムを表している。これについては、前の章で十分に触れておいた。ここでは、両親幻想のなかでも、一つだけ、決定的な影響力をもつものを拾い出しておきたい。

それは、両親の空想《ファンタジー》である。

両親のファンタジー

両親の想像力と、子供のどんぐりの間に、どんなつながりがあるのだろうか。――わたしは「両親」という言葉を、子供にとって直接的で親しい保護者という意味で使っている。親は、ひざの上にのせた、この小さな人間に何を見ているのだろうか。彼らはそのか細い肩に何を背負い、その目で何を探しているのだろうか。両親は、不可視の運命のファンタジーが毎日のように目に見えるかたちで表れているのを見たことがあるだろうか?

ヤスタス・バーグマンの場合には、たしかにその娘イングリッドに日々現れる運命の軌跡を探し、記録していた。彼はファンタジーに満ちた男だった。イングリッドは、彼女の二年前に生まれたスウェーデンの王女にちなんで名づけられた。イングリッドの最初の誕生日に、ヤスタスは彼女に白いドレスを着せて撮影した。二歳の誕生日のときにも、また撮影した。三本目のフィルムには彼女が、母親の墓で花の上に寝そべっているところが収められている。ヤスタスはストックホルムの、王立劇場から百ヤードしか離れていない優美なストランドヴァニエンに写真店とスタジオをもっており、イングリッドは、そのお気に入りの被写体であった。イングリッドはさまざまな衣装を着せられ、父親の前でいろいろな役を演じた。一一歳のときに、王立劇場の公演の休憩中、彼女は自分の将来の仕事について宣言する。「パパ、パパ、わたしもこれをするようにするわ」(*11)

ここで両親の力という幻想は、潜在的な近親相姦をみる。多くの息子たちが母親の夢を生きるように、娘が父親の支配的な空想を生きたのだと。しかし、プラトン的な空想《ファンタジー》では、イングリッドの魂がまさしく、自分のどんぐりの欲求を満たすために適切な場所、適切な父親を選んだと考えるのである。彼女は、母親さえ正しく選んでいる。母親は早いうちに亡くなったために、嫉妬の三角関係によって邪魔されずにイングリッドの召命と父親の空想は結びあわされたのだった。

両親の空想《ファンタジー》は、ヤスタス・バーグマンの場合のように直接的に現れるばかりとは限らない。夢を通じて現れることもあるし、心配症、また学校や指導法、病との戦い――さらには下品な本や深夜放送を見ることを禁止することなどに現れることもある。子供の行動への介入は、世話する人のヴィジョンの反映なのだ。息子をほかの子供たちとおなじように、元気に遊ばせるようにと家から外へと追い出す母親。それは、息子を鍛えて家のなかでも強くあるようにという願い（弱さへの過度の恐怖だ）、あるいは女々しい男や「オカマ」になることへの恐れのためではないだろうか。あるいは、母親の目には息子はハンサムな兵士のように見えているのではないだろうか。母親のさせること、禁じることの影響は、しつけの方針を左右している母親のファンタジーが与える影響ほどではない。

両親のような直接的な保護者が、子供のどんぐりを見抜き、その中に誰がいるのかを知り、その意図をくむと期待することなど、無謀である。教師や指導者が世界にやってくるのは、そのためだ。その人物はもう一人の特別な人、しばしばわたしたちが恋に落ちる、あるいは、わたしたちに恋に落ちる人物だ。そこでは教師と生徒は一本の木になる二つのどんぐりである。二人は互いに似たような理想を響き合わせている。自分一人を選んでくれる、呼応しあう魂を見つけるほどの幸福はない。どれほど長く、わたしたちは、本当の自分を理解してくれ、自分が何者であるか語ってくれる人を求め続けることか。幼いころの恋や若いうちのセラピーの誘惑は、あなたのことを本当にわかってくれる（あるいはそう信じる、すくなくともそのふりができる）人に会いたいという欲望から生まれてくるものだ。

ツール・ド・フランスで優勝したアメリカの天才サイクリスト、グレッグ・ルモンドは父親から道具、服、自転車雑誌を買うお金を与えられた。父からの激励のほかに、ルモンドには師が存在した。ローランド・デラ・サンタ、つまり自転車のフレームを造る職人である。「週に一度か二度」、とルモンドは言っている。「わたしはローランドの店にいて、彼が働いているそばにまとわりついていました。彼は、何千人ものファンが声援を送った伝説的なレース、ヨーロッパの花形選手のことを話してくれた」(*12)。この師匠は、伝承、伝統の雰囲気を専門的な知識に加えて教えてくれたのだ。

世話をするものである両親は師匠にはなりえない。役割、仕事が違うのだ。両親は、雨露をしのぐ屋根とテーブルの食事を与え、学校に送り迎えするだけで十分だ。安全な場所を、心安らぐ場所を供するのは容易《たやす》いことではない。そのような仕事をしなくてもすむからこそ、師は自分の役割が果たせるのだ。つまり、人が歩む道を見いだし、魂《ハート》のうちのイメージにあうファンタジーをもつことができるのだ。わたしたちが犯す、最も大きな過ちは、両親に師としてのヴィジョンや厳しい教育を期待すること、また師が安全な家や人間らしい生活を与えてくれると期待することだ。ヴァン・クライバーンの母親は、彼にピアノを教えている何年もの間、このふたつの性質にはっきりとした境界を設けていた。「教えているときには、わたしはあなたの母親ではありません」(*13)と。

厳しい師たることと、どちらかといえば世俗的な責任をもつことである両親の役目を区別しそこなうと――親が指導者たろうとしたり、師匠が家族たろうとすると――弟子と師匠の間に痛ましい決裂が起こるだろう。

師弟関係の終結のほとんどの理由は、若い側の人間がそこに父母を求めることだという（ダニエル・J.レビンソンによるイェール大学の研究による）[*14]。期待すべきものを誤ると、ここで「アダルト・チルドレン」の、典型的な恨みが生まれてくる。彼らは、自分の両親が自分ときちんとかかわらなかったとか、本当の自分を見てくれなかったと嘆くのである。

この嘆きは両親や師の不在以上のことを指している。恐らく、きちんとかかわれる空想上の、あるいは歴史上の人物像がなかったのだ。そうした想像界的《イマジナル》な師匠は、大人になっても人を導き続ける。トルーマンが、マッカーサーをその不服従のために解雇しようとしたとき、彼はエイブラハム・リンカーンのイメージを思い出した。政治的には危険であったがリンカーンも、ジョージ・マクレナン将軍を解任せざるをえなくなった（現にその後マクレナンは政界に進出し大統領になろうとした）。類似と、その脅威は明白だったが、それでもリンカーンは導きを与えるイメージを与えたのだ[*15]。ダイアン・アーバスには、『ジェーン・エア』があった。J.P.モーガン、ワシントン、ナポレオンには、『不思議の国のアリス』が。殺人罪で告発されたグレイ・グリモアは「暴力の伝説を研究した……ジョン・デリンジャー、ボニーとクライド、レオポルドとローブ……バーバラ・グラハム、ブルーノ・ハウプトマン、サッコとヴァンゼッティ、ローゼンベルク……。彼は家に死刑囚の本を持ち帰り、むさぼるように読んだ[*16]」

本もまた師匠となる。いや本はまたイニシエーションの瞬間にすらなる。作家で哲学者、そして革命的な精神医学者であったR.D.レインは、小さな公共図書館での発見について語っている。一九四〇年代のころ、まだ思春期時代のころだ。彼は、キルケゴールに出会う。それは、図書館のなかで、拾い食いを……つまり、AからZまで、通路にある本を端から物色していた時のこと。……キルケゴールを読んだことは、わたしの人生のなかでは一つのピーク体験だった。三十四時間もの間、眠ることも忘れてわたしは読み続けた。……キルケゴールについてふれているものなど見たこともなかった。……ただ、この本はそれ自体ですばらしい見晴らしを与えてくれている。それはまるで、手袋のようにわたしの頭脳にぴったりとはまった……。成し遂げてしまった男がいるのだ。わたしは、自分の内側で生命が咲き誇るのをどこかで感じていた。(＊17)

このイニシエーションの瞬間は、養子縁組の儀式のようなものだ。キルケゴールは――マルクス、フロイト、ニーチェと並んで――レインにとって精神的な両親、彼の内なるどんぐりを養い、知的な空想《ファンタジー》を育む家系図の一員となったのだ。生身の両親にはそこまで期待できない。あなたの魂をよりかからせることのできる、別な家系を発見できれば、両親の荷は少し軽くなるだろう。

両親とともに、その場所、その境遇で生きようとするダイモーンにとって、最悪の雰囲気は家族があなたにたいして何のファンタジーも抱いていないときに生まれてくる。そんな客観的、中立的、規範的で合理的な暮らしは、風の吹くこともない真空である。いわゆるよい両親は、自分の子供たちにファンタジーを投げかけるのを差し控えようとする。個々人が自分の人生を生き、それぞれが自分で決断を下すべきだ。だから「よい両親」は、偏見や自分の価値観や判断を差し挟まない、というわけだ。無条件の、肯定的な言葉だけが子供が必要とするすべてだとされる。「おまえが決めたことなら、どんなことでもうまくやっていけるはずだよ」「いつだっておまえの味方だからね」。親ばかを支配しているこのようなファンタジーとは、親子のよそよそしさであるが、しかしそれは自立という幸福な呼び名を与えられている。子供には子供の部屋があり、専用のテレビ、電話回線がある。自立という名の無関心につつまれて、日々（あるいは毎夜）、電話線を通じて「愛しているよ」という言葉が飛び交う。アメリカは距離をとることに中毒しているのだ。想いも、いきどおりも、不安も、ファンタジーもそこにはない。マヒした愛。親と子供の間でオウム返しにされている「愛している」という言葉には、多くの意味をもたせる文脈があるのだろう。しかし、それは断じて愛を意味しているのではない。人がだれかを愛するときには、ファンタジーや想いや不安で胸がいっぱいになるはずだからだ。

この空虚さを描いたドキュメンタリーを見たいなら、一二回のテレビ・シリーズ『あるアメリカ人の家族』を見るといい、それはカリフォルニアのサンタ・バーバラに住むラウド一家の日々の「暮らし」を記録したものだ。この一家は、七〇年代初頭に、母親と父親、五人の子供たちで暮らしていた。しかし、その結婚生活、家族、一人一人のパーソナリティはしだいに崩壊してゆく。その理由は見ているうちにわかるはずだ。この家庭には生きているファンタジーがなかったのだ。

カリフォルニアのこの家族とチェーホフが描いた家族崩壊の小説——または『ブッデンブローク家の人々』など——との違いは、階級への帰属、文化的な関心、相手の想像をさぐりあうような会話、熱望、後悔、そしてとくに絶望などによって彩られた家族生活の有無にある。文学は絶望に、アイロニーや悲劇の美など複雑なニュアンスを与える。作品中のこれらの人物はラウド家が生きた家族ファンタジーよりもずっと生き生きしている。

この一家は小説の中の人々ほどのファンタジーすら持てなかったのだ。

否定的文化とか文化的否定極《カルチャー・マイナス》といったものがあるとするなら、それこそラウド家に見られるものだ。がなりたてるロックの音がこの家族にあった文化の最高峰だった。……宗教、畏《かしこ》むべきヤハウェ、慈悲深きマリアもいなかった。タルムードにある超越の感覚も教理問答も、ユピテルやヘラの神話もなかった。復讐への感受性も、現実的な倫理上の正邪も、家族にとって善いこと・悪いことの判断の感覚もなかった。

夫と妻は「リビングに何も恐れずに座っているように見えた。——悪夢をもたらす悪霊もいない。階段を上ってくる野生の獣もいない。もし、隣の藪《やぶ》から火が出て家に迫ってきても……彼らは火事について気軽に話題にするだけだろう。たとえ家が焼け落ちても保険があるから大丈夫、と。彼らを傷つける力をもったものは何もない」、彼らはクラブや組織にも所属しておらず、真の意味では趣味もなかった。……「映画、絵画、読書、縫い物などには熱意を示さなかった。家にいるときには、プールサイドに寝そべっているのだった」

わたしが引用しているのは、このドキュメンタリーを書物にして出版したアン・ロイフェの序文だが、彼はそこでこう主張している。「もし文化なるものに何か意味があるのだとすれば、それは個人を社会的な寓話のなかに織り込むことであるはずだ」(*18)。けれど、ラウド家が織り込まれていたものと言えば、消費主義的なロック・ミュージック—アルコール—テレビ—自動車—健康—学校—外面—ビジネスの寓話だけだった。それに、社会の寓話は、一面にすぎない。ことに社会の寓話が個人の空想を貧しくするなら、それは欠点ですらある。この家庭に入り込んでいたものによってラウド一家は満たされない状態になり、しかも、それによってその不満を感じないようにもなっていた。

社会的寓話より文化にとってもっと重要なのはイマジネーションの必要性だ。ラウド家は、そのイマジネーションがあまりに欠落している特異な人々だった。彼らには恐れも欲望も、強い怒りも野心も、畏みも恐怖も、イメージも表すべき言葉もなかった。まるで彼らはどんな危険にも保険をかけているようだった。あるいは、彼らは否認という、大きなファンタジーを共有していたといったほうがいいかもしれない。「わたしたちは、よく適応した家族だと思います」とラウド夫人は、結婚生活が破綻し離婚したのちに言っている。そう、彼女の言うとおりなのだ。ラウド家は、実際、アメリカン・ドリームにきわめて適応していた。わが家の裏庭に青いサンゴ礁をもうけ、危険なまでに無関心なままに生きていた。否認というファンタジー。無垢という理想。追求すべき幸福。

家族の解体をもたらしたヴィールスは、七カ月間、水入らずの関係を邪魔したカメラが持ち込んだものだったのだろうか。あるいはそもそも、彼らはただ一緒に暮らしているだけで水入らずの親密さなどなかったのだろうか。ラウド家はその実生活がテレビに映されたためにバラバラになったのか——あるいはそもそも実生活などなかったのか。恐らく、カメラはすでに家庭に巣くっていたヴィールスの繁殖を助けただけなのだろう。人類学的研究としてはこのシリーズには限界はあるが、しかし、これはそれでもアメリカの家族の欠点を示してはいる。それは、刺激的なファンタジーの不足だ。わたしは、そのファンタジーとは両親たることの基本的な喜びと苦しみだと考えている。

古き時代には、家族の言い争い《アゴーン》は性格や世代の違いから生まれてくるものと決まっていた。父親の仕事を継ぐか、教育を受けるか。故郷に止まるか、都会に出て行くか。周囲が選んだ人と結婚するか、自分で選んだ相手と結婚するか……。そうした古き時代には、心のイメージは、集合的な社会規範《コード》にひたっている両親の空想にたいしてただ不服従で応じるとかおおっぴらに反抗するということで現れることができた。そのころと比べて規範《コード》は変化し、集合的にのしかかってくるプレッシャーも違ってはいるが、しかし心《ハート》はそれでも自身の決断をする勇気を手にすることができる。

賛同しないことを示す小さなしるし、反抗への半歩として「僕はお母さんのお手伝いじゃない」「僕は本の虫じゃないんだよ」「僕はなまけものじゃない」「小さなキャリアガールじゃないわ」といった言葉が出てくる。子供を類型化し、釘で打ち付け、のたうちまわらせる家族のファンタジーは、それがかえって心《ハート》に自身の決断を下すように強いる。別なファンタジーをもつための決断を下させるのである。ラウド家では一人の息子がその半歩を踏み出しはじめた。が、彼はそこで精神医学的な診断を下され投薬されてしまったのだ。ファンタジーの抑圧は、のちに彼自身に、その思惑、その言葉、また異装などのその嗜癖《しへき》となって洪水のようにはね返って来た。

子供が最終的に逃走しようとしているのは、両親の支配や両親のカオス状態からではない。彼らは、買い物や車を買い替えることや、すてきなものを追い求めること以外には、何のファンタジーもない家庭に暮らす、空虚さから逃げようとしている。子供にとっての両親のファンタジーの価値は、子供を対立させること、自分の心《ハート》は変わっているのだから、家族の考え方が投げかけている影によっては満足しえないということに、少しずつ気づかせてゆくことなのだ。男の子が欲しいと思っていたのに女の子が生まれたとき、娘をハリーとかシドニーとか、クラークと呼び、髪を短く切るほうが、何の望みも持たないよりもずっとましだ。少なくともそこでどんぐりは挑戦を受けて、対決すべき現実と出会う。両親のファンタジーという現実に出会い、その結果、両親の力という幻想を見透かすことになる。つまり、自分が両親の影響だけで作られているのではない、ということを知るようになるのだ。

親が師匠ではないし、親は変わり者でもない。——ここでどんぐりに必要な二つ目の滋養の話になる。奇妙な輩《やから》と特別な女性の話だ。どんぐりは、ファンタジーの、生きている人格化像を必要としている。安小説から抜け出してきたような、そのふるまいや話し振りや服が純粋なファンタジーの香りを漂わせている、実際の人々のことだ。わたしにとって「拡張家族《エクステンデッド・ファミリー》」とは、多くの親せきのうちで、世話の役割を交替してできる人のことだけではない。それは、いつも一緒にいる人間関係を超えた関係、よく知っている存在から空想的《フィクショナル》な領域、つまり話に上るがめったに見たことがない人——監獄にいたり、外国にいたり、何年も前に消えた人々——にまでイマジネーションを広げることを意味している。遠くにいる人々のフィクションはどんぐりのなかのイメージを呼び起こし、可能性を開く。まるで、その後の子供の姿を予測できるかのようにときとしてそのような可能性は直接子供に向けられることがある。

「面倒をみなければならない」頑固で酔っ払いの叔父。テキサスに住んでいるあなたにそっくりのいとこ。彼はどこにも行かず、結婚もせず、奇妙な服と靴を身につけていて、聖書を引用する。——「ね、気をつけないと、あんなふうになっちゃうよ」

ミスター・マグーからビッグバードにいたるまで、純粋なファンタジーの特定のキャラクターはこの特別な登場人物を求める気持ちに応えている。親がドクター・スポックなら、子供はドクター・セウスだ。毎夜、奇妙な隣人たちがテレビ番組を通じて行き来する。そして家族にはるかなファンタジーの人物を加えてゆくのだ。子供たちは、両親にいつもの役回りをやめて、ハロウィーンの仮装をしたり、はめをはずした格好をしてほしいといかに強く思っていることか。劇場や衣装箱や偽の顔を信じることや鏡台の前におかれた化粧セットなどが魅力的なのはなぜなのだろう。鍵は、自分が閉じこめられているかたちから抜けだし、魔法によって心《ハート》のうちのイメージを開いてゆくことにあるのだろうか？　墓に閉じ込められたような精霊《ジニー》を、今ここにいる人のヴィジョンによって解放することはできるのだろうか。ありふれたものを驚異的《ファンタスティック》なものに組み替える試みは、子供の手が手にするビデオレコーダーなのだろうか。

直接的な世話役は、師匠にもなることはできないし、また道化にもなることはできない。が、少なくとも他の次元から侵入してくるものにたいして扉を開けることはできる。宇宙人によって誘拐されるという想像を許し、子供に自分が本来は天使の声とつながっているのだということを思い起こさせることはできるのだ。

第三に必要なもの——子供が熱中するものへの敬意——に関して、メアリー・ワトキンズによる、夢やファンタジーや狂気や創造的な執筆、そして子供たちの想像力についての観察研究をご覧になっていただきたいと思う。(＊19)　想像力が働いている間は、あなたはあなた自身の外側、別の境地《ゾーン》にいるといってもいいだろう。ときには、この状態は白昼夢、ぼーっとしている状態にすぎないかもしれない。またときにはそれは未来への計画が全体となって現れてきているのかもしれない。あるいは、夜中の幻覚的な恐怖。ときには、聖者たちに訪れたような法悦的なヴィジョンかもしれない。その度合いはさまざまだろう。——しかし、そこに没頭すればするほど、想像力からくるファンタジー、その光景、声、存在、感情、洞察はますますリアルになってゆく。その現実感はあなたを捕らえ、「ファンタジー」「イマジネーション」「ヴィジョン」という言葉では、それをうまく表せなくなってくる。それは恐ろしく現実的で、しかも重要なことに感じられるのだ。一〇歳以下の子供たち、それから思春期の子供たちも、それから、ずっと年をとった人も、何度も何度も、そんな状態にひきこまれてくるのを感じることがあるはずだ。

想像《イメージング》することには、完全な没頭が必要になる。想像力の境地にいる心は、どんな邪魔も許さない。それはちょうど、ブレーカーの回線をいじっているときやソースを固まらせまいとしているときや、明朝の会議のための書類を作っているときに邪魔がほしくないのと同じだ。散らかった床に三体の人形があっても水をこぼしたまま座っているとき、あるいは庭を元気に駆け回っているとき、茂みから出たり入ったりしているとき、子供たちは、大人と同じように集中しているのだ。あるいは、大人以上に集中しているのかもしれない。遊びは子供の仕事だ。その仕事が済む前に、子供を呼んでちゃんと服を着せたり片付けさせようと、小さな仕事人を連れ出したのでは、仕事を途中で中断させることになる。時計に従順なあなたのファンタジーとリアリティは、子供のファンタジーのリアリティと共存することなどできるだろうか。

内なるどんぐりは、強迫的だ。あなたの内にあるどんぐりは、まるでエッセンスの滴《しずく》のように、それ自身が全てであり、かけがえのない集中力、まじり気のない力なのだ。子供の行動は、その濃度に磨きをかけている。子供は遊びのなかに、創造的な「胚芽的な」コードを持ち込み、取り憑かれたようにとりくんでゆく。集中力を行使して、子供は内なる真実であるホムンクルス［訳注　人造の小人。ここではダイモーンの言い換え］が自由に活動できる空間を作り出し、生まれながらの真実をスタイルやかたちや能力にして露にする。そのとき、そのあらわれは、強迫的、反復的、徹底的なものになるほかない。そこには敬意が必要だ。割って入る前には、ノックしなければならない。

第8章

隠れみの

……「自然《ネイチャー》は隠れることを好む」と、ヘラクレイトスは語った。人間の性質《ネイチャー》もまた、隠れることを好む。人間の性質は見えるものの内に隠れている。が、自身は隠れみのを通じて姿を現すのだ。伝記作家は偽装を並べあげてゆくことで不可視のものに手をのばすことができる。しかし、そのためには、熱意をもって不可視のものを見ようとしなければならない。自然が隠れようとするのと同じくらいの愛をもってやらねばならない。おそらく、ゲニウスを見てとるためには、ゲニウスが必要なのだろう。

年を取れば取るほど、実際にはなかったことを生き生きと思い出すようになることに、マーク・トウェインは気がついた。が、過去の作り替えや偽りは何歳からでも起こり得るのだ。しかもそれは伝記の一部を成すようにみえる。いやそれは伝記には必要なことですらある。実際、奇妙なことに自分の人生の物語を偽り、変装させ、破壊する必要があるようなのだ。

わたしたちは出来事の細部を書き換え、潤色する。ほかの人の人生の出来事を自分の経験にすることすらある。あるいは、ジョセフィン・ベイカーが自分の写真の山を焼いたように、自分で検閲することもある。(＊1) トウェインは人生の物語が、自分の歴史にとってかわってゆくのだという。とすれば、作り話や抑圧によって伝記を創り上げて行くストーリーテラーとは誰なのか。そんなに多く削除したがったり、また事実からフィクションを紡いでいこうとする編集者は誰なのだろう。

ウジェーヌ・ドラクロアは、自分の見知らぬ父親は恐らく偉大なフランスの政治家タレーランだったはずだという話を広めた。(＊2) ユングには実は、不実の結果生まれたゲーテの子孫だという伝説がある。ジョン・ウェインは、彼の父親はグレンデールにドラッグストアをもっていて、アイスクリームと絵画を商っていたという。しかし、この話はその家族や町をよく知っている同郷の人物によって、冷たくも残酷に否定されてしまった。(＊3)

リンドンの兄弟であるサム・ヒューストン・ジョンソンは、大統領の知られざる少年時代のことを語ってくれと頼まれたとき、それを拒否した。彼には語れないのだ。彼がいうには、「そんなものはなかった」のだから。(＊4)

フィデル・カストロは二つ成績表をもっていた。――一枚は学校からのもの、そしてもう一枚は、親のサインも入れた、自分で成績をつけたもの。(*5) ジョルジュ・シムノンは、二〇世紀において、誰よりも優れた、また面白い小説――主にミステリー小説――を書いた人物だが、彼は伝記をフィクションとして書き直し、それを広めてさらに偽装を重ねた。彼にとっては、偽装は、一三日の金曜日の迷信を恐れた母親が、父親に出生届を偽って二月の一二日に変えさせたときから始まっている。(*6) 「(イザドラ・ダンカンの)ファースト・ネームの由来は不明である。生まれたとき、彼女はドーラ・アンジェラと呼ばれていた」。(*7) 彼女は劇場のチラシにはサラと記されていた。さらに、彼女はパスポートを何度も何度も紛失し、また状況に応じてその年齢を変えもした。

レナード・バーンスタインは、二つの名前をもっている。届け出通りのルイという名前を子供時代はずっと使っていたが、一六歳のときには公的に自分の名前をバーンスタインと変え、以後ずっとそう呼ばれるようになった。バーンスタインはまた、父親にいつも迫害されていたという。そして、「子供時代は完全な困窮状態にあった」ともいう。また彼が七学年から一一学年のときまで通ったボストン・ラテン・スクールは、「音楽などまったくなかった」ともいう。しかし、実際にはバーンスタインは、学校のオーケストラのピアノ・ソリストで、グリークラブに入って歌っていたのだ。また困窮に関していえばレナードは、メイドのいる環境で、ときにはお抱えの運転手と二台の自家用車がある環境で育った。彼の父は家を二つもっているし、息子をハーバードに通えるようにもした。(*8)

ヘンリー・フォードは、七歳のときに初めて時計を分解した。

彼のノートの回想や、彼が自分の人生の逸話を自由に語った多くのインタビューという二次的な

資料から判断すると、幼いヘンリー・フォードは、いつも分解したり、中を調べたりして、周囲にその機械工としての才能を示していた。

ヘンリー・フォードは、夜になると家を抜け出し近所の人の時計を集め、家に持ち帰っては直していたという、何度も語られた物語を話した。

似たような話がいくつもある。しかし、フォードの姉妹であったマーガレットは、このようにいう。

「わたしは、彼が夜に出掛けて時計を持って帰ってきたなんてことは知りません」。彼女は、ヘンリーが後でその農場の家庭で起こったことを語り変えたのに何年も抵抗していた。彼は、寝室に時計修理の道具を持ち込んだという。

しかし、彼女が主張するには、そんな職人道具はなかったのだ。(＊9)

ヘンリー・キッシンジャーの父親は、ユダヤ人であったためにドイツのフュルトで、その教職を失っている。が、キッシンジャーは一九五八年に「フュルトではわたしの人生に長く残るような思い出はありません」と言っている。一九七一年にキッシンジャーはまたこう言っている。「そのころの子供時代は、重要ではありません。子供にとっては深刻な状況ではなかったのです」。しかし、それは大きな迫害の時代であった。学校や遊び場から締め出され、ユダヤ人と非ユダヤ人との交際は禁止され、市民権が剥奪されたのだ。少年ヘンリーの近所に住んでいた家族や友人たちは、ユダヤ人の子供たちはほかの子供たちと遊べなかったし、庭の外に出ることができなかったという。ユダヤ人の子供はダンスにも加われず、公営のプールにも、喫茶室にすら行けなかったのだ。「毎日のように、街ではユダヤ人を汚い言葉で呼ぶ反ユダヤ主義的なそしり、メッセージが見かけられた」。ヘンリーの母親は「ヒトラー少年団がユダヤ人を罵りながら行進するときの、子供たちのおびえや困惑をとりわけよく覚えていた」。(*10) しかし、ヘンリー・キッシンジャーはいうのだ。「子供にとっては、深刻なことではなかった」「そのころの子供時代は、重要ではない」と。

伝記

作家たちはとくに伝記に抵抗する。ヘンリー・ジェイムズは書類を庭で焼いた。チャールズ・ディケンズも同じことをしている。二九歳のときに(!)ジークムント・フロイトは自分の書類を焼いている。彼はこんなふうに言ったそうだ。「伝記作家たちなど、困らせておけばいいのだ。彼らが戸惑うのが今から楽しみだ」。そして彼はほかの手紙の類いも抹消したし、受取人も後で追跡しようとした。(*11) リンドン・ジョンソンは「これを焼け」と、ワシントンから出した、かつての生徒や故郷の友人たちへの重要ではない手紙には書きこんでいた。ウィリアム・メイクピース・サッカレー、T.S.エリオット、マシュー・アーノルドは、伝記が書かれるのを嫌った。伝記についての哲学者であり、またその技術について巨匠であるレオン・エーデルは、こう報告する。

伝記を詮索行為、のぞき、あるいは略奪行為と見る人さえいる。伝記は「英文学の病」(ジョージ・

エリオット)と呼ばれて来た。プロの伝記作家は「ハイエナ」(エドワード・サックヴィル - ウエスト)と呼ばれてきた。彼らはまた「精神―剽窃者《ひょうせつ》」とも呼ばれた(ナボコフ)し、伝記は「いつも余計なもの」であり「たいてい悪趣味」とも呼ばれた(オーデン)(*12)。

作家のなかには、たとえばJ.D.サリンジャーのようにインタビューにさえ応じず、伝記作家を邪魔しようとして脅迫したり訴訟を起こしかねないものもいる。ウィラ・キャザーは自分の人生を検分されるのを嫌ったし、ユードラ・ウェルティは「極めてプライバシーを大事にする人で彼女自身、あるいは友人に関する個人的なことには何も答えなかった」(*13)。もう一人、伝記についても思想家キャロライン・ハイルブランはその思い出を書いた『ある冬の始まり』のなかでウェルティが「自分をカモフラージュ」していると責めている。「もし真実の自伝を書いていたら、ウェルティの誠実さやプライバシーを守ろうとする本能そのものを侵害することになっただろう」(ハイルブランは自身、「アマンダ・クロス」という仮名を使って本を出している)。ハイルブランの、真実とカモフラージュの観念は、ウェルティのそれとは異なっている。ウェルティにとっての真実とは、伝記に反対する作家の伝統の上に立つものだった。こうした作家たちは、自分に関して、あるいは私的生活や個人的なことに関しては何であれ、隠されているべきである、いやときには火にくべて消すべきだとさえいっているようだ。それは自分の作品の真実を守るためだという。オーデンのいうように、自分の人生など「余計なこと」なのだ。作家の伝記を欲しがるのは作品のためであろう。だとすれば、求めている「本人」は作品のなかにこそある。

これまでの章を通じて、これらの自伝上のごまかしに意味があることがわかったと思う。内なる何かが事実を並べられるのを嫌うのだ。その事実が真実と、唯一の真実と取り違えられるのを恐れるからだ。内なる何かが、伝記作家がすぐそばに来て詮索し、人生の作品に対して与えたインスピレーションをあまりに熱心につかみ出そうとするのを嫌う。伝説が生まれ、ヴェイルをかける。どんな領域であれ、作品が生まれた文脈からも、その完成した作品を現実の人生から守ろうとするのである。フォードの姉妹とジョンソンの兄弟はコンテクストを与えた（彼ら自身が、意地悪な暴露魔としての神話を生きているというのでもないかぎり）。そして自伝に出会うと多くの伝記作家たちは幸運にも一次資料に出会えたと感じたのだった。

それでは、この「何か」とは何なのか。もちろん、どんぐりなのだ。その「何か」は人間関係や、さまざまな影響力や偶然の出来事や時間の支配や、「当然の道筋としてこうなった」などと言い切って、まるで人生が「この次にはあれ」とみなす公式には還元できないものだ。またそれは幸運の突然の介入にも還元できない。そこで、構築、再構築（それからよく知られたものの脱構築）、偽装、詮索の拒否などがでてくる。それらは、事実をロマンスにすることで、ロマンティックなヴィジョンを保持させるのだ。

伝記上の「虚偽化」は「事実」と同様に語り手にも属している。「実際に起こったこと」を一体誰が一番よく知っているのだろうか。ヘンリー・フォードか、その姉妹マーガレットか、あるいはその同時代人なのだろうか。ヘンリー・フォードの伝説について何が「本当」なのか。この発明家《インベンター》自身の物語で、作り話《インベンション》の力を見せてくれているのは何か。偶然に起こる日々の出来事は、一貫した糸にそっているわけではない。にもかかわらず、わたしたちが生きているうちに、わたしたちの話が作られて行く。自分史を振り返って想起することが、その糸を与えるのだ。子供時代などは、振り返ってみてはじめて意味をもってくる。後ろを振り返ってはじめて、枝の茂った樫の木のうちにどんぐりをみることができるのだ。この「起こらなかったことの想起」（トウェイン）は虚偽なのだろうか。あるいはこれは一種の啓示なのだろうか。

　さらにいうなら、キッシンジャーの伝記作家がなぜキッシンジャー本人よりも発言力をもつと考えるのか。つまるところ、人生の作者とは誰なのだろう。伝記作家であるウォルター・アイザックソンは、キッシンジャーが強烈な反ユダヤ主義のなかで過ごした子供時代が、人生で重要性をもたなかったという発言に、「否認」の心理をみている。(*14) アイザックソンは、キッシンジャーの後の政治的態度と子供のころの環境の間に、皮肉な因果的な関係があったともいう。これは、標準的な伝記作家の探偵的手法、標準的な発達論のあらわれ、そして標準的な心理学的伝記《サイコヒストリー》の手法である。しかし、それにしてもあなたがキッシンジャーを好きであろうとそうでなかろうと、少なくとも伝記の対象としては、キッシンジャーのほうが伝記作家よりもずっと興味をひく存在のはずだ。

　ヘンリー・キッシンジャーの母パウラは、子供たちが「ヒトラー少年団がそばを行進していたときのおびえと困惑」を見ていた。けれどヘンリー・キッシンジャーは国家安全保障問題での補佐官であり国務長官、偉大な地政学の専門家にして、上院諮問、ホワイトハウスの策謀、ブレジネフ、毛沢東と面と向き合い、ニクソンと対峙《たいじ》し、盗聴を命じ、かつ東南アジアの「敵」にたいして爆撃を進言した男である。その男が、半ズボンの金髪の少年たちの行進なんぞに脅されたりするだろうか。事態が「子供たちにとってはそれほど深刻ではなかった」のは、内に秘めたどんぐりのためだ。ヘンリーは、母親の目に映っていたような、ただの子供ではなかったのだ。

キッシンジャーの「事例《ケース》」の真実は、ナチズムが彼のパーソナリティに影響したかどうかとか、子供時代の迫害が、彼の政治思想や行動に影響した規模やそのかたちなどにはない。重要なのは、キッシンジャーが矮小化に抵抗したということだ。伝記にされてしまうことへの、キッシンジャーの抵抗こそ、この「否認」の理由なのである。軍事的戦略、策略の天才である彼のゲニウスは、迫害がひきおこしたパラノイアに還元されてしまうことに抵抗する。ヘンリー・キッシンジャーの人生をどんぐり理論を示すものとして想像するなら、彼の人生が始まったフュルトでの世界は、のちのキャリアのための単なる練習場に見えてくる。どちらの世界でも同じ機転、陰謀、政治力を行使していたのだ。彼は敵に屈せず（「議事を妨害する」ストーンウォーリング、戦略としての否認）、敵には自分に打ち負かす力があるということを否定することで、その政治力を維持していたのだった。

キッシンジャーではなく、自伝そのものには本質的に二重の構造がある。自伝（autobiography《オートバイオグラフィー》）は、auto《オート》とbio《バイオ》という、二つの異なったものを表しているからだ。一つはどんぐり、もう片方は人生である。さらにそこには共謀する第三のものもある。それは書くという行為、つまりgraph《グラフ》である。

書くことは、表現行為である。そこには、どこか大衆の期待がかけられる。作家の側にはなくとも、少なくとも出版社の側はそれを想定している。イザドラ・ダンカンは、伝記作家であり、長年の友人であるビクター・セロフが伝記を書かせてほしいと頼んだときのことを語る。

彼女の出版社（彼女の回顧録である『わが人生』の出版社）が、処女喪失のときの印象を語ってく

れとしつこく申し入れたことを伝えた。そのとき、経済的に極めて困窮していたイザドラは、妥協しなければならないと思った。その事件は何年も前にブダペストで起こったことだったので、イザドラはリストのハンガリアン・ラプソディをかけて、「ハンガリーの雰囲気」を出してくれと頼んできた。

……多分、ふさわしい「媚薬的な雰囲気」が生まれてきたのだろう。ソファに寝そべり、彼女はことの子細《しさい》を書き始めた。……彼女はただふりをしていたのだ。……出版社側から見てもきわどい内容のもので、その章は出版前に書き直さなければならなかった。(*15)

そのシーンは恐らく捏造《ねつぞう》されたもので、「記憶」は、リストの音楽によって喚起されたものだったのだろう。しかし、情熱的なエロースは、ダンカンの愛にかける人生そのものであり、彼女のまごうことなき性格《キャラクター》からくるものだ。

偽装や捏造のパ、タ、ー、ンを追おうとするなら、それぞれのパーソナリティの相違点にそのパターンをこじつけようとしてもムダである。さまざまなケースのなかで繰り返される、パターンの目的そのものを見いだす必要があるのだ。

＊＊＊

精神医学には、古くからの、しかし現在でも有効な言葉がある。それはプセウドロギア・ファンタスティカ

(pseudologia fantastica)、「聞き手を欺くための」(*16)事実としては起こらなかった物語の捏造(トウェイン)である。それは、作話障害(factitious disorder)のカテゴリーに分類されるもので、行動が「現実的、本物、自然」ではないことだとされる。極端なかたちでは「統制できない病理的な虚言」を生み出す。変装と捏造が身体に現れて虚偽の病を生み出し、入院することになると、その障害は、驚異的なほら話を語りさまざまに変装して現れた空想の男爵の名前を借りて、ミュンヒハウゼン症候群と呼ばれるようになる。すぐに思い当たるような例でいえば、コルサコフ症候群にかかっている、長年の飲酒習慣のある人物があげられる。彼はとぎれた記憶を、入り組んだ作話によって埋めようとする。けれど、脳に異常のない子供たちですら作話をする。子供たちは法廷では当てにならないことで悪名高い証言者だ。これらの現象はすべて心理学的な影の国に属することだ。そこでは二つの世界がぶつかり合っている。そう、事実と、寓話がぶつかり合っているのだ。精神医学は、寓話を虚偽的、作話、病理的虚言とみなすのである。

おおげさな話をするこれらの傑出した人物において、寓話はあきらかに、大きな力を振るおうとしていたようだ。彼らの伝記上のフィクション、偽装、否認は、あたかも「わたしはおまえのいう事実ではない。わたしは、わたしの内なるもの、わたしについてのもの、わたしの神秘を事実の世界におきたくはない。わたしは、社会的、環境的な『現実』などよりももっと真実であるわたしのために、幻想に満ちた世界をつくりださねばならない。それに、わたしは嘘をついたり自分を偽ったりしているわけではない。故意の作話ではないのだから、わたしを嘘つきだと糾弾はできない。わたしについて生まれてくる物語は、わたしが語っているとはいえないのだから」

そのことについて英語はドイツ語から適切な言葉を譲り受けている。それは、ドッペルゲンガー（二重身）である。この地上をあなたの双子、あなたのオルター・エゴ（もうひとりの自分）、あなたの影、別な自分、もう一人のよく似た存在が歩いている。その人物はときにあなたのそばにいるようにも感じられるし、別な自分のようにも感じられる。自分に向かって話しかけるとき、自分を叱咤しているとき、自分に何かを止めさせようとしているとき、たぶんあなたは自分のドッペルゲンガーに、そう、別の町にいる双子にではなく、同じ部屋にいるもう一人の自分に話しかけているのである。

イヌイットの人々は、このもう一つの魂に話しかける別な方法を持つ。もう一つの魂は内なる存在であることも同じ肉体に宿っていることもあるし、行ったり来たり、そばにいたり離れたりする外在的な存在である場合もある。またそれは物体や場所や動物に巣くう場合もあるという。(＊17) オーストラリアでアボリジニーたちとともに暮らす人類学者は、この第二の魂を草原の魂《ブッシュ・ソウル》と呼んでいる。

おとぎ話、ルーミーの詩、禅の物語はこの二重性、人生の奇妙な二重構造について語っている。一本の樹木に、死すべきものと不死の二羽の鳥がよりそって止まっている。第一の鳥はさえずり、巣を作り、飛び回る。そしてもう一方の鳥がそれを見守っているのである。

多くの文化では胎盤を捨てるときには慎重にならねばならないとされる。胎盤は、人と一緒にこの世に生まれ出てくるが、その人が生きる人生のなかに入り込んではならないからだ。胎盤は死産となるべきであり、他界へと戻らねばならない。さもなければ、この同質の双子は怪物じみた幽霊になってしまう。

双子はしばしば、何か悪いことが起こってしまったことを示すような、不吉な存在と目される。それは、二羽の鳥、人間と幽霊、この世界と他界の両方がこの世に同時に現れてしまったとでもいうかのようだ。双子はドッペルゲンガーを文字通りに現出させる。見えるものと見えないものを同時に現出させてしまうのだ。そこで物語では一方のためにもう一方を殺すことになっている。カインとアベル、ロムルスとレムスなどがそうだ。死すべき存在が、完全にこの世界に入れるように、不死の影、他界の者は道を譲るのである。

名前とニックネーム

想像上の双子は、名付けの風習のなかにぼんやりと姿を現している。たとえば、ミドルネームや二重の名前がそうだ。故人、聖書の英雄、女傑、聖人、著名人にちなんだ名前をつけるのは、不可視の霊力《マナ》の祝福を得るためだ。

自分の名前を嫌っている人はどれほどいるだろうか。あるいは、親が選んだ名前ゆえに、親を嫌っている人は？　では、ひるがえってこの侮辱を感じているのは「誰」なのだろう。それはただの自我中心的な観念が嫌うのか、あるいはどんぐりが嫌うのか。

子供たちはニックネームをもっている。また球技の選手、ジャズ・ミュージシャン、ギャングの一味などもそうだ。ゲニウスにはゲニウスの、人には人の名前があるのだろうか。ニックネームをつけることはドッペルゲンガーを認めることなのだろうか。キーボードに向かっているのはファッツ、ホルンを吹いているのはディイジイであって、靴紐を結んだり朝食を食べているウォーラー氏やガレスピー氏ではない、ということを思い出させる方法なのだろうか。

ニックネームは人生についてまわる内的な真実をなにかしら含む。その真実は人生についてまわり、はっきりとゲニウスがその真実を示すようになる前にも感じとれるものだ。ニックネームは欠点を愛するための単なる呼びかけではない。このような情緒的な解釈はスターを人間の次元にひきおろそうとしてニックネームを使おうとするものだ。そうすればその相手とまともにかかわり、そのゲニウスに圧倒されなくてすむからだ。情緒的な解釈は、いつもわたしたちの気をよくさせる。ニックネームは、高いものを低くしてしまう。ヘルマン・ルースは、ただの「ベイブ」となる。ネルソン氏とフロイド氏を「ベビー・フェイス」「プリティ・ボーイ」にしてしまう。そして強力な五つ星の将軍であり、二期にわたって大統領を務めた人物が「アイク」となるのだ。

ゲニウスを人間化して、ペットのカメや小さな石のように扱って安心するのは止めて、ユングがいったような「ナンバー2」の人格、ソクラテスがいったようなダイモーンのことを考えてみたい。それは本人とは別なイメージの存在でそれ自身の命をもっており、固有の名前を必要としているのだ。その像は偽装の一部としてかろうじてその姿を現す。「のぞき見趣味で詮索好きな厚かましい」伝記作家からその力を守り、単なる人間にひきおろそうとする力から逃れるために姿を隠そうとしているのだ。魔力が完全に現れることを恐れるあまりに婉曲《えんきょく》に表現される、矮小化されたニックネームは、神話やおとぎ話のパターンにしたがっている。ロシアでもフランスでもドイツでも、この小さなものは、物語の最後には賢い魔術を使う救世主となるのだ。道を共にする小さなエルフ、帽子に隠れた小さな小人、一二人姉妹の末の妹——それらの存在は出来事を引き起こす力を秘めている。彼らは、人間のうちにある他界を表しているからだ。

『世界年鑑』(*18)をみれば、スターは名前を変えていることがわかる。——マドンナ・ルイーズ・チッコーネはマドンナに。ダイアナ・フラックはダイアナ・ドースに。シェリル・ストッペルムーアはシェリル・ラッドに。ロイ・シェーラー・Jr.はロック・ハドソンに。ボーグ・ローゼンバウムはヴィクター・ボーグに。ソフィア・シコローニはソフィア・ローレンに。トマス・マポサーはトム・クルーズに。スチュアート・グランジャーはジェイムズ・スチュアートに。アルバート・ブルックスはアルバート・アインシュタインに。アンナ・マリア・イタリアーノは、アン・バンクロフトに。ジョージ・アラン・オダウドは、ボーイ・ジョージに。ラモン・エストヴェッツはマーティン・シーンに。アニー・メイ・ブロックはティナ・ターナーに。——改名は大衆からの受けや商業的な成功をねらってのものと言われているが、それは人間側からの説明にすぎない。別な説明をすれば、人は死すべき人間でありながら不死のスターたることはできない、ということなのだ。人には二つの名前が必要だ。それは二人の人間、どんぐりとその担い手という内的な二重性を表しているのである。

では、そのそれぞれには別の名前はあるのだろうか。例えば、一九八三年に遺伝学の研究でノーベル賞をとったバーバラ・マクリントックが、コーネル大学での地質学の最終試験を受けていたときのことだ。奇妙なことが起こった。

試験問題の冊子が配られた。その表紙には、自分の名前を書く欄があった。けれど、わたしは自分の名前を書くことなどで手を止めたくなかった。すぐにでも問題を見たかったのだ。そこですぐに答えを書き込みはじめた。わたしは、テストに熱中し、楽しんだ。すべては完璧だった。ただ自分の名前を書く段になったとき、わたしは自分の名前を思い出せなかったのだ。どうしよ

うもなくて、ただそこで呆然としていた。恥ずかしくてほかの人に自分の名前をたずねることなどできない。そんなことをしたらおかしい奴だと思われるだろう。どんどん緊張が高まってきたが、（二〇分たってから）やっと名前が心に浮かんだ。わたしは、それは名前を何か余計なものと考えていたことと関係があるのだと思う。そこで起こっていたこと、見ていたこと、考えていたこと、見るもの聞くものを楽しむほうがずっと重要だったのだ。（＊19）

自分の名前を忘れるとは！　これは天才のしるしなのだろうか。マクリントックの不可視のゲニウスがやってきて問題を解いたから、そこに座っていた女学生の体は、自分がしたことにサインもできなくなったのだろうか。マクリントックは、体からのこの奇妙な注意力の喪失を、肉体からの遊離、精神《マインド》への没入の結果だとしている。「肉体は、なにか人がひきずって歩くようなものだった……わたしは自分が客観的な観察者となって、『わたし』として知られているものでなければいいのに、と思った」と彼女はいっている。

もし戸籍記録とは違う、「別の名前」が「別の人物」を示すものだとしたら、伝記とはいったいだれについてのものになるのだろうか。伝記が魅力的なのは、伝記作家が人生と作品と呼ぶ、二つの魂、人間とゲニウスを結び付ける伝記の形式のためではないのだろうか。伝記は二つの名前の複雑なからみあいを見せる。伝記の読者であるわたしたちは、自分自身のゲニウスについての洞察をそこから得る。かくも悪名高く、かくも華々しい成功をした人々の人生を学ぶことで、あるいはその没落や悲劇を見ることで、生き方へのヒントを得るのである。

英雄やモデルを求めるためではない。自分のものではない人生に逃避するためでもない。わたしたち一人一人が二度生まれ《トワイス・ボーン》であり、ドッペルゲンガーとともに生まれているという、根本的な神秘を解くために、あるいは、自身のさまよう天使を見つけることができないときに、解決の糸口を求めてわたしたちは伝記に向かうのだ。胎盤やエルフやドッペルゲンガーや複数の魂とかソウルメイトをめぐる迷信など、わたしたちには不可解に見える営みは、この中心的なテーマにかかわっている。つまり、わたしたちは生まれたときから一人ではない、ということなのだ。わたしたちは、魔術的で、他界的な相棒を伴ってこの世にやってくる。しかしその相棒は、今やわたしたちと一緒にはいないと思われているのだ。

バーバラ・マクリントックは、自分の名前を思い出すのに二〇分もかかった。彼女の二つの魂は「体のわたし」と「観察者のわたし」として現れた。彼女は、しかし実は、誕生の時にはエレノアという名前をつけられていたという意味ではそもそも二度生まれであったのだ。「すぐに、これほど強い女の子には、『バーバラ』という名前のほうがふさわしかろうということになった」のである。生後四カ月で、彼女の名前は変えられた。

イヌイットの人々の間では、人は病気になると、普段の名前はその人を離れるという。それは「去る」のだ。そして、その人には別の名前がつけられる。もしその人物が亡くなったときには、死んだのは、その死んだ魂の名をもつ人物だとされる。病気が治ると、以前の名前が戻って来て、死の魂は「去った」ことになる。そこでこういうのだ。「彼はかつての人物に戻った」。つまりかつての状態が回復したわけである。

この「他の者」は、眠っていたり、変性意識状態になったり、集中したり自分に閉じこもっているとき、あるいは死が差し迫る危機にあるとき（「絶壁から落ちるときに全人生が走馬灯のように浮かんだ」）にやってくることがある。永遠なる双子と、その瞬間一つになる。そんなとき、人の人生は有限の時間のなかにはないのだから。

では、心理学に影響された現代の文化のなかで、このような現象はどのように現れるのだろうか。もちろん、多くのかたちがあるが、それらは歪曲されているとはいわないまでも、一般には受け入れがたいものとなっている。病理としては、薬物使用による人格分裂、あるいは多重人格障害として現れる。あるいは、自律的な訪問者として現れる病気のように感じられる。ジョン・アップダイクは、乾癬《かんせん》にかかったときに、「別の存在が自分の肉体のなかに同時に存在しているような感じ」だったと、自身の回顧録『自意識』のなかで語っている。また、鬱、不安心理、振り払えない考え、強迫的なプレッシャーとして語るものもいる。あるいは、もう少し受け入れやすいものとして、子供のころの想像上の友人たち。「超」心理学的現象、アクティブ・イマジネーション、登場人物、役柄といった芸術表現における創造物といったものが挙げられよう。あるいは外科手術の際、手術台に乗った自分を見下ろすような夢うつつの中の幻覚など。

これらの遭遇は、不可視の存在を周縁に追いやっている文化について何かを語っている。もし文化の主流の哲学が、別種の存在に居場所を与えず、価値を認めないなら、他界の存在は、自身を異形のものに変形してしか、わたしたちの心のシステムに入って来ることはできない。心理的障害のなかには、わたしたちが判断の基準としている世界観そのものの障害と見たほうがよいものもあるかもしれない、ということなのだ。

＊＊＊

自伝に現れる二重性の最後の例としてあげたいのが、二〇世紀でもっとも独創的で人気の高い、そして「扱いづらい」、評価の分かれるオーケストラ指揮者、レオポルド・ストコフスキである。何人もの作家が真剣に、そして善意をもって彼の仕事の記録を集めて伝記を書こうとストコフスキの協力を仰ごうとした。しかし、彼は次から次へと、作家たちを斬って捨てたのだった。

それでも伝記は何種類か出版された。伝記が伝えるには、ストコフスキは生粋のポーランド人ではなく、イギリス系の母を持ち、イギリスで生まれている。両親はともにプロテスタント、その父親はイギリス人のプロテスタントである女性を母として、ロンドンで生まれたという。ポーランド人だったのは、ストコフスキの父方の祖父だけであった。しかし、ストコフスキは長じるまでポーランドに行ったことがなかったのにもかかわらず、東欧なまりの話し方をしていた。

このなまりは偽装の一つでしかなかった。「彼の過去を探ろうとするものはすべて大変な目にあった。と言うのもストコフスキは喜々として過去をでっちあげたからだ。……インタビュアーが彼の過去を聞き出そうとするたびに、結局フィクションとなってしまうのだった」。偽装、過去の捏造はこうして伝染してゆく。『音楽へのオックスフォード・コンパニオン』と「タイム」誌は、彼は恐らくユダヤ人ないし、ユダヤ系であると伝えている。権威ある『ニューグローヴ世界音楽大事典』は、彼の本名はレオ・ストークスだという。では、記録については どうか。ストコフスキの娘は、父親と母親は、彼にまつわる手紙や書類はけっして公開しないというところでは「完全に合意していた」という。彼女の母は「すべての手紙を破棄した」(*20)。また、まことしやかなこんな話も出回るようになった。ストコフスキは、チャールズ・ヒューバート・パーリィ卿に作曲法を習ったという。しかし、パーリィはストコフスキがくだんの学校に入る二年前に教職から離れているのだ。

この巨匠が語る、多くのおとぎ話の一つに、彼が初めてヴァイオリンを手にしたときの逸話がある。

「わたしは、それが何歳の時だったか覚えている。ある夜、その[ポーランド人]クラブに、手に何かを抱えた男がやってきたのだ。……わたしは祖父にたずねた。「あれ何?」祖父は答えた。「あれはね、ヴァイオリンだよ」そこで、わたしは祖父に言った。「僕もヴァイオリンがほしいな」……祖父は本当に買ってくれた――それは、いわゆるクォーター・サイズのヴァイオリンだった。――そうして、わたしは七歳にしてヴァイオリンを弾くようになって、これは今でもわたしのお気に入りの楽器となっているのである」

ここで出てくる最初の難題は、その祖父はレオポルドが生まれる三年前に亡くなっていたということだ。第二に、彼の兄弟はこう書いている。「レオは(この出来事が起こったとされる)ポメラニアやレブリンに行ったことはありません。あるいは、長じるまでイギリスの外に出たこともなかったのです。またわたしの知る限り子供のころにはヴァイオリンを習ったことなどありません」

さらに、ストコフスキのヴァイオリンの話は再び出てくる。彼は、一九〇九年に音楽家組合に入ったときに、その楽器としてヴァイオリンを選んだというのだが、伝記作家オリバー・ダニエルは、ストコフスキがヴァイオリンを弾いているところを目撃したという人物は一人も探せなかったといっている。

回想、抑圧、作話。ストコフスキは、自分の人生でいつも自分を露に見せているようでいて、その実、謎、神秘の男と呼ばれている。彼自身の言い分ははっきりしているように思われる。「人は記憶を開拓すべきだと思う……人は忘却を開拓すべきだと思うのだ」。ストコフスキの人生全体は、一種の対となる人生《カウンターライフ》(フィリップ・ロスの言葉)、つまりファンタジーとしての伝記の創造を必要としていたのだ。

ストコフスキは、九六歳まで元気に暮らしていた。「晩年には彼はストラビンスキーなど、偉大な人々から受け取った手紙をほとんど燃やした。彼は自分に関する記録を残したくはなかったのだ」(*21)(もちろん、彼が死の直前まで残しつづけた指揮の記録は別である)。ストコフスキがこれほどまでに残そうとしたパターン——出自の捏造、少年時代の偽り、日付のごまかし、記憶の喪失——は神々も理解されたかのようだ。神々の加護は死後も続く。彼の死後、イギリスでは、

ストーキの絵画……ストコフスキ自身が残した多くの素描や絵画、ノート、お守り、形見、長い人生のなかで手に入れた個人的な所有物などが大きなコンテナに載せられてアメリカに向かった。しかし、大西洋上で激しい嵐に見まわれ、このコンテナは水びたしになってしまったのだった。(*22)

バーナード・ショウの伝記作家のひとり、マイケル・ホルロイドは、伝記への強い抵抗について書いている。

彼は人生と作品をはっきりと区別し、それにたいする一般的な感情を簡潔に表現した。

想像力豊かな人間が伝記の対象とされるときにはいつでも、その人物の光は消えてしまうのだ。いってみれば、人生は単なる殻にすぎない。創造性に満ちた作品こそ、その実なのだ。……（伝記作家は）ミダス王の指をもっている——ただし、それは逆向きの。彼が触る黄金ははしからくずになってゆく。もし自分の作品を大事にしたいなら、伝記作家を近寄らせるな。——これが一般的な感情なのだ。(*23)

ホルロイドは伝記に反対する意見にたいして、伝記作家の仕事を擁護しようとしているが、説得力には欠ける。彼は伝記反対論者の感情の内の真実を見損なっているのだ。彼は作品と人生の元型的な矛盾、また隠れみのを使うことの元型的な必要性を見逃してしまっている。伝記に反対しているのは、ゲニウスなのだ。ゲニウスは何としても地上に降り広く世界に出て行きたいと思ってはいる。しかし、ゲニウスにとって地上で生きることは苦痛なのだ。ゲニウスは、完全に人間化することはない。

伝記作家の敵は、書こうとする対象やその家族、あるいは手紙や記憶を隠す友人たちでも、けちな記録保管者でも、国家機密並みに封印された書類でもない。ゲニウスこそ事実によってすべてを説明しようとする、合理的な態度への敵なのである。ダイモーンこそ、人を偽装させる厄介な存在だ。偉人の子孫たちは、当の本人がこの世からいなくなったあとでも、その存在をどこかしらに感じており、先祖の防衛戦略を引き継ぐわけである。

ジャネット・マルコムは精神分析を「不可能な職業」といったが、伝記を書くことも同じだといえよう。分析家も伝記作家も人間としての相手ではなく、その相手の内にやって来た不可視の魂《プシュケ》と向きあおうとするのだから。伝記作家はゴーストライターである。いや、ゴーストバスターですらあるかもしれない。伝記作家は不可視のゴーストを、人生上の目に見えるもののなかに留めようとしているわけだ。できるかぎり事実に即して書こうとするほど、詳しい伝記の内におとしこもうとすれば、当の人生を導いている不可視のものや、ありもしないものを語る才能、さしはさまれた作り話などの痕跡がはっきり見えてくる。ユングは、自伝で語る対象を二つのパーソナリティとすることによって、そのことを明らかにしている。いにしえのイヌイットの人々のように、ユングはそのタイトルからして夢の魂《ドリーム・ソウル》のことを語ったのだ。

伝記についての、最近の思想家は、こんなふうに言っている。「伝記には、支持されたり逆に批判の対象となるような、公式化した術語や書き方の定石、詩学などは存在しない」(*24)。伝記の営みについてのこの不確定さは、扱う対象の二重性に由来するのだろう。幻滅こそ、伝記作家が受ける最上の評価だ。それは不正直さや隠し事に対する怒りとしてしばしば現れるような、伝記の対象への幻滅ではない。むしろ単なる事実の世界に対する幸福な幻滅、伝記作家をより幸せな幻想へと回心させる幻滅である。この幸福な幻想こそ、人生と作品を導くダイモーンの現実の力なのである。もし伝記の考えにどんぐり理論が寄与できるとしたら、そのことだろう。

作品と人生、ゲニウスと本人の不均衡が人の人生に、自分の大きさ、価値《サイズ》をはかりきれないという気持ちを起こさせる。自尊心と自己卑下の間で揺れ動き、世に言う躁《そう》と鬱の状態が現れる。ギャラリーでは回顧展。アカデミーでは卒業証明や名誉学位を授与する舞台がある。批評家たちは適切なバランスをとろうとして評価を下す。この「大きさ《サイズ》」にたいする不明確さについては、ベラ・コーラ族の人々が魂のイメージを「小さいが偉大な力をもつ」と表現することでよく表されている。「心—魂《ハート・ソウル》はトウモロコシの胚にたとえられる」と、サン・ジュアン族はいう。(＊25) 胚の小ささと胚の力は両方に本人には感じられる。そしてそれは伝記作家にとって大きな葛藤ともなる。伝記はその対象を偉大に見せようとするが、同時に伝記はゲニウスに人間の影を持ち込んで矮小化しようともするからだ。D・H・ロレンスの伝記の一つは、『ある天才のポートレイト、しかし』という題である。そもそも伝記作家はなぜ書こうとするのだろう。そして読者に読ませようとするのは何か。それは、天才をつかまえようとするからではないか。——ガレスピー氏やウォーラー氏ではなく、ディジィやファッツに追りたいからではないのだろうか。

　ダイモーンが語り出すときには、こう言っているのだ。時計の修理（フォード）や貧困から成り上がったこと（バーンスタイン）の話は、事実だ。わたしが話す寓話は、わたしについて真実を語っている。わたしは、起こったことについての背景を語っているのだ。わたしは、人生を逆向きに読み返しているのだ。わたしはゲニウスについての話をしているのであって、幼いリンドンやレニーやレオポルドの話をしているのではない。そのゲニウスの心《ハート》のうちのイメージが、彼らを前に進ませたのであり、子供時代を平凡ではないものに変形したのだ。真実を語るためにこそ、わたしは歪んだ話をしなければならない。その物語は、天才の例外的な性質にはぴったりだろう。郊外のユダヤ人の食事（レニー・B.）や父親の農場を耕すこと（ヘンリー・F.）や田舎での口論や祈り（リンドン・J.）といったありきたりの運命はふさわしくないし、それではおそらく天使に不満足感を与えてしまうのだ。

ストコフスキは、生涯ずっと自分の天使を守った。間違った物語を書かれて、天使を殺してしまうことのないようにしたのだ。また二九歳だったフロイトは、まだ何の業績も残さず、後世に残るアイデアのひとつも思いつかないうちから、偽装の術を知っていた。何がこの防衛的／破壊的な方法を思いつかせたのか。そして後に起こることをあらかじめ知らせたのはなにか。天才を守るためには、その天才が生きるための物語を守らねばならない。さもなくば、その不可視の性質は全く何も語らなくなり、平凡さに矮小化されてしまうことを恐れて消えてしまうだろう。

後に歪曲《わいきょく》された、子供時代や青春期の話を聞いて気分を害したときには、小さな胚を捜し出すようなイマジネーションを思い出したい。変装や自慢は、単なる自己欺瞞や白昼夢や誇大な空想ではないのだ。それは喪失への恐れ、植民地化への恐れ、自分のイメージを伝記のなかに抑えこみ、魂を乗っ取っては自分から引き離してしまう、標準化への恐れなのだ。

もちろん、伝記作家は詮索したり、のぞき見をしなければならない。探求すべきは、不可視のものなのだから。——ただ、それが不可視なのは隠し事をされているせいではなく、種子のなかの胚のもつ元型的な性質のためである。「自然《ネイチャー》は隠れることを好む」と、ヘラクレイトスは語った。人間の性質《ネイチャー》もまた、隠れることを好む。人間の性質は見えるものの内に隠れている。が、自身は隠れみのを通じて姿を現すのだ。伝記作家は偽装を並べあげてゆくことで不可視のものに手をのばすことができる。しかし、そのためには、熱意をもって不可視のものを見ようとしなければならない。自然が隠れようとするのと同じくらいの愛をもってやらねばならない。おそらく、ゲニウスを見てとるためには、ゲニウスが必要なのだろう。

第9章

運命

……どんぐりは、人生の最終的な到達点、イメージが成就したときの姿や人の最期までも前もって見ているというのか？　またどんぐりがそれほど強力に、学校からの退学や子供時代の病気までも「決定」しているというなら、「決定論」とは何を指していうのか。そして、もしどんぐりが、ほかの選択肢はなかったと思わせ、またひどいことでも「必然」だと思わせるというなら、「必然」とは何なのだろうか。

運命と運命論

プロティノスは、こう問いかける。[＊1]「けれど、もし魂がダイモーンを、そしてその人生を選ぶとするのなら、それでもまだ人は選択の力をもっているのだろうか」

自由はどこにあるのだろう。わたしたちの人生、自分のものだと信じているもの、骨を折って下した結論などは本当は、前もって決められていたことなのではないか。このような妄想に陥ると、一人一人の人生はそれぞれのどんぐりの内に前もって書き込まれており、胸《ハート》の内の隠された計画を実行するだけのために人生を送っているのだ、だから人はみな自分の人生の代理人なのだと思うようになってしまう。わたしたちの自由とは、ただ、どんぐりが意図していたものをなすことだけだと思うように思える。

この誤った結論を振り払うために、ゲニウスがなすこと、なさないことの違いをはっきりさせよう。どんぐりの働き方、その力の限界は、いかなるものか。もし、どんぐりが子供時代の行動の原因となるとするのなら、そもそも「原因」とは何を指すのだろうか。もしどんぐりが、舞台での演技や数学的発明や政治活動などに向けた特定の人生を生み出すよう意図しているというのなら、「意図」とは何を指すのか。どんぐりは、人生の最終的な到達点、イメージが成就したときの姿や人の最期までも前もって見ているというのか？　またどんぐりがそれほど強力に、学校からの退学や子供時代の病気までも「決定」しているというなら、「決定論」とは何を指していうのか。そして、もしどんぐりが、ほかの選択肢はなかったと思わせ、またひどいことでも「必然」だと思わせるというなら、「必然」とは何なのだろうか。

これらの問いへの答えが本書の核心《ハート》である。これらのことを正しく検討し扱えなければ、わたしたちが運命論に陥るか、あるいはこの本はただの空論であるかのいずれかしかなくなる。

運命論は、英雄的自我には大きな誘惑だ。英雄の両肩には、全てを自分でなすべきだ、勝利者が全てを得るのだ、という価値観の重圧がかかっている。積み荷が大きいほど、荷を下ろして、それを、運命のように大きく、強い運び手に手渡してしまいたくなるのだ。英雄とは人格化されたアメリカだ。プリマス・ロックに上陸した英雄的自我はダニエル・ブーン［訳注　アメリカの開拓者のひとり］とともに銃と聖書を手に犬をつれて原野に分け入る。ジョン・ウェインとともにトームストーンにすっくと立ち、この危険に満ちた惑星から仲間たちを守ろうとする。自我は森を切り拓き、敵がいようと野獣がいようと、自らの道をつくりあげようとする。

赤ずきんちゃんですら、自分一人で道を進み野獣である狼に辱めを受けなければならなかった。あなたを破滅させようとする存在が潜んでいるこの世界で、たった一人で自分の運命を切り開こうとする重荷。人生は死に物狂いの戦いだ。障害に立ち向かい、前に進まなければ、学校では「落ちこぼれ」「成績不良者」となり、カウンセリングを受けさせられたあげく心理学的な「ブロック」や「固着」があるとみなされるようになる。人は幼稚園のころからもう前進してゆかねばならないとされる。ただ生きるためにも成長し、昇り、防御しなければならない。英雄にとって生きるとはそういうものだからだ。そこにはあまり楽しみはない。――赤ずきんちゃんにはおばあちゃんからもらった、キャンディの入ったバスケットに花を摘んで入れている、まさにそのときに牙をむいた狼が現れたではないか。

この人生のパラノイド的な見方――戦いとしての人生、生存競争、敵か味方かの視点――そのなかで運命論はやすらぎを与える。すべては星のめぐりのせいだ。神の計画がある。何であれ、起こることは最高の世界の、最上のものだ（ヴォルテールの『カンディード』）。世界は、自分の双肩にかかっているのではない。運命こそその担い手であり、プラトンの神話がいうように、自分は神々の支配のもとにある。自分は必然の女神の糸が作り出した運命のままに生きている。自分が何を選ぶかなどは問題ではない。いや、自分で選択などできないのだ。選択など幻想だ。人生はすべて前もって決定されている。

このような考え方が、運命論である。が、これは運命が本来意味していることではない。この考え方は一つの信念の体系、運命論的なイデオロギーを反映しているもので、英語で「運命の女神《フェイト》」と呼ばれ、プラトンの神話では籤をつかさどりダイモーンを誕生につきそわせる、モイライそのものではないのだ。女神は、人生のすべてを決め込むのではない。ひとつひとつの出来事をすべてあらかじめ決めているのではない。

運命についてのギリシャの観念は、むしろこのようなものだ。例えば、ある出来事が人に起こる。そのとき、「人にはなぜ起こったかを理解できない。しかし、それは起こったのだから、明らかに『そうなるはずだった』のだ」(*2)。ポスト・ホック、エルゴ・プロプテル・ホック。出来事の後（ポスト・ホック）に、起こったことにたいして説明を与えるのである（エルゴ・プロプテル・ホック）。一九八七年一〇月に株式市場が下落したのは、星の巡りに書き込まれていたわけではない。しかし、その暴落があった後に、まさにそのときに暴落しなければなかった「理由」を見いだすことができるというわけだ。

ギリシャ人にとっては、困った出来事は運命に起因するものだった。運命は尋常ではない、腑《ふ》に落ちない出来事のみをひきおこすのだ。できごとのすべてが、高次の神のプランのなかに書き込まれているわけではない。

安易にそう考えてしまうのが運命「論」（主義）であり、そのためにパラノイアやオカルト主義者のウイジャ盤信仰〔訳注　日本でいうコックリさんのような降霊ゲーム〕や、運命への卑屈な従属とそれに対する怒りが交じりあった、受動的―攻撃的な行動が生まれてしまうのだ。

とすれば、運命を一瞬の「介入する変数」と想像したほうがよさそうだ。ドイツ人は、Augenblicksgottという言葉をつかう。それはまばたきの間に通りすぎ、瞬間的に影響を与える小さな神を指す。宗教家たちは仲立ちの天使のことだというだろう。運命は人と一緒にずっと歩み、語りかけ、手を引いているようなものではなく、奇妙で予想もしていない交差路で割って入り、隠れた兆しを与えたり、強く人を押し出したりするようなものなのだ。

例えば、市場を研究してから持ち株を売ったとする。ちょうどその次の日に企業の買収が発表され、すでに売却した株価が三〇パーセントも上がった。まるでゴール寸前で風が止み、競争相手のボートがほんの一瞬先に滑り込んだようなものだ。そこで自分には投資すべき運がなかったのだと考え、市場から手をひき、持ち金を袋にしまいこんでしまったり、セイリング・カップには、いやそもそもすべてに勝負運がないときめつけてしまったりすること。あるいは突然の凪《なぎ》は自然の力に見放されたしるしだと考え、ロッククライミングなど他のスポーツに転身したり、メランコリーに落ち込んだりすること――それはあなたの選択であるのだ。風の中にあなたが何を読みとるかにかかっている。これらの不運な出来事のなかに運命の手の働きを見ると、出来事の重要性は高まり、内省のための一時が生まれる。しかし、市場でのタイミングや一秒差の敗北などが、あなたにとっての人生そのものを決定していると考えれば、――それは運命論なのだ。運命論は、すべてを運命にゆだねる。そうなると投票することも、銃規制運動に参加したり、「飲酒運転反対母の会」に入ることも、消防機関を作ることも意味がなくなる。すべて起こるべくして起こっているのであるから。易を立てよ。細い筮《ぜい》竹《ちく》が、運命があなたに求めていることを告げるだろう。こう考えるのが、運命論である。

運命の示す小さなウインクを見て取ることは、内省的な作業である。それは想いの営みだ。それに対して運命論はある種の感情状態であって、深い思索や細部に対する注意深さ、慎重な推論などを放棄することだ。ものごとを考え抜く変わりに、運命感覚というおおざっぱなムードのなかに落ちこんでしまう。運命論は人生をまるごと説明してしまうのだ、何であれ起こることは、個性化、人生の旅、成長などの言葉で大づかみに一般化され説明されてしまう。それらの出来事がどのように入りこんでくるのかを検討する必要はない、というわけだ。

ギリシャ語で運命にあたる言葉、モイラ（Moira）は分け前《シェア》、部分《ポーション》を意味していた。運命は起こったことの一部を占めるだけである。モイラの個人的な、そして内面化した側面であるダイモーンも、人生のなかで一部を占めるだけなのだ。ダイモーンは呼びかけはするが人生を掌握したりはしない。(＊3)

モイラという言葉は、smer とか mer という言葉に由来する。それは、熟考するとか考えるとか瞑想するとか、思索する、配慮する、という意味をもっている。(＊4) これは多分に心理学的な言葉だ。それは出来事をどこか他の場所に由来し説明不能な要素《ポーション》にてらして考えること、そしてまた出来事を自分に属する要素、自分がしたこと、できたかもしれないこと、そしてできることに照らして深く検討することを求める言葉である。モイラは自分の手のうちにはない。しかし、それでもモイラが全てではない。わたしの行動や能力、その結果――それが生む不満や失敗——を他者、つまり神々や女神たち、ダイモーンたるどんぐりの意志のせいにはできないのだ。運命は責任から人を解放してくれるものではない。実際、運命は責任感をさらに要求するのだ。とりわけ、運命は分析への責任を要求している。

ここでいう分析とは、還元論的な精神分析ではない。例えば、「ダイモーンがそれをひきおこしたのだ。あれは運命だった。株で失敗したのは仕方のないことだった。わたしは父親に教育を受けていなかった。母は金を湯水のように使っていた。子供時代にはお金を使うことができなかった。経済感覚がないのはそのせいだ。わたしは、自己破壊的である……」などといって、原因の鎖にその責をおわせようとしてゆくと、やがて両親幻想の過ちにたどりついてしまう。

ギリシャ人が不遇で不条理な出来事を分析するときには、神託を仰いで、その問題、その願い、そのことに関してはどの神または女神に犠牲を捧げればよいのかをたずねた。(＊5) それはまず、具体的に考えようというためであり、また次に捧げ物をすべき神を正確に見定めようということでもあった。このモデルにおける分析は、どの運命が、またどんな元型的な手が、注意を向けられ、そして思い起こしてほしいと訴えているのかを見いだそうとするものである。

例えば、アイルランド人が次の日に列車に乗る、などのささやかな計画を立ちあげたときには「Deo concedente」すなわち、「神の意志とともに」と付け加える。そんなおりには、人は運命の小さな要因を心においているのだ。「では、神がそう意図されているのであれば、駅でお会いしましょう」というわけだ。わたしは、そこに行くつもりでいる。そのための手配もしている。しかし、思いがけないことが起こるかもしれない。

――そのために、運命の小さな断片を「Deo concedente」という句によって忘れないようにしているのだ。あるいは、わたしたちは木に触れる［訳注 西欧では不運を払うために木に触れるという風習がある］。敬虔な昔気質《かたぎ》のユダヤ人は、何か不運が起こって自分の意図に反することが起こる可能性に触れること抜きに何かいうことはほとんどない。

木に触れたり、運命の予期しない介入を心にとめておくようにすると、再びダイモーンが問題になってくる。ダイモーンは、人を驚かせるものなのだ。ダイモーンはときには遠慮がちに、あるいはときには大胆にぶつかってきて、人の意図を妨げる。これらの驚きは大したことでもなくまた理屈にあわないことにも感じられる。そんなことは忘れてしまうことすらできる。しかし、そこには何か重要なものがあるという感覚を伝えてくる。そして人はそれをのちに、「運命」と呼ぶようになるのだ。

目的《テロス》と目的論《テレオロジー》

運命論《フェイタリズム》は、人生に起こることはすべて遠く離れて見えない目的に向かって意図されているという感覚を与える。何かが自分にとって「しくまれていた」。歌手になるはずだった。あるいは、闘牛士になるべくしてなった。成功することになっていた。あるいは呪われ、不運がつきまとい、幸運に見放されるようになっていた。あるいは、死に方、死の日付すら決まっている。初めの時に生まれながらのイメージは、人生を出発点から推し進めてゆくばかりではなく、一つの目的に向かって、人生を引っぱってもゆく――。「目的論《テレオロジー》」とは、そんな信念を指す言葉だ。それは出来事は最終的な結末に向けて目的によってひっぱられているというのだ。

テロス（Telos）とは目的、目標、成就を意味する。テロスとは、現在、一般的に用いられる原因の概念とは正反対のものだ。因果論は「誰が始めたか」を問う。因果論は背後にある過去が出来事を推し進めていると考えている。目的論《テレオロジー》は、その逆に「何が重要なのか。何が目的なのか」を問う。それは出来事が目的に向かっているると考える。

目的論《テレオロジー》の別名である運命論《フェイタリズム》は、わたしたちの一人一人、そしてまた宇宙が最終的な目的に向かって動いていると思い込ませる。その目的は、さまざまに定義されるだろう。――神との再合一とすべての罪からの救済。静止に向かってのゆっくりとしたエントロピーの増大。進化し続ける意識と、物質からの霊への溶解。よりよき人生へ、あるいは不幸な人生へ。黙示録的破局か神の救済か。

目的論《テレオロジー》は人生に論理《ロジック》を与える。それは人生全体にわたって、合理的な説明を与える。そしてテレオロジーは人生で起こることをすべて人生全体を視野に入れた見方で読み取る。例えば、神の意志、神の計画、という視点で。

もし、ここで最後の「オロジー」を落としてテロスという言葉だけ考えれば、この言葉の本来の意味に立ち戻ることができる。(アリストテレスが定式化したような意味で)テロスとは、ただ「そのために」(*6)を意味した。わたしが、店にゆくのはパンとミルクを買うためで、人類の幸福を考えてのことではない。また、結婚して子供を作ったこと、妻や子供のため店に行けるよう車を借りたことなどすべての行為を説明しつくす、一つの人生哲学があるためでもない。このようなヴィジョンや哲学は、「なぜ」という問いにすべて、一つの目的論的解答によって答えてしまう。テロスとは、ある行為についての、限定された、そして特定の理由を与えるだけだ。テロスはすべての行為には目的があると想像するが、しかし、行為全体を統《す》べる目的があるとはいわない。全てを統べる目的となれば、それはテレオロジー、あるいは運命論になってしまうのだ。

テロスにしてみれば、家族の朝食のために店に行った、というだけで十分なのだ。朝食の哲学など必要ない。世話《ケア》についての神学、朝の食事のシンボリズム、義務の論理、「家族の価値観」という疑似的な政治学、要求や欲求の心理学、養育費についての経済学、朝の新陳代謝についての生理学などもそこにはいらない。このように多くの神々が朝食のテーブルにはやってくる。しかし、パンとミルク、そして店に走ったことのテロス、目的はただ朝食のためなのだ。まずは食事をしよう。話はそれからだ。

どんぐりは、このような限界のあるパターンに従うように見える。どんぐりは長い視点に立った哲学に耽ることはない。メニューインの場合がそうだったように、ダイモーンは心《ハート》をいらだたせ、かんしゃくをひきおこす。どんぐりは、興奮させ、呼びかけ、勝手な要求をしてはくるが、しかし、大きな目的を与えることはほとんどない。

目的のもつ力は強制的だ。目的のことしか考えられなくなる。しかし、それが何であって、どうすれば達成できるのかは、決定されていないのだ。テロスが二つ、三つ重なることもある。歌うべきか踊るべきか、書くか描くかといった迷いもあろう。目的は、普通ははっきりとかたちをとったゴールとしては現れず、むしろ、かけがえのない重要性をはらむ、けれどはっきりしない心悩ませる衝動というかたちであらわれるのだ。

スウェーデンの映像作家で舞台監督のイングマル・ベルイマンの子供時代に起こった二つの話は、どんぐりの、実は非決定的な、決定論について物語っている。幼い少年だったとき、ベルイマン本人がいうには、彼は嘘つきで空想と現実の区別がつかなかったという。――つまり彼の言葉を借りれば、彼は「魔法とオートミール」の区別がつけられなかったのだ。七歳のとき彼はサーカスに連れて行かれた。そのときの出来事が「僕を熱病のような興奮状態に引き込んだ」その決定的な瞬間は、こんな光景を前にして訪れた。

大きな黒い牡馬にのって、白い服をまとった若い女性が現れた……。

僕は、その若い女性に恋をしてしまった。彼女は僕の空想遊びのなかにすぐ取り込まれた。空想のなかで僕は彼女をエスメラルダと呼んだ。……。学校で隣の席だったニッセという少年を僕は信用して秘密の誓いを取り交わした。僕は彼に、両親が僕をシューマン・サーカスに売り飛ばしてしまったので、もうすぐ学校と家から引き離されてアクロバットの訓練を受けることになっていると告げた。世界で一番美しい女性であるエスメラルダと一緒にアクロバットを演じるのだ。が翌日、その秘密はばらされて、空想は踏みにじられてしまった。

そのことを深刻に受け止めた担任の教師が送った手紙が母親を狼狽《ろうばい》させた。ひどい裁判のようなことになってしまった。家でも学校でも僕は貶められ侮辱されたわけだ。

五〇年後、母にサーカスに売り飛ばす話のことを覚えているかたずねてみた。……なぜ七歳の子供が家を離れサーカスに売られたいと望んだのか、その深い理由を問う者はいなかったのか？　母親は、そのときすでに何度も僕の嘘や空想に困らされたことがあったのだといった。悩んだあげく、母は小児科医に相談したのだという。医者は、早いうちに空想と現実の違いを教えることの重要性を強調した。そこで目に余る嘘をついたときには、きちんと叱らねばならなかったのだ。

僕は、復讐のために兄のナイフを持ち出して彼を校庭中追いかけ回した。教師が割って入ったときには僕は先生を殺そうともした。

それで学校から引き戻され、こっぴどく罰された。僕の偽の友人はポリオにかかって亡くなったが、僕にはそれがうれしかった。

その後もまだ僕はエスメラルダについて空想を膨らませ続けた。僕らの冒険はますます危険なものになり、僕らの愛はますます情熱的なものになっていったのだ。(＊7)

この一つの出来事のなかには非常に多くのことが含まれている。魔法と現実が出会う、実際の場所（サーカス）の重要性。黒い馬に乗った白い女性、すなわち「アニマ」へと初めの出会いと、恋に落ちる狂気（ロマンスへの思いは時を超えている。元型的感情にとってイングマルの年齢は重要ではなかった）。自分のヴィジョンを守るために生死をかけての危険を冒すこと。教師、医師、両親という「現実」の世界からの厳しい反対。「秘密」の重要性。空想と現実、天と地、エスメラルダとおかゆを分断する、裏切り行為がひきおこす宇宙的な破局。

この出来事全体は極めて重要なものに見えるし、ベルイマンのキャラクターと召命について多くを語っているが、しかし将来のキャリアを一瞬にして見せるものでもなく、何のメッセージもない。それは目的論でも決定論でも運命論でもないのだ。

二番めの話はベルイマンの召命ともっとはっきり結び付いている。それは動画に関するものだ。

何にもまして、僕は映写機が欲しかった。その一年前、初めて僕は映画を見に行って馬の映像を見たのだった。それは多分、『ブラック・ビューティ』だったと思う。……僕にとってはそれが始まりだった。そのときまるで熱病に取り憑かれたようになり、その熱はずっと冷めなかったのだ。静かな影がその青白い顔をこちらに向け、僕の深く秘められた心に音ならぬ声で語りかけて来た。六〇年が過ぎた今も何も変わらない。熱は冷めぬままだ。

そして、次のクリスマスが来た。

ごちそうが並べられ、クリスマス・プレゼントがダイニングルームのテーブルにおかれている。バスケットが運び込まれた。葉巻と甘い酒を手に、父はその場を取り仕切る。プレゼントが配られた。映写機の一件が起こったのはそのときだ。それを手にしたのは兄だったのだ。

僕はその場でうなり声をあげた。叱られた僕は、テーブルの下にもぐりこみ、そこで怒っていたので、すぐに静かにするように言われた。それで子供部屋にかけこんで、恨みの言葉を吐き続けて、泣き疲れて寝込んでしまった。

その夜遅く、僕は起きた。白い折り畳みテーブルの上にのせられた兄へのクリスマス・プレゼントのなかに、その映写機はあった。湾曲した排熱口、美しいかたちの真鍮のレンズ、そしてフィルムを収めるラック……。

そこで僕はすぐ決断した。兄を起こして、提案してみる。一〇〇体のなまりの兵隊と映写機を交換してはくれないだろうか。ダグは軍隊をもっていたし、いつも友達と戦争ごっこをしていたので、すぐに交渉は成立した。

映写機は僕のものになった。

また、僕はガラス・スライドやセピア色のフィルム・ストリップ（三五ミリ）を入れた四角い紫色の箱も欲しかった。ふたについた解説には、それはホレ夫人の映画だとあった。ホレ夫人とは誰か誰も知らなかったが、あとでそれが地中海の国々の愛の女神のように、人々に愛されている存在だとわかった。

翌朝、子供部屋の広い衣装棚のなかに引きこもって映写機を砂糖箱の上におき、パラフィンランプをつけて光線を白い壁に向けた。壁には、牧場の絵が映し出された。明らかに、その国の衣装を着けた若い女性が牧場のなかで眠っている。そこで、僕はハンドルを回した！　そのときのことを説明などできない。あの興奮を表す言葉は見つからない。それでも、どんなときでもその熱い金属の匂い、防虫剤と衣装タンスのほこりの香り、手にしたクランクの感触などを思い出すことができる。また壁に映った震える長方形の光を目にすることもできる。

ハンドルを回すと、少女は起き上がり、座り、ゆっくり立ち上がって手を伸ばし、歩き回って右のほうに消えていった。さらに回し続けるとまた彼女は現れて、全く同じ動作を繰り返すのだった。

彼女は動いていた。（＊8）

ベルイマンの映写機の話は、因果論（過去が物事を推し進めて行く）と目的論（ゴールに向かって引っ張られて行く）の違いをはっきりさせる。幼い少年がなぜ映写機を渇望したのか、なぜ映写機とひきかえにおもちゃの軍隊をすべて差し出す気になったのか、という問いに対して因果論はこう答えるだろう。彼は前に映写機を見たことがあって、その時にもう好奇心をくすぐられていたのだ。兄がそれを手に入れたとき、幼いころからの出生順による兄弟間の競争意識が嫉妬を引き起こした。サーカスの件《くだん》の黒い馬のことも、記憶に残る初めての映画『ブラック・ビューティ』を繰り返している。それは牧師の父がいる、倫理的に厳しい家庭からの解放となっていたのだ（「売られる」というのは、「サーカスに逃げて行く」ことの受動的な表現）。あるいは、彼は母親、ないし女性に対する権力を求めていたのだろう。ただハンドルを回すだけで、映画なら女性を動かすことができる。

因果律、あるいは古典哲学（アリストテレス）が「作用因」と呼ぶものは、一つ先立つものが後に続くものを動かしているという、関係性の連続の仮説を考える。かかわりあっていると想定される出来事の連鎖をたどってゆくことで「動きをひきおこしたのはなにか」という問いに答えようとしているのだ。だがたとえすべての出来事が実際に関係していたとしても、ルーベ・ゴールドバーグの見世物機械のように、あるものが次のものを押し出し次々に動かしているのだとしても、その最初のつながりは推測する他ない。なぜこの特定の黒い馬のイメージだったのか、なぜあの官能的なエスメラルダだったのか、なぜサーカスだったのか。この最初の、自発的で、しかも長く続いた情熱は何とつながっているのだろう。わたしたちの答えでは、「運命に聞け」となる。

運命は、こんな答えを与える。イングマル・ベルイマンは、七歳のときにはすでにどんぐりの内側で映像作家であり、自身の将来のヴィジョンを得ていたのだ。彼はそれを知らなかったし、予見することはできなかったが、なにかダイモーン的なものが出来事を選び、エスメラルダをかくも強迫的にし、後で映写機をかくも欲しがらせたのだ。運命は目的論的な計画はもっていない。『鏡の中にあるごとく』、あるいは『魔笛』を頭においていたわけではない。しかしダイモーンの運命的なヴィジョンは特定の出来事に重要な感情を吹き込んだのだ。――スリル、熱狂的な興奮、あるいは罵倒。ベルイマンの運命は封印されていたのではなく予兆を示していたのだ。

今一度、狭義のテロスと大きなカテゴリーであるテレオロジーの違いをはっきりさせよう。前者は役に立つことが多いが、後者はふつう役に立たないからだ。テロスの感覚は、それぞれの事項がそれ自体の目的をもつという点で、起こることに価値を与える。出来事には意図がある。少年イングマルはただウソをでっちあげたのではない。彼の人生のスタイル、キャリアにおいては、「ウソの」話は意味があるばかりか、この種の幻想をもたらす仕事には不可欠なものだ。彼の作り話は、将来のスタイルやキャリアに向けられていたわけである。彼はステージや脚本を手にする前にすでに人生という劇場を作っていた。子供時代の出来事を目的というレンズを通してみると、それはただのウソやかんしゃく、強迫的な欲望ではなく、魂の運命の表現として見えてくる。テロスは出来事に価値を与えるのだ。

しかし、「テロス」に「オロジー」をつけてしまうと、その価値が何であるかまで言い切ってしまう。テレオロジーは、かんしゃくと強迫観念の意図が何であったかまで語ろうとする。それは、目的を無理やり言おうとする。しかしそのような予言は当て推量にすぎない。ベルイマンのウソは、捏造者や広告屋のパターンに属するものだったかもしれないではないか。黒い馬は、彼をさまざまな方向へと導くことができたはずだ。エスメラルダ、ホレ夫人、そして映写機の映像は画才のめざめや、ポン引き、ファッションデザイン、あるいは異性装の兆を示していた可能性もある。目的が、決定的、目的論的なゴールに向けて出来事を導いているということ――「君はステージに運命づけられている。女性が決定的に重要になり、ファンタジーが君の専門、だから君は自制しなければならない」などというのは、当てずっぽうの推測だ。しかもそれは破壊的でもある。もし症状の目的が分かっているとするなら、その症状の固有の意図が奪われてしまうではないか。そしてその目的への敬意が失われ、その価値をおとしめてしまうことになるのだ。

フロイトの理論体系は、子供時代の強迫観念のなかで起こっていることを完全に説明できる。しかしフロイトはその実践にあたっては自制、謹み、留保が必要だと言っている。フロイトは分析のなかで起こっている現象がすべて目的をもっていると考えていたけれども、彼は精神分析が目的論的になるのを許さなかったのだ。

どんぐりは明確で長期的な方向性をもったガイドではない。むしろ、出来事に目的の感覚を与える内的な力動なのである。ささいに見えるがこの瞬間は重要だ、この大きく見える出来事は、実はたいした事はない、などなどと、内なるどんぐりが感じさせる。

どんぐりは出来事の魂の側面にかかわっている、またどんぐりはあなたが自分にとってよいと思っているものではなくて魂にとってよいことを目指していると言うことができよう。そう考えるとソクラテスのダイモーンがなぜ幽閉と処刑から逃げるよう言わなかったのか理解の助けになろう。彼の死は、彼のイメージの統合性、彼の生まれつきのかたち(形相)に属していた。死は――闘牛場でであれトイレであれ、自動車での衝突事故死であれ――あなた自身やあなたの意図をこえて、イメージや運命の道筋にとって意味あるものなのだ。

事故《アクシデント》

ある道が決まれば、それにしたがってまっすぐ進んでゆくのは簡単だ。わたしたちは自分がしなければならないことを感じる。心《ハート》のなかのイメージは、強く何かを要求し、忠実であるように仕向けるが、偶然の事故《アクシデント》に意味を見いだすのは難しい。突然の出来事は道から自分を外れさせ、目的論的《テレオロジカル》な終結点の達成を遅らせるように見えるからだ。これらの突然の妨害は、無意味な攪乱《かくらん》要因なのだろうか。あるいは、それ自体に特定の意味があるのだろうか。それらは一緒になってボートを――恐らく別な港に――推し進めているのだろうか。もしあなたの羅針盤がはるかかなたの地平をゆらぐことなく示しているなら、そして目的論的なヴィジョンが目的地や下船の場所、今なすべきことや自分の現在地まで明らかなのだとすれば、不運な出来事には何も意味を見いだせないだろう。

さらに。重要なのは、妨害が目的を持っているかどうかではない。目的があるのではという視点をもって見つめ、予期せぬことに価値を見いだそうとすることだ。目的を探す視点は、その出来事は本当に偶然に起こることもあると見なすことから始まる。世界は知恵ばかりではなく愚行によって、秩序ばかりではなく混沌によっても回っている。しかし、――この「しかし」は重要だ――これらの偶然の事故にはそれでも何か興味深い意図がある。宇宙が全く偶然《ランダムネス》によって立つと主張することは、宇宙には設計図《デザイン》があると主張するのと同じく運命論的で目的論的だ。目的を求める目は、「偶然の事故《アクシデント》」をただ事故と見るのではない。魂は、その事故をかたちの内に合わせていこうとするのだ。

ベティ・デイビスは七歳か八歳のころ、学校を休んでサンタクロースで遊んでいた。ツリーには本物のロウソクが灯《とも》され、その木の下にはプレゼントが積まれていた。ベティちゃんはプレゼントに手を伸ばそうとしたが、そのときロウソクの火が服の袖に燃え移った。火は服全体に広がった。

その瞬間、私は燃えていたのだった。恐怖のあまり私は叫び出した。声が聞こえて、何か毛布でくるまれているような気がした。……毛布が取り外されたとき、私は目を閉じていることにした。女優になるのだ！　自分が盲目だと信じようとした。「目！」。喜びが体を走り抜けた。わたしはその瞬間を完全に制していた。（＊9）

どんぐりは火災をステージとして用意したわけではないが、ベティ・デイビスはまさにその火災を劇場にしたのだ。個人の生来の形相が事故と協力しあった。性格《キャラクター》が運命なのだ。

二人の偉大な食の達人の小さな時代のことを考えてみよう。ビュルガンディの村にいたピエール・フラネは、水中でたゆたうマスに手を伸ばしてつかみだし、軽くゆでてハーブ・マヨネーズをそえて食べていた。ウサギを育て、ニワトリを絞めていた。また早朝、野に出てタンポポで覆われているモグラ穴を探していた。つまり、彼は「日々の食物と親しんで」育ったのだ。（＊10）このような出来事そのものは、田舎の少年にはだれにでもあることだろう。しかし、フラネのイメージはそれをプロとしてのシェフの洗練された調理へと変えたのだ。コックであり、またコックへのアドバイザー、料理についての作家、抜きん出た美食家であったジェイムズ・ビアードは、生まれたときに体重が一四ポンドもあった。四〇代の母にしてみれば、彼の大きさは事故だった。けれどビアードの生まれつきの体は魂が、その人生に必要な食のセンスに合わせて選んだのだろう。彼の「最初の美食の冒険も『最初の事故』だった。まだはいはいしかできないときのこと。彼は野菜の貯蔵庫に入り込んで大きなタマネギを手にしてそれを食べ、その皮を全部剥いた。それは人生を決めたのに違いない」。(*11) フラネとビアード。これはダイモーンが偶然の出来事を利用した例だ。

一八歳のときにチャーチルは、英雄的な戦争ゲームに興じていたときに事故で頭蓋骨を骨折し肝臓を破裂させたことがある。そして「その回復期に、……彼は自分自身を知的な意味で見いだした」。(*12) かたち(形相)は事故として現れるばかりではなく、それによって養われるのだ。

ジェイムズ・バリーの兄は学校を休んで池でスケートをしていて頭蓋骨を折って亡くなった。バリーの母親はそれから何年も、死んだ息子を悼んで自室に引きこもり病人のような生活を送っていた。ジェイミー(わずか六歳か七歳だった)は病室で母親のそばにいて、母親を笑わせようとしていた。二人は互いに話をした。彼女は自分のこれまでを、そして息子は自分で作った話(*13)をたくさん。どんぐりはファンタジーの作家であるバリーのイメージにふさわしくなるように、事故、悲しみを、そして監禁状態を変容させていった。

ジェイムズ・サーバー［訳注　アメリカの作家・随筆家］の片目の視力をうばい、やがては全盲とさせた幼いころの事故(彼の兄弟が矢で目を撃ってしまった)は彼の人生の航路を決定もしなかったし、そこから外させもしなかった。形は、サーバーの、奇妙なスケールと視点で描かれたマンガの「アマチュア的な性質(*14)」や、幼いころからの文章力と同じように、事故とおりあいをつけて、その目的を見いだしたのだった。

リチャード・M・ニクソン大統領は、とりわけ『トム・ソーヤーの冒険』がお気に入りだった。アメリカ人が少年時代に出会う読み物としては珍しいものではないが、ニクソンはごく早いうちから貪欲な読者であり、また作家でもあった。「ニクソンはトムがベン・ロジャースをだまして、塀を塗らせた話が好きで、その部分を暗記しているくらいだった。五〇年たっても（ホワイトハウスで）……ニクソンはすらすらとそこを暗唱することができた」(*15)。この子供時代の偶然のささいなこと(?)には魂が重要性を与えたのだ。

一九二四年にベーシックな「小さな黒いドレス」を生み出した偉大なファッション・デザイナー、ココ・シャネルは、一〇代を厳格な修道院の孤児院で過ごした。それは幽閉だった。その痕跡、その時代は記録からも記憶からも抹消されている。「どんな気がしていたか、聞かないで。殺しちゃうわよ」(*16)。しかし、彼女のスーツにクラシックな禁欲性や黒と白、灰色がよく用いられていることは、記憶を消そうという意図に反してそのときの抑圧の経験（アクシデント）が再現されているのではと思わせる。必要なものであれば、魂は何でも用いる。不運や事故を前に、実用的な意味でこれほど賢明になれることは驚くべきことだ。

現代の言葉「哲学《フィロソフィー》」は知への愛を意味するが、知恵はギリシャではソフィアと言った。ソフィアは極めて実際的な意味をもっている。もともとはものを扱う技芸とくに船の操舵手の技を指していた。上手に舵をとる賢いもの。操舵手の知恵は波、風、そして船の重さの偶然《アクシデント》の変化に応じて微調整してゆく。ダイモーンはこの英知を、あなたの人生から外らせるように見える出来事をいつも見つめ利用することによって教えようとしている。これはまた哲学でもある。小さな修正をすることへの愛、本当はそぐわないものを取り込んでゆく愛だ。哲学者は、しばしば、一つの出来事へのこのような注目の仕方を、「現象の救済」と呼んでいる。

このような偶然《アクシデンタル》の出来事は主要な計画を進めも妨害もしない。そうではなく、計画のかたちを変えているのだ。まるでコースや船自体が人生の出来事への魂の反応によって、再構築されているようだ。これは、グロウイング・ダウンの技でもある。それは物事を、その意味と効果の視点で考える知恵なのだ。このような継続的な修正という考え方は新しくも奇妙でもない。アリストテレスの時代にさかのぼっても、魂は形相と肉体の動きの両方を内包しているとされていた。形相は初めから運命の籤のイメージとして与えられており、それは人が動くたびに変化してゆく。この形相——、これはわたしたちが互換可能な言葉、つまりイメージ、ダイモーン、召命、天使、ハート、どんぐり、魂、パターンなどと呼んでいるもの——は、形相に忠実でありつづける。

事故の中にはボートを転覆させ、かたちを破壊するものもある。例えば第一次世界大戦のときに「シェル・ショック」と呼ばれていた、精神的外傷によって生じる戦争神経症。ナイフを突き付けられてのレイプ。猛スピードでの衝突。くり返される残酷な虐待。一方それらの出来事と「おりあいをつけられる」魂もある。しかしそれから「逃れよう」としてもからみ取られてしまう魂もある。ベトナムから帰って来た軍人が悪夢に苦しめられ続けるのだそうだ。これらの事故でどんぐりは大きなダメージを受けて回復不能になったのだろうか。ゲシュタルトは閉じられどんなに操舵手が努力しても操れなくなってしまったのだろうか。

運命論ならこう答える。すべては神々の手の内にある、と。また目的論的運命論はこういう。そこにはすべて目的があり、それは人の成長の一つの段階なのだ。また英雄主義《ヒロイズム》はこういう。それらの影を統合するか、あるいは抹殺せよ。災厄など振り捨てて自分の人生を生きよ。これらはどの答えも、事故をより大きな運命論、最終目的論、英雄主義の哲学の範疇《はんちゅう》のなかに解体してしまっているのだ。

わたしは、事故を存在するものと認め、それがさまざまな考えをひきださずにはおかないのだとみなしたい。深刻な事故は答えを要求する。それは何を意味し、なぜ起こって、何を欲していたのか。何度も問い直して行くのは、事故後の心の余震のようなものだ。偶然の事故は完全に心に統合されることはないが、しかし、それは魂に当惑、感受性、傷つきやすさ、傷跡を加えることで魂の形相の統合性を強化することがあるのだ。

発達理論は、チャーチル、シャネル、サーバー、バリーの事故を典型的な子供時代のトラウマと見なすだろう。トラウマが潜在意識に残り、形をかえ、時間をかけて統合されていったのだというだろう。時が傷を癒やしたのだ、と。

どんぐり理論はチャーチルの転倒、サーバーの視力の喪失、バリーの母親の嘆き、そしてシャネルの修道院での思春期を、まさにそのどんぐりにふさわしいものであったと見なす。若いころの事故はどんぐりによっても、神の計画のように予見されていたものではないし、これらの不運な出来事が特定の道に人を無理やり進ませ、後のキャリアを決定したというのでもない。むしろ、それらの「必然的な偶然（アクシデント）」だったというのだ。それは必然でもあり偶然でもあった。それは魂の召命が全面に出てくるためのもの、どんぐりがその形を表現し、その人生を形作る方法だった。チャーチルのケースでは、それは突然の衝撃とゆっくりとした回復を示した。バリーとシャネルの長い幽閉生活というかたちだった。孤児院のなかでシャネルは規律を学び、バリーは病気の母親に物語を話すことで学んだ。ニクソンの内的な形相は、トム・ソーヤーから、彼が必要としていた話を選び取っていたのだ。

必然

まだ、最後の大物が残っている。それはプラトンがその神話の中心に据えた存在。つまり必然の女神、人々の人生の意図を紡ぐ女神だ。

物語を思い出してみよう。アナンケーの女神、必然の女神が運命の女神や娘や従者たちに囲まれて玉座に座している。そして、魂が選んだ籤を必然として仕上げるのは、この女神、アナンケーだった。——そこで籤は偶然でも、善でも悪でも、また前もって知れるものでも保証されるものでもなく、ただ必然となるのである。わたしたちは必然の人生を生きる。ではだれにとって必然なのか。何にたいして？　それは彼女にたいして、必然の女神にたいしてだ。必然のための必然？　答えるのは難しい。それについては思いを巡らせねばならない。

アナンケーとは誰で、何者なのだろうか。第一に彼女は宇宙の諸力のなかでも極めて強力な存在だ。プラトンは宇宙の偉大な力について二つだけを挙げている。一つは理性（ヌース、あるいは知性）と必然（アナンケー）だ。[*17] 理性はわたしたちに理解可能なものを説明するし、法則とパターンに従うものを説明する。必然は、「変数」の原因として働く。——ときにそれは「とっぴな」とか「遍歴の」「さまよう」原因などと訳されてもいる。

何かふさわしくないことが起きたとき、何かが奇妙に思えたとき、何かがいつものパターンを破ったときには必然の女神の手がそこに働いている可能性が高い。この女神は人が生きる籤を決定するが、その力の振るい方は非合理的だ。これが自分のでさえ、人生を理解するのが難しい理由だ。魂の籤は非合理な原理から出てくる。それが従う法則は必然であり、その法則は、とっぴな働き方をする。読者のかたがたが伝記や自伝に引かれて行くのも、だから驚くべきことではない。伝記は非合理な必然の女神が人生のなかでどのように働くのか、ヒントを与えてくれるからだ。必然の女神の法則は絶対的で変えることはできないが、この決定論は決定的なものではない。それは予期できないのだ。

これまでの章で、すでに非合理的な原因については見て来た。カオス理論に依拠した遺伝学的な説明（第6章）やパルプ・フィクションや三文小説の奇妙で安っぽい空想にひたる子供たち（第7章）、あるいはエラ・フィッツジェラルドが本当は踊るはずだったのに急に歌うことにしたり、バーバラ・マクリントックが自分の名前を忘れたときのように、「何か別のもの」が自分の意図のなかに介入してくること。そしてまた学校での拒絶や退学、また教師が突然生徒の中に可能性を見いだすような（第5章）、奇妙な出来事も見て来た。事実、これらのページでわたしたちは必然の女神の彷徨《ほうこう》の軌跡をたどって来たのであり、彼女の働きと、その否定できない力を見て来たのであった。

古代のイメージはこの逆らえぬ力を目に見えるようにしている。例えばアナンケーという言葉の古いルーツは、さらにそれを明らかにしている。アナンケーは、古代エジプト、アッカド、カルデア、ヘブライなどの「狭い」とか「喉」「絞殺」「締め付ける」、あるいは捕囚者の首につける輪といった意味をもつ言葉に由来している。[*18] アナンケーは、あなたの喉をつかみ、囚人とし、そして奴隷にするのである。

神話的なイメージと病理的な問題は互いに対応し合っている。ユングの有名な「神々は病気になったのだ」という句は、それを明らかにしている。人の自由を奪う狭心症や不安からくる締め付けられるような心臓の痛みは、何より病にかかった神を示している。「狭心症」（angima）「不安」（anxiety）は、両方アナンケーという言葉に由来する。
重要なのは、必然からは逃れられないということだ。それは屈服もしないし甘んじることも決してない。それはne-cedereなのだ。カントはドイツ語でいう必然であるmotwendigを「他にはなりようがない」を意味すると定義している。これがわたしたちの人生をとても理解しやすくしてくれる。今がどうであれ、ほかにはしようがなかったのだ。後悔も誤った道も、真の意味での間違いなどもないのだ。必然のまなざしは、ただ他にはしようのないことを人はするのだということを明らかにする。「そうであったかもしれないことなどは、抽象にすぎぬ／永遠に可能性だ／それはただ推測の世界にあるだけ／そうであったかもしれないものとそうであったもの／それはいつも現在にある一つの帰結点に向けられている」(T・S・エリオット)(＊19)
何かをなすとき、選択をするとき、人はそこには選択肢があると信じている。「選択肢」「自分の力」「選定」「決定」――それらは自我《エゴ》が使うキャッチワードだ。しかし少し立ち止まって推測してみれば、必然は、どんな選択も実際には必然によって求められていたものだと最後にはほほえんで告げる。ほかにはなりようがなかった。決定がなされたときに、それは必然となる。決断がなされるまえには、すべてが可能性としてあった。この奇妙な理由のために、必然の女神はただリスクを負わねばならないという。最終的な決断が下されると、それは必然となるのだが、それでも、ひとつひとつの決断にはリスクがともなうのだ。
必然の女神が自分の人生のひとつひとつの事件にその手をかけていると主張すれば、何をしても言い訳ができることになる。責任の重荷を下ろすことができそうだ。――すべては占いのカード、星のなかに見えている。しかしこの女神の不屈の支配力は、一つ一つの選択に際して人の身を震わせることになる。というのも、彼女の不可解な非合理性は、予期することができないからだ。ただ、振り返ってみたときに、それが必然だったといえるだけだ。前もってしくまれていても、予期することはできない人生とは、なんと奇妙なものであろうか。

必然は、必然的に自分が下す決断と協働して作用する。だから、必然は、どんなものであれすべての行動を包み込んで、人生のイメージを調整する、包括的な原理として想像しなければならない。人にはたしかにくびきがかかっている。しかし、そのくびきは調整することができるのだ。必然の拘束力は、自分がいつも何かにつかまれていて、環境の犠牲にされており、解放を求めているという気にさせる。これまでに起こったことは避けようがなかったとわかってはいるのだが、それでも自責の念を感じてしまうのだ。必然は、その自責ですら必然的な感情であり、くびきに属するものだという。しかし、それは実際には何ができたかとか、ほかにどんな道があったかということではない。

必然をこんなふうに理解すると、過ちは償われるべき罪や対処すべき事故ではなく、悲劇となる。すべては今のありよう以外にはないし、昔もそれ以外ではありえなかった。冷酷なことに、すべてが必然に属しており、運命の嵐、そして必然の軌跡が働いて、ついには闘牛の角があなたの内臓を刺し貫く。

きついくびきを受け入れるには大きな心《ハート》が必要となる。ほとんどの場合、わたしたちは降りかかってくる非合理な出来事を避けようとし、妨害を無視しようともする。――だが、やがて心《ハート》が、もしかするとつらい出来事も重要なことではなかったか、そして必然だったのではないかと訴えかけるようになる。知性は最後まで折れない。心のなかの呼びかけと知性《マインド》の立てた計画の間にせめぎあいがあるのがふつうだ。プラトンの二つの原理、ヌースとアナンケー、つまり理性と必然を内包した一人一人の人間のなかでは、葛藤が起こっているのだ。

たしかに、知性は召命を後回しにしたり、抑圧したり、裏切ったりすることができる。だからといって、必ずしも罰せられたり呪われたりするわけではない。ダイモーンは、必ずしも付きまとう悪霊やキリスト教の天の猟犬ではない。復讐の女神は、必然の女神の娘ではない。実際、必然は、ただ、ほかではありえないもの、逃げ出すことができないものを指しているだけである。逃避は罪ではない。必然の女神は倫理家ではないのだ。逃避そのものもまた音楽にとりくむことや胸に矢を受けることと同じく、魂の籤やパターンに属しているかもしれない。

ハリー・フーディーニは逃避でキャリアを築き上げた。それは彼の運命だった。「彼は、自分の人生をでっちあげるのをやめたことがなかった」し、そこで「学者ぶった真実」の牢獄から常に逃げ出していたのだ。[*20] 彼は、しつらえられたあらゆる密室から脱出しようとした。その密室のなかには、事実もある。例えば、彼の出生地は？（ウィスコンシンか、ハンガリーか？）。誕生日は？（三月二四日か四月六日か？）。彼の名は？（エアリッヒかエリックか？）。ついには彼は自分の姓（ワイエス）からも、一七歳のときに偉大な一九世紀フランスのマジシャン、ロベール＝ヒュダンの伝記を読んだことから、「フーディーニ」という名前を作り上げて逃げ出したのだった。

フーディーニはあらゆるメルクリウス的な巧みさをもってすべての必然を乗り越えて来た。貧困、失業、偏見、失敗——これらの方法では神々も彼を捕らまえることはできなかった。彼はどんな拘束服からも独房からも銀行の保管庫からも脱出した。とくに観客が興奮したのは、縛り上げられた上に氷水のなかに沈んだ金属の棺に閉じ込められ、そこから脱出し、水上に出て息をする脱出劇だった。

彼は外的世界の棺からは脱出した。しかし、その鍛え上げられた男性的な体のなかで慢性化した虫垂炎がついに破裂し、ゆっくりとした死に向かわせたことからは避けられなかった。

フーディーニの物語はマノレーテの人生と、そしてわたしたちの人生と似てはいないだろうか。どんぐりの視点は、人生を逆向きに読ませる。闘牛がマノレーテを待ち構えていたように、虫垂炎がフーディーニを待ち構えていた。どんぐりによって与えられたヒロイックな戦いの、驚異的な努力、そしてその成功の上に不可避の必然がのしかかってくる。そしてついに、死の床で彼は最期に妻に言ったのだった。「僕は疲れた。もう戦いたくない」

脱出芸の名人ですら必然には出会う。アナンケーの鎖は見えるものでも不可視のものでもある。「ほかにはありようのないもの」が起こったときには、人生の営みやそれが起こった理由を最もよく説明するのはどんぐり理論なのである。

自分のダイモーンに忠実であればあるほど、自分の運命の一部である死に接近することになる。ダイモーンは死について知っているだろうから、飛行機に乗ったり突然の病気の前にはそれを告げているのではと思われる。それは、自分の運命なのか。そしてそれは今でなければならないのか。召命の要求が、不可避の、必然としてあらわれるときに、死のテーマが再び現れてくる。「私が本当にしたいことをすれば、そのために死ぬことになるだろう。けれど、もししなかったら、わたしは死んでしまう」。召命を生きるべきか、生きぬべきか、それは今でも問題であり続けているようだ。

恐らく、召命と運命はわかちがたいものであるゆえに、この二つの重要性を主張するダイモーンとその理論を人は避けたがるのだろう。そこで多くの場合、人を両親の力に縛り付け、社会学的な条件や遺伝子的な決定因子に責任を負わせる理論を発明し、その理論に傾くようになる。そして運命に対するこれらの深い影響力も死の力の前には無力であるという事実から逃げ出そうとする。死は唯一の完全な必然である。元型的な必然の女神は人生を支配し、その娘である運命と人生の糸を紡いでいるのだ。その糸の長さと、不可逆的な一方方向の流れは同じパターンの一部をなしているのであり、それ以外にはありようはないのである。

第10章

悪の種子

……悪の種子を阻むことは、悪の種子を完全に認めることからはじまるのだ。これがこの章、そしてこの本の意図のすべてでもある。人間の人格の扇動者としてのダイモーンに目をつぶっているかぎり、そして脳の構造や社会的状況や行動機構や遺伝的内容ばかりに目をむけているかぎり、ダイモーンは、ありきたりの世界におだやかに着地することはない。ダイモーンは光に向かって扇動し続ける。ダイモーンは見られることを望む。太陽の下での居場所を探すだろう。

生《ナチュラル》まれつき《・ボーン・》の殺人者《キラー》はいるか？

悪漢、犯罪者、サディスト、連続暴行犯――これら暗黒世界の大物、小物すべて――彼らの魂も必然の女神の手配によって生まれて来たのだろうか。またしても、プロティノスは幾世紀も前にこう問いかけている。「神々が邪悪な性格を与えるということがどうしてあるのか」(＊1)。殺人者になるよう運命づけられ生まれることはあるのか？　どんぐりは悪の種子を秘めることもあるのだろうか。あるいは、犯罪的なサイコパスは、そもそも魂などもっていないのだろうか。

悪の種子についての問いは、悪の性質を問いかけることにほかならない。この問いに答えるために、アドルフ・ヒトラー（1889〜1945）を検討してみよう。ヒトラーは全時代を通じての、というわけではないにしても少なくとも現代の究極の犯罪的サイコパスの殺人者である。

ヒトラーを検討すれば、理解に苦しむサディスティックな殺人者や残酷な人物のケースの多くを検討するよりも益が得られる。第一に、それはここまでやってきた方法論、つまり普通のものを理解するために、極端な例を見る、という方法論を敷衍《ふえん》できる。第二にこの一つの典型例は、ダイモーンが性格と習慣的な行動のなかにいかに現れるかを明確に明かす。第三にヒトラーの巨大さと対決することで、彼がわたしたちの時代に残した巨大なものと向き合うことになる。ヒトラー現象は、市民としてのわたしたちの生き方と、共犯関係ともいうべき間柄にある。「集合的に共有された信念体系への、自己超越的な献身が生んだホロコーストに比べれば」、チャールズ・マンソン、ジェフリー・ダーマー、ジョン・ウェイン、ゲイシイらの犯罪など「個人の暴力で引き

起こされた傷跡はさほど重要ではない」のだ。(*2)

ヒトラー後の時代に生きる西洋の良心的な市民であるためには二〇世紀前半のヒトラーの時代のイメージを思い起こし、教訓とするばかりではなく、この同じ西洋社会が抱えている悪魔的な可能性のあらわれとしてヒトラーを振り返る義務がある。ヒトラーについて思いをめぐらすことは、精神病理学の症例研究や独裁政治についての研究の提示、あるいはメイラー、カポーティ、サルトルなどが精神病理学的な主題を題材にして書いた戯曲などの作品化を超えたことだ。それは心理学的気づきのための一種の儀式、それはホロコーストや第二次世界大戦を振り返ることと同じように良心的な人間にとって必要な営みなのだ。ヒトラーについての研究は西洋の心をもつ人間すべてにとって、悔恨の念をひきおこす仕事だ。西洋の心は無意識的にヒトラーの行動に加担したのである。わたしたちの無意識的な加担が、ヒトラーをその乗り物として選んだあの悪魔にとって幸いしたのだ。かくも邪悪な姿で現れたのだから、悪魔はもはやわたしたちを再び盲目にする必要はないだろう。ダイモーンが悪魔的に現れる仕方、ゲニウスが邪悪に現れるときのやり方を研究することも、ここでの目的だ。

最悪のものに集中することの欠点は、小物の殺人者を見落としてしまうことだ。ヒトラーを見ているあまりに、すぐそばにいる悪魔を見逃す可能性がある。顔も見たことのない委員会構成員や行政職についた人々が共同体を破壊し、家族を壊し、自然を傷つける決定を下す。成功したサイコパスが大衆を喜ばせ、選挙で勝利する。何でも好きなものを映す分厚いテレビのブラウン管やそのカメレオンのような変化は、無関心、冷たさ、そして表面的な魅力を好む。これは政治的、法的、宗教的な機構の高い地位にあるものが、表面的には立派な装いを好むのと同じだ。成功を崇拝する世界のなかでのしあがってくるものはだれもが怪しい。今はサイコパスの時代なのだ。今日のサイコパスはもはや一九二〇年代のモノクロの犯罪映画のようなこそこそ歩く泥棒ネズミなどではない。賓客《ひんきゃく》として防弾ガラスつきの高級車で通りを凱旋《がいせん》し、国を動かし、国連に代表者を送っているのだ。ヒトラーは今では時代遅れのスタイルなのであってそれにとらわれていると今日の、そして未来の悪魔的な存在がかぶっている仮面を見落とすことになる。時代を超えた悪魔はこの世に現代的な衣装をまとってすべりこむ。彼は正装して、人を殺す。

信頼できる情報提供者や歴史家伝記作家が告げるヒトラーの習癖には彼が彼のダイモーンと一体化していた、ないし憑依《ひょうい》されていたことの証拠を見いだせる。ヒトラーの憑依とこの本に出てくるほかの人々の本質的な違いは、そのパーソナリティとダイモーンの性質にある。——パーソナリティに落ちた悪の種子。彼のパーソナリティはそれに何の疑いも抵抗も見せなかった。

このあとで示すように、どんぐり理論はヒトラー現象をほかの方法と同じようにうまく説明《イメージ》できる。ほかの理論についてはこの章のあとで要約しておく。悪魔《デーモン》ないし邪悪なゲニウスの観念は、なぜ彼がドイツの人々の内にあった影の力に訴えかけることができたか、そして、悪魔的なヴィジョンに盲目にされ、黙従する集団の価値観を作り上げたかをうまく説明するだろう。たった一つの種子によってヒトラーが何百万人もの人を集合的に悪魔化させた魔力を見れば、ジェフリー・ダーマー、アンドレイ・チカチーロ、デニス・ニールセン、ペーター・サトクリフ、ジュアン・コロナなどのサイコパスが、多くの犠牲者を魅了できたことも理解できよう。恐らく純真無垢さのほうが邪悪さよりも神秘なのかもしれない。

ヒトラー

ヒトラーの性格《キャラクター》は現代の文明の運命の一部ともなっている。ここではその性格を二つのステップにそって検討してゆこう。まず最初に、伝統的に邪悪、死、破壊を表す象徴の特徴を挙げる。それからヒトラーの伝記に見られる、実際の不可視の存在を証す一連の小さな特徴を分析してゆくことにしよう。

1　冷淡な心《ハート》

その最期のとき、地下壕でヒトラーは指揮官たちへの最後の演説の中で言った。「どんなことがあろうとも、我が心《ハート》は氷のごとく冷徹なままであろう」。委員会では彼はゲーリングに賛辞を送っている。ヒトラーが言うには、ゲーリングは「いつでも自分が氷のように冷徹であることを示した。……彼はわたしと辛苦を共にしたが、いつも冷徹だった。事態が真に悪化するたび、彼は氷のごとくなった」(＊3)

ダンテによれば、地獄の底は氷の世界で、そこにはカイン、ユダ、ルシファーといった大罪人が住むという。伝説や迷信、そして中世後期からルネサンスの異端審問の教義によれば、悪魔のペニスは氷のように冷たく精液は冷たいという。(＊4)

氷のような心が示す心理的な傾向は、硬直的で、自分を曲げられず、何も忘れられず、頑迷であることである。ウェイトは、ヒトラーの生涯の四つの時期を通じて集められた証言がすべて「どこか頑なで融通がきかず、頑として剛直なところがあり……アドルフは自身の性質や考えを変えることができなかった」(＊5)という点で一致すると報告している。一九四五年、その最期に「側近の一人が何か別な策があったかもしれないと言ったとき、アドルフ・ヒトラーは、顔に苦悶《くもん》を浮かべ叫んだ。『分からないのか、わたしは変われないのだ！』」。彼の習癖のすべて――着るもの、歯磨きの習慣、選ぶ音楽や映画、時間予定――は反復的だった。犬をつれて散歩に出るのも毎日決まった時間だった。そこでは彼は同じ方角に、同じ場所で同じ木片を投げるのだった。(＊6)

2　地獄の業火《ヘルファイア》

さらに一般的な地獄のイメージには火がある。ダイモーンは長らく火に結び付けられてきた。例えば、人の天才性《ゲニウス》は、オーラのような後光、炎の輪として形容されることもある。ヒトラーのダイモーンは火をその悪魔的な働きの道具にした――国会議事堂の炎上は彼が権力をつかむにあたっての舞台を用意した。また燃え盛る松明《たいまつ》をかかげた夜の行進。強制収容所の窯と煙突。ガソリンをかけられ、火に包まれたベルリンの地下壕での彼の遺体など。ナチの指導者の一人であったヘルマン・ラウシュニングは後年脱退し、戦争前に手記を出版している。ヒトラーは彼と戦争前に会話したとき（一九三二）に、自身の最期、ドイツの最期を予期していた。ヒトラーは言っている。「我々は負けるかもしれない。しかしそのときには世界を道連れにする――炎のなかに」。(＊7)そして彼はワグナーの『神々の黄昏《たそがれ》』のテーマを口ずさみ始めたのだという。

火はさまざまな象徴的な価値をもつ。変容、洗礼、通過儀礼、また暖めたり知識を与えたり、闇に光をもたらしたりすることなどだ。しかしヒトラーにとっては、火の力はただただ破壊的なものだった。ドレスデン爆撃は悪魔の声に応じた炎が人々や文化をつつみ、死の悪魔が到来する最高潮の瞬間だったのだ。

3　狼

ヒトラーは若いころ自身をヘル・ヴォルフ（狼氏）と呼び、妹の名前をフラウ・ヴォルフに変えさせた。地下壕での最期の日々には、ヴォルフと名づけた子犬をかわいがり、ほかのだれにも触れさせなかった。狼の霊は、ヒトラーがその名を「アタルヴォルフ」、すなわち「高貴な狼」にちなんでアドルフと改名した、少年時代にすでに現れている。彼はその軍の司令部のうち三つを「ヴォルフシュシャンツェ（狼の土塁）」「ヴォルフシュルヒト」（狼の穴）「ヴァーヴォルフ」（人狼）とした。彼のお気に入りの犬はヴォルフシュンデ、つまりアルザチアン「ジャーマン・シープ・ドッグ」であった。「彼はSS（親衛隊）を『我が狼の一団』と呼んでいた」……しばしば、無意識のうちに彼は口笛を吹き、言ったという。「大きく凶暴な狼を恐れるものはだれか?」。(＊8) この狼との自己同一化がもつ元型的な力はいまだにわたしたちの生活にも影響を及ぼしている。冷戦と現代のヨーロッパの東西分裂の底にも、それが存在しているのだ。アメリカの知識人たちは、ヒトラーの「人狼」のごとき軍が毒ガスと秘密兵器を保有し、復讐を誓って狼を表す古代のルーン文字を家屋に記しているとか、ヒトラーとその一味はバヴァリアの山脈に砦を作り立てこもって恐るべき作戦を練っているとさえ信じるようになった。オマール・ブレイドリィ将軍はアメリカ軍をこの狼の軍の幻想に対峙させるべく南ドイツに向けた。また、それどころかスターリンも驚いたことだが、連合国軍はその部隊をベルリンに向けさせたのだった。(＊9)

実際の狼の姿や、養育する母、迷子の保護者といった狼の象徴的な意味もないわけではないが、狼を極悪非道の死の悪魔とみなす長い伝統はゲルマン諸国ばかりではなく、広い文化にまたがって存在している。(＊10)

4　肛門性

ヒトラーは浣腸《かんちょう》をしていたという。彼は腸内発酵に悩まされていたのだ。また触ること触られること、食餌、消化、清潔などにかんする強迫観念ももっていた。また女性のパートナーに汚物をかけられることによって性的な喜びを得ていたことを示す説得力のある証拠もある。(＊11)

これもまた悪魔を連想させる。悪魔は身体のうちとくに肛門をその座として選ぶという。——だからこそソドミィ(肛門性交)は罪なのであり、清潔さは神聖さに近しい。その逆に地獄には硫黄の臭いがたちこめ、中世の木版画では悪魔の顔は臀部《でんぶ》についていたのだ。野蛮な下剤による治療には神学的な要素が含まれている。それは邪悪なものを排出する、というのだから。また反キリスト教的な性行為、キリスト教的な愛の対極、マルキ・ド・サド的なものは主に肛門性愛を強調しているわけだ。キリスト教徒が罪人になしたような、残酷な平手打ちから焼き印までの尻に向けられた懲罰は、肉体の穴に巣くう悪魔への責め苦として正当化された。

このようにして肛門をめぐる想像力は遠く深く進んで行く。肛門性は、彼の硬直性やサディズムを説き明かすための、ヒトラーの性格の発達段階のひとつであるにとどまらない。もし肛門が悪霊がとりつく性的部位だとすれば、肛門への執着は単なる排泄《はいせつ》のトレーニング期への固着の表現であるばかりでなく、悪魔的なものを常に現前させる儀式的な象徴の場ともなるのである。

5　女性たちの自殺

ヒトラーと関係をもったり親密であったり「恋をした」と確かな筋から報告されている女性のうち六人が――この六人以外につきあった人はそんなにはいない――自殺をしたり、自殺を試みたりしている。(*12) そのなかには一〇代の少女、ミミ・ライターや「生涯の恋人」ゲリ・ラウバルもいる。ヒトラーは三七歳のときミミに恋したが、ミミは突然彼が裏切ったときに首を吊ろうとした。エヴァ・ブラウンは一九三二年に自分の胸を撃ったがそのときは助かった。しかしのちに地下壕のなかで生死を共にするという約束を守ってヒトラーとともに死んだのだった。

心理学的にはヒトラーは心理的に特異な女性に引かれるのだと説明することもできる。彼女たちは破壊衝動をもっているのだ。またヒトラーの性的機能不全や恐らくあったであろう嗜糞《しふん》症が女性たちに急性の自己嫌悪を引き起こし、「不名誉より死を」選ばせたのだろうとも説明づけられる。あるいは、もっと悪魔的な想像もできる。狼、地獄の業火、氷のような心と親しくなると生きているのが不可能になるのではないか。これらの女性たちは悪魔を愛したことを直感していたのだろうか。

6 フリークス

衣装、パレード、祭典、また特定の身ぶり(グースステッピング〔訳注 足をまっすぐ伸ばしての歩行〕や腕を曲げてのあいさつ)がかもすサーカスのような雰囲気には、またフリークスの存在も一役かっていた。ヒトラーの長年のお抱え運転手は非常に小さかったのでハンドルごしに前を見るためにシートの下にはブロックをいれて台にしていた。エルンスト・レームが殺された後、そのポストをついだ茶《ブラウン》シャツ党員のリーダーは、片目だった。ヨセフ・ゲッペルスは湾曲足だったし、公式のカメラマンはアルコール依存症で背中が変形していた。またヒトラーの広報委員であったマックス・アマン、そしてその最初の出納官は片腕であった。アマンはまた小人のようであった。副広報官は耳が全く聞こえず、マーティン・ボルマンはアルコール依存症でルドルフ・ヘスはパラノイド、ヘルマン・ゲーリングはモルヒネ中毒であった。国家労働党首ロベルト・レイには言語障害があった。(＊13)

世界大戦の結果、一九二〇年代、三〇年代にはヨーロッパ中で市場に、町に、体に障害があったり、足が不自由な人々、盲目の人があふれ物乞いをするようになった。表現主義の芸術、キャバレーの座興、また夜の町の売春宿などではそんな人々が見世物にされていた。しかしヒトラーの側近たちはその地位の高さからいって全く奇妙なフリークスの集まりだった。肉体の上で彼らに似た人々は、一方では強制収容所で抹殺されていたのだから。

悪魔学の歴史では、半‐人間はすなわち非‐人間を表すとされ、彼らがファンタジーや映画のなかでは鉤手《かぎて》、片目の海賊や片足を引きずる追跡者、背骨の湾曲した人のようになって常人の世界を脅かすというのだ。ヒトラーのお気に入りの二つの映画、『キングコング』と『白雪姫』は、奇形の見世物でもある。

このようなハンデのある人々を法的に社会に受け入れ、熱意をもって援助しようとしてきたのはアメリカの民主精神の、称賛に値する達成である。この「フリークス」の存在の受容は社会を豊かにし愛の念を広めたばかりではない。またこれは、多くの文化の中で邪悪で地下の悪魔のごときイメージを背負わされている、ハンデをもつ人々にかけられた象徴的な呪いを解いたのだ。

7 ユーモアのないヒトラー

フリークス、衣装、劇場、ページェントはあった。しかし、喜劇はなかった。「ヒトラーにはユーモアがなかった」と、建築家であり軍の高官であったアルベルト・シュピールは言う。ヒトラーのそばで日々働いていた秘書は言っている。「心からヒトラーが笑っているのは見たことがない、と言わざるを得ません」。また若いころの友人は「彼は自分へのアイロニーが全くありませんでした。彼は……何かを笑って流すことができなかったのです」。兵士たちといた時には「彼は笑うこともなく冗談も言わなかった」。また笑い者にされるのを恐れてもいた。彼は含意のある冗談は言わなかったし、また自分の前では冗談を禁じていた(*14)。

悪魔はトリックスターのようにふるまい、ウィットを見せ、道化を演じ、ジグ舞曲を踊りジョーカーとして現れるが、謙虚なユーモアを見せることは全くない。そう、絶対にないのだ! ユーモアという言葉は湿度を与え、何かを柔らかくし、人生に親しみやすさを与えることを意味している。それは誇大妄想から人を解き放ち、自己反省を促し、また自分を過大評価することから救い出してくれる。自分にクギを刺すという意味でユーモアはこの世で生きてゆくために不可欠なものだ。人間喜劇《グロウ・ダウン》として自身の愚かさを笑って認めることは、ニンニクや十字架と同じように悪魔を追い払う。映画『チャップリンの独裁者』は、ヒトラーを茶化しているばかりではない。それは悪魔的な自我膨張の愚かさ、小ささ、そして悲劇をも明らかにしているのである。

悪魔的なるものの一般的特徴

いかに悪の種子が働き、いかにそれが知られるようになるかを明らかにするために、ヒトラーの内なる悪魔的なものの存在を示す証拠をさらに示してみよう。

ヒトラーの学友であったアウグスト・キュビゼクは、母親がヒトラーの瞳――淡いブルーで鋭く、そしてまつげのない目――を恐れていたという。

高校時代のヒトラーの教師は彼の目を「輝いている」と形容している。キュビゼクはこうも書いている。「若いうちに人間のたぐいまれな特質がどこに現れるかと問われるなら、ただ『眼のなかに』と答えるしかない」。ヒトラーは自分の目が母親の目に似ていると考えていた。その目はお気に入りの画家(フランツ・フォン・スタック)が描く「メデューサの眼を思い起こさせた」という。ヒトラーは「鏡のなかをじっと凝視する」訓練をし、人を「視線で射る」ゲームを楽しんだ。かつてのイギリスのファシスト(そしてワグナーの義理の息子)ヒューストン・チェンバレンは彼にこう手紙を書いている。「あなたの目はまるで手をもっているようです。その手は人をつかんで離さないのです。……一撃であなたはわたしの魂の状態を変えてしまいました」

一九〇九年頃ヒトラーは知的な面での指導者の一人となるゲオルク・ランツ、反ユダヤ的空想家で『神―動物学、あるいはソドムの猿の人間の物語』『婦人権運動の危険と指導者たちの男性倫理の必要性』など奇妙な作品を残した人物に会っている。ランツはこのように書き残している。「進化した人種の最も重要でしかも決定的にエロティックな力は、その瞳にある……英雄的なエロティシズムは、瞳に宿る愛である」(*15)。ヒトラーの「英雄的エロティシズム」に捕らえられた多くの人の一人は、こう報告している。「わたしは彼の瞳をのぞき込みました。また彼もわたしの瞳をのぞき込んだのです。そのとき、願いはただひとつになりました――家に戻って一人で、この偉大で圧倒的な経験にひたりたかった」(*16)。「ベテランのドイツの劇作家」であるゲアハルト・ハウプトマンはついにヒトラーとまみえる機会を得た。「総統は握手をして彼の目を見つめた。それはだれもが震え上がるというあの有名な凝視だった。……のちにハウプトマンは友人に言っている。『あれは我が人生で最も偉大な瞬間だった！』」(*17)

伝統的に言われるようにもし目が魂の鏡であるとするなら、ヒトラーの目がもつ強制力は悪魔のまなざしだったのだろうか。彼の目は、内面世界の空虚さ、氷のごとき冷たい空隙、魂の不在を告げるものなのだろうか。答えはだれにも分からないが、ただ、その目の奇怪さを環境による条件づけに帰すことはできないのは確かだ。目の色は遺伝的に決定されていたのだとしても、そのメデューサのような眼力を染色体のせいにばかりにはできないのである。

多くの伝記をひいて告げて来たように、どんぐりが与える自信と確信は人生をさらに強力な力にゆだねることになる。「わたしは、まるで夢遊病者のように、天の摂理が命じた道に従ってゆくばかりだ」。ヒトラーは一九三六年の演説でそう言っている。ヒトラーは守護されていたし、またある運命を担わされていた。ほかの人とは違っていたのだ。一九一四年から一九一八年の戦争の間ずっと（そこで彼はたった一度軽傷を負う。また大事にはならなかったが毒ガスの影響をうけて、その影響は主に眼に現れた）。ほかの兵士たちはヒトラーを近寄りがたい孤高の「白い牛」とみなしていた。戦友たちは彼が「魔力に満ちた人生」を生きていると感じていた。「彼の連隊は三六回も大きな戦いに参加した……死の危険は千日以上もヒトラーに迫っていたが、不思議にもヒトラーが危険から逃れるのは実に不気味だった」(*18)。何度も彼は死を迎えるようにみえた。しかし、弾丸が同僚に当たったときも彼はそこから逃れたのだ。大きな攻撃のために連隊が全滅するときにも、だれかがヒトラーのほうを向いてこう言った。「あなたの名前を書いた弾丸〔訳注　あなたを狙う弾丸、という意味〕はない！」(*19)。権力を奪おうとし失敗に終わった「ビアホール一揆」（一九二三）の際、ヒトラーのボディガードは「ヒトラーの前面に出て彼に向けられた半ダースもの弾丸を受け止めた」(*20)。一九四四年七月の、周到に準備され、かつ大胆な暗殺計画も失敗した。発火ピンの不良と丈夫なテーブルの脚という偶然の要素が介入してヒトラーは助かったのだった。

一度、ヒトラーが一七歳のときに幸運は彼を裏切ったことがある。彼は宝籤を買った。そしてそれが当たった時のことを皮算用していた。しかし、籤は外れた。彼は激怒した。彼は絶対の信頼を寄せていた「摂理《プロヴィデンス》」、モイラ、フォルトゥナ、つまり幸運の女神に裏切られたのだった。ここで思い出していただけようが、モイラとは個人のダイモーンの別名である。

彼は運命、宿命、そして歴史の女神について語っている。彼のヴィジョンを開陳する『我が闘争』は、ヒトラー版のプラトンの神話で始まっている。彼はオーストリアのブラナウが、自分がこの世に生誕する場所として運命に選ばれたのだと宣言しているのだ。

ヒトラーの運命は彼に人間世界の外側の、夢遊病者でいられる自前の権利を与えた。その外部とは、超越の領域、神々自身が住まう領域でもある。ヒトラーのこの自己確信はいつでも自分は正しいという感覚を強め、そしてその強固な確信が、絶対の信念をもって、誤った方向に国家を導いていったのだった。絶対の正しさ、完全な確信――これらもまた、悪魔的なるもののしるしである。

七歳のころにすでに「ヒトラーは傲慢で怒りっぽく、誰のいうことも聞かなかった」と彼の兄弟アロイスはいっている。それはのちに将軍たちに耳を貸さなかったのと全く同じだ(*21)。また、彼は女性たちの声も聞かなかった。

彼はただ、唯一の同伴者たるダイモーンの声を聞くばかりだったのだ。導きのためのささやきがほかのものを打ち消す悪魔の声となったときに権力が崩壊しはじめるのを、わたしたちは目の当たりにする。種子は絶対的な、そして不気味な知となりはじめるのだ。神は全知で、人間はすべてを知るものとなった。そしてヒトラーはほかの人と何も意見を交わさなくなったのだ。ヒトラーに教えるべきものなど何もなくなってしまった。

　この全知を示すために彼は多くの事実を暗記した。連隊、予備隊の場所、艦隊の移動経過、乗り物の種類など——これはすべて、ヒトラーに疑問を差し挟む人間を圧倒し、司令官たちの顔色をなからしめるために使われた。これらの情報が彼の超越性を「証明」し、ヒトラーの思惟や反省の欠如、また会話をなりたたせる力のなさなどを覆い隠していたのだ。悪魔的なものは人とは深くはかかわらない。そのかわり、詳細な点や専門用語によって深みへの可能性をすべてふさいでしまうのだ。

　我が国はヒトラーから教訓を得るべきだろう。でないと、テレビの人気クイズ番組での勝利者に票を入れ、情報ハイウェイが知識への道だと子供たちに教えてしまうようになってしまうだろう。サイコパスのひとつのしるしが、ささいな知識を声高にひけらかすことだとすれば、思考より事実、あるいは批判精神より愛国主義的、政治的、宗教的に正しい「価値観」を強調するような教育によって高等教育を受けたサイコパスたちの国が生まれてしまうだろう。

　ダイモーンの超越性は時間の外側におかれる。そしてダイモーンはただこの世とかかわる《グロウ・ダウン》ことによってのみ、時間の中に降りてくるのだ。時間軸にそった人生《バイオグラフィ》から、ダイモーンの姿をつかみだすためには、直感の力を使って「人生を逆向きに読ま」なければならない（第4章）。直感はすべてをまるごと、一瞬のうちに見ることができる。時間は、ものごとを、最後に向けて出来事の継続的な連鎖のなかに展開させてゆく。ヒトラーの計画や力は、しかし、時間に沿っては進んでゆかなかった。ワグナー風の廃墟のなかにヒトラーの死があるように、その計画や権力は若いころのまま変わらなかったのだ。

ヒトラーは自分が時間に捕らえられたと感じていた。しばしば、彼はこう言っている。「わたしには時間がない」「時間はいつも……われわれに敵対する」。彼は腕時計をつけたことはなかったし、あるときなど持っていた懐中時計を止めてしまった。またヒトラーは昼はシェードを降ろし夜は明かりをつけて、一日のうちの光と闇の区別を消してしまった。地上に彼が打ち立てた王国は、一千年も続くはずだと彼は言った。またヒトラーが自己同一視した人物は、大王《フリードリヒ》、ビスマルク、キリストといった別の時代の存在たちであった。不眠症は、彼の大きな症状のひとつであった。

種子のなかのパターンにしてみれば、すべては現在に存在している。そして即時的にすべてをつなげてゆこうとするのだ。すべてが、今のうちに見えているのだから、すべてが今欲しくなるわけだ。

このような超越的な知覚は遍在する神にこそふさわしい。かつて説教師はこう説明している。「神は、すべてのことが一時におこらないように時間を創造された。時間はものを遅らせる。出来事は一つ一つ展開してゆく。時間に束縛された意識をもつ我々は、あることが別なことの原因となると信じている」。しかし、ダイモーンから見れば全体像にないものを何物もひきおこすことは時間にはできない。時間はただものを遅らせ、認識を止まらせるばかりだ。それによって、「この世への着地《グロウ・ダウン》」を推し進めるのである。

どんぐりの無時間性と、すべてを一時に引き起こそうとするその力は、ダイモーンの憑依、ダイモーンの悪魔化《デーモン》の徴候だ。すべてのことに時があり、時間を与えられたり、時間を持てたり、時間を使えたりできることへの感謝は悪の種子にはできないことだ。悪の種子はどんな妨害も許さない。狂信的な自我膨張に陥っているのだ（ヒトラーの電撃戦や障害を前にしたときの激怒などを見よ）。錬金術師はいう。「忍耐のうちに魂がある」「急《せ》く心は悪魔に由来する」

最後に、直接の悪魔の介入の証拠をお見せしよう。

彼にもっとも近しかったある男がこんなことをいっている。ヒトラーは、突然、夜中に笑いの発作を起こして目覚めることがあった。恐怖に震え、ベッドごと震わせた。……部屋中を徘徊《はいかい》し、荒々しく周囲を見渡した。「あいつだ！　あいつが来たんだ！」と叫んだ。唇は真っ青になっている。顔には汗がしたたり落ちていた。突然、指をおり、全く意味のない奇妙な言葉を発しはじめた。それは恐ろしいものだった。奇妙な構造をもつ、まったくドイツ語的ではない言語を使ったのだ。そして静かに棒立ちになり、ただ唇だけを動かしているのだった。マッサージをうけて、飲み物が運ばれる。そして、突然、叫ぶのだ。「あそこだ！　隅に！　誰だ！」

彼はまた足を踏み鳴らし、また金切り声を上げた。部屋には何も変わったことはないと告げられると、再び、彼は平静を取り戻すのだった。(＊22)

八つの説明

アリス・ミラーはこの物語を語りなおしている。彼女はヒトラーは、自分の苦痛を父親と結び付けてイメージしていたと想像している。彼女の因習的な考えはヒトラーが見ていた悪魔を、よみがえった父親に還元してしまっている。彼女は、弾圧されているアメリカ先住民やボーア人のふりをする、ヒトラーの戦争ごっこを、抑圧的な父親との対決であったとしている。さらに、ミラーの見方では、ヒトラーは抑圧的な父親に反抗していたばかりではなく、抑圧者であった父親と無意識のうちに同一化していたのだ。アリス・ミラーにとって、おびえるヒトラーの内側で働く衝動や取り憑いていた悪魔はダイモーンなどではなく、内面化された父親のイメージにすぎなかったのだ。(*23) こうして、両親の力という幻想が悪の存在を追い払っているというわけだ。

チャールズ・マンソンは一九世紀の切り裂きジャックのように、過去三〇年ほどにわたって西洋人の想像力のなかをうごめいていた恐怖の人物であったが、彼についての論も、両親の間違った教育にその責を求めている。こうした説明によれば悪の種子は「ピッチャー一杯のビールとひきかえにバーのウェイトレスに息子を売った」とされる母親に起因するものとなる。マンソンは、伝記作家にこの話を「なぜ自分がいつもアウトサイダーであったか」の理由として話しているのだ。(*24) ヒトラーであれ、あるいはそのほかの生まれつきの殺人者の場合であれ、もともと存在する、ダイモーンの召命がもたらす孤独感や孤立感を、現代の通俗心理学は両親の影響と発達心理理論以外では説明できないのだ。

オリバー・ストーンの映画でサイコパスを演じたウッディ・ハレルソンは、その役は「ナチュラル・ボーン・キラー

（生まれながらの殺人者）」であったと率直に言っている。しかし、脚本を書いたクエンティン・タランティーノと、監督のストーンは、自分たちの映画が示唆しているものを受け入れることができなかったようだ。彼らは性的虐待のシーンをフラッシュバックとして差し挟んで、使い古された心理学的な「理由」を作品にもちこんでいる。これらのどうでもよい挿入シーンによってサイコパス自身が犠牲者となるばかりではなく、映画のもつ重要な洞察をぼやかしてしまう。この映画の主題は、「意味のない行動」には実は理由があることを示している。それは、次の三通りの抗い難い動機の組みあわせである。すなわち、実は人を孤独にさせる、アメリカ的な愛に満ちた暮らしという反社会的な理想の肥大化。メディアによって認められることによる妄想の上での超越。そして、殺人へと駆りたてる悪の種子である。

生まれながらの悪の種子は、イギリスはニューカッスルのメリー・ベルの例においてきわめてはっきり見ることができる。この一〇歳の少女が、一九六八年に、二カ月と間をおかずマーティン（四歳）とブライアン（三歳）を素手で絞め殺したのだ。メリー・ベルの幼年期を調査したジタ・セレニィによると、彼女は子供を欲していなかった破壊的で統合失調症的な母親と暮らしていた。――実際、この母親は何度も子供を始末しようとしている。したがって、セレニィの見方では、二人の殺された子供は、実際にはメリー・ベルの母親がその手で犯した魂の殺人の犠牲者となるわけだ。非人間性は、非人間的な両親が作り出した。セレニィの書物は社会状況を改善するために書かれており、どんぐり理論、悪の種子の理論を否定しようとしている。「病んだ子供たちを怪物と呼び、生まれながらにして悪だとみる時代に、いまだに我々は生きているのだろうか」(*25)

しかし、メリー・ベルのもっとも幼いころの出来事にも、その不気味な運命を示すものとして読むことができるものがある。彼女は嫌われていて、ほかの子供たちからは隔離されていた。「わたしと遊びたいという子はだれもいなかった」。小学校の教師たちは、彼女が意地悪で生意気でずるいと考えていた。いつも作り話をしていて、本当の話と嘘を見分けるのは難しかった。証人席では、「彼女のそばにいた人々のみならず、傍聴人たちにすら、嫌悪をひきおこしてしまうのだった」。何かが、人間的な親しみを奪っていたのだ。

これは、赤ん坊のときですらそうだった。彼女の父方の伯母はしばらくの間、彼女を育てていたが、こういっている。「そのとき、彼女はただの赤ん坊だったのですが、彼女は何もしてほしくないようでした。誰にも抱かせたりキスさせたりしなかったのです。いつもそうでした。顔を背けてしまうのです」。セレニィは、母親のことは書いている。「メリーは、豊かな愛が手に届くところにありました。ただ、わたしたちにはそれが受け入れられなかったようなのです」[*26]

さらに、死への誘惑が生まれる。四歳になるまえに、メリーは四度、死に瀕する危険にさらされているのだ。毒や丸薬を手にしたり、窓から落ちて死にそうになっているのだ。どんぐりは、すでにこの世にやってくるべきではないことを知っていたのだろうか。「とても注意深い女性」だった祖母の家で、メリーは――わずか一歳だった！――祖母の薬を飲んでしまった。「そのためには、赤ん坊が編み針を見つけて［薬を隠した箱を開けるために］、立ち上がって蓄音機に手を伸ばし、それを開けて注意深く隠してあるビンをとりだして、その蓋を回して開け、とりだした苦い薬を致死量ぎりぎりまで飲まねばならない」のだ。

首を絞めたことに関しても、『死』『殺人』『殺傷』などはメリーにとってはふつうとは違う意味あいがあった……彼女にとってはそれらすべてはゲームだったのだ」という。[*27]

メリー・ベルの事例は、原因のパズルにわたしたちを連れこむ。ジタ・セレニィは、もしメリーの母親が適切な精神医学的ケアを受けていれば、そして学校カウンセリングとましな社会—経済的状況にあれば、ブライアンとマーティンは殺されなくてすんだと明らかに信じている。

アリス・ミラーも、セレニィに同意するだろう。ミラーもはっきりと「あらゆる奇異な行動は幼年時代にその起源をもち」、かつ「ヒトラーは、見事に自分の家族生活のトラウマをドイツ国家全体に転移させてしまった」と断言する。(*28) ヘレム・スティアーリンの「心理歴史学《サイコヒストリー》」である、『アドルフ・ヒトラー、家族論の視点から』も、その考えに一致している。それらをみると、もしこのオーストリア人の家庭に、幼年期の心理療法の介入があったら世界史の軌跡全体が変えられたかのように聞こえる。二千万人のロシアの死傷者、六百万人のユダヤ人、またほかの地域の犠牲者はいうにおよばず、ドイツ人の戦死者たちすべてが、幼いアドルフへの体罰や彼の母親のふるまいなどによって生まれたのだろうか。

もしセレニィとミラーが一抹の真実を握っていたとしても、さらに疑問は残る。彼らの場合、あるいはほかのサイコパスの場合にも、「家系にひそむ」遺伝的な要因も、作用したのではないだろうか。ある種の人々はもともと悪魔的で、人の力が及ばないということではないのか。シェイクスピアのプロスペローは、怪物キャリバンのことを、まるでイライラしたセラピストのようにこういっている。「悪魔だ、生まれながらの悪魔だ、あの曲がった根性、躾ではどうにもならぬ、私も随分苦労したが、それも奴のためを思えばこそ、が、何も彼も無駄になった」(『あらし』四幕一、一八九、福田恆存訳、新潮文庫版より)。メリーやヒトラーの奇妙な冷酷さや死への衝動について読むにつれ、その育ちや遺伝以外の何かがあるように思われる。あるいは彼らの魂のなかの何かの欠落、あるいは、魂そのものの欠落があるのではないだろうか。

ここで、悪の種子に関する、主な説明モデルを並べてみよう。すべてを一つひとつ並べるので、それらの違いがはっきりと分かるようになるだろう。しかし、もちろん、八つのうちひとつが、ほかの仮説と組み合わさって使われていることもある。どのモデルも、それが唯一の真理であるとは主張していない。

この章がどの本よりも、それらの理論の間にくっきりとした違いを示しているのは、多分、その対象がヒトラーであるためだ。ヒトラーのイメージは極めて有毒で、暴力的なために、特別の扱いを必要とする。小さなものでも証拠や告発の一つひとつが数え上げられ、別々に分類されねばならない。イスラエルでのアドルフ・アイヒマンやフランスのクラウス・バービー、ニュルンベルクでの裁判などの審問で、手のかかる、そして強迫的な方法論が用いられたのもわかるというものだ。この一歩一歩コトをすすめてゆく合理主義の、統制のきいた注意深さが、議論のなかに悪魔的な力が入り込むのを防いでいる。ここでは、被告発者の行動をまず説明する、以下に挙げる八つのモデルのスケッチと見比べながら、悪の種子が裁判にかけられたと想像してみよう。

1　幼年期のトラウマ的条件

赤ん坊時代、子供時代の虐待や残酷な仕打ちや十分な保護を与えられない環境のせいで、今のような人間になってしまった。(*29) おそらく、分娩前後の困難、栄養失調、子供時代の頭部の負傷などで悪影響を受けたのかもしれない。望まれない子供として生まれ、残酷で暴力的な雰囲気のなかでも生き延びなければならなかったのかもしれない。あるいは、伝えられたメッセージがダブルバインドだった。つまり、両親の言葉は現実に合致しておらず、何が起こるかわからないような状態で生きなければならなかった。あるいは、いつも極度に生命力を酷使せねばならなかった。暴君の前に無力だった。自分の尊厳を奪われていた。早いうちにそのパターンを身につけてしまい、それがどんどんひどくなっていった。最初の悪から、さらに悪い存在へと進んでしまったのだ。

2 遺伝的傾向

恐らく、機能不全の生物学的構造を生まれもっていたのだろう。過剰なテストステロン、ホルモンの不均衡、電気的不活性、自律性の不活性、遺伝異常など。身体的な欠点が行動を決定するという観念は一九世紀の精神医学では重要な位置を占めていた。何世代にもわたって耳や手のしわに痕跡を残す家系史から、この理論は出てきている。精神医学の教科書は、グロテスクな「退化した存在」のギャラリーを示していた。彼らの「実質」の生命力は、その祖父母の過度な飲酒や異常な性行為によって低下してしまったのだ。犯罪的な精神異常者は生物―生理学的な力の結果である。彼らは、天才や芸術家たちとも、ある種の解剖学的特徴を共有しており、また性的リビドーにも影響されている。(*30) その条件は、物理的に介入しないかぎり変更は不可能で、そのため「犯罪傾向のある異常者」の終身にわたる監禁や割礼、電気ショック、ロボトミー手術、ナチスの下では生体解剖、抹殺などが正当化されてきたのだ。今日生理学的モデルは、より巧妙なやりくちで、行動を抑制するための薬理学的兵器を用いている。つまり、小さな錠剤を口に投げ入れる、というわけだ。

3　集団の性癖

生物学的性質や社会学的条件づけは、下地を作るのかもしれないが、決定的なその誘発要因は、社会的環境、とくに近年の長い青春期における刺激である。ストリートでの習癖、ギャングの掟、牢のなかの不文律、軍隊的な教化、軍事的イデオロギー、集団キャンプでの内容、そしてマフィア家族における警察への非協力(オメルタ)などなど。自分が同一化したこれらの集団の習俗が、価値観を決定し、行動のスタイルを決める。これらのスタイルは血肉となる。そしてそれが近所で「陰口をたたかれ」るなど脅威にさらされたとき大きな反射的な反応となって現れる。犯罪や暴力は集団のエートスに属する。——ちょうど、ヒトラーの突撃隊たちがかつてストリート・ギャングだったように——そして放火、略奪、強姦などは戦いに勝利した軍隊が犯すのである。これらすべてのことは、相対的に見て生理学や幼年期の環境要因からは独立したものだ。郷に入れば、郷に従って悪事もなすというわけだ。

シカゴの犯罪者の王、アル・カポネの伝記作家は、幼年期のブルックリンの環境や集団の習俗を用いて、犯罪への召命を典型的な方法で説明している。

八人、一〇人、いや一二人が二つか三つのじめじめしてすすけた部屋で寝起きし顔を洗い服を着ているような状態。あるいは窓から投げ捨てられたゴミから虫がわき玄関も下水からあふれた糞便で汚れているような、そしていつも凍えているか、うだっているかどちらかの状態。そしてたえずだれとなく金切り声を上げていて、ちょっとしたことで鞭を振るわれるようなところ。そんな

ところで暮らしていたら。そんなところに一秒でも長く止まろうとするような少年がいるだろうか。ストリート・ギャングは逃避者なのだ。……彼らは自分たちのストリートの社会を作って大人たちの世界から独立して刃向かう。年長の強い少年に指揮されて、みんなで冒険のスリルを共有し、悪ふざけや探検、ギャンブルや万引き、蛮行、隠れタバコや飲酒、そして秘密の儀式や乱交、また敵のギャングとの抗戦などを楽しむのである。(*31)

4　選択機構

行動は自身の選択による。そして、自身の選択がすべてを条件付けてゆくのである。自分の選択は、自身の身体、幼年期の育ち、青春期の集団の習俗によって条件づけられてはいる。しかし、それらは殺人がもたらす利益の分析までには及んでいない。明らかに、そこには何かの利益があるはずなのだ。その尺度はシンプルである。人間の行動における、ジェレミイ・ベンサム流の功利上の微積分が示す、苦痛と快楽の比率。同じ考えがジェイムズ・Q・ウィルソンとリチャード・ヘレンスタインの賞罰概念に再び現れている。(*32)もし、ある種のパーソナリティにとって衝動的行為や計画的殺人から得られる報いが予期される罰を上回るのであれば、人は自動的、機械的に、それを実行するようになる。さらに、ヒトラーの場合のように、ひとつひとつの選択が成功の積み重ねとなってゆくなら、その成功は運命が自分を正しい道に導いているのだという感覚を強化するにちがいない。

5　カルマと時代精神

過去世のある部分が働き始めたのである。被告には遺伝的な汚点が染色体にはあるのかもしれないが、しかし、そうなったのはカルマのせいである。悪の種子は、自分で耐えねばならない何かの反映で、またそれは、世界の歴史、世界の時代精神に属している。フェイギン率いる少年強盗団にひきこまれていようが、あるいはインドのサーグ教団に秘儀参入されていようが、異常な身体反応を起こす身体的特徴をもっていようと、それらはすべて前世の結果としてカルマのせいなのだ。形而上学的な神秘がそこには働いている。それは人間の理性でははかりしれない。最悪の悪の種子も、時代精神の宇宙的パターンに参画しているのである。ヒトラー個人のカルマは宇宙の計画に属している。

6　シャドウ

生物学的、環境的要因を別にすれば、心理学上の破壊傾向はすべての人間のうちに存在している。暴力、犯罪、殺人、残酷さなどは、人間の魂の影《シャドウ》として存在している。聖書は、そのシャドウにきちんと向きあっている。十戒のうち五つは、盗み、殺し、姦淫、嘘、そしてねたみの禁止である。このような傾向は誰の中にも普遍的に存在しており、だからこそ自衛のための社会組織、政治団体、倫理的抑制は必要なのだ。もし人間の魂に影がなかったとしたら、弁護士や犯罪学者、懺悔《ざんげ》師（告解師）などだれが必要とするだろう。ジキル博士からハイド氏が現れてくるように、シャドウが自律性をもってたちあらわれる可能性はいつでも存在する。あるいは、『蝿の王』のように、極限的な状態でそれが現れてくることもあろう。生まれながらの殺人者は、人間的であっただけなのだ。人間は影をもつ。その影の深みは殺人にまでいたることもあるし、人間の行動はこの元型的力によって突き動かされている面もある。ヒトラーは影を熟知しており、しかもそれにどっぷりとつかり、影に取り憑かれ、それを追い払おうとした。しかし、ヒトラーは影が自身のうちにあるとは認められなかった。そこで彼は影をユダヤ人、スラブ人、知識人、外国人、弱者、病人に投影してみたのだった。

7 空隙

人間として何か根本的なものが抜け落ちている。性格《キャラクター》、パーソナリティの要素のなかに、穴が空いているのだ。犯罪は影の存在によるものではなく（誰にでも普遍的な元型の影響はある）、何か特定のものの不在、人間的な感情の欠落のために起こる。アドルフ・グッゲンビュール＝クレイグの理論では、その欠落している要素をエロスと呼んだ。(*33) カトリック神学はこの不在を「善の欠如」と呼んでいる。日常会話でも、わたしたちは「この少年にはよいところがない＝悪い子だ」というではないか。

そして、いろいろな性向がその空隙に入り込んでくる。衝動性（気の短さ）や近視眼的態度（目先の喜びが長期的な視野を凌駕する）、厳密な反復性、情緒的な貧しさ、未熟な知性、罪の意識に対する鈍感さ、投影と否認などなど。これらすべてが目につく。しかしその原理、より基本的なものは、エロスの欠如、冷たい不在、ほかの生きている存在に対する感情を持てないことなどなのだ。

イギリスの連続殺人犯デニス・ニールセンは少年の死体を自室において添い寝し、愛撫し交わった。ジェフリー・ダーマーは犠牲者の肉を食べた。彼らはキリスト教やチベットや日本の冥府の悪魔のようである。彼らは空虚さのなかからふつうの人間世界に何とか脱出しようとしていたのだろう。犯罪の性的な要素は原因ではなく、冷えてしまった生命の火を発火させ、生命力を生み出し、そして絆をつくって人間の肉体と交わろうとするための、症状なのである。

8　悪人には、悪魔の召命

避けようのない運命が存在している。過去世、今の肉体、そして世界史のなかの時代精神にどのようにかかわるかは、本人には関知できないしそれはまた理論をも超えている。この召命は超越性を与える。ガーランドにとって舞台が、パットン将軍にとって戦闘が、ピカソにとって絵画が必要だったように、悪人には超越性が必要であった。どんぐりには芸術や思想を生み出す可能性ばかりではなく、悪魔的犯罪の可能性も潜んでいる。

> **人は理解しないのだ。……人は家を求めても裏庭は求めず、またそんなふうにも糞をしない。我々は、特別な人間なのだ。魅惑を与える人間なのだ。一流の車、一流の女、一流の酒を持って来い。自分のことを噂されるのを聞け。キミが入っていったときに静まりかえるバーを見よ。無から何かを作り上げるのだ。**(＊34)

逸脱が超越に転じる。今の状況から抜け出し、「魅惑」の力に満たされよ。そして運命がもたらす、始原の超越性に触れるのだ。

悲劇『オセロ』の最終シーンで、殺人とオセロの高貴でだまされやすい性格の崩壊の原因がイアーゴであることがわかったとき、オセロは彼に問いかける。「いったいなぜこのわたしを、魂も肉休も、わなにかけたのかきいてみてください」。シェイクスピアはイアーゴに答えさせている。「俺にきいたって無駄だ。知っているだけのことはもう知っているはずだ」。これはイアーゴの最後の言葉であり、解釈者がその動機を推察するに任せるようになっている。しかし、このシェイクスピアが描く大悪役の言葉は、謎ではない。イアーゴは、つまりはこう言っているのだ。「もう知っているだろう、オセロよ。その直前に、おまえは俺のことを二度も悪魔だと呼んでいるではないか」［訳注　先のセリフの前にオセロはイアーゴに悪魔、と呼びかけている］。イアーゴは何もないところから悲劇を生み出した——まるでスポーツかゲームのように。

　悪の種子は悪行を喜び、破壊を楽しむ。メリー・ベルはブライアン殺害のときのことを、女流精神科医にこう語っている。「その日一日中、笑っていたの」。唯一の目撃者である一三歳の少女は、こう言っている。「あの子は、殺人を楽しんだといっていたわ」(*35)。悪魔的なことをするのには満足感がある。思春期前後の男の子にある性的な喜びも、そこにはともなうだろう。しかし、それは、メリー・ベルのようなケースには、あてはまりそうもない。

　唯物論では、この欲望を説明できない。ヒトラーは経済的な利益を求めて殺人国家を作ったわけではない。実際、彼が戦争で失った経済基盤や労力、野営にかけた金は押収した資産や獲得した金額よりもはるかに大きい。また、物質的な貧しさも、たとえ、大きな要因のひとつではあるにせよ、悪の種子——社会学者のジャック・カッツは、その悪の種子を「逸脱に向かう力」と言う——をすべて解きあかすことはできない。

　カッツの説は、哲学的概念（その一部はフランスの思想家ポール・リクールの『悪のシンボリズム』による）から来ている。それによれば、「無意味《センスレス》」な行動は、ただ正気でない、というだけではなく、ある意味を担っているのだという。無意味な行動は、世俗と神聖さの間を埋める。あらゆる戒律を破ることによって人間としての制約から自由になる。悪魔と神が区別できなくなる超人的な状況へと扉を開くのである。

黒ミサやユダヤのフランキズム、キリスト教の反戒律主義や悪魔教カルト、タントラなど過激な神秘主義は聖なるものを倫理のうちに止めているタブーを破ることを儀式としている。俗なるものを、想像出来る限りもっとも俗なる行動によって高揚させる。その力を聖なるものと区別できなくなるまで高めるのだ。

サイコパスの殺人はそれが非合理で無秩序であるがゆえに、無意味《センスレス》だと呼ばれるのではない。それは、動機がはっきりしない、という意味なのだ。その殺人は「逸脱の目まい」のゆえに、大胆な無謀さあるいは、犯罪が「神格化」をもたらす一種の変容であるがゆえに、「理解不能《センスレス》」と言われるのだ(＊36)。カッツは他界の側から、無意味さが意味を生み出すことを示した。殺人者の過去や現在などからではなく、殺人の結果新しく生まれる自分があるために無意味が意味をなすのだ。

このような意味の錯乱は、殺人の最中に見ることができる。サイコパス殺人者に関するブライアン・マスターの結論は（彼は一〇人の若者を殺したデニス・ニールセンを主に研究した）。「殺人のときに、殺人者の理性は鈍くなる」である(＊37)。ドイツで、少年たちを拷問にかけて殺した、オイゲン・バルトシュは、こういっている。「ある年齢になってから（一三歳から一四歳のころ）自分がしていることを制御できなくなったと感じている。……どうにかならないかと祈って願ってはみたが、どうしようもなかった」(＊38)。その原因は人間世界のものではないと感じ取って、彼は何か神的なものが介入していると思うようになった。青年たちを切り刻み、その肉を食ったジェフリー・ダーマーは、自分に何が起きたか説明できない。彼は自分を弁護せず、裁判にかけられることを選んだ。「自分をこのように邪悪にした原因は何か、知りたかったから」である。(*39)

一九九二年、裁判の間、彼の父親ライオネル・ダーマーは、自身の幼い頃の思い出が、息子と似ていることに衝撃を受けた。支配への「嗜好」、権力への欲望。破壊力をもつ物質での実験。感情からの断絶、そして冷酷さ。少女を誘惑する試み――それから、八歳から一二歳までの間に、恐ろしい殺人を犯す夢を見ていたこと。起きたときには、夢の中の犯罪は実にリアルに思えた。「文字通り、わたしは空想と現実の間をさまよっていた。自分がしてしまったかもしれないことにおびえた。自制心を失って、すぐにでも何かしでかしてしまうのではないかと思うようになっていた」

ライオネル・ダーマーは、父親として不適格であったこと、「言い訳ばかりで子供の心がわからなかった」ことに責任を感じている。とはいえ、彼はアリス・ミラーや、犯罪児を作り上げたとして両親を責める人々が考えているような、両親という力の幻想の枠には収まらないことを語っている。彼は何か不気味なものを持ちだしている。この父親は、ある種の「神秘的即融《パーティシペイション・ミスティーク》」、息子と悪魔的な素質を共有していたと考えているのだ。彼もまた、悪魔的な介入のもつ圧倒的な力を知っていた。悪の種子は、ジェフリーがまだ四つの頃に姿を現しているのだ。

一家はハロウィーンのためのカボチャ細工を作っていた(ハロウィーン〔訳注 万聖節。十月三十一日〕は、不可視の悪霊、魔物、魔女、そして死者たちを見えるようにするための夜だ)。ちょうど、彼らはカボチャにほほ笑んでいる顔を彫り付けようとしていたが、突然、ジェフリーは叫んだ。「もっと怖い顔がいい!」。家族はなだめすかして、ほほ笑んでいる顔を彫らせようとしたが、「彼はテーブルをたたき、声を荒らげて『だめ、怖い顔!』とせがんだ」のだった。

犠牲者の数の上で最悪だと思われる連続殺人者、アンドレイ・チカチーロは五〇人の若者や少女を殺したあと、南ウクライナでついに捕まった。彼は尋問されたときに、こう言っている。「何かがやれといったんだ。外側の、超自然的なものが。殺しをするとき、人を刺すとき、残忍になるときには、俺は自分を制することが全然できなかったんだ」。自白するときに、このような言葉を彼は繰り返していた。「獣じみた熱にとり憑かれていた。……何をやったか、ぼんやりしか覚えていない。……罪を犯すとき何もかも引き裂きたかった。……何が自分に起きたかわからない。……コントロールできない力に捕らえられたんだ。……圧倒的な力で……文字通り、震え始めたんだ」(*40)

どんぐりは、警告を与え、守護し相談にのり、導き、呼びかける天使であるばかりではない。どんぐりはまた、死に神のような力もふるう。一九四四年の暗殺未遂のおりにも、地下壕の最後の日々ですら、どんな状況でも恐れを知らぬと報じられたあのヒトラーを夜中に震え上がらせ、脅えさせたのはその力だ。その時の脅えの発作状態に匹敵するのは、演説台に上がって、身を震わせ大衆を幻惑しているときか、あるいはだれかに反対されての激昂のときくらいのものだろう。

悪の種子を阻止するには？

ここで実践的な問いが登場するのはさけられない。ヒトラーがもし悪の種子の化けものじみた例だったとするなら、未来のヒトラーの出現を阻止することはできるだろうか、という問いだ。

子供時代にも種子が存在したのは、明らかに思える。ヒトラーの子供時代の不明瞭な出自、黙示録的な逸話はダイモーンの生まれながらの存在を示している。オーストリア人であったのにもかかわらず一二歳ですでに見せた熱烈な親ゲルマン主義は来たるべきものを語っている。ヒトラーは一〇歳にしてイギリスを敵とするボーア戦争のまねごとに学友たちをたきつけた。一一歳で年下の子供たちを指揮する「大将」で、しかも打ちとけにくく、しかしファナティックであると目されていた。ヒトラーの青春に対するロマンティシズムは神話、オペラ、ワグナーへの傾倒に現れてもいる。

さらにそれより早く(七歳で)肩からエプロンをかけて「台所の椅子の上に上り、長く熱っぽい演説をした」。一四歳か一五歳ごろには驚くべき雄弁さで説教をし始めた。風に向かって語りかけるようで、目に見える存在である生身の人間性《パーソナリティ》を超越するような演説。それはまるで別の存在の声に憑依されたかのようで「ほとんど邪悪に見えた」。「彼はただただ、語らねばならなかったのです」と、少年時代の友人は言っている。(*41)

『我が闘争』はヒトラーが三〇代はじめに獄中で書いた本だが、そこには彼が実現したかった理想の計画が展開されている。読めばだれにでも、悲劇の全てがそこにあるのがすぐ読みとれるだろう。しかし、ユダヤ人、西洋の政治家、知識人や民主主義者、教会人は、そこに悪魔的なものを見いだすことができなかったのだ。悪を見極める深いまなざし《ダーク・アイ》は、人間の進歩と善意と平和へのまばゆい希望によって曇らされていた。

精神病理への深い感覚と悪魔的なるものはわたしたちのうちにいつもあるという強い確信なくしては、――極端な犯罪的なものではないにせよ――悪から目を背け、寛容なる無邪気の中に人は隠れるようになる。そしてその寛容さが悪にたいして大きく扉を開いてしまうのだ。再び言っておこう。暴君はだまされやすい大衆が支える。だまされやすい大衆がまたいかにたやすく暴政へと落ちて行くことか。悪を呼び込むのは無邪気さなのだ。

ヒトラーの伝記は子供時代、また若いころに現れた、診断のヒントを教えている。冷厳な瞳、氷のような心臓。ユーモアの欠如、自己への確信、ごうまんさ、かたくなさ、潔癖さ、シャドウのファナティックな投影、時間から踏み出すこと。幸運への神秘的なまでの信頼。障害があったときの激怒。信頼、忠誠へのパラノイア的こだわり。悪のシンボル(狼、炎、黙示録)への関心。孤高でいることの喜び、あるいは超越への召命。平凡さ、無知、無力さへの恐怖、などなどが危険な兆候だ。

この最後の、無力さへの恐怖について。ここでは、能力の不足と性的不能を区別しておかねばならない。ヒトラーの精神病を、噂される単一睾丸《こうがん》症のせいにすることは――チカチーロ、ギルモア、ニールセンの犯罪を性的機能不全のせいにすることと同じように――荷車を馬の前におくようなもので、話が逆だ。駆動力となっているのは、ダイモーンが要求するヴィジョンにたいして、自分が無能なのではないかと疑う深い恐怖なのだ。ダイモーンの発する異常な要求にふれたとき、この恐れは普通の人をすべて傷つける。悪魔主義は、想像上の、あるいは実際の性的機能不全から生まれるのでなく、ダイモーンとのかかわりの失敗から生まれる。人はあたりまえの人間の限界を否定して、ダイモーンのもつヴィジョンを満たそうとやっきになる――言い換えれば誇大妄想が生み出すのだ。

人間としての人格に可能なこととダイモーンが望むことの間の不均衡が無能力感を生み出す。この劣等感は、精神病理学の基礎である具体主義によって、性的な無能に由来すると狭い解釈をされる。精神病理学は、一般的にいって一言でいいあらわせる。それは具体主義だ、幻滅、幻覚、ファンタジー、投影、感情、願望を実際の、文字通りの、そして具体的な現実《リアル》とみなすのだ。例えば、第一次大戦での敗退による国家の弱体化を乗り越えようとする願望的な空想を、ヒトラーは文字どおりに受けとり、再軍備とデス・キャンプによって「弱さ」を徹底排除しようとした。この具体的思考が少年の痴漢や連続暴行犯には割礼することで治療法となるなどと信じさせる。彼らは性的に見えることは文字通り、ただ性的であると考えるからである。

このような取りちがえをしているのは西洋の心理学理論だけである。我らが理論は、自分が治療しようとする病理と同じ具体主義的なイマジネーションを抱えているのだ。現代の理論は、フロイト以前から、そう、恐らく聖パウロのころから文化に食い込んでいた性的ファンタジーにとりつかれている。精神病理に対する現代の理論は、それ自体ポルノグラフィ的だ(症例にみられるのぞき見趣味や好色さをみよ)。魂とダイモーンにとって、現代の理論はピューリタンたちが非難する商業的ポルノと変わらぬほど侮辱的でもあるのだ。

悪の種子を単一睾丸症に還元すると——ヒトラーは下半身を医者に調べさせたことはないから、それ自体事実かどうか疑問だが——無能さがもたらす深い感情、ダイモーンに応えられない、つまり召命やその大きなヴィジョン、熱狂的な衝動に自分がふさわしくないのではないかという感情を見落としてしまうことにつながる。「治療」とは性的能力の回復ではない。——もっと睾丸をということではない——どんぐりの力を、フロイトが陰嚢《いんのう》と呼んだ「小さな袋とその中身」に還元している具体主義から立ち直ることなのだ。

ジュディ・ガーランドは声の高さが合わなかったときも、あるいは歌詞を覚えていなかったときも歌わざるをえなかった。マノレーテは悪い予感を覚えたときも闘技場に上がるのを止められなかった。召命に抵抗するのはかくも難しい。ガーランドとマノレーテの才能がそのどんぐりにあったように、悪魔的犯罪者には精神病質がどんぐりに与えられている。精神医学や犯罪学が楽観的に信じているように、犯罪の可能性を転換したり抑制したり、昇華したりすることはできるかもしれない。しかし犯罪は選択というより必然の結果なのだ。サイコパスの場合、その召命の声は、本人の目、声、魅力、嘘、狡猾《こうかつ》さ、あるいはその肉体を使って力を発揮する。それらを使って本人の根本的な弱さを偽装させるのだ。この力は、種子のなかにあるのであって、本人の人格にあるのではないため、ヒトラーの場合がそうだったように、多少芸術的な才能やイマジネーションをもっていたとしても多くの場合は放浪者、不適応者となり、教育を完全には受けられず、ささいな誘惑に負けてしまう(カポーティ、メイラー、サルトルがその精神病を主題にした議論で強調していたことだ)。

人間としての人格とダイモーンの種子との間にある相違は極めて大きいので、人間界はその種子に養分を与えようとすると枯渇してしまうかのようだ。人間性はどんどん小さくなり「非人間」となり、ギリシャの神話で地下世界におりてきた人間(オデュッセウス)に血を求めた存在の如く、血に飢えるようになる。悪の種子は――おそらく、小さなレベルではどのどんぐりも――それが住み着くことを選んだ人間の人生にとって寄生虫のようなものだ。それは人を混乱させ、症状をひきおこし、退屈させエロスを飲みほし、人とかかわれなくする。わたしたちはそのような人々を孤独な人と呼ぶのだ。

しかし、孤独な者は一人で生きているのではない。彼、ないし彼女はダイモーンとともに生きている。不可視の非人間によって人間性からはひき離され、壮大な世界、不可視の、ヴィジョンに満ちた世界の魅惑を作り出そうとしている。孤独なものは孤高で、超越的な神、頑なな偏執狂(モノマニア)と一神教(モノセシズム)とともに生きている。そしてプロティノスの『エネアディス』の有名な最後の句のパロディを演じている。「これは神々の、いや神のごとき祝福された者の生だ。……この世のものには何も喜びを見いださず、孤高から孤高へと生きるものの生」(＊42)

ヒトラー自身の大きな情熱はドイツ帝国にでも戦争にでも、勝利にでも、自分自身にすら向いていなかった。それは建築のような構造物への情熱だったのだ。ネブカドネザルやエジプトのファラオ、ローマの支配者――ナポレオンからヒトラーに至るまで誇大妄想的な皇帝は、ダイモーンが夢見たものを具体物へと構築しようとした。これが誇大妄想狂が実際の建築に取り憑かれる理由だ。――聖書は、だからバベルの塔の物語で警告している。これはさまざまな言語の起源についてばかりの話ではなく大きな空想を具体的な存在、とくに建築に現実化しようとするあらゆる誇大妄想的な試みへの警告なのだ。原始的な人々は、そのヴィジョンは他界を目指すものではあっても、その聖なる祭壇をいつでも動かせるようにしてその建造物からこの世の性質がなくならないよう注意を払っているものだ。

阻止と儀式

悪の種子の阻止は、したがって心の弱さとダイモーンの強さ、超越的な召命と召命を受けたパーソナリティの間のバランスを正すことが中心になる。人格《パーソナリティ》を構築することは、ただ「自我の強化」には止まらない心理学的な仕事だ。心の構築は、ドイツの文化的、倫理的教育を意味する「ビルドゥング」を超えたものなのだ。強制収容所でも最悪の医師であったヨーゼフ・メンゲレは、収容者に残酷な実験を課していたが、彼は一方でよい教育を受け、音楽を愛し、ダンテを研究していた。(*43) チカチーロは教師であった。ヒトラーは絵を描いたし、その最期の日まで建築のデザインをしていた。マンソンは獄中でポップ・ミュージックと歌詞を書いていた。メリー・ベルは詩を書いた。ゲイリー・ギルモアは絵をよくし、長年犯罪をおかしては牢獄に入れられた病理的経歴をもつその兄弟のゲイリンも、大作家をよく読み、詩を書いていた。(*44) すでに見てきたように、必要な心理学的課題は「グロウ・ダウン」なのだ。

「グロウ・ダウン」とは人格の中心点をダイモーンのもつ単一眼的な自我中心性からあたりまえの人間性に移行させ、拡大へと向かう超越への呼び声を、この世、この世界の要請へと着地させることだ。そのことをわたしたちはジョセフィン・ベイカーやカネッティ、アインシュタイン、メニューイン、バーンスタインの生涯のなかから学び取ってきた。

しかし、とはいえ、グロウ・ダウンを若者に強要することはできない。ヒトラーはあたりまえの仕事に就き、公僕になれといわれたときに激怒した。フランスの数学者エヴァリスト・ガロアは学校の日課に従うことができなかった。彼の傲慢さ、その輝ける才能はますます大きくなったが、その疎外感は、二〇歳で亡くなる最期の時まで続き、日々の仕事を強制されればされるほど大きくなっていったのだった。

グロウ・ダウンについて考え、またそれを試みるより先にまず天才性《ゲニウス》を無条件に認めることが必要だ。つまりたとえ悪の種子であったとしても内なるどんぐりが人生の最も深い推進力であること、とりわけ若いときにはそうであることを認めるのだ。この認知は、しばしば、孤独のなかの友人から(彼の演説を何年も辛抱づよく聞いた、ヒトラーにとってのキュビゼク)、あるいはランボーに付き従い賛美したイザンバール、あるいは眼力のある教師（カザンにとってのミス・シャンク）、あるいは指導者（マノレーテにとってのカマラ）から得られる。この認知は、ダイモーンを見て取り、そしてダイモーンに敬意を払う人によって得られるのだ。そのあとでなら、ダイモーンはあたりまえの人生へと喜んで降りてくるだろう。

これらの師が見いだしたものを、理論もまた認識しなければならない。悪の種子を阻むことは、悪の種子を完全に認めることからはじまるのだ。これがこの章、そしてこの本の意図のすべてでもある。人間の人格の扇動者としてのダイモーンに目をつぶっているかぎり、そして脳の構造や社会的状況や行動機構や遺伝的内容ばかりに目をむけているかぎり、ダイモーンは、ありきたりの世界におだやかに着地することはない。ダイモーンは光に向かって扇動し続ける。ダイモーンは見られることを望む。太陽の下での居場所を探すだろう。「人々がおまえについて話しているのを聞くがよい。我々は、注目されるべき人種なのだ」。冷酷にもクラッター一家を惨殺したディック・ヒックホックは言っている。「わたしは殺人によって大きな栄光を得ることができると思ったのです。栄光という言葉が、ずっと心のなかに響いていました……だれかを殺せば、その間はすばらしい一時になります」(＊45)。テレビはダイモーンに、その光、祝福を与える。もしテレビが重大な犯罪をひきおこすきっかけになっているというのであれば、それはテレビが世界に向けて出演の機会を与えるためであって、テレビ番組の内容のせいではない。しかし、テレビに出ても、この世へと降りたいという種子の望みは、スーパースターとなって自分はこの世の上にいるという錯覚に閉じこめられるだけで実際には叶えられはしない。テレビはグロウ・ダウンの即席の偽物を与えるだけなのだ。

この世のかなたは、またスコット・ペックが「邪悪」と呼ぶ、ある種の共通項をもつ患者におしつけた場所でもある。ペックは邪悪という言葉を診断のために用いている。邪悪は基本的に傲慢さ、自己中心的なナルシシズム、あるいは極端な頑迷さからなる。

邪悪についてのこのような観念は、しかし驚くべき発見とはいえない。極端な強情さはギリシャ人にはヒュブリスとして知られていたし、またキリスト教の伝統ではスプービア、つまり過度なうぬぼれとして現れている。邪悪な人々はその道を自分の意志で選んだのだとする考え方は、ヘレンスタインの説明（317ページ、選択機構の前半）とつながっている。これは犯罪的な行動を倫理の領域におこうとするものだ。そしてペックは、精神科医であるにもかかわらず、まごうことなきモラリストだったのだ。

超越を目指す犯罪者の試み、名声や幸運といった不可視の力を呼び出そうとする試み（「我々は注目されるべき人種、魅惑の人種だ」）はペックには理解できない。ペックは、邪悪は人を醜く、安っぽく、けばけばしいだけの無能者、どんなに優秀だと勘違いしていようが結局は小物だと考えているからだ。したがって、「最新の地獄の光景は」、ダンテ風のラスベガスに見られる。そこは「うつろな目の人々がひしめいていてスロットをしつづけている」(＊46)

自分の見識《ヴィジョン》を狭い枠組みに押し込めているために、ペックには悪魔的なもののなかにもあるダイモーンが見えない。深く巣くったマニ教主義［訳注　二元論を特徴とする古代宗教］が世界を聖者と罪人、救われた者と呪われた者、健やかな者と病める者の二つに分断している。「邪悪は、究極の病だ……邪悪は最も異常なものだ」。精神医学的診断を下すことによって、倫理主義者は患者を呪われたものとしてしまう。

善悪をかくもくっきりと分断する理論はキリスト教化された西洋で幾世紀も聞かされてきたスローガンを再

びくり返す。つまり、「善のための戦いを戦え」。ペックはそれを「闘争《コンバット》」と呼ぶ。「我々の最も基本的な、悪の性質についてのデータは、悪そのものと直接闘争することによって得られる」。心理療法家は、その愛の大きさ、愛についての訓練をもってその闘争の前線に立つのだ。「わたしは、愛の方法によってのみ、悪を安全に研究し、かつ取り扱うことができると思う」

キリスト教の神が愛であると定義されるように、「愛」こそ現代の万能の言葉だ。愛はすべてをなすことができる。しかし、強く言いたいのだが、悪の種子のうちの、魂の召命を認めることなしには、「愛」とて悪にはほとんど無力なのだ。この章のなかで論じようとしているように、愛とは闘争のために意志を行使することではない。罪人にも聖者にも同じようにこの世のかなたから呼びかけてくる、ダイモーンの強制力を知的に理解することが愛なのだ。奇妙なことに、殉教をこの世に降りてくるための手段とする聖者もいる。それと同様に悪の種子に魅入られた者にとっては先祖返り的な蛮行がこの世に降りてくるための手段かもしれない。――ただし、召命は犯罪を正当化したり自責能力を減じたりすることではないこともはっきりさせておこう。わたしが言いたいのは、どんぐり理論は悪の種子についてただ診断を下すよりも広い理解を開く、ということだ。

わたしが理解するところでは、悪を阻止する道は禁止でも説教でもない。人生そのものをかけて何かをしようとしているまさにその種子、召命に語りかけ、不可視の存在に呼びかけることなのだ。どんな不可視の存在であれ、それが一触即発の状態になるのは、種子のなかに、ヒトラーの頑固さのような強迫的で爆発的な力を封じこめ内部圧力が増してしまうときだ。だから爆弾を分解したり、あるいは誰もいないところに隔離するよりもまえに、まずはその導火線を延ばすべきである。つまり、ゆっくりと生きることを推奨する理由、それこそ「刑に服したり」「落ち着いたときにものをする」ことの重要性である。

だからこそ、効果的な儀式は、悼みの念、暗い気持ちとして始まるのだ。乱暴な行為にたいして自責の念がないときですら、自身をそそのかした悪魔にたいして目が向けられてゆくようになるだろう。ヒトラーはただ悪魔に従うばかりだった。悪魔に疑問をもったことはなかった。彼の知性はその想像力の奴隷となっただけで、それを探ってみようとはしなかった。一度、落ちついた暗い気持を味わうと、抑圧は回心や二度生まれ的変身のかたちをとらず、地域社会への奉仕となる。前科者が学校にいって子供の世界に「身を落とし《グロウ・ダウン》」、悪の種子の働き方、悪の種子の望み、その代償、そしてそのずる賢さを説明するのは、その良い例だ。規則的、反復的な献身として子供たちを教えるのは、また儀式のひとつだろう。

つまるところ、悪魔的なものの阻止は、「この世のかなた」、不可視の領域に基盤をもたねばならない。それは阻止という観念自体を乗り越えている。阻止の方法は闘争ではなく、どんぐりのなかのダイモーンを、ただ悪の種子の堅い殻のなかから呼び出し、その完全な栄光の姿を表すよう、誘いかけることなのだ。種子を悪魔的にしているのは、一つの見方にばかり縛られる一途なまでの偏執性、一神教的字句主義《リテラリズム》だ。それが本来大きなイマジネーションを狭め、同じことばかりを繰り返させるようになるのだ(同じことを何度も繰り返す、というのも儀式行為である)。

儀式とは、召命のもつ力を敬うことだと、わたしは考える。私の考える儀式には人間の価値以上の原理が含まれる。儀式は美、超越、冒険、そして死と触れあっている。似たものは似たものを癒やす——またも古い格言だ。種子が生まれ出るその根源に出向かねばならないし、そして種子のもつ最も深い意図に心を向けねばならないのだ。

社会は自身を悪の種子から守るためにエクソシズムの儀式をもたねばならない。それはまた悪魔的なものを認める場所を与えることでもある。――それは牢獄ではない。アテナイでは、文明化されたアテナイ人たちのただなかに、破壊的で血に飢えた復讐の女神エリニュエスたちの場を設けたのだ。

このような社会防衛が悪魔たちの働きを止めさせる。それは悪魔のなかにダイモーンを見て取るのである。このような儀式は現代の阻止の考え方とは鋭い対照をなしている。現代の方法は、ヒトラー自身が社会を浄化しようとしたようなやりかたで、悪の種子を根絶しようとするのだ。子供たちの「遺伝的素質」を試験したり、性格検査の名で犯罪可能性を見いだそうとしたりする公的プログラムがいまや実行されようとしている。「遺伝的素質」を測ったり、性格検査の名で行われる犯罪や暴力性をあばくテストが公的プログラムとして行われ、「幼いころの短気さや非協力性」を示す子供たちを間引こうとしているのだ。(*47)

しかし、本書の例を通じて見てきたように、このような性格傾向はただ犯罪性を示すばかりではない。わたしたちの社会が多くを負っている指導力、創意、そして文化もまたこのような例外性によっているのだ。さらにいうなら、間引いたこのような雑草を今後はどのような堆肥《たいひ》、土壌に植えるべきなのだろうか？　あるいは彼らをただ「改善」して、薬の力でノーとは言えなくさせるべきなのだろうか。あるいは、労働基準法の適用できないような、私設の営利刑務所にいれて最低賃金で労働させるべきなのだろうか？

適切な儀式のかわりに、わたしたちは「三つ数えたら、出てこい」式の頑なで形式的な解決法をとっている。悪魔とダイモーンを分離しようとするエクソシズムがなければ、悪魔とダイモーンを両方根絶するしかない。

儀式は社会を悪魔から守るだけではない。儀式は社会をパラノイアから守り、儀式自身がもつ強迫的な浄化の方法の犠牲になることから守る。さもなくば、社会は、これまでずっと存在していたアメリカの神話の犠牲になるだろう。その神話とは、ピューリタンの楽園に存在していた、無邪気さの復活である。

　無邪気さは、アメリカが知ることを避ける、神秘的な雲である。自分たちがしていることを知りさえしなければ、わたしたちは許される。自分自身を善によってくるむこと――それがアメリカン・ドリームだ。そして邪悪さという悪夢にどこか「ほかの場所」を与え、その中で邪悪さを診断し、治療し、防止し、それにたいし説教するようになる。エレーヌ・ペイゲルスは（その重要な研究『悪魔の起源』の中で）(＊48)この悪の性癖の歴史を、災いをもたらす、「邪悪」なエッセンス、内在する悪の種子であることを明らかにした。それは「愛」を執拗《しつよう》に提唱する西洋の宗教の避けられない裏面であるとペイゲルスはいうのだ。

　無邪気さを最も高貴な徳だと言い張り、オルランドやアナハイム、あるいはセサミストリートに祭壇をおいて無邪気さを崇拝するような社会では、砂糖でコーティングでもされない限り、どんな種子も見て取ることはできない。チョコレートを食べ、道行く人に相手の目をみることもなくお菓子を差し出すフォレスト・ガンプのように、愚かなものはやはり愚かなことをする。悪の種子という考え方、そして悪魔的な召命があるという考え方はわれわれのナイーブな知性に挑戦するものだろう。そしてアメリカ的理論の無邪気さから目を覚めさせるようになろう。こうして悪は無邪気さにひきつけられ、無邪気さのなかにこそ属するものだと、国全体で気づくようになる。そうなってやっと、アメリカでも生まれつきの殺人者《ナチュラル・ボーン・キラー》はフォレスト・ガンプの秘密の友人であること、いやガンプによって後押しされているのだということがわかるようになるだろう。

第11章

平凡さについて

……いやしくも存在するということは、あるかたち、スタイルをもつことなのだ。人は魂に形を与えるイメージ、自分の籤のパターンを失うことはありえない。だれにでも、しるしはついている。わたしたち一人一人は、かけがえのない存在だ。魂にとって、平凡さなどという考え方は意味がないのだ。

平凡な天使は存在しうるのだろうか？　あるいは、平凡を生きる運命《コール》は？　結局のところ、人間のほとんどはベル曲線のまんなかの膨らみのところで今を生きている。中流の領域で押しあいへしあいしながら、両極にこぼれ落ちる例外的な少数の人々を羨望《せんぼう》と恐怖のまなざしで見ているのだ。中流の多数派は——才能、育ちの背景、幸運、聡明さと美貌のいずれの面でも——偉大さとは縁がなく、また偉大にも見えない。そう、確かに、そう見える。

まずここで「平凡さ」という言葉にまとわりつくスノッブな偏見から見て行くことにしよう。「平凡さ」という言葉を使うときには、自分自身は当の相手とは違うことを意味している。自分はそこにはいない。自分は違う。自分は平凡な一群には属しておらず、したがって、何であれ自分が平凡だと名付けるものを評価できるのだ。

スノッブたちは自身のスタイルに識別可能なしるし——服、言葉使い、集まってゴシップを交わす場所など——を喜んでつける。だから「平凡さ」は「識別できないもの」を意味しがちだ。一八世紀以来の西洋の文学の伝統は平凡さをスノッブな態度で評価することに反対している。この主題を扱おうとするものにはこの伝統が即座に影響を与える。ゲニウスがどんな状態に人をおいたとしても、個別性《インディヴィジュアリティ》があるという事実が、魂を階級差別から守る。たとえ個人的な嗜好が俗っぽいものであれ、あなたの達成したものがたとえ並のものであったとしても、平凡な魂など存在しないのだ。

よく使う言い回しが、このことを明らかにしている。魂は「年老いてい」るとか「賢い」とか「愛らしし」いと言われる。だれそれが美しい魂、傷ついた魂、深い魂、大きな魂をもっているともいうし、ただ、単純で子供っぽくて、ナイーブな魂ということもある。あるいは「彼女はよい魂を持っている」とは言う。しかし、「中流階級の」とか「平均的な」とか「普通の」とか「あたりまえの」、あるいは「平凡な」といった言葉は「魂」にはつかないのだ。ダイモーンに標準的な基準などない。ふつうの天使などいないし、あたりまえのゲニウスもない。

ここで、平凡な魂というものを想像してみよう。それはどんなものだろうか? なにかぼんやりしていてはっきりせず、ただごくあたりまえのうわっつらな決まり文句だけがあてはまる魂? 何にでも適応するアイヒマンですら普通ではなかった。魂の平凡さを、修理工、受付、道路工事人、といった普通の仕事の平凡さと同一視してはいけない。仕事は平凡かもしれないが、その仕事ぶりはそうではない。何百万人もの人が朝食にはコーンフレークスを、映画館ではポップコーンを食べる。しかしこれは平均的な魂の指標ではない。一人一人は、そのスタイルによって「一人」なのだ。平凡な魂があるとしたらそれはどんなしるしもなく、完全に無邪気で、イメージをもたず、したがって想像できることもなく、ダイモーンがない存在だろう。

魂なき個人は西洋の文化の文学のなかに現れている。しかし、それですら、イメージを伴う。魂なきものはゴーレムとして、ゾンビとして、ロボットとして、実存的異邦人として想像される。いやしくも存在するということは、あるかたち、スタイルをもつことなのだ。人は魂に形を与えるイメージ、自分の籤のパターンを失うことはありえない。だれにでも、しるしはついている。わたしたち一人一人は、かけがえのない存在だ。魂にとって、平凡さなどという考え方は意味がないのだ。

ここで、特定の才能——メニューインのヴァイオリン、テラーの物理、フォードのメカニック——と召命とを混同しないようにしよう。才能はイメージの一つのピースにしかすぎない。音楽や数学、機械工の才能に恵まれて生まれるものは多いが、その才能がイメージの全体の開花に役立ち、性格《キャラクター》によって使われてこそ、傑出する力を実現できる。召命を受けるものは多いが、選ばれるものは少ない。才能をもつものは多いが、その才能を実現する性格をもつものは少ない。性格《キャラクター》は神秘である。そして性格は一人一人違うのである。

なかには、とくに特別な才能をもたずに生まれてくるものもいる。オマール・ブレイドリィの才能はスポーツ、とりわけ野球にたいするものだった。そのダイモーンは彼の性格であった。ブレイドリィは、勤勉さ、従順さ、熱心さ、そして筋肉運動のよい連動を示した——冬のさなかのミズーリで、一七マイルも歩いて、食卓のための獲物を撃ちながら、学校教師であった父親と一緒に帰宅した(彼は六歳のときにBB銃をもっていた)。ブレイドリィの運命は、その性格のなかにあった。軍に入ることは、彼のイメージを成就させる助けにはなったが、彼の未来は、必ずしも陸軍士官学校への入学や軍の指令になることでなくてもよかったであろう(ミズーリの冬、二人で歩いたとき、凍えるようなアーデネスでの戦いをすでに終えていたとはいえまいか)。

卓越性を決定するのは、偉大さへの召命ではない。そのイメージに忠実に従ったり、あるいはその夢にどうしようもなくかきたてられて内なるどんぐりの中にある自分以外のものにはなれないこと、性格という運命にかかっているのだ。ブレイドリィのような、二〇世紀の多くのヒーローやヒロインたちは、ごく平凡な環境で育ち、特筆すべき将来の才能を認めるのは難しかった。ニクソン、レーガン、カーター、トルーマン、アイゼンハワーなどなど、わたしたちが票を入れ、耳を傾け、テレビで見てきた人々は、わたしたちと同じような生活をしてきた。太陽が祝福したのでもなく、かつては彼らも町の日陰を歩いていた。しかし、それでも彼らは頭角を現していった。

どんぐり理論は、わたしたち一人一人が、なにか抜きん出ていると主張する。わたしたちに固有性《イーチネス》があるという事実がそれぞれの人を性格づけるユニークなどんぐりの存在を示している。どんぐりは、幼いときに大きな声で主張し、はっきりと姿を現すこともある。音楽家は、しばしばその召命の声を早くに聞き取る。パブロ・カザルスは六歳にしてピアノとオルガン音楽を解した。マリアン・アンダーソンは、八歳で最初の有料演奏をした(彼女はそれで五〇セント稼いだ)。モーツァルトは、もちろん、メンデルスゾーンもそうだ。「マーラーは立って歩くよりもさきに、自分がきいた音を口ずさむことができた」。ヴェルディの父親は、七歳の息子にねだられて小型のオルガンを買ってやらねばならなかった。チャイコフスキーは四歳のときにすでに楽器をねだっている。(*1)

これらは、ダイモーンが姿を見せ《ショウ》る例である。だからショウビジネスが最良の例を示す《ショウ》のだろう。しかし、ほとんどの場合天使は大きな声をあげない。天使はゆっくりとした、そして静かな性格《キャラクター》の現れを司っている。しかし、彼らを高みへと導いたのはショウビジネスへのいざないの声(ジュディ・ガーランド、イングリッド・バーグマン、レナード・バーンスタイン)ではなく、その召命の声を実践した性格の秘密なのだ。

だからこそ、こんな典型的な過ちを犯さないようにしよう。天職《ボケイション》はなにか特定の仕事ではなく、その仕事の実践の仕方なのだ。この誤りは、不幸なことにプラトンの神話のなかにも現れている。神話では魂は仕事を選んでいる。戦士アイアス、あるいは旅に疲れ、家に戻ることになったオデュッセウス……。神話では、魂は仕事を基準に籤をひいている。つまり肉屋の行いと、肉屋の魂は神話でははっきりとは区別されていない。人は何をするかで決まる。したがってもしスーパーマーケットで肉を切るという平凡な仕事をするなら、その人は召命を受けていないことになる。

　再び、ここでも誤りが繰り返されている。性格《キャラクター》は、人がすることではない。それはその仕方なのだ。一人一人の肉屋はそれぞれ異なる。一人一人が個別のダイモーンをもっているからだ。アーネスト・ボーグナインのマーティ（映画のなかでの名前）は、ベル曲線の基準でいえば、すべての意味で平凡な「よき肉屋」であったが、しかし、マーティの性格が、彼を心に残るユニークな存在にしているのだ。

　社会的な平凡におけるユニークさがスタッズ・ターケルのインタビューの主題であった。子供のころの近所の「人々《キャラクター》」――教師、キャンディ売り、酒屋、ペットショップの女性――を覚えていない人はいようか？　誤って凡庸なケースヒストリーに落ち込んでいる一人一人の個性を救い出すことこそ、ソーシャルワーカーやセラピストの深い目的意識なのである。セラピストは、症例を書き「上げる」。彼らはただ、事実を書き「下す」だけではない。セラピストは事実の束をパターンにまとめる洞察やヴィジョンに到達しようとしているのだ。メアリーさん、ジョーさんといった平凡な人々への標準的な診断や統計の内側には、ひとつひとつのケースの奥底に特別で、個別のイメージが宿っている。ひとつひとつのケースの内側には個人がいる。そして個人の内側には性格《キャラクター》が宿っており、そして、ヘラクレイトスによれば性格は運命なのだ。

　ここで、わたしたちはヘラクレイトスの有名な格言、「性格は運命なり」に到達する。まず、ここでこの章の始めで問うた問いに答えなければならない。平凡な天使は存在するか？　平凡さに運命づけられることはあるか？　その答えは、次の四つに分けられるだろう。

1／ノー。スターたちだけがどんぐりをもつ。それ以外の人は、たんたんと歩き、求人広告のなかに自分の運命を求めている。

2／イエス。そこそこの多数派に属するわたしたちも召命を受けている。が、さまざまな理由によってその運命を見失っている。両親がそれを妨げた。医師が診断を下した。貧困さがそれをだめにした。だれも認めてくれなかった。信仰のため。事故のせい。生活が落ち着いてしまって不満足なものでもがまんしている。平凡さという古い靴で。

3／イエス。しかし古い靴が合うことはない。樫の実であるどんぐりがコーンへ成長してしまった。中流の道を進むうちに、なにか違うことがあったと意識するようになる。こうだったかもしれない、そうだったはず……。なにかが起こって、本当の自分が生きるべき明るい道に自分を引き出してくれるのを待っているのだ。シェイクスピアはこう書いている。「卑しく生まれた我ら／生まれの星々が、望みを言うのを黙らせる」。自分の平凡さの籤は神々の過ちである、つらいことだが、自分は偽物の自分に閉じ込められている、と信じるようになった。

4／イエス、しかし。多くの人間にとって召命は謙遜して自分を隠すこと。そこそこの働きをして、多数派に属することだ。それは人間の調和を目ざす運命なのだ。その召命はエキセントリックなものと個性を同一化させるのを拒んでいる。召命は人生を通じて微妙な方法で人を導き、本書で見せたような例と比べるとさほどドラマティックではないかたちで現れる。すべての人が召命を受けている。選ばれたわずかな人のことは考えにいれなくともよい。

最初の答え――スターたちだけがどんぐりをもっている――は、主に創造性研究、天才たちについての理論、非凡な人々の伝記に見られる。この第一の答えは人類を持てるもの、持たざるものに二分する――それは本書が意図するところではない。だれもがダイモーンによって一人一人選ばれたのだから、救われたものと呪われたものというアウグスティヌス―カルヴァン的分割は、ここで消失する。

第二の答え――ほとんど人々は自分の召命を見失い、なにか別のことで満足している――は社会学的説明に見ることができる。第三の答えは心理療法的療法にとっての理想を与える。つまりそれは真の自分、インナー・チャイルドを見いだし、成長過程での虐待によって縛られているゲニウスを解放する、というのだ。

第四の答えこそ、わたしが本章で関心をもっており、かつ深く探求しようとしているものだ。これは、社会的、統計的標準とは別に異なる平凡さの召命を想定しており、それを再定義するものだからだ。

この立場の主張は、主に伝記（および人生そのもの）に対する現代のフェミニストの視座に見ることができる。この視座は、キャラクターの偉大さは、その声の大きさで認められていることを示すところから出発する。歴史や歴史的人物についてのニュー・ライティングは、政治上の、あるいは才能ある英雄ばかりではなく注意深く普通の人々にも視線を向けている。ロジャー・ノース（１６５３～１７３４）の著書『人生』（一七二〇年）の「一般序文」は、今からずっと前にこの「新しい」反英雄主義的、反階級主義的な伝記観をあらわにしている。（＊2）これらの書物は人間関係のスタイル、社会習慣、小さな勇気を示すことで社会の価値観が変わった例、倫理的な試練、表現された理想、皇帝の玉座には遠い個々人の個性の微妙さなどに注意を払っている。（＊3）性格《キャラクター》というときには、将軍のテントで広げられる戦略地図とともに、わたしたちは戦《いくさ》の前夜に兵士が書く手紙、戦場から離れた家族たちに目を向けるのである。

このような伝記、歴史の見直しの目的は出来事の集積のなかから個々人の魂を開示してゆくことだ。その背後にある理論は、わたしの主張と変わらない。つまり、人生がいかに平凡に生きられようが、人生を照らす星の光がいかに弱かろうが、人生を形作るのは性格《キャラクター》だ、ということなのだ。

召命は人生に葛藤をもたらすものとは想像されなくなり、人生そのものへの召命となる。それは成功への召命ではなくだれかを愛し絆を結んだり、生きるために献身したり葛藤したりすることへの召命、正直に生きることへの召命だ。この視座は、女性の人生における職業や、女性の職業観についても、考え方の転換を引き起こすだろう。この見方に立てば、人生そのものが仕事なのだという。これはもう一つの召命観を提供するのだ。

そこで、「どうして偉大なものとそうでないものがいるのか」「どうしてメジャーリーガーにはなれないマイナーリーグ選手、大きな窓のよい部屋を得られない中流の経営者、バッジのないセールスマンがいるのか。彼らは、なぜ、いつまでも生かされも殺されもせず、同じようなところに凡々とした能力のまま止まるのか」という古くからの問いは意味をなさなくなる。

そうではないのだ。平凡さのダイモーンに呪われたものなどどこにもいないし、その才能《ゲニウス》が平均的であったというのでもない。事実、それがどのようなものか、わたしたちは推測もできない。人々を稼ぎや特定の技能で測っている限り、その性格《キャラクター》を見ることはできない。わたしたちのレンズのほうが偏見に満ちていてフリークスばかりがよく見えるようになっているのだ。

なぜわたしたちは、天使は天使のような人を好むと信じるのか。なぜゲニウスが天才たちにだけつれそっているとわたしたちは思うのか。恐らく、不可視の存在たちは自分自身を実現させるために、わたしたちの人生に関心をもつのだろう。そしてそれは、本来民主的なことなのだ。万人に可能性がある。不可視の存在には「平凡」という概念など理解できないのだろう。ダイモーンは、重要人物だけにではなく一人一人に重要性を与えている。さらに、彼らとわたしたちは同じ神話によって結ばれている。わたしたちは神的なものと死すべき存在からなる双子であり、この二つはわたしたちという、同じ社会的存在を支えているのだ。このつながりのゆえに、天使はわたしたちの人生を通じてでしか、この社会に降りてくることはできない。映画『ベルリン・天使の詩《うた》』において、天使は人生に、普通の人間の町での生活に恋をするのだったではないか。

現代の社会学、心理学、そして経済学は――つまり現代の文明そのものは――傑出した人以外の価値を測ることができないようだ。特に抜きんでていない限り、人々は中流アメリカ社会の、平均的な知性をもった平凡な人々とみなされる。これが「成功」がこれほど過剰に重要視される理由である。成功だけが、中流というどっちつかずの世界からの突破口なのだ。メディアは、人が悲劇に泣くとき、怒り狂うとき、何かの意見を主張するときにだけ人をひきたてる。そしてそのあと、またメディアは人をだれもかれも一緒くたにする平凡な社会へと突き落とすのだ。メディアは、こびへつらい、祝福し、誇張することはできる。しかし、メディアは想像はできないし、見る目は持たないのだ。

手短に、簡単に言ってみよう。魂には平凡さなどない。この二つの言葉は両立はしない。この二つは、別な領域からやってきている。「魂」は単一でかつ固有のものだ。一方「平凡さ」は、人を社会的統計によって――基準、曲線、データ、比較によって評価する。人はどんな社会的カテゴリーのなかでも平凡であると評価されるだろう。個人的な望みや達成度すら平凡だと測られるかもしれない。しかし、そのような社会的な平凡さのなかで、ベル曲線のどこであれあなたの生き方がユニークな痕跡を残す。すべてに合う既製サイズなどないのだ。

エトス、アントロポイ、ダイモーン

まず初めに、ソクラテスやプラトンよりも前に、ヘラクレイトスがいた。彼の三つの単語からなる短い言葉、つまり「エトス、アントロポイ、ダイモーン」(Ethos anthropoi daimon)は、しばしば「性格は運命なり」と訳され、二千五百年の間、何度も何度も引用されてきた。彼が何を言いたかったのか知るものはいないが、何人もの人がその解釈を試みてきた。次の訳のリストはその努力を示している。

人間の性格はそのゲニウスである。
人間の性格はそのダイモーンである。
人間の性格はその守護の神格である。
人間の性格は、内なる不死のそして潜在的に神的な一部である。
人間の自身の性格がダイモーンである。
人間の性格は、その運命である。
性格は運命なり。

人間にとっての性格は宿命である。人間のための習癖、神。(*4)

この句の「ダイモーン」の部分は簡単である。ダイモーンをゲニウス(ラテン語)と訳すことはすっかり認められており、それは現代の「天使」『魂」「パラダイム」「イメージ」「運命」「内なる双子」「どんぐり」「人生の伴侶」「守護者」「心からの召命の声」などに転じている。ギリシャの心理学で、人の個人的な運命でもあるとされた、人格化したイマジナルな精霊、ダイモーンの内にこの多義性と複数性は内在している。人は自分の運命を担っている。それは、人が伴侶とするゲニウスなのだ。それが、訳者がときに応じてダイモーンを「運命」と訳したり「ゲニウス」と訳したりする理由である。しかし、それはけっして「自己」ではない。

北米大陸の先住民たちの間では、独立した霊《スピリット》―魂《ソウル》たるどんぐりを表す言葉をいくつも見ることができる。ヤガ(コユコン)。フクロウ(クワクイテル)。「メノウ男」(ナヴァホ)。ナグアル(中央アメリカ／南メキシコ)。ツァオトイエニ(サンタ・アナ・プエブロ)。シコム(ダコタ)などなど。これらの存在は、付き従い、導き、そして守り、警告を発する。彼らは人につくことはあっても、本人の自己とまじり合うことはない。実際これらの「土着の」どんぐりは、「あなた」につくのと同じように、先祖、社会、人に近しい動物たちにも属する。そしてその力は穀物を得たり漁の際にも呼び出されることもあるし、共同体全体に霊感を与えたり健康を祈願するときにも、祈念される。それは実際の社会のために使われるのだ。どんぐりは現代の主体である、肥大した自己とはまったく異なっている。現代の主体は、あまりに隔絶し、個人的で、かつ孤独なのだ。「あなたのどんぐり」であっ

ても それは「あなたそのもの」でも、「あなたのもの」でもない。

日常の言語に溶け込んだ「自己」という言葉は、恐ろしいほどに拡張されている。『ニューオックスフォード英語辞典』――その「小辞典」のほう！――は「自己《セルフ》」という言葉がつく一〇の項目を小さな活字で挙げている。「自己満足」「自己コントロール」「自滅行為」「自己承認」「自己卑下」「自己満足」などなど。このような言葉は五〇〇以上あるだろう。この「自己」には極めて多くの心理学的現象が帰せられている。そのことを示すこれらの言葉は、合理主義と啓蒙主義の勃興とともに英語の用法のなかに入り込んで来た。この合理主義と啓蒙主義は不可視の存在に対する現代の目を曇らせ、また自己から独立したゲニウスやダイモーンの存在に対する視線をも曇らせたのだった。

古代世界でのダイモーンはどこか他の場所からやって来ている。彼らは、人間でも神でもなく、その二つをつなぐ「中間領域」（metaxa）に属する存在だった。そして魂もまたここに属するのだ。ダイモーンは神というより、生まれつき内在する心的リアリティだ。それは夢のなかに現れる存在であり、また予兆、予感、あるいはエロティックな衝動としてシグナルを送る存在でもあった。エロースは完全に神ではない。半分は人間である存在エロースもやはりこの中間領域に属している。ギリシャ人にとってはエロティックな出来事が天上的でもあり、また非人間的で残酷でもあり、どのように位置づけていいのか困難であるというのは自明のことだった。ヘラクレイトスの断章の「性格は運命なり」という訳は、人の運命を人のふるまいかたに固く結びあわせる。単純にそれを読めば、平凡な仕事をするなら、平凡な運命をもっている、ということになるだろう。

もちろん、この句のほかの読み方もある。なかにはヘラクレイトスを、ダイモーンが運命をすべて決定すると考える大衆の迷信を否定したと読む者もいる。ヘラクレイトスを個人の無責任さを容認する、運命論を攻撃するモラリストだと読むのだ。まるでヘラクレイトスは、シェイクスピアにたいして論議を挑んでいるようだ。「星だ、星のせいだ／天上の星が人間の状況を支配しているのだ」（『リア王』、Ⅳ、iii、35）いやいや、とヘラクレイトスはいう。星のせいではない。自分の性格のせいなのだ。しかし、そこでシェイクスピアはこうも言っている。「責は、ブルータス、星にはない／我々自身のせいなのだ」（『ジュリアス・シーザー』、Ⅰ、ii、139）

ほかには、この言葉の断片を超越的な自我とみなすものもある。つまりソクラテスが誤った行動からダイモーンに守られていたように、個々人を守り、かつその行動を守る先祖の指導霊だとみなすのである。このように読むとダイモーンに従うことが性格を作り、正しい行動習慣を生むことになる。ダイモーンは行きすぎや、傲慢さを抑え、自分のイメージ（ゲニウス）のパターンに人を従わせる、内面化した性格傾向というわけだ。このパターンは、行動のなかに現れる。したがって自分のゲニウスは自分の人生を鏡に映せば見えるわけだ。目に見えるイメージが内的な真理を映す。他者を推し量るときには、自分が見てとったものだけが見える。さらに、これは寛大に見ることが極めて重要になるということでもある。自分には見えるものしか受け取れないからだ。一方で鋭く見ることも重要だ。一般的なかたまりではなくさまざまな要素の交ぜ合わせを見抜くためにまた鋭く見ることも大事だし、また欺かれてしまわないように暗い影の奥底を見ることも重要である。

性格《キャラクター》

ではヘラクレイトスの断章にある最初の言葉、エトスについてはどうだろう。わたしたちの耳には、それは

「倫理《エシックス》」と響く。これはエトスというギリシャ語に源をたどることができる。それはヘブライ、ローマ、キリスト教の宗教倫理によって、敬虔さという意味を与えられ汚される前の言葉だ。エトスという言葉から「倫理」の意味合いをはぎとれば、それが「習癖」という意味をもっていることがわかる。ヘラクレイトスはエトスとは習慣的行動だといっていたのかもしれない。自分の人生を自分で律するようにすれば自分は今も思い通りの存在となり、今後も、そのようになるだろう、というのだ。実際のあなた自身とは異なる、私的で隠れた、より真実の自分にこだわるのは実に大きな幻想だ。たとえ、心理療法がこの大きな幻想をひきたて、そこから利益を得ているにしてもである。それにくらべて、ヘラクレイトスはリアリストだった。自分とは、いまのありようの自分だ、というわけである。「ありよう」(how)というのが決定的な言葉だ。それは習慣的に「行動」される人生と、自分のイメージの召命とをつないでいるのである。

では、ヘラクレイトスは最初の行動主義者だったのだろうか。彼は「自分の習慣を変えたまえ。そうすれば性格を変え、ついに運命を変えることができる」というのだろうか。あるいは「隠れている理由など関係ない。習癖を変えれば、運命も変わる」と?

わたしは、ヘラクレイトスは、もっと多くを示唆していたと感じる。この行動主義は、堅苦しくて、プロテスタント的すぎて、アメリカ的すぎ、かつヒューマニスティックにすぎるように響く。ヘラクレイトスは性格(エトス)と人間の倫理を、直接ダイモーンに結び付けていたが、しかしわたしたちが考察するのは、その運命そのものなのだ。ヒューマニズムの持つ自我中心主義のせいで、そのすみかとしてわたしたちを選んだダイモーンが、直接わたしたちの運命とかかわっていると考える。しかし、ダイモーンの運命はどうなのだろう。おそらく人間の仕事は、ダイモーンの意図に沿って行動をしてゆくこと、それに沿う行いをすること、ダイモーンのために正しいことをすることではないか。自分の人生においてなすことは、自分の心に影響し、魂を変え、そしてダイモーンに影響する。わたしたちは行動によって魂をつくりだす。魂は、完成品としてやってくるわけではないのだから。魂は天上でイメージされただけであり、グロウ・ダウンを望む、いまだ成就されていない計画なのだ。

こうしてダイモーンは人間倫理の源となる。そして幸福な生活——ギリシャ人はそれをユーダイモニアと呼んだ——ダイモーンにとってよい生活を送ることなのだ。ダイモーンは召命によって人を祝福するだけではなく、わたしたちもまたダイモーンを生き方によって祝福する。

ダイモーンの「背中」は不可視である。そのためダイモーンを喜ばせる倫理も明確にはできず、標準化もできない。よい性格を作り、よい生活を生むよい習慣は、ボーイスカウトの規則のようなものではない。倫理は、ダイモーン的、不可解なものになるだろう。エリアス・カネッティが言葉を求め従姉妹を斧を持って追い回したり、イングマル・ベルイマンが秘密のために、裏切り者の友達をナイフで刺したいと思ったことを考えてみよう。そこには、悪の種子のもつ性格まで含まれるはずだ。ダイモーンの要求は理性とおりあいがつくとはかぎらない。ダイモーンはダイモーンの非合理な必然の運命に従う。悲劇的な欠点や性格障害は、不可視の法則に従うかのようで、非人間的な性質を持っているものなのである。

わたしが「習癖」という言葉で呼ぶ、個人の一貫性を支える不可視の源を、現代の心理学は性格《キャラクター》と呼んでいる。(＊5)

性格とは、とくに変えることが難しいパーソナリティの深い構造を指す。人が社会的に害がある場合、それは神経症性格（フロイト）とか性格障害と呼ばれる。これらの運命の変えがたい線は、まるでダイモーンの指紋のようで、その渦の巻き方はそれぞれみんな異なっている。「性格《キャラクター》」という言葉そのものはもともと消すことのできない彫り込みをつけ、痕跡を残すための道具を指していた。そして「スタイル」は、スティルスstilus（ラテン語）に由来し、これはキャラクター（文字）を彫るための鋭い道具を指していたのだ。そう考えればスタイルが性格を露にし、そしてそれが変えがたいのも驚くには当たらないだろう。そして性格障害が、精神異常者、反社会性格者と診断された人々の核の部分にあったとしても不思議はない。もし、笑いながら拷問を加えたり自責もなく殺人ができたり、裏切り、だまし、否認し、けしてひるむことがないなら、深いところで、構造的に、性格学的に何かがおかしいか、欠落しているのだろう。連続殺人者、詐欺師、横領者、強迫的な小児愛者はスタイルの一貫性を裏切っている。彼らの習癖は反復的になりがちだ。一般的にいって、彼らは変わらず、彼らの性格によってプログラム通りに、同じことを繰り返す。

ここで、性格の例としてアメリカン・ドリームの三人の傑出した証人をこれから見るのであるが、しかし、精神やそのダイモーンを診断するつもりはない。この三人の男は確固とした習慣性を示しており自分の性格からはけっして逸脱することはないと言われてきた。この三人の環境は並のものであった。また彼らが活躍した年代は、二〇世紀の歴史の重要な懸け橋になっている。一九〇二年にトマス・デューイがミシガンのオウソで生まれてから、ビリー・グラハムがいまだに国家的宗教上の記念碑としても機能していて、オリバー・ノースが大衆にとって抜きん出た民衆の英雄であった一九九五年までのアメリカ、である。

試みたいのは三人に共通する構造、それぞれのエトスのなかのダイモーンを取り出すことだ。それによって、彼らの習慣のなかの何がアメリカの大衆の琴線にふれ反応したか、理解できるようになるだろう。そしてアメリカのエトスの中心にあるダイモーンをつかむことができるはずだ。

アメリカ人の特徴《キャラクター》

一見したところではこの三人は非常に違って見える。デューイ知事は口ひげを生やし、身長は五フィート六で、いつもダークスーツでぴったりと身を包んでいて、きわめて注意深い性質だった。(「州の牢獄を視察して回るときには、ドアノブを自分で触ることはなかった。誰かが開けてくれるのを待っていたのだ。誰も察してくれないときには、コートのポケットからハンカチを出して慎重に手のひらを包み、毎日受刑者が触っているその金属を軽く拭くのだった」)。一方グラハムは高校を卒業したばかりの一八歳のときに「派手な色のタイをしめ、黄色の細い紐かざりをつけたボトルグリーンのギャバジン織スーツを着ていた」。そしてノースは「ヴェトナムに雑役の姿に身をやつし、臨戦態勢で到着した。彼は防弾チョッキを着て、閃光を防ぐため目の下に墨を塗っていた。戦場ではいつもヘルメットをつけていた。いつでも臨戦態勢だったのだ。さらに、士官に支給される四五口径レボルバーのほかに、オリーは一二口径のショットガンを、念のための武器として身につけることが多かった。それでも十分ではないと思ったときには十字架を身につけていたのだった」(＊6)

彼らの相違点を次々に数え上げることはできる。――世代、教育、キャリア、職業の違い、などなど。あるいは若いころの気質の違いも(グラハムはうぶで情熱的だった。ノースは頑固で親切。デューイは聡明で傲慢だった)。しかし、それでも彼らの一致点をある視点が浮きぼりにする。

その一致点の最初の一片は、交じり気のないエネルギーという才能だ。デューイは献身的で、自分の責任で何でもする、気難しいエグゼクティブで、まさに最初の「ギャングバスター」だった。学校では一度も欠席せず欠かさずフットボールの練習に出た。ノースはといえば、優しくて「頼まれたら何でもしようとした」。それはヴェトナムへの軍役にしても同じだった。それで彼はコンバットVでブロンズスター勲章ひとつ、シルバースターひとつ、二つのパープルハート勲章と海軍褒賞メダルを獲得した。進んで義務を引き受け、苦痛をものともしなかった。グラハムは「並外れてエネルギッシュだったので、一〇代初めのころ、両親は彼を医者に検査させたほどだった。……親戚の一人はこういっている。三輪車の乗り方を覚えたとき、彼はすぐに前後に爆走するようになった。その足の動きはあまりに速く目にも止まらないほどだった、と」。そのエネルギーをコントロールできたのは、信仰の力のおかげであった。

彼らの、第二の共通点は自己鍛錬だった。ノースが海軍に入ったのは、鍛練の人生をよく表している。少年のときにすでに彼は秩序には従順だった。ノースは「あまりあちこち出歩かなかった。……母親は、帰宅時間になると笛を吹くだけでよかった。……また彼は、今のわたしたちよりきちんとした身なりをしていた」。またグラハムは「厳しく敬虔な家庭のなかで育った。一〇歳になる前にも彼は教理問答のうち一〇七もの項目を暗記していたのだった」。デューイにかんしていえば、彼の運命の籤は彼をまっすぐに鍛練の人生に落としたのだった。「トミーは三歳のときに自転車をもらったのだが、そのとき、もし転んだら自転車を返すという約束だった。この子供は同意したが、すぐにまた、一年で厳しい母親に自転車を返すことになったときにも、彼はききわけよくそうした」

大学でデューイは「若気の放蕩《ほうとう》にはかかわらないようだった」。グラハムは、しばしば女の子を追いかけ回し、「ナンパの場所に出掛け」「口が腫れるまでキスをした」。しかし、「どういうわけか、わたしは性的な不品行には及ばなかった。なぜか神はわたしを清らかなままにしておいて下さった。わたしは女の子の胸に触ったことさえない」。高校では、ノースは「たまにはデートした」。一〇歳のときに、彼とガールフレンドはうっかりとブリジッド・バルドーの映画に行ってしまったのだが「女の子がのぼせてくると、オリーはあわてて目を伏せた。『こんなの見ちゃいけないよ』オリーは、ガールフレンドにそう言って……アイスクリーム・パーラーに行ったのだった」

わたしは、この三人が共有している要素は、その信念だと思う。そしてその信仰のもつ人を説得する強い力だ。

トミー（デューイ）が七歳のとき、彼はカートを近所の家に引いて行って、その家の古新聞を集めて売っていいかと聞いた……九歳で彼は雑誌と新聞を売り始めた……その熱心さは、ときに度を越すこともあった……「トミーは『サタデイ・イブニング・ポスト』を売るときには、まるで取り憑かれているようだった」［とある購読者は回想する］。「雑誌は要らない、といったのだけれど、彼はその黒い真っすぐな視線でわたしを見据えて、雑誌を机の上においてゆくんです。そして雑誌を買うべき理由を十も並べ立ててね。反論なんかできませんでした。顧客になるほうがずっと楽でしたからね」

一九三六年の南部の夏、干魃《かんばつ》と不況のおりに高校外でビリー・グラハムは、カロライナでフラー歯ブラシを一軒一軒たずね歩いて売ってまわった。

その地域の販売部長は、ビリーが数週間の間に売ったフラー歯ブラシの数に全く驚いてしまった。……一人の人間が、どうやってそんなに短期間の間にこんなに歯ブラシを売れるのか、理解できなかったのだ。ビリーは、こう言っている。「製品にほれ込んでいたんです。小さな歯ブラシを売ることはわたしの使命でした。どの家庭もフラー歯ブラシをもつのは、もう絶対のことだと感じてましたね」。……「誠実さが、営業の最大のカギだと分かりました。……救済活動だってそうです」

彼はフラー歯ブラシをガールフレンドにプレゼントしたし、自分の歯もそのブラシで精魂込めて、何度も磨いたので、「歯肉が擦り減ってしまうほどだった」

ノースがほれこんだ製品は、フラー歯ブラシや「サタデイ・イブニング・ポスト」のような象徴物ではなく、アメリカそのものだった。そしてノースもまたその長所を信じ切っており、同じように情熱的にほかの人に訴えかけて回ったのだ。彼がそれを合衆国上院やテレビで露にする前から、「アメリカ」は彼の信仰対象となっていた。高校時代のクラスメートはこう回想している。「級友の一人が軍隊はとても愚かだ、と言ったんです。彼はわたしたちは……つまり合衆国民はということですが……海外のどんな戦争にもかかわるべきではないと言ったんです。そうしたら彼はその男に言いました。『もしアメリカに住んでいるのが嫌なら、とっとと出て行け！』」

これらの製品——歯ブラシ、雑誌、そして愛するか、さもなくば出て行け、といった愛国心——は、全く集合的な平凡さを象徴しているものばかりだ。しかし、それらを売って歩くさまはまったく平凡ではなかった。習慣は性格《キャラクター》であり、それが運命となる。この高校時代の出来事は、ノースがそのために糾弾されることになる、将来対外政策がノースの内に秘められていることを示している。

野心、高い理想、清らかな生活、長時間の仕事。これらが労働の倫理につながれ、重い荷物をひきずって山を登る力の原動力となっていた。その価値観と行動、彼らの嗜好と仲間たちは並以上にはなれなかったかもしれないが、この三人はともあれ頂点を極めた。三〇代初めのころ、グラハムはすでに大衆の福音を求める想像力を引きつけることに成功し、迷い救いを求める——しかも裕福な——多くの群衆を自分の幕屋にひきつけていた。三五歳でデューイはマンハッタンの検事総長となる。これはこの肩書を得た史上最年少の例である。三八歳で彼はルーズベルトの対抗馬として共和党から推薦を受ける一歩手前にまでなった。実際、その四年後四二歳で彼は本当に推薦を受ける。彼はすでに親玉《ボス》、密売者、不法者、暗殺者たちを容赦なく綿密な手続きで取り締まっていた。ワクセイ、ゴードン、ダッチ・シュルツ、ジョゼフ・カスタラド(アーティチョーク王)、ゴリラ・ボーイズ、ブラック・ハンド団、ラッキー・ルキアーノ、ジミー・ハインズ、そして殺人者ルイ・ルペケなどなどが次々に捕まった。

ノースは四〇歳になる前にワシントンの権力者たちに接近することができた。マイケル・バーンズ議員は、こういっている。

彼はヘンリー［・キッシンジャー］について回っていました。……オリーは重要人物にとりいる才能をもっていたのです。……彼は最高裁判所の判事、……将軍、上院議員ともリラックスして親しくつきあっていました。……オリーは同等の仲間以上でした。彼はホワイトハウスに許可証をもって現れました。しばしば、彼はヘンリーにつきしたがっていたのです。

数年後、ノースは合衆国としてのカリビア（グレナダ）、中央アメリカ、中近東（イラン、リビア、イスラエル）への外交政策にかかわるようになる。

グラハムの活動もまた全世界的だった。アイゼンハワー、ジョンソン、ニクソン、フォード、レーガン付きの宗教者として、彼もまた権力の中核近くにいた。デューイは、権力者には接近しなかったかもしれないが、しかし二〇世紀の中頃アメリカを主導した二人の男、アイゼンハワーとニクソンを共和党内部で推薦するようにした。品行方正な中流階級の味方たる彼ら三人の男に影響を受けなかった人間などこの星の上にはほとんどいないのではないだろうか。

彼らは道を外さず、原理原則に従い、また財布の紐もがっちりと締めている。三二歳のとき、デューイは「靴みがきの一五セント、八五セントの夕食代まで、きっちりとノートにつけ続けていた」。ニューヨークでの政務を辞めるときには、州の税金は初めて彼が仕事についたときより一〇パーセントも低くなっていた。自分の教えが莫大な寄付を集め、金持ちとゴルフをする一方で、グラハムは、「どうやって金を使わないですむか、何時間も何時間も考えていた」と、妻のルースはいう。三人とも申し分ない妻と結婚し、子供を育て、正直に、そして何より、中流アメリカ人の偉大な正道たる自己管理（セルフ・コントロール）を守り通したのであった。

恐らく、彼らに共通の要素を与えていた神といえば、自己コントロールの習慣であろう。しかし、自己コントロールそのものではなく、それはその影の面だった。信念への献身のためのコントロール、あるいは、影に対するコントロールを要求する信念である。

これは、ノースの議会での信念の表明に明らかに現れている。立ち向かわねばならない敵がいる。それは世界の共産主義と、アメリカの愛国心の骨格を弱める妥協だ。物事には秩序が必要だというものだ。デューイの標的は犯罪だった。マンハッタンの暗黒街のギャング、ユダヤ人不法者、イタリアの暴力団にゆすり、たかりのたぐいだ。デューイはアメリカを浄化しようとした。自分の潔癖主義に合わせてアメリカを作り替えようとしたのだ。グラハムは、世界の精神を浄化しようとした。彼の計画は、十字軍と呼ばれた。

自分の弱さと悪の克服と他者の弱さと悪の克服は、分かつことができない。デューイは犯罪者は刑務所にいくべきだと確信していた。ノースはエルサルバドル、グレナダ、リビアの悪漢どもに爆弾を降らせるべきだと。グラハムは罪人をキリスト教へと回心させ、罪とサタンを撃つべきだと確信していた。信念が支配、熱狂的信条（furor agendi）を正当化していた。影がタマニー・ホールの派閥［訳注　ニューヨークの政治団体］であれ、テヘランのイスラム学者《ムッラー》であれ、悪魔そのものであれ、その信念や熱狂をもって影に立ち向かっていったのだ。

それは主義への信念、あるいは信仰への信念そのものだったのだろうか？　それが「知的自殺」ではないかと糾弾されたおり、グラハムはこう答えている。「わたしには確信がある。疑念なき確信、迷いなき信仰のおかげで神がわたしの人生に働いておられるのがわかる。……わたしは信じることにしたのだ」……ノースは議会へのウソをアメリカ合衆国及び大統領のためであるといって正当化した。山をも動かす信仰は、それ自体影となる。理想の高貴さは信念が強くなったときにうつろなものとなってしまう。サンタヤナは、熱狂主義《ファナティシズム》について何といったか？　それは目的を失ってただ繰り返される努力だ、と。

予想に反してデューイは一九四八年の選挙でトルーマンに負けた。が、デューイはそれをさっさと過去のこととした。「すんだことに未練はない」と言い切り、前進した。有権者に受け入れられなかったのは、なにかの陰謀のせいだと事実に背を向けたのだ。ノースは自分の信念のために努力を繰り返した。アナポリスにいたときに、自分を海軍から遠ざけることになっていた足の負傷の記録を改ざん（あるいは保管庫から数時間盗み出そうと）した。

信念のためには、自分の邪魔になるものすべてを抹消しようとしたのだ。それは否認と呼ばれる。グラハムについては、その妻はこういっている「もちろん、昔は疑いももっていましたがそんなに長くは続きませんでした。——疑いの念を抱くことは本当はできなかったのです」。ニクソンが権力の座から——そしてグラハムが恵まれた場所から落ちたとき、極端なグラハムの否認の態度が表れた。彼の信念はあまりに堅く、また疑いを抱くことはできなかったので、グラハムはニクソンの影の面を受け入れることができなかった。ウォーターゲート事件の盗聴テープのために疑いが強まりだすと、人生でも最も深い鬱状態に落ち込み、信仰の危機に苦しんだ。うろうろと歩き回り、爪をかみ、吐いたり夜も眠れなくなった。一時的に信仰そのものによって窮地に立たされた。そして、ある種の——知的、倫理的、知覚上の——自殺をせざるを得なくなったのだ。「わたしは本当にニクソンを信じていました。彼はこの国を最も偉大で最もすばらしい時代に導くはずでした。彼はその力《キャラクター》をもっていました。わたしは、彼がウソをついたのを見たことはありません」「それらのテープは、わたしの知らない人物のことを暴露しています。わたしは、彼のそんな面を見たことがありませんでした」

盲目から否認へ。しばらくして、グラハムは試練から立ち直った。信仰は回復され、純真さにたちもどり、前進し続けたのだった。

これら三人の共通点は、無敵の信念だった。それぞれは、倫理的には潔白とはいえないが――グラハムはその否認によって、ノースはウソによって、デューイは支配、操作によって――彼らは泥沼のなかをも自分の影に触れることもなく、純真なままましぐらに進むことができた。そしてわたしは、それこそが多数派の平凡さに訴えかけるアメリカ的な習慣、信念なのだと思う。そしてその同じ内容が――文学批評家が無邪気さと呼ぼうが心理学者が否認と呼ぼうが、信仰者が信仰と呼ぼうが――アメリカ人のキャラクターのエッセンスである。デューイ、グラハム、ノースが傑出した代表者となったのはそのためだろう。平凡さは、心理学的には価値のない用語だと言ったが、これでアメリカ人の平凡さを生み出す心理学的な状況が明らかになったことは認めねばならない。否認する能力、純真なままでいること、あらゆる種類の洗練からの防衛としての信念。信仰――それがアメリカ人の目覚めを邪魔している。アメリカ人の性格《キャラクター》は、平凡さのもつ徳――つまり克己のためのエネルギー、秩序、自己コントロール、廉潔さ、信仰への献身――が、彼らが打ち勝とうとしている悪魔の使者となることに気が付いていないのだ。

裏返しのスノビズムのために、仕事熱心で税金を払い、倫理的で立派な中流の、新たに肩書を得た普通の人々によって脅かされている、社会のなかの例外的な人々のことを、ここで強調しておく必要がある。もし社会が魂の喪失感に悩まされているとすれば、そしてダイモーンから来るインスピレーションや天使、ゲニウスの喪失に苦しんでいるのであれば、魂を探す前になぜ、魂が追われているのか問うべきだろうか。平凡さを招き入れること……つまりチームプレイヤーとしてまずまずの仕事をすること、コトを荒だてず「家族的な価値」にしがみつき、ウォルマート・コミュニティに加わり、平静を装って極端な意見を遠ざけ、少数派の考えを押さえ付けること——それによってまさに不可視の存在を追い払ってしまっているのだ。

例外的なものは、なぜうさんくさいのだろう。普通の社会の上に立つ、霊的なものとの特権的な交信をもたらすエリートの心の状態だと感じるがゆえに、例外的なものを受け入れないのだろうか。あるいは、インスピレーション自体が反社会的だと想像する文化についてはどうか。そうなると、全く霊感の与えられない平凡さにますます固執してゆくのではないか。

社会は霊感を受けたものによって、高められかつ恵みを受けている。そのことを忘れないようにしよう。緊急時の看護師。その年の一番の教師。完璧なスリーポイントを決めたバスケットボールの選手。霊感の瞬間は、チームをだめにしたりはしない。その瞬間は、チーム全体の、さらに広くチームの地元社会すべてのものだ。最後の瞬間にシュートを決め、ピンチの試合を救うことは、ただ、その人だけの英雄的行為ではない。英雄とは、霊感を受けた行いを、都市や神のためになすもののことだ。現代の文化は、霊感を受けた行動を自我中心的で、競争を好むまなざしで捕らえており、そのために霊感の社会的な奉仕の面を見失っている。「インスピレーション」は、本来、「霊によって息を吹き込まれる」ことであって、「霊感を受けたものを高揚させること」ではないのだ。なかには、社会のために霊感を求めることを構成員に要求する社会もある。例えばネイティブ・アメリカンのヴィジョン・クエストやスウェット・ロッジやペヨーテ［幻覚植物］のセッションやダンスなど。クェーカーの集会では、霊が降りてくることを求めるではないか。そこでは、人が霊的なもの（the Others）のために尽くすときに、ほかの人々（the other）にもっとも尽くすことができる、というのが社会哲学になっているわけだ。

わたしは、ただ名声にへつらっているのではない。ただ、ダイモーンが、そこでは拡大鏡に映って見られると思うのだ。ある考え方の例として例外的な人々を使うことは、例外的なるものが、ただ例外的な人物にだけ宿ると文字通りの意味で主張することではない。本書に登場した例外的な人々は、不可視のダイモーンの現象のはっきり目に見える人格化（パーソニフィケイション）である。これらの抜きん出た人々は、すべての人生のなかに普通の心理学、伝記理論ではとらえきれない例外的な要素があるという一般的な観念を示している。

例えば、マノレーテとイングマル・ベルイマンは、そのための例なのだ。そっくりまねたりクローンをつくるための手本ではなく、ダイモーンの現れとしての手本である。祝福されたものは、普遍的な現象を極端な度合いで見せてくれる。そしてそれはまたあなたの現象でもある。彼らは祝福を拡大して見せる、証拠なのだ。

この、物事を拡大する古い方法は、やつれたもの、弱くなっているものに、ふたたび自分のどんぐりの中に隠された偉大さを感じさせることを目的にしている。たとえ人がどれほど統計的には凡庸さのなかに埋もれていても、だ。心理学的概念としての平凡さなるものを棄却してはじめて例外性を適切に受け入れ味わうことができるようになる。さもなければ、例外性に対する強い関心、有名人の名前のひけらかし、そして読者への多くのスターの紹介はただ名声にへつらっているだけに終わるだろう。だからこそ、「平均的」「真ん中」「中流」「平凡さ」といった考え方を心理学から蹴りだし、むしろそれらが正しく使える場所(経済学、疫学、マーケティング)へと戻そう。読者は本章や本書に出てくるモデルを使って、自分自身を例外的なるものとして想像できるようになるだろう。

ノースとグラハムとデューイはそれぞれ、例外的な存在だった。彼らを平凡だというのは、スノッブな嘲笑から出てきている。グラハムのスーツ、デューイの「ウェディング・ケーキの上の人形」のような容姿、あるいはノースの「いい子主義」など。そんな見方では、彼らが自分の生まれながらのどんぐりに忠実であったこと、そして彼らの一貫した行動の、悪徳をも含めてその性格《キャラクター》を例証しているという事実を見失っている。

はみ出し者を隔離したり、薬物で沈静化させたり、個人の強い衝動をグループによって治療したりするような社会、時代、どんなものであれ異質なものが周辺においやられるような場合には、国家の意識として抜きん出たものを認めることが特に重要になる。もし顕著さが運命に依存し、運命は性格《キャラクター》によるのだとしたら、この三つの言葉を逆にしてもよいかもしれない。性格を改善するためには、倫理的な指導だけでは不十分だ。ウィリアム・ベンネットやアラン・ブルームのご忠告は無視してもよいが、運命、とりわけ偉人たちの運命から目を離してはならない。彼らのイメージ——その勇気、野心そして危険——こそ、わたしたちの指南役である。これらの三人の極端な、中流から抜きん出てきた人々、何百万ものアメリカ人の信仰、政治的な参加意識に火をつけた男たちは、けっして凡庸な性格の持ち主ではなかったのだ。

並の世界から現れた顕著さのイメージは、並であることもひとつの道であることを示している。平凡さを、プチブル的な意識のために冷笑したり、周縁に追いやられることを恐れ身をひくのではなく、並であることそのものの価値を認めることができるようになる。この章は、それでもスノビズムに対しては裏切りになるのだろうが、しかし、ここは理想主義によって書かれた章なのだ。「平凡さ」という言葉をさげすみの対象ではなく、ダイモーンが現れることが可能な概念へとわたしは変えたいのだ。平凡さの例のひとつひとつの中に、どんぐりの独自性、になっている特定の性格を見てとれないかぎり、この言葉は社会の中で人をさげすむものであり続けるだろう。

民主主義者のプラトン主義

この章の底に横たわるある葛藤は、わたしが長い間抱えて来たものだ。二五年前、いやもっと前だろうか、キリスト教グノーシス主義とその時代の教団を研究するオランダの学者ジル・クイスペルとわたしはマジョーレ湖のほとりに一緒に座っていたことがある。彼はコンラッドの小説に出てくる老船長のような、ちょっと意地悪そうな特徴的な目を光らせながら、パイプをふかしていた。彼はたずねた。「ところでヒルマン君、プラトン主義者であることと民主主義者であることはどうやって両立するのかね?」

クイスペルはわたしの宿命たるダイモーンを見て取っていたのだ。この質問は、答えるために何年もかかった。もちろん、この質問はプラトンとプラトン主義に対する一般的な見方を前提にしている。――つまり、全体主義的で、エリート主義で、家父長主義的で、かつ、権威的な国家のために権威主義的な下地を作る、というものだ。クイスペルの質問はまた民主主義が大衆主義的で世俗的、かつ超越的なものに基盤を持たないという考えを前提にもしている。民主主義には、創設の父たちはいるが、天使はいない。クイスペルの疑問は、結局こういうことだ。「エリート主義と大衆主義、永遠の原理と状況主義をどのように受け入れることができるか──あるいは、わたしなどよりクイスペルのほうがずっと得意なのであろうが、古典哲学の言葉で言うなら、『真理』と『意見』の領域をどうやって一人が受け入れられるのか」、ということであろう。この難問は、西洋の思想家をパルメニデスの時代から苦しめてきたものだ。

わたしたちの国家では、真理と意見の相違は、教会と国家、明らかにされた真理と民衆の意見の投票の間という壁で区切られている。しかし、独立宣言は、アメリカの民主主義は、超越的な「真理」にもとづくと断じているのだ。「万人は等しく創造されている」と。

この主張の根拠は何なのだろう？　産声を上げたときから、不平等は存在している。病院の新生児室にいる看護師ならだれでも、初めから不平等があることを認めるだろう。新生児は一人一人違っている。遺伝学によって、技能、気質、集中力には生まれつきの違いがあることがわかってきた。また生まれ落ちる環境に関してもそうだ。環境ほど不平等なものがあろうか？　恵まれないものもいるし、生まれも育ちも恵まれたものもいる──初めから違っているのだ。

生まれも育ちも、平等性を与えない。では、そもそもどこから平等の概念を得ることができたのか？　人生の事実からではありえない。また平等性はすべての人間に共通の要素、つまり直立歩行とか象徴言語とか火の使用などにも還元できない。それぞれの人は、これらの共通要素を何億通りにも違ったかたちに使ってゆくからだ。平等性は、ただ、個別性《ユニークさ》からのみ引き出せる。それはスコラ哲学者が「個別性の原理」と呼んでいたものだ。わたしは、ここでこの個別性をハエキタス haeccitas（中世ラテン語で「これ─性」）として想像している。それはゲニウスのなかに、人一人が生まれるときに形相の要素として与えられるもので、それによって彼ないし彼女はかけがえのない、ほかのだれでもない、一人となるのである。

だから、平等性は自明のこと、所与のものだ。アメリカ独立宣言がいうように、わたしたちが皆平等であるのは、自明の真理なのだ。わたしたちは、この個別性の論によって平等である。定義上、一人一人は、ほかのだれとも違っており、だからこそ、平等なのだ。わたしたちは、この世界に対して、それぞれ特定の召命をもっているがゆえに平等である。そして、それ以外の点では、不平等だ——不公平で不条理で、全く不平等である。ただ、それぞれのユニークなゲニウスがある、ということだけだ。民主主義は、したがって、どんぐりを基盤にしているということになる。

内なるどんぐりは、エッジの先へと人を押し出して行く。その熱意は実現を望んでのものだ。召命は、自分が望むものを実現させる自由を誕生と同時に生きられるようになる自由を要求する。自由だ。しかし、この自由を社会が保証することはできない（もし自由への機会を社会が政令で定めようものなら、社会が優越した力をもっていることになり、自由は社会の権威の下におかれてしまう）。民主主義的な平等性は、個人の召命のユニークさをもってしか、論理上の基盤を持ち得ない。自由は、召命の完全な自律性によって立っているのだ。独立宣言の書き手が、万人は生まれながらにして平等であるといったときには、この言葉は必ず、次の言葉を伴うと考えていただろう。つまり、万人は生まれながら自由である、と。人を平等にするのは、召命があるという事実だ。そしてわたしたちが自由であらねばならないとするのも、召命の働きなのだ。この二つを保証する原理は、不可視の個々人のゲニウスなのである。

プラトンを非現実的な理想にとりつかれたファシストだと、そして、民主主義を衆愚状態と考えないようにしてみよう。するとプラトニズムと民主主義は、磁石の両極のように排除しあう関係ではなく、同じ基盤の上に立っていることがわかるだろう。両者は個人の魂の重要性の上に立っているのだ。プラトンの国家は魂のために存在しているのであり、国家自体のためや、国家のなかのどんなグループのためにでもない。彼の『国家』での主なアナロジーは、魂のなかの層と国家のなかの階層との平行関係だとしても読むことができる。国家においてすることは、魂にもすることができる。そして魂にたいしてできることは、国家にたいしてもすることができる。——もしプラトン主義がきちんと理解され、実行されるならば。

さらに、この章で見てきたように、民主主義が要求する個人、それからアメリカの民主主義が実現しようとするもののための唯一の理論的な保証人は、魂、ここでは天使やどんぐり、ゲニウスなど美しい名前で呼ばれる存在だ。プラトン主義と民主主義は、個々人の魂の原理的な重要性を認めるという点で理想《ヴィジョン》を共有している。

この魂、ダイモーン、あるいはゲニウスは、プラトン自身が語る神話のなかではプラトン主義者ではなく、民主主義者にも見える。魂は相互作用の世界に降りてくるからだ。魂は土地において姿をあらわす。まるで、魂はその地の衣装をまとうために世界へと入りこんでゆくかのようだ。そして魂はまた世界とよりそい、この世の肉体の中に住まいたいのだといっているようだ。不可視の存在をあえて可視の世界と分離して語ろうとするのは、神学者とシャーマンだけであろう。死と他界は、どんぐりが求める道ではない。そうではなく、どんぐりが導き手として働くこの目に見える世界こそ、どんぐりが志向するものだ。ダイモーンの喪失は民主社会を壊して、出口を求めて迷宮のようなモールをさまよう買い物客の群れのようにしてしまう。しかし、そこに個々の方向性がなくては、出口などあり得ないのだ。

——ですから、クイスペル教授、今度は大きな木の下でまたご一緒しましょう。プラトン主義と民主主義は、まったくうまく一致します。その二つは、両方魂を基盤にしているのですから。この二つは、いかに魂が世界に存在できるか、そしてそれを成就するもっともよい方法を考えているのですから。最上のもの、そして成就に焦点を当てるのは、エリート主義ではありません。また、それは民主主義を放棄するものでもないのです。

結び——方法論についてのノート

この理論にたいして、有機体をメタファーに選んだのは失敗だろうか？「どんぐり」という言葉自体、自然の成長モデルとすぐに結び付いてしまい、また遺伝的決定論と時間にそっての進化論にわたしたちの理論を結び付けてしまわないだろうか。遺伝的決定論と進化論は、わたしたちの理論が退けようとしているものなのに。この理論を、名前そのものがダメにしていることはないだろうか。

種、天体、あるいは病気に名を与えることは、つねにあるものごとをメタファーで覆い、何かの世界観をもって語りだすことである。植民地時代の山や島の命名を思えば、そのことがわかるだろう。ヨーロッパの有力者や英雄的科学者の名前が、あらゆる自然現象——惑星、植物、プロセスなどを植民地化していった。解放運動は古い秩序を表す、圧政的な言葉を取り除いていったのだ。とすれば、「どんぐり」という言葉に残る、進化論的有機論の残りかすを取り除き、この理論を名付けなおすべきではないだろうか。例えば、エッセンス理論、イメージ理論、あるいはゲニウス理論、さらには、大胆に天使の心理学理論、とでも？

けれどわたしは「どんぐり」という言葉にこだわりたい。この言葉を使って有機論の罠に落ちずに有機体のイメージを読む方法を示すことができるからだ。自然のイメージを、自然ではないやりかたで使うなら、これからお見せするように、「どんぐり」という言葉で、わたしたちの視座の元型的中核を示すことができよう。それは、有機論的で、時間に縛られた発達論的見方をひっくりかえし、人生を時間の流れとは逆方向に読むことをねらっている。もし発達論的な人間性への見方を改めたいなら、出発点に種子のイメージのひとつを取り上げるのもよしとすべきだろう。

どんぐりという言葉にはこだわるが、しかしそれを従来の思考のパターンからは切り離すことにする。捨てるべきはどんぐりではなく、どんぐりをただ自然的に、かつ時間のなかでだけとらえる思考の習慣なのだ。

いったんどんぐりを元型的に想像するなら、あるいは元型的観念として想像するなら、どんぐりは自然の法則や時間のプロセスに制約されなくなる。「どんぐり」を果実や樫の木の種子として狭く、自然学的に定義しては、どんぐりをただ文字どおりの、植物学的なものと考えてしまい、一つのレベルにその意味を制限してしまう。そしてこの第一レベルが、ほかの意味層を遮断してしまう。しかしどんぐりは、他にも神話学的、形態学的、あるいは語源学的な意味の層も持っているのだ。

どんぐりは、「神話的シンボル」でもある。さらにどんぐりには「かたち」がある。そしてそれは、語源や接辞、暗示、そして指示を与える力をもつ「言葉」でもある。これから見てゆくように、「どんぐり」をこれらの異なった方向へと拡充してゆけば、どんぐりの標準的な意味が持つ、自然学的な狭量さを超えていくことができる。「どんぐり」の意味をさまざまな方向から見て、その隠れた可能性を広げていくことで人間の生理学をその有機的な条件から解放してゆく方法も示せるだろう。

まずは、樫の木とどんぐりの神話的シンボリズムをとりあげてみよう。古代の地中海地方、北方ゲルマン、ケルトのヨーロッパでは、樫は魔術的な祖先たる樹木であった。樫にかかわるものは何でも、その力の一部をわがものにした。——樫に巣をつくる鳥、木の幹の虫こぶし〔訳注　虫が巣を作ってできるコブ〕のスズメバチ、ハチにその蜜、からみつく寄生木、そしてもちろん、樫のどんぐりなどは樫の力を得た。樫は天空から雷を引き下ろし、ゼウスやドナールやユピテルやヴォータンなどの大神に属する、父なる木であった。そしてまた樫は母なる木でもある（プロテライ・マテレス——ギリシャ語で、最初の母たち）。多くの神話では、初めて世界に人間を生み出したのは樫の木だったという。樫がどんぐりから生まれたように、わたしたちもどんぐりから生まれたのだ。そして「木」（tree）と「真理」（truth）が同語源であるように、どんぐりの中の木も、真理を内包している。これは森の大地にちらばる、小さな帽子つきの粒を、情熱的に読み込むことでもある。(*1)

　神話の言葉は、概念的な言葉が文章にして述べるところをイメージにして編み上げる。どんぐりが原初的な人格のイメージであるのは、神託を与える、魂の存在が樫に宿っているからだ。とりわけ樫は魂の樹木である。樫にはハチが巣を作り、蜂蜜をためるからだ。蜂蜜は地中海の古代社会やそのほかの地域で、神々の酒（ネクタル）、他界的で原初的な「魂の糧《ソウルフード》」と考えられてきた。さらに、樫の周辺にニンフや占い者や女司祭たちが住んでいて、樫の予言や出来事への解釈を、お告げや格言の形で伝えることができたという点でも、樫は魂の樹木であった。西アフリカの教師マリドナ・ソマは、すべての高い樹木は賢い、という。高い木の動きは非常に微細で、それは上なるものと下なるものを強く結び付けるし、またその存在は、きわめて寛大で有益だからだ。その大きさ、その齢、その美、その堅固さをみれば樫はとりわけ賢いにちがいない。またそのどんぐりはその小さな核のなかに樹木の知恵をすべて担っていることだろう。それはちょうど、ピンの頭の上に無限の数の天使たちが踊っているようだ。不可視の存在は、最小限のスペースだけを要求するのだ。しかしどんぐりの言葉をはっきりと聞き分けるものもいる。彼らは樫からその言葉を聞くのだ。

この声を風にこすれる葉から聞こうが、大きな枝のきしみ、小枝の音から聞こうが、あるいは何も外的な感覚的刺激がないところから聞きとろうが、樫の声は、ホメロスが述べているように、北西部ギリシャのドドナなどの、とりわけ力に恵まれた巫女によって解釈されるのだった。人々は自分たちの運命について、神託の樹木にお伺いを立てにきた。樫は運命の知識を内包している。だから、こう尋ねることもできた。「ゲリオトンはゼウスに、妻を娶《めと》るべきかどうかを尋ねた」「カリクラテスは神に。神々の加護で娶った妻ニケが子供を儲けることができるかどうか?」「クレオタスはゼウスとディオーネに羊を飼うのは益があるかどうかを尋ねた」。あるいは、もっと単純で、しかしわずらわしい人生上の問題。「ドルキロスは、布を盗んだか?」(*2)

ドドナやそのほかの場所の樫の神託は、二つの点でわたしたちの問題に重要である。第一に、樫は普通の目には隠されているものを知っている。第二に、この知識は人々、多くの場合には女性に明かされる。これらの人々は、「聞く耳」を持ち、自分たちを通じて、木に語らせることができた。ロバート・グレイブスは、ドドナの巫女たちとガリアのドルイドたちは、文字通りにどんぐりを噛んで予言をひきだすトランスに入ったという。(*3)証拠を収集したパルケは神託の解釈者の答えは報告していない。しかし、お伺いを立てた人には樹木を通じて語られた内容は、重要だったであろうが、さしあたってわたしたちに重要なのは、彼らが何かを聞いた、ということだ。

植物学的にいえば、どんぐりは被子植物で、内に植物の胎児を内包している。樫のエッセンスがここにすべてある。神学的には、どんぐりはアウグスティヌスのラチオネ・セミナンス、つまりセミナル・リーズン（seminal reason）のようなものだ。ストア派、グノーシス主義者、あるいは、フィロのようなプラトン主義者にまでたちのぼれば、古代の思想には世界がスペルマティコイ・ロゴイ、つまり言葉の種子あるいは胚となる観念に満ちていると見るものもいた。それは初めのときから世界に存在していて、それぞれのものに、原初的なアプリオリとしてかたちを与えているのだ。そしてこのような精子的な観念が、それぞれのものに自身の性質をはっきりと与える。——聞く耳をもつものにはわかるのだ。自然が語るという観念、ことに樫を通じて自然が語るという観念は、長らく続いた生きとしたファンタジーを継承してゆくし、またそれはわずか百年前には絵画の大きな主題となっていた。(＊4)

魂のなかの原初の種子に気づき、その声を聞くのは容易ではないかもしれない。その声をどうやって聞き分ければよいのか？　どんなシグナルを、種子は送ってくるのだろう。この問題を立てる前に、まずは自分たちの聞く耳のなさを、つまり聞くのを困難にしている障害について考えねばならない。それは還元主義、字句主義、いわゆる常識という科学主義だ。わたしたちの頭の固さでは、インターネットなどを通じてやってくるもの以外の、どこか別のところからのメッセージが人生の上で重要だということは理解しづらくなっている。しかもそのメッセージは、迅速でも無料でも心地よいものでもない。それはとりわけ痛ましい病理的な出来事としてやってくる。病理化だけが神々がわたしたちを目覚めさせる唯一の道なのだ。

ヤーコプ・グリムの『チュートン人の神話』に出てくる一つのスカンジナビアの物語が、このことを神話の言葉で語っている。

大きくて年をとった巨人スキルミールは、大きくて年をとった樫の木の下で眠っていました。トールがやって来て、その頭をハンマーで打ち付けました。スキルミールは目を覚まし、木の葉が頭に落ちて来たのかといぶかりました。巨人はまた眠り、いびきをかきはじめました。トールはもう一度、もっと強く巨人を打ち付けました。巨人は再び目を覚まし、どんぐりが頭に落ちてきたのかと尋ねました。そして彼は再び眠り始めました。トールは、もっと強く、その神のハンマーで打ちましたが、巨人は目を覚まして、言いました。「鳥に違いないな、鳥が頭に糞をしたんだろう」(*5)

どんぐり理論は、巨人には鳥の糞でしかない。巨人はその愚鈍さ、思考の鈍さ、視野の狭さ、そしていつも空腹であること(巨人は空疎だからか)で悪名高い。スキルミールは、現代の還元主義者、字句主義者だ。彼らは何もけっしてきちんと理解しない。だからこそ、巨人はおとぎ話の中では賢い動物やエルフやノーム、賢い乙女や小さな仕立て屋と対になって現れる。彼ら小さなものはけっしてどんぐりを舞い落ちた葉や糞と間違えたりしない。彼らは、何かを目にしたときにはメタファーを受け取ることができる。一方、巨人は、「たかが」としか考えることができない。すべてを一番小さなものに還元するばかりで、洞窟から出て来たり、大いびきをかく眠りから目覚めることはないのだ。幼いころ、わたしたちが巨人を恐れ、ダビデやジャックのように小さきものが巨人をやっつけたり、オデュッセウスのように小さきものが巨人を出し抜く話に心躍らされたのも、無理はない。巨人は、大人の愚鈍さをもって、子供のイマジネーション、子供の驚きに満ちた世界との、エコロジカルなつながりの感覚をだめにしようとするのだ。しかし、小さなものを見落とすのが巨人の愚かさでもある。最終的にジャックを救うのは豆だったし、ダビデをゴリアテから救ったのは小石だった。また心のなかの巨人は、プラトンのいう無知の洞窟である。オデュッセウスが一つ目巨人サイクロプスと出会い、言葉を字句通りに受け取る巨人を出し抜いたのも洞窟のなかであった。

言葉を話す樫は女性を通じて神託を与える。また隠れ家を提供したり、周期性をもっているがゆえに、そしてまたさまざまな人間活動のための基本的なヒューレー、つまり素材を提供するために、樹木はすべて象徴的には女性として分類される。しかし、樫とどんぐりは、とくに男性として想像されていた。樫が偉大―父なる―神―樹木であっただけではなく（ローマ、ヨーロッパのユピテル、北方のドナール）――ここで話は神話から形態学に移るのだが――どんぐりはジャグランズ、つまりユピテルの大きなペニスとも呼ばれていたのだ。

英語は、そのほかの多くの言語が明らかにすることを隠している。ペニスのなめらかな頭とそこにかぶっている皮は、どんぐりの形で表せる。ドイツ語でEichelはどんぐりと亀頭を両方表す。フランス語ではこれらは両方glandという言葉でいわれる。ラテン語ではglans。ギリシャ語ではbalanos。スペイン語ではbellota、だ。ケルソスのような医学者やプリニウスやアリストテレスのような自然学者は、亀頭とどんぐりを同一視し、豊饒儀礼をその果実の形態学的な見かけのかたちによって、樫の木の神話的な解釈と結び付けた。

三番目のレベルでの連想になるが、「どんぐり」という言葉は「畑＝acre」「活動＝act」、そして「作因＝agent」と関係がある。「どんぐり＝acorn」に最も近い関係にある語源は古高地ドイツ語のakern（果実、生産）で、それはただ種子ではなく熟れた果実も意味していた。Actus（活動、活動性、作因）は、「どんぐり」と関係づけられていた。どんぐりは達成された結果としても理解されていたのであり、新しい木の始まりにすぎない（発達論的な意味では）とは考えられていなかったのだ。ここでは考え方の全部の順序が逆になっている。

もっと遠いところでは、「どんぐり」という言葉は、サンスクリット語に由来する。それがギリシャ語のago、agein及びそのさまざまな形を経由して今の形となったのだ。それらは基本的に「押す」「方向をつける」「導く」「守る」といった意味をもっていた。命令形のage、ないしageteは、「動け、始めよ、行け」を意味する。この同じ古い語源から、現代のagenda「協議項目」やagony「苦悶」、また押し出しの強い「どんぐり」の経験はすべてが生まれてきた。(＊6)

どんぐりのなかに、これほど豊かな意味の言葉が詰め込まれているのは驚きではないだろうか。しかも、まだ検討していないものもある。ギリシャ語で亀頭とどんぐりを表す言葉（balanos）はballosとbalから来ているが、これは投げられたもの、ないし落ちたものを意味する。ちょうど木から落ちたものや、投げられたダイスのようなものだ。またそれは投げるという意味もあった。ここでも、ballosという言葉と、投げられたり落ちたりしたものが運命《ケース》を決めるという、平行関係が見られる。そしてケースという言葉自体、ラテン語のcaere、つまり落ちる、から来ているのだ。人の運命はただ、あなたの前に投じられたものだ。そしてあなたの人生《ケースヒストリー》は、あなたの運命の籤がいかに投じられたかを見せている。「どんぐり」という言葉のなかに運命の要素が濃密に込められている。あなたの人生は「投企された」ものなのだ。balanos、すなわちどんぐりと同じ語源をもつ語にballizonがある。これは足を投げ出すという意味。またballetusという言葉もあり、ここから現代の「弾道の」（ballistic）が生まれ、またロマンス語を通じて、大きな舞踏会、イベントを表す「バレー」や「ボール」が生まれたのだ。初めから愛すべき性格が、どんぐりのなかに含まれている。どんぐりは人生とダンスをする。またそれはいろいろな投影に満ちている。またそれはペニスの先端のように感受性に富んでいる。さらに、どんぐりは弾丸のように行動的だ。これらすべてが神話、かたち、そして言葉から豊かに紡ぎ出されてくる。わたしたちが検討している理論のイメージとして、どんぐりはまさにぴったりではないだろうか。

伝記についてのどんぐり理論は、プエル・エテルヌス、すなわち無時間性と永遠性を自らのうちにはらんでいる。しかしその一方で、不可視の世界とデリケートな関係をもつ永遠の少年の元型から生まれており、かつその言葉を語っているように見える。(*7) 実際の人間の生活においてはプエルは、メニューインやガーランドのような早熟な子供や、運命の抗えぬ呼びかけとなる。プエルは若くして頭角を現し、普通の人々を圧倒し、そして伝説に消えて行く人々のなかの主要な元型として現れる。例えばジェームズ・ディーン、クライド・バロウ、クルト・コビアン、モーツァルト、キーツ、シェリー、チャタートンとランボー、アレクサンドロス大王(彼は三〇歳で死んだ)や若き聡明な少年、一八歳ですでに革命と新しい国の建国の父となったアレグザンダー・ハミルトンなどなど。チャーリー・パーカーは三五歳で逝った。バディ・ホリーは二二歳。ジャン・ミシェル・バスキアとキース・ヘリングのような若くして亡くなった画家のことを考えてみよう。だれもがこのようなリストを数え上げることができよう。祝福を受けたものばかりではなく、悪名高きものもふくめて、人生にそのまばゆさでふれて、そして逝ってしまった若者たち。そしてもちろん、プエル・エテルヌスは元型であるがゆえに、性別を超えている。二六歳でなくなったジーン・ハーロー、ジャニス・ジョプリン、エヴァア・ヘッセ、モイラ・ダイヤー、アメリア・エアハートなどなどを数えてもいいだろう。

＊＊＊

栄光に包まれたこれらの人々の背後には神話の人物がいる。その父より高く飛翔したイカロスやホルス。逃げるアタランテ。若きランスロットとガウェイン。驚くべきテセウス。その胸を刺し貫かれた聖セバスティアン。愛らしい詩編の歌い手、少年ダビデ。オリュンポスでの神の食べ物の給仕者ガニュメデス。それから、神のオーラにつつまれたアドニス、パリス、ナルキッソスなどすべての恋人たちなど……。

まばゆい若いスターたちを、よく「天才《ジーニアス》」という。天才とプエル、またどんぐりとペニスの先端の結び付きはローマではっきりしていた。ローマではゲニウスは、生殖力をもつ男根の力と同一視されていた。ペニスの自律的な力はパルス・プロ・トト、つまり「ゲニウス」そのものだった。(*8) そこで、男はその自分の体の一部には、それ自体の直感力、意志をもつ眼があるといい、それが己の運命に大きな役割を果たしていると感じている。また男はその器官を崇拝し、その神秘的な動きに見えない神性の働きを見ていた。ペニスに対する、この幻惑に満ちた、ナルシスティックで強迫的、誇大な観念は(通常のセラピーの視点から見て、だが)、神話の背景にプエルのもつ男根主義の流儀をおいてみて初めて理解できるだろう。

プエルの神々たち――バルドル、タンムズ、イエス、クリシュナ――は神話を現実へと導き入れる。そのメッセージは神話的だ。プエル、そして神話そのものは実にたやすく傷つき、実にたやすく殺されるが、しかし同時に彼らは永遠に再生する。そしてその存在は、あらゆる想像的な冒険を生み出す、可能性をはらんだ副構造だ。これらの神話像は神話そのものと同じように、「現実的《リアル》」にはみえない。プエルたちは実体のない存在であるようにみえる。物語の中では、彼らはすぐに血を流し、倒れ、あとずさり、そして消えてしまう。しかし、彼らの他界への献身——彼らは超越的なものからの使者なのだ——が止むことはない。どこか虹の彼方へ……。「月こそ我が故郷」と映画『天井桟敷《てんじょうさじき》の人々』のなかの白い顔の道化は言う。狂気に満ちていて、孤独で、愛らしく、脆弱で——これがプエルだ。かろうじて、この大地にわずかにふれていて、無我夢中にペニスの先端の力で大地に受け入れられることを望んでいるプエル……。

変性意識状態への深いかかわりは、革命の炎を打ち上げ、社会の意識を変えさせるファンタジーへとプエルを駆り立てる。永遠の世界からの呼び声は、この世を転覆させ、月にもっと世界へ近づけよ、と訴えかける。狂気、愛、詩がそこから生まれる。フラワーパワー、ウッドストック、バークレイ、パリ'68の学生たちの叫び声「想像力に権力を」……。漸進主義や妥協はない。永遠は有限の時間とは手を結べないのだ。インスピレーションやヴィジョンは、それ自体に立ち戻る。では、その後何が起こるのか。不死の理想は死すべき世界へと落ち込んでゆく。それから、ベビーブーマーとビジネスへ。「黄金の少女と少年はみんな／煙突掃除人のように、いつかはススにまみれる」。そう、マノレーテは砂に血を流したのだった。

人生の物語だけが元型像に触れるわけではない。理論にも、元型的なスタイルがある。プエルに影響された理論はなんであれ、完成への激しい衝動、非凡なものへの賛辞、強い唯美主義を見せる。それは時間からの解放、普遍的な価値の有効性を主張するが、それを証明するための努力はしない。その理論の中では、プエルが踊っている。その理論は野心的に想像し、保守的な陳腐さに逆らう。プエルから霊感を受けた理論は、いわゆる現実によって問いただされ、事実にとり囲まれると、急に力を失いときには崩壊する。「現実」は、プエルの昔からの敵、灰色の顔をした王、ないし頑固でいかめしい土星《サターン》的な人物によってあらわされる。この老人は、イメージやヴィジョンや物語ではなく統計や例証、研究を要求する。このような元型の布置《コンステレーション》と、自分が読む本、それに対する自分の反応への影響を知っておけば、理論が元型の地図の上でどのあたりに位置づけられるのか、理解する助けになるだろう。——つまりあるときには、思想による革命に夢中になったり、ときに完全に懐疑主義に陥ったりするようなときに、自分の位置を確かめるのに役立つ。

この種の自己内省は、心理学的方法に属する。自分自身の考え方を押し付けるほかの方法とは違って、元型的心理学は自分自身の神話的前提を明らかにし、いかに最初の疑問が生まれたか明白にしようとする。例えばこの場合ではどんぐりの神話についてがそうだ。理論はただ頭のなかだけでできるものでも、冷たいデータからだけ生み出されるものでもない。理論は概念的な言葉で神話のドラマを表すものであり、そのドラマはパラダイムシフトについての議論のなかで、演じられる、というわけだ。

＊＊＊

我らが理論におけるプエルの影響を明らかにしたところで、次にどんぐりについて進もう。学識ある、そして多作の医学者であるガレノス（AD129〜199）は、どんぐりが原初の食物であったという古代の信仰を追認している。つまり彼は神話的に、人は自身の内なる核によって養われている、と言っているのだろう。あなたの召命が、あなたの第一の栄養なのだ。ガレノスは、アルカディア人は、ギリシャ人が穀物を作ることを覚えた後もずっとどんぐりを食べ続けていたと言っている。これは、どんぐりの力が、人の生身の母親、ないしは滋養を与える文明の女神、デメテル―セレス（その名から穀物シリアルが名付けられた）である世界母《ワールド・マザー》に先立って存在していることを別な言い方で告げているのだ。どんぐりは、育ちに先立つ生まれ《ネイチャー》ながらの恵みだ。しかし、自然《ネイチャー》は神話的で、かつ処女なのだ（つまりけっして知られず、けっして把握されることはない）。ジェイムズ・ジョージ・フレイザー卿によれば、だからどんぐりは出産をつかさどるアルテミスの領域に属するのである。

以来、現代のフランス、イギリスの詩や絵画にいたるまで、原―どんぐりの属するアルカディアはエデンやパラダイスにも似た原始的な自然のイマジナルな風景とされる。そこでは何物にも束縛されない魂が自然に調和して生きている。心理療法は、そのアルカディアを子供時代へと移植した。どんぐりに生かされている自然存在をインナー・チャイルドと名づけたわけだ。しかし、動物やヘビたちにあふれ、罪と知識に満ちたエデンの園やどんぐりを食う野蛮な種族のいるアルカディアを、虐待を受けたと嘆きながら、埋想化されたインナー・チャイルドに移し替えるのは、それ自体が虐待である。異教徒の心に立てば、けっして「子供時代に戻る」ことなどないし、自由な楽園を取り戻すために無邪気さを偶像化することもない。ただ、人がゲニウスによって気遣いを受けることができる、想像的な世界であるアルカディアへゆけばよかったのだ。

どんぐりのなかには、人生を送るまえにすでにその完成が存在しているが、どんぐりはそのいまだ生きられぬ生に不満を感じている。どんぐりは先を見る。知っている。そして強く求める――しかし、どんぐりに何ができよう? 種子と樹木、天の神の膝下にある紡ぎ車と地上の家族の下でのせわしない世界の間のギャップのせいで、どんぐりは無力さ、ふがいなさのあまりに怒りに震えている。どんぐりは、自分が想像したことをできないため、怒りで真っ青になっている小さな子供なのだ。

どんぐりの中身は滋味にとんでいるし、天使との交歓は甘やかな出来事だ。しかしどんぐりそのものは苦い。それは苦く、ピリピリする。だからこそ実際のどんぐりを食べられる粉にひくには何度も何度も水にさらしたり、こしたり茹《ゆ》でたり煮たりしなければならない。レシピにはこうある。「苦く感じられなくなったら、できあがりです」。美しいプエルの内側には、恐るべき、毒をふくんだような苦さが含まれている。バスキアの絵のなかにもコバーン、ヘンドリックス、ジョプリンの音のなかにも、樫になるまで待てない自殺的なまでの衝動があるのが感じられるだろう。どんぐり理論と、それがもたらす生への大きな称揚――ヴィジョン、美、宿命――はまたかみ砕きがたい木の実でもある。

この終章は、方法論についてのどうしても必要な、そして最後のつけたしだ。これはどんぐり理論をその基盤となるイメージと結び付け、さらにその基盤のイメージをはるかな、プエル・エテルヌスと呼ばれる神話的存在の一群へと結び付けていく。この余論によって、どんぐり理論を人生の発達論的なモデルに制限してしまう可能性のある、有機体論哲学の従来の用法から、有機体のメタファーを解放することができることを示すことができる。

人生は自然のプロセスではない。それは自然でもあると同時に、それ以上のひとつの神秘なのだ。心の生が、例えば進化や遺伝子によって叙述できる自然法則にのみ従っていると考えて、人生に現れる啓示を全て説明するのは、「自然の力という幻想」だ。人間はずっと、そしてこれからも魂のコードを解読し、自然の秘密を明かそうとするだろう。しかし、その自然が実は自然なるものでも、また人間的なものでもなかったら？　わたしたちが求めているものがただ「別のなにか」ではなく、どこか「ほかのところ」にあったとしたら？　例えば、召命の源を探そうとしていつも、探すべき場所など実は存在していなかったとしたら？　召命の事実をこえて探し求める場所などないのだ。その源を探すには、だから召命の声を無視するのではなく、その声につき従ってゆくことのほうが賢明だろう。

物事の核心にある不可視性は伝統的にデウス・アブコンディタス、つまり「隠されたる神」と呼ばれて来た。それはただイメージ、メタファー、そしてパラドキシカルな難問、莫大な価値をもっているが高い山に埋められた宝石、光をはらむ火花などとして語られて来た。この伝統がいうには最も重要なものはいつも、もっとも見えにくいのだ。どんぐりは、このようなメタファーのひとつであり、どんぐり理論は、ブレイクとワーズワース、ドイツ・ロマン派、そしてルネサンスのマルシリオ・フィチーノとニコラウス・クザヌスへと立ち戻るこの伝統をひいているのである。

どんぐりが、そのような小ささのメタファーであるとすれば、ダイモーンや魂も同じメタファーである。ダイモーンや魂はこれらよりさらに小さい。この二つは不可視の存在に属しているから、わたしたちは、その力で運命へと誘われるが、魂は計測不能な存在で、実体や力を伴わない。フィチーノは、それは全く物質的ではないという。したがってダイモーンの性質や魂のコードは物理的な方法では扱えない。——ただ奇妙な考え、圧倒的な感情、示唆的な直感、そして心に迫るイマジネーションといった、プエルの「知」によってしか、接近できないのだ。

プエルという特定の元型的な像によりそうことによって、この理論は、インスピレーションを与え、また革命を起こすことを意図している。そしてその主体へのエロティックなかかわりあいを再び喚起することを望んでいる。あなたの主観的で、個人的な人生、あなたが自分で自分の人生を想像する仕方にインスピレーションを与え、かきたてたい。どのように人生を想像するかが、子供の育て方、思春期の症状と障害、民主主義のなかにおけるあなたの個人性、老後の孤独と死への態度に、大きな影響を及ぼすからだ。——そしてそれは、また教育、心理療法、また伝記を書くといった仕事、そして市民としての生き方そのものにも大きな影響を及ぼすのだ。

訳者あとがき（一九九八年版）

本書は、James Hillman *The Soul's Code: In Search of Character and Calling*, Random House 1996の全訳である。

著者ジェイムズ・ヒルマンは、現代のユング派のなかで最も影響力の大きい（そして論争の火種をいつもまく）心理学者の一人であり、元型心理学の創始者として知られている。

幸い、ヒルマンの主著である『魂の心理学』も、また、その入門書ともいえる『元型的心理学』も邦訳されているし（ともに青土社）、またユング派内部での位置はサミュエルズの『ユングとポスト・ユンギアン』（創元社）に詳しいので、ヒルマン本人について興味のある読者の方はそちらをぜひ参照されたい。また、『自殺と魂』（創元社）や『フロイトの料理読本』（ボーアとの共著、青土社）なども翻訳出版されている。日本でも、ユング心理学に関心がある人なら、ヒルマンの名前はなじみの深いものであろう。

とはいえ、一般の読者にとっては、ヒルマンはさほどポピュラーであるとはいえなかった。状況は海外でも同じで、心理学や心理療法、あるいは哲学などに関心をもつ人にとっては高名でも、大衆にとっては耳になじみのない著者だったはずだ。

しかし、その状況は一変した。アメリカを中心に、かねてからヒルマンが提唱していた「魂《ソウル》」の重要性が一般読者の間でも高く評価され、魂について論じた書籍が次々にベストセラーとなっていったのだ。先鞭をつけたのは、ヒルマンのよき理解者であり同僚でもある、トーマス・ムーアの『魂へのケア』ならびにその続編『ソウルメイト』であった。僕なども、ムーアの本がアメリカの空港のキオスクなどに高く積まれているのを見ていたく感じ入ったことがある。マニュアルとしてのセルフ・ヘルプ本ばかりが注目されがちな状況のなかで、静かで深い魂についてのケアの本が理解されるようになったのは、とても喜ばしいことだ。同様の「魂」本も次々にベストセラーになり、その「ブーム」はかのニューズウィークも取り上げたほどだ。

そして、その真打ちとして登場したのが本書、現代における「魂」の最初の復興者であるジェイムズ・ヒルマンの『魂のコード』であったのだ。本書は全米ベストセラー一位に上り詰め、また、世界十五カ国で翻訳出版されていると聞く。

まさに世界中で「魂」という、古色蒼然とした言葉がいかにも現代的な問題として注目されているわけである。ここでいう「魂」とはオカルト的な輪廻転生ものにあるような実体としての魂ではない。むしろ、ヒルマンはそのような安易な不可視の存在の実体化を、「字句主義」としてとても嫌う。本書をお読みいただければ分かるように、魂とは人間の経験を生み出す、何ものにも還元できない「何か」なのだ。

この「魂」とは何か、はっきりと言うことはとても難しい。ヒルマンもしばしば引用する、古代ギリシャの哲学者ヘラクレイトスの言葉を借りれば「どこまでいっても魂の境界を見定めることはできない」。だからこそ、魂とは何か、定義することはできないのだ。それでもあえて、魂とは何か語ろうとするなら、「体と心をつなぐもの」とか「出来事を経験に深めるもの」というほかはない。あいまいでがっちりとつかむことこそできないが（だからこそ科学や心理学はこの魂を対象とはしてこなかった）、しかし人は誰でも、この「魂」が自分にあるということをどこかで感じているのではないだろうか。

従来の経験主義的、科学主義的な心理学がつかみ損ねてきた、人間や人生の内奥にある「何か」を、あえて魂という定義不可能な言葉を使うことによって羽ばたかせる大胆な手法。これこそ、ヒルマンの真骨頂であろう。ヒルマンの語りは、単なる記述や理論の展開ではない。むしろ、挑発であり、喚起であり、常識的な見方の背後に隠れた、それこそ「魂」を解放する戦略なのだ。その手法こそ、ヒルマンを理解する上での難しさであり、またヒルマンの魅力でもある。そうしたスタイルについては、「永遠の少年」の元型が背後にあるというヒルマン自身の自己言及が何よりも雄弁に語っている（ヒルマンは、牡羊座にある新月をもってこの世に誕生している。十二星座のトップを走る牡羊座にある、生まれたばかりの新月の光。彼のホロスコープは、挑発的な永遠の少年の魂を美しく表現している）。果敢にも固い常識にブライトな知性によって挑戦するヒルマン。しかし、彼の言葉遣いは、しっかりと西洋の知の伝統に根差しており、そのスタイルにおいて永遠の少年と老賢者はほとんどアクロバットともいえる見事さで、堅く手を結んでいる。

ところで、一般には占星術を看板に掲げている僕が本書を翻訳していることを奇異に思われる方もおられるかもしれない。

が、僕がヒルマンに出会ったのは、占星術を通じてであったのだ。英国占星術協会での年次大会に初めて出席したときのことだ。書籍販売コーナーでうろうろしていた僕に、「この本を知っていますか?」と話しかけてくれた紳士がいた。当時、英国占星術協会の会長であったチャールズ・ハーヴェイ氏である。「確か、心理学に興味をもってらっしゃるんでしたよね。それなら、この本は絶対におもしろいですよ」。それがヒルマンの文章を集めたアンソロジー『ブルー・ファイア』と、主著『魂の心理学』であった。もちろん、難解なヒルマンがすぐに理解できたわけではないが、しかし、ヒルマンの挑発的で刺激的な文章のとりこになったのはよく覚えている。

個人的な話で恐縮だが、僕は占星術にずっとかかわりながら、占星術にたいしてどこか居心地の悪さを覚えていた。とてもではないが、占星術の予言をそのまま信じることはできない。占星術が「当たる」と強弁する気には、全くなれない。それでも、占星術はとてつもなく魅力的なのだ。それはなぜなのか。

ヒルマンの本を読むうちに、僕なりに占星術の本質が見えて来たと思う。占星術という非科学的な営みとは、実は、星の神話のイメージを使いながら自分と世界をメタフォリカルに語り直すこと、ヒルマン流にいえば、「ソウルメイキング」、つまり魂を取り戻す作業にもつながるのだ。

占星術は、夢や神話を使って心を語り直そうとするユングの心理学と同じように「心の詩的な基盤」によって立っている。占星術で用いる象徴を文字通り受け取り、堅い現実を支配する道具としようとすると、たちまち占星術のもつ生命力は奪われ、迷信と化してしまう。九七年にサンフランシスコで開催された占星術の学会に基調講演者として参加したヒルマン自身、占星術から「予言への誘惑」と「字句主義」を取り除けば、さらに美しい象徴体系になるという趣旨のことを話していた。

そしてヒルマンの著作との初めての出会いから十年近くたって、彼の著書の翻訳という大役を果たすことができたのは、全く運命の不思議というしかない。その上、本書の翻訳のお話を頂いた直後には、アメリカの学会でヒルマンに初めて直接お会いすることもできた。このあたりにも、運命《ダイモーン》の働きを感じずにはいられない。

正直なところ、ヒルマンの本の翻訳などという大役をお引き受けするにはずいぶん抵抗があった。本当に僕などでよいのだろうか、と迷った。しかし、このような運命というか「ダイモーン」の働きを信じてとにかくやってみようという気になったのだ。それが若気のいたりでないことを祈るばかりである。

案の定、翻訳ははかどらず、河出書房新社の川名昭宣氏、直接担当してくださった田中優子さんには大変御面倒をかけた。また英語面でのいくつかの点には秋山美保さんに助言をいただいた。ここに深く感謝したい。

そして、本書を手にとってくださった方、さらにこのような運命を導き続けるダイモーンにも感謝を。本書が、この混迷の時代に、一人一人のダイモーンを解放し、羽ばたかせるきっかけになればと、心から願う。

一九九八年　鏡リュウジ

解説　どんぐりと守護霊

本書は、ユング派の分析家で、特にこころの個人的なところを超えた側面を強調した元型的心理学を推進し、ユング以後で最も影響力のある心理学者・思想家であるジェイムズ・ヒルマンのベストセラーの翻訳である。日本でも樋口和彦と河合隼雄に大きな影響を与え、また本書にも見られるように美を強調し、ユング心理学にありがちなこころの全体性への統合ではなくて、多様なイメージを尊重する多神論的な心理学を展開した。そのために、非常に日本文化に親近感を覚えていて、何度か来日している。最後の来日は、二〇〇八年に京都で開催された河合隼雄の追悼シンポジウムでの講演で、惜しくも二〇一一年に亡くなった後で、日本でもヒルマン追悼シンポジウムが行われた。

ユング心理学は、個人の経験において意識されていなかったり、抑圧されたりしている個人的な無意識を超えた、文化やそれどころか人類に共通する集合的（普遍的）無意識やそれのパターンのような元型を強調し、それに夢を中心としたイメージで関わろうとする。それは例えば日本では、河合隼雄が日本人の心における母性の強さを指摘して、個人的な母親との関係だけでなくて、それが社会的な関係や象徴的なものにも現れてくることを指摘した。しかしユング以後のユング派でも、発達的な見方をする人たちも出てきたのに対して、ヒルマンは個人を超えた無意識を一層強調し、また象徴的解釈にイメージを還元するのではなくて、イメージの個別性を重視するのである。

心理学の専門書ではないとはいえ、本書もこのようなコンテクストから生まれてきている。即ちここでヒルマンが主張する「どんぐり理論」とは、自分の中には生まれつき一粒のどんぐりがある、つまり生まれ持った運命のようなもの、その人の守護霊のようなものがあるというものである。まさに個人を超えたものが、備わっているのである。それは遺伝によっても、育てられ方という環境によっても決まるものではない。ヒルマンはそれを様々な天才や、目覚ましい成果を残した人びとの例を挙げることによって説明していて、それぞれの話は非常に印象深くて説得力がある。近年の心理学・心理療法は、遺伝や過去における体験によってパーソナリティーや様々な問題を説明する傾向が強いのに対して、ヒルマンはそれを徹底して論破していくのである。このあたりに、魂というものが何にも還元できず、自律性を持っているとする彼の心理学の真骨頂が見られる。

この部分だけを読んでいると、世の中に天才や特殊な才能を持った人がいて、それはどのような環境下であろうとも、その才能が実現されていく、というようにも感じられてしまうかもしれない。しかしヒルマンはまずグロウダウン、この世に着地することを強調するのが興味深い。さらには後半に悪の問題と平凡さ、つまり誰にもどんぐりはあるという話になっていって、一層議論は深まっていくように思われる。自分の中のどんぐりは必ずしも豊かな才能や能力に限らず、それは悪や暴力に直結しているかもしれない。それをヒルマンはヒトラーの例を用いて描いていき、どのように悪のどんぐりとつき合うのかという問題を提唱するのである。

さらには最後では、平凡な魂というのは存在するのかという問いを立て、それに対して「わたしたち一人一人が、なにか抜きんでている」と主張するのである。つまり誰もが自分のどんぐりを持っていることになる。しかし多くの人間はそれを謙遜して隠しているとするのである。

さて、筆者のような心理療法家の立場から本書を読んでみると、非常に納得できることが多い。たとえば自分自身は直接担当はしていないけれども、施設の子どものセラピーの報告を聞くことがよくある。すると本当に悲惨な生育史を過去に持つ子どもが、セラピーを通じて驚くほど変化し、成長することがあり、どんぐりというのは決して破壊されずに存在しているので、生育史から子どもの将来を決めてしまってはいけないとよく思わされる。またセラピーで変化することは、本書にも述べられているように、どんぐりを見出し、それを共有する人の存在の大切さも忘れられてはならないのである。共有する人が存在した例もいくつも挙げられている。

また誰にもどんぐりは存在するけれども、「多くの人間はそれを謙遜して隠している」というのもおおいに納得してしまう。心理療法においては、隠しているどんぐりを現すかどうかが問題になることが多い。そしてやはり隠したままにしておこうとする人をセラピストは多少は挑発するけれども、最終的には尊重するしかない。「どんぐりの背比べ」という言い回しがある文化のことを再び考えさせられる次第である。

河合俊雄

訳者あとがき

このたび、ジェイムズ・ヒルマン著『魂のコード』を新しいかたちでみなさんのお手元にお届けできることになった。これまでに翻訳、あるいは監訳というかたちで少なからぬ数の本を日本に紹介させていただいてきたが、その中でも本書はとくに思い入れの深い一冊である。これまでの僕の翻訳の「代表作」の一つをこうしてお届けできるのは訳者として冥利《みょうり》に尽きる。本当にうれしい。この本にかかわってくださった方すべてに感謝するほかない。

実際、本書を新装版として復刊できるのは、小さな奇跡だと言っていいのではないか。そもそも出版事情はますます厳しくなっている。しかも、ヒルマンの著作は今の時代の精神や雰囲気には合わない。正直、よくぞこの本を再び出していただけたとさえ思う。

そもそも、本書はいったい何の本なのだろうか。なるほど、著者は高名な心理学者ではある。しかし、厳密にいえば本書は心理学の本ではない。「どんぐり理論」を中心に議論は展開されていくが、この「理論」はあくまでもメタファーであり、科学としての厳密性を備えているとは言えない。では、前世や転生信仰に基づいたニューエイジ的、「スピリチュアル」な自己啓発、あるいは生き方指南なのか。これも違う。断じて違う。生まれる前に運命の籤をひく、あるいは個々人を導くダイモーン（守護霊）が存在する、という神話的な前提をもとに、さまざまな偉人たちの伝記の断片が紹介されてゆくので、そう誤解する向きもあるかもしれないが、しかしヒルマンはいわゆるスピリチュアルリーダー、ティーチャーたちとは違ってこの神話を文字通りに「信じて」はいない。あくまでも個々人の人生の唯一性、かけがえのない一回性に思いを巡らせるための繊細かつ強力なメタファーとして召喚されたイメージなのである。

だから、この本は「役に立たない」。そしてこの役に立たなさは、今の時代のニーズに反している。今、SNSを見ていて飛び交うのは、「エビデンス」「効果測定」「ファクト」「統計」「可視化」「ランキング」といった言葉たちだ。この忙しく、変化に富んだ、そして不安な時代の中では人々は合理的で、金銭的にも時間的にもエコノミカルな問題解決のための方策を求めている。それは確かに大事な、そして必要なことではあるが、その一方で、人々のこのニーズに応えようとするあまりに、あたかも全てが操作や計画が可能であるかのような言説があふれてはいまいか。そしてそこから少しでも期待が外れるようなことがあると「犯人探し」「原因探し」がはじまる。場合によってはその「犯人」を集合的に徹底的に叩きのめすということさえしばしば起こっている。

ありていに言ってしまえば、余裕がなくなってしまっているのである。

ヒルマンがやろうとしているのは、僕たちを支配している即効性や操作性の呪縛から僕たちの「魂」(これもまた一種のメタファーだ)や人生を解放し、羽ばたかせることだろう。それも、驚くべき西洋の知の伝統への造詣《ぞうけい》から自在に材料を引き出すことによって。読者はヒルマンのイメージ喚起の鮮やかな魔法に酔いしれることになる。その魔法の中で、けして実体としてつかむことはできないが、確かに存在すると感じられる、人生のかけがえのなさが浮かびあがるのを味わうのである。

ヒルマンとも親しかった河合隼雄は、「なんらかの『だまし』なしに『たましい』を語るのは不可能である」上に「危険である」と述べておられる。[1] まったくその通り。「魂」とは本来、とらえどころのない曖昧なものである。錬金術の格言に「冥《くら》きものをより冥きものによって」語るというものがあるが、本来曖昧なるものは曖昧な形で語るほうが正確なのではないだろうか。

とはいえ、ヒルマンのこのスタイルはこの時代の精神の支配的な元型とはそぐわないのは否めない。僕自身のフィールドである占星術もまた事情は同じである。僕にとって占星術はメタフォリカルな神話的な語りであり、星の動きと自分を重ね合わせることによって、人生のさまざまな縁をユニークなかたちで味わいなおすアートである。具体的な予言や実用的な実効性を求めては、現代における占星術の豊かさは失われてしまう。あるいは単なる迷信に堕してしまう。けれど、昨今では占星術ですら一般向けの本では「望むものを最速で引き寄せる」と標榜《ひょうぼう》したり、あるいは「専門家」の間でも一見複雑な古い占星術書に掲載されている技法を用いれば「正確」な予言ができたりすると主張する流れも強くなっている（占星術にもよく通じておられるヒルマンは、このような動きを「占星術的字義主義」Astrological Literalismとして批判している）[2]。

このような時代精神に逆行するような『魂のコード』が戻ってくるというのは小さな奇跡なのだ。

しかし、「奇跡」が起こるのには理由があるのだろう。

このせちがらい世の中で、魂、ダイモーンは窒息しそうになっている。あるいは実体化されて、危険なデーモンになって人々を突き動かしてしまうこともある。
その中で、本書はしなやかで自由で活発な魂、ダイモーンが活動できるスペースを作ろうとする。本書の復刊は時代のダイモーンが求めていることだったのではないか。魂は常に深みで動く。深みにおける流れは、表面の潮流とは異なる方向に流れている。本書はけして「時代の潮流」に乗るものではない。少なくとも意識の表面では求められているものではないかもしれない。しかし、だからこそ、本書は深いところで、時代に、人々が求めているものなのだと僕は信じる。

最後に再び感謝を。まず本書を最初に訳させていただいたときにお世話になったみなさま、とくに当時、河出書房新社におられた田中優子氏、そしてこのたび、本書を新たに刊行してくださった朝日新聞出版のみなさま、とくに谷野友洋氏、そして拙《つたな》い訳書に素晴らしい解説をいただいた河合俊雄先生に心より御礼申し上げます。
そして、本書を手に取ってくださったあなたにも。

鏡リュウジ
二〇二一年パンデミックの年に。

（1）河合隼雄『猫だましい』新潮文庫 2002年 （2）2005年ソフィアセンター主催、英国・バースにおけるヒルマンの講演。音源はAstroLogosからThe Alchemical Sky 2005として出ている。

結び——方法論についてのノート

CODA: A NOTE ON METHODOLOGY

1. Alexander Porteous, *Forest Folklore, Mythology, and Romance* (London: George Allen and Unwin, 1928); Dr. Aigremont, *Volkserotik und Pflanzenwelt* (Halle, Germany: Gebr. Tensinger, n.d.); Angelo de Gubernatis, *La Mythologie des plantes*, vol. 2 (Paris: C. Reinwald, 1878), 68–69.
2. H. W. Parke, *The Oracles of Zeus: Dodona, Olympia, Ammon* (Oxford: Basil Blackwell, 1967), 265–273.
3. Robert Graves, *The White Goddess: A Historical Grammar of Poetic Myth* (London: Faber and Faber, 1948), 386.
4. 現代アメリカの樹木の語りについては、Michael Perlman, *The Power of Trees: The Reforesting of the Soul* (Dallas: Spring Publications, 1994)を見よ。言葉と景観の関係については、David Abram, *The Spell of the Sensuous: Perception and Language in a More-than-Human World* (New York: Pantheon, 1996).を見よ。
5. Jacob Grimm, *Teutonic Mythology*, 4th ed., trans. James S. Stallybrass (London: George Bell, 1882–1888).（グリム, J. ／桜沢正勝・鍛治哲郎訳『グリム ドイツ伝説集』1990、人文書院）
6. 言葉の翻訳は以下の情報源より採用された。Julius Pokorny, *Indogermanisches etymologisches Wörterbuch* (Bern: Francke Verlag, 1959); Pierre Chantraine, *Dictionnaire étymologique de la langue grecque* (Paris: Klincksieck, 1968); Henry George Liddell and Robert Scott, *A Greek-English Lexicon*, 7th ed. (Oxford: Clarendon Press, 1890); *Oxford Latin Dictionary*, P.G.W. Glare, ed. (Oxford: Clarendon Press, 1982); *The New Oxford English Dictionary*, corrected ed., Leslie Brown, ed. (Oxford: Clarendon Press, 1993).
7. James Hillman, ed., *Puer Papers* (Dallas: Spring Publications, 1980).
8. Jane Chance Nitzsche, *The Genius Figure in Antiquity and the Middle Ages* (New York: Columbia Univ. Press, 1975), 7–12.」

30. Cesare Lombroso, *The Man of Genius* (London: Walter Scott, 1891); Richard von Krafft-Ebing, *Psychopathia Sexualis: A Medico-Forensic Study* (New York: Pioneer Publications, 1946).
31. John Kobler, *Capone: The Life and World of Al Capone* (New York: Putnam, 1971), 27-28.（コブラー, J. ／常盤新平訳『カポネーもうひとつのアメリカ史』1993、日本リーダーズダイジェスト社）
32. James Q. Wilson and Richard J. Herrnstein, *Crime and Human Nature* (New York: Simon and Schuster, 1985).
33. Adolf Guggenbühl-Craig, *The Emptied Soul: The Psychopath in Everyone's Life* (Woodstock, Conn.: Spring Publications, 1996).
34. Jack Katz, *Seductions of Crime: Moral and Sensual Attractions of Doing Evil* (New York: Basic Books, 1988), 315.
35. Sereny, *The Case of Mary Bell*, 66, 41.
36. Katz, *Seductions of Crime*, 289f, 301.
37. Brian Masters, *Killing for Company: The Story of a Man Addicted to Murder* (New York: Random House, 1993), 238.
38. Miller, *For Your Own Good*, 225.
39. Lionel Dahmer, *A Father's Story* (New York: Avon, 1995), ix, 175, 204, 190.（ダーマー, L. ／小林宏明訳『息子ジェフリー・ダーマーとの日々』1995、早川書房）
40. Robert Cullen, *The Killer Department: The Eight-Year Hunt for the Most Savage Killer of Modern Times* (New York: Pantheon, 1993), 209, 194-203.
41. 子供時代のヒトラーについての引用は、Toland, *Adolf Hitler*, 12, 22, and Waite, *The Psychopathic God*, 147. より。
42. Plotinus, *Enneads*, vol. 6, 9.11.
43. Gerald Astor, *The "Last" Nazi: The Life and Times of Dr. Joseph Mengele* (New York: Donald I. Fine, 1985).
44. Mikal Gilmore, "Family Album," *Granta* 37 (Autumn 1991): 11-52.
45. Katz, *Seductions of Crime*, 301.
46. M. Scott Peck, *People of the Lie: The Hope for Healing Human Evil* (New York: Simon and Schuster, 1983), 261-265.（ペック, S. ／森英明訳『平気でうそをつく人たち』1996、草思社）
47. Peter R. Breggin and Ginger R. Breggin, *The War Against Children: The Government's Intrusion into Schools, Families and Communities in Search of a Medical "Cure" for Violence* (New York: St. Martin's Press, 1994), 15.
48. Elaine Pagels, *The Origin of Satan* (New York: Random House, 1995).

第11章　平凡さについて

CHAPTER 11: MEDIOCRITY

1. George R. Marek, *Toscanini* (New York: Atheneum, 1975), 22.
2. William H. Epstein, *Recognizing Biography* (Philadelphia: Univ. of Pennsylvania Press, 1987), 71-73.
3. Theodore Zeldin, *An Intimate History of Humanity* (New York: HarperCollins, 1995).
4. ヘラクレイトスの翻訳については、次の情報源より集められた。M. Marcovich, *Heraclitus: Editio Maior* (Merida, Venezuela: Los Andes Univ., 1967); G. S. Kirk and J. E. Raven, *The Presocratic Philosophers: A Critical History with a Selection of Texts* (Cambridge, England: Cambridge Univ. Press, 1957); Philip Wheelwright, *Heraclitus* (New York: Atheneum, 1968); W. K. C. Guthrie, *A History of Greek Philosophy*, vol. 1 (Cambridge, England: Cambridge Univ. Press, 1962); Werner Jaeger, *Paideia: The Ideals of Greek Culture*, vol. 1, trans. Gilbert Highet (Oxford: Oxford Univ. Press, 1965); John Burnet, *Early Greek Philosophy* (London: Adam and Charles Black, 1948); *Herakleitos and Diogenes*, trans. Guy Davenport (San Francisco: Grey Fox Press, 1979); Kathleen Freeman, *Ancilla to the Pre-Socratic Philosophers: A Complete Translation of the Fragments in Diels, Fragmente der Vorsokratier* (Oxford:Blackwell, 1948); Albert Cook, "Heraclitus and the Conditions of Utterance," Arion 2(4) (n.d.).
5. Thomas L. Pangle, *The Laws of Plato* (New York: Basic Books, 1980), 792e.
6. トマス・デューイについての引用は、Richard Norton Smith, *Thomas E. Dewey and His Times* (New York: Simon and Schuster, 1982)（スミス, R. N. ／村田聖明・南雲純訳『ハーバードの世紀』1990、早川書房）より。ビリー・グラハムについては、Marshall Frady, *Billy Graham: A Parable of American Righteousness* (Boston: Little, Brown, 1979)より。オリバー・ノースについては、Ben Bradlee, Jr., *Guts and Glory: The Rise and Fall of Oliver North* (New York: Donald I. Fine, 1988). より。

13. Janet Dunbar, *J. M. Barrie: The Man Behind the Image* (Newton Abbot, England: Readers Union, 1971).
14. Thomas Kunkel, *Genius in Disguise: Harold Ross of The New Yorker* (New York: Random House, 1995), 326.
15. Stephen E. Ambrose, *Nixon: The Education of a Politician, 1913–1962* (New York: Simon and Schuster, 1987), 36–37.
16. Edmonde Charles-Roux, *Chanel: Her Life, Her World—And the Woman Behind the Legend She Herself Created*, trans. Nancy Amphoux (London: Jonathan Cape, 1976), 40.（シャルル＝ルー, E. ／秦早穂子訳『シャネルの生涯とその時代』1981、鎌倉書房）
17. Francis MacDonald Cornford, *Plato's Cosmology: The "Timaeus" of Plato Translated with a Running Commentary* (London: Routledge and Kegan Paul, 1948).
18. Heinz Schreckenberg, *Ananke* (Munich: C. H. Beck, 1964).
19. T. S. Eliot, "Burnt Norton," in *Four Quartets* (London: Faber and Faber, 1944).
20. Ruth Brandon, *The Life and Many Deaths of Harry Houdini* (New York: Random House, 1993), 11, 292.

第10章 悪の種子

CHAPTER 10: THE BAD SEED

1. Plotinus, *Enneads*, vol. 3, trans. A. H. Armstrong, Loeb ed. (Cambridge, Mass.: Harvard Univ. Press, 1967), 1.6.
2. Arthur Koestler, *The Ghost in the Machine* (New York: Viking Penguin, 1990), 384.（ケストラー, A. ／日高敏隆・長野敬訳『機会の中の幽霊』1984、ぺりかん社）
3. Robert G. Waite, *The Psychopathic God: Adolf Hitler* (New York: Basic Books, 1977), 412, 379.
4. James Hillman, *The Dream and the Underworld* (New York: Harper and Row, 1979), 168–171.
5. Waite, *The Psychopathic God*, 14.
6. Ada Petrova and Peter Watson, *The Death of Hitler: The Full Story with New Evidence from Secret Russian Archives* (New York: W. W. Norton, 1995), 16.（ペトロヴァ, A., ワトソン, P. ／藤井留実訳『ヒトラー最期の日』1996、原書房）
7. Hermann Rauschning, *The Voice of Destruction* (New York: Putnam, 1940), 5.
8. Waite, *The Psychopathic God*, 26–27.
9. Petrova and Watson, *The Death of Hitler*, 9–13.
10. Edgar Herzog, *Psyche and Death: Death-Demons in Folklore, Myths and Modern Dreams* (Dallas: Spring Publications, 1983), 46–54.
11. Waite, *The Psychopathic God*, 237ff.
12. Werner Maser, *Hitler: Legend, Myth and Reality*, trans. Peter and Betty Ross (New York: Harper and Row, 1973), 198.
13. Waite, *The Psychopathic God*, 44–45.
14. Ibid., 13, 201, 14.
15. Ibid., 7, 114, 92–95.
16. Joachim Fest, *Hitler*, trans. Clara Winston (New York: Harcourt Brace and Company, 1974), 4.
17. Rauschning, *The Voice of Destruction*, 257–258.
18. Charles Bracelen Flood, *Hitler: The Path to Power* (Boston: Houghton Mifflin, 1989), 25.
19. Waite, *The Psychopathic God*, 202.
20. John Toland, *Adolf Hitler* (New York: Doubleday, 1976), 170.
21. Waite, *The Psychopathic God*, 176, 155.
22. Rauschning, *The Voice of Destruction*, 256.
23. Alice Miller, *For Your Own Good: Hidden Cruelty in Child-rearing and the Roots of Violence* (New York: Farrar, Straus and Giroux, 1983).（ミラー, A. ／山下公子訳『沈黙の壁を打ち砕く』1994、新曜社）
24. Joel Norris, *Serial Killers: The Causes of a Growing Menace* (New York: Doubleday, 1988), 157–158.（ノリス, J. ／吉野美恵子訳『シリアル・キラー』1996、早川書房）
25. Gitta Sereny, *The Case of Mary Bell* (New York、McGraw-Hill, 1973), xv.（セレニイ, G. ／林弘子訳『マリー・ベル事件』1978、評論社）
26. Ibid., 74, 197.
27. Ibid., 195, 130.
28. Miller, *For Your Own Good*, 132, 161.
29. Lonnie H. Athens, *The Creation of Dangerous Violent Criminals* (Urbana: Univ. of Illinois Press, 1992).

3. Maurice Zolotow, *Shooting Star: A Biography of John Wayne* (New York: Simon and Schuster, 1974), 37.
4. Robert A. Caro, "Lyndon Johnson and the Roots of Power," in *Extraordinary Lives: The Art and Craft of American Biography* (Boston: Houghton Mifflin, 1988), 218.
5. Tad Szulc, *Fidel: A Critical Portrait* (New York: William Morrow, 1986), 112.
6. John Raymond, *Simenon in Court* (New York: Harcourt, Brace and World, 1968), 35.
7. Victor Seroff, *The Real Isadora* (New York: Dial Press, 1971), 14.
8. レナード・バーンスタインについての引用はすべて、Joan Peyser, *Leonard Bernstein* (London: Bantam, 1987), 12.より。
9. Robert Lacey, Ford: *The Men and the Machine* (Boston: Little, Brown, 1986), 10.（レイシー, R. ／小菅正夫訳『フォードー自動車王国を築いた男』1989、新潮社）
10. ヘンリー・キッシンジャーについてのすべての物語は、Walter Isaacson, *Kissinger: A Biography* (New York: Simon and Schuster, 1992), 26–27.（アイザックソン, W. ／別宮貞徳訳『キッシンジャー（上・下）』1994、NHK出版）より。
11. Michael Holroyd, "Literary and Historical Biography," in *New Directions in Biography*, A. M. Friedson, ed. (Manoa: Univ. of Hawaii Press, 1981).
12. Leon Edel, *Writing Lives—Principia Biographica* (New York: W. W. Norton, 1984), 20–21.
13. Carolyn G. Heilbrun, *Writing a Woman's Life* (New York: W. W. Norton, 1988), 14.
14. Isaacson, *Kissinger*, 26.
15. Seroff, *The Real Isadora*, 14, 50.
16. American Psychiatric Association Staff, *Diagnostic and Statistical Manual of Mental Disorders*, 3d ed., vol. 3 (Washington, D.C.: American Psychiatric Press, 1987), 301.51.
17. Åke Hultkrantz, *Conceptions of the Soul Among North American Indians* (Stockholm: Statens Etnografiska Museum, 1953).
18. *The World Almanac and Book of Facts* (New York: Pharos Books, 1991).
19. Evelyn Fox Keller and W. H. Freeman, *A Feeling for the Organism: The Life and Work of Barbara McClintock* (New York: W. H. Freeman, 1983), 20, 36.
20. Oliver Daniel, *Stokowski: A Counterpoint of View* (New York: Dodd, Mead, 1982), xxiv, xxv, xxiii, 10.
21. Abram Chasins, *Leopold Stokowski: A Profile* (New York: Hawthorn Books, 1979), 148–149.
22. Daniel, *Stokowoski*, 923.
23. Holroyd, "Literary and Historical Biography," 18.
24. William H. Epstein, *Recognizing Biography* (Philadelphia: Univ. of Pennsylvania Press, 1987), 6.
25. Hultkrantz, *Conceptions of the Soul*, 383, 141.

第9章　運命

CHAPTER 9: FATE

1. Plotinus, *Enneads*, vol. 3, trans. A. H. Armstrong, Loeb ed. (Cambridge, Mass.: Harvard Univ. Press, 1967), 4.5.
2. E. R. Dodds, *The Greeks and the Irrational* (Berkeley: Univ. of California Press, 1951), 6.（ドッズ, E. R. ／岩田靖夫・水野一訳『ギリシャ人と非理性』1972、みすず書房）
3. Ibid., 23.
4. B. C. Dietrich, *Death, Fate and the Gods: Development of a Religious Idea in Greek Popular Belief and in Homer* (London: Athlone Press, Univ. of London, 1965), 340; また、William Chase Greene, *Moira: Fate, Good, and Evil in Greek Thought* (New York: Harper Torchbooks, 1963).も見よ。
5. H. W. Parke, *The Oracles of Zeus: Dodona, Olympia, Ammon* (Oxford: Basil Blackwell, 1967).
6. Aristotle, *Physics II*, trans. R. P. Hardie and R. K. Gaye, in *The Works of Aristotle*, W. D. Ross, ed. (Oxford: Clarendon Press, 1930), 3.194b.（アリストテレス／田中美知太郎責任編集『アリストテレス』〈世界の名著8〉1979、中央公論）
7. Ingmar Bergman, *The Magic Lantern: An Autobiography*, trans. Joan Tate (London: Hamish Hamilton, 1988).（ベルイマン, I. ／木原武一訳『ベルイマン自伝』1989、新潮社）
8. Ibid.
9. Bette Davis, *The Lonely Life: An Autobiography* (London: MacDonald, 1963), 23.
10. Pierre Franey, *A Chef's Tale: A Memoir of Food*, France, and America (New York: Alfred A. Knopf, 1994), 12.
11. Evan Jones, *Epicurean Delight: The Life and Times of James Beard* (New York: Alfred A. Knopf, 1990), 4.
12. Victor Goertzel and Mildred G. Goertzel, *Cradles of Eminence* (Boston: Little, Brown, 1962), 267.

34. Wright, "Double Mystery," 58.
35. José Ortega y Gasset, *On Love: Aspects of a Single Theme* (London: Victor Gallancz, 1959).
36. Joseph Gantner, "L'Immagine del Cuor" in *Eranos-Yearbook, 35–1966* (Zurich: Rhein Verlag, 1967), 287ff.
37. Zoltan Kovecses, "A Linguist's Quest for Love," *Journal of Social and Personal Relationships* 8(1) (1991): 77–97.
38. Ricardo C. Ainslie, *The Psychology of Twinship* (Lincoln: Univ. of Nebraska Press, 1985), 133–141.
39. Plomin, "Environment and Genes," 110.
40. David Reiss, Robert Plomin, and E. Mavis Hetherington, "Genetics and Psychiatry: An Unheralded Window on the Environment," *American Journal of Psychiatry* 148(3) (1991): 283–291.
41. Plomin, "Environment and Genes," 110.
42. T. S. Eliot, "The Dry Salvages," in *Four Quartets* (London: Faber and Faber, 1944).

第7章　三文小説と純粋なファンタジー

CHAPTER 7: PENNY DREADFULS AND PURE FANTASY

1. E. T. Bell, *Men of Mathematics* (New York: Simon and Schuster, 1937), 341–342.（ベル, E. T. ／田中勇・銀林浩訳『数学をつくった人びと』1976、東京図書）
2. D. W. Forrest, *Francis Galton: The Life and Work of a Victorian Genius* (London: Paul Elek, 1974), 6.
3. Peter Kurth, *American Cassandra: The Life of Dorothy Thompson* (Boston: Little, Brown, 1990), 24.
4. Edith Cobb, *The Ecology of Imagination in Childhood* (Dallas: Spring Publications, 1993).（第3章（25）と同じ）
5. Albert Goldman, *The Lives of John Lennon: A Biography* (New York: William Morrow, 1988), 56.（第4章（12）と同じ）
6. 大作家とつまらぬ読書癖についての逸話は下記に見ることができる。Porter: George Eells, *The Life That Late He Led: A Biography of Cole Porter* (London: W. H. Allen, 1967); F. L. Wright: Meryle Secrest, *Frank Lloyd Wright* (New York: Alfred A. Knopf, 1992); Barrie: Janet Dunbar, *J. M. Barrie: The Man Behind the Image* (Newton Abbot, England: Readers Union, 1971); R. Wright: Margaret Walker, *Richard Wright: Daemonic Genius* (New York: Amistad, 1988); Ellis: Vincent Brome, *Havelock Ellis: Philosopher of Sex* (London: Routledge and Kegan Paul, 1979).
7. Sir Edmund Hillary, *Nothing Venture, Nothing Win* (New York: Coward, McCann and Geoghegan, 1975), 22.（ヒラリー, E. ／吉沢一郎訳『ヒラリー自伝』1977、草思社）
8. Kate Meyers, "Tarantino' s Shop Class," *Entertainment Weekly* (October 14, 1994): 35.
9. Eells, *The Life That Late He Led*, 17.
10. Richard Holmes, *Coleridge—Early Visions* (London: Hodder and Stoughton, 1989), 6.
11. Laurence Leamer, *As Time Goes By: The Life of Ingrid Bergman* (London: Hamish Hamilton, 1986), 7.
12. Samuel Abt, *LeMond* (New York: Random House, 1990), 18.
13. Howard Reich, *Van Cliburn: A Biography* (Nashville: Thomas Nelson, 1993), 7.
14. Daniel J. Levinson, *The Seasons of a Man's Life* (New York: Alfred A. Knopf, 1978), 97–101.（レビンソン, D. ／南博訳『ライフサイクルの心理学（上・下）』1992、講談社）
15. David McCullough, *Truman* (New York: Simon and Schuster, 1992), 837–838.
16. Mikal Gilmore, "Family Album," *Granta* 37 (Autumn 1991): 15.
17. Bob Mullan, *Mad to Be Normal: Conversations with R. D. Laing* (London: Free Associations Books, 1995), 93–95.
18. ラウド家についてのすべての引用は、Anne Roiphe in An *American Family*, Ron Goulart, ed. (New York: Warner, 1973), 22–25.より。
19. Mary Watkins, *Invisible Guests: The Development of Imaginal Dialogues* (Hillsdale, N.J.: Analytic Press, 1986).

第8章　隠れみの

CHAPTER 8: DISGUISE

1. Jean-Claude Baker and Chris Chase, *Josephine: The Hungry Heart* (New York: Random House, 1993), 12.
2. Timothy Wilson-Smith, *Delacroix—A Life* (London: Constable, 1992), 21.

Thurber: Neil A. Graver, Remember Laughter: A Life of James Thurber (Lincoln: Univ. of Nebraska Press, *1994*); Wilson: Edwin A. Weinstein, *Woodrow Wilson: A Medical and Psychological Biography* (Princeton: Princeton Univ. Press, *1981*).

第6章　氏でも育ちでもなく——何か別のものを

CHAPTER 6: NEITHER NATURE NOR NURTURE—SOMETHING ELSE

1. Robert Plomin, J. C. De Fries, and G. E. McClearn, *Behavioral Genetics: A Primer* (New York: W. H. Freeman, *1990*), *314*. (プロミン, R. ／安藤寿康他訳『遺伝と環境』*1994*、培風館)
2. Judy Dunn and Robert Plomin, *Separate Lives: Why Siblings Are So Different* (New York: Basic Books, *1990*), *38*.
3. Plomin et al., *Behavioral Genetics*, *370*.
4. Dunn and Plomin, *Separate Lives*, *16*.
5. Ibid., *159*.
6. Ibid., *49*, *50*.
7. Plomin et al., *Behavioral Genetics*, *371*.
8. Robert Plomin, "Environment and Genes," *American Psychologist 44*(*2*), (*1989*): *105–111*.
9. Jerome Kagan, *Galen's Prophecy: Temperament in Human Nature* (New York: Basic Books, *1994*).
10. Paul Radin, *Monotheism Among Primitive Peoples* (Basel: Ethnographic Museum, Bollingen Foundation, Special Publ. *4*, *1954*). (ラディン, P. ／滝川秀子訳『ある森林インディアンの物語』*1991*、新思索社)一神教の心理学的特徴については、James Hillman, "Archetypal Psychology: Monotheistic or Polytheistic?" in *Spring 1971: An Annual of Archetypal Psychology and Jungian Thought* (Zurich: Spring Publications, *1971*), *193–230*. を見よ。
11. Cesare Lombroso, *The Man of Genius* (London: Walter Scott, *1891*).
12. Plomin et al., *Behavioral Genetics*, *334*.
13. Richard J. Herrnstein and Charles Murray, *The Bell Curve: Intelligence and Class Structure in American Life* (New York: Free Press, *1994*), *108*.
14. Plomin et al., *Behavioral Genetics*, *366*.
15. Ibid., *334*.
16. Ibid., *365*.
17. Herrnstein and Murray, *105*.
18. Plomin et al., *Behavioral Genetics*, *35*.
19. Bard Lindeman, *The Twins Who Found Each Other* (New York: William Morrow, *1969*).
20. D. T. Lykken, M. McGue, A. Tellegen, and T. J. Bouchard, "Emergenesis: Genetic Traits That May Not Run In Families," *American Psychologist 47*(*12*) (December *1992*): *1565–1566*.
21. Ibid., *1575*.
22. Dunn and Plomin, *Separate Lives*, *146*, *147*.
23. Ibid., *148–149*.
24. Niels G. Waller and Phillip R. Shaver, "The Importance of Nongenetic Influences on Romantic Love Styles: A Twin-Family Study," *Psychological Science 5*(*5*) (*1994*): *268–274*.
25. Helen E. Fisher, *Anatomy of Love: The Natural History of Monogamy, Adultery, and Divorce* (New York: W. W. Norton, *1992*), *45*. (フィッシャー, H. ／吉田利子訳『愛はなぜ終わるのか』*1993*、草思社)
26. Emma Jung, *Animus and Anima* (Dallas: Spring Publications, *1979*).
27. John R. Haule, *Divine Madness: Archetypes of Romantic Love* (Boston: Shambhala, *1990*); Jan Bauer, *Impossible Love—Or Why the Heart Must Go Wrong* (Dallas: Spring Publications, *1993*).
28. Plato, *Phaedrus*, trans. R. Hackforth, in *Plato: The Collected Dialogues*, Edith Hamilton and Huntington Cairns, eds., Bollingen Series *71* (New York: Pantheon, *1963*), *511*b. (プラトン／藤沢令夫訳『パイドロス』*1967*、岩波文庫))
29. Fisher, *Anatomy of Love*, *273*.
30. Ellen Berscheid and Elaine Hatfield Walster, *Interpersonal Attraction* (Menlo Park, N.J.: Addison-Wesley, *1983*), *153*.
31. Lawrence Wright, "Double Mystery," *The New Yorker* (August *7*, *1995*): *52*.
32. Nathaniel Branden, "A Vision of Romantic Love," in *The Psychology of Love*, Robert J. Sternberg and Michael L. Barnes, eds. (New Haven: Yale Univ. Press, *1988*), *224*.
33. Susan S. Hendrick and Clyde Hendrick, *Romantic Love* (Newbury Park, Calif.: Sage Publications, *1992*), *23*.

ルドマン, A. ／仙名紀訳『ジョン・レノン伝説（上・下）』1992、朝日新聞社）; Browning: Maisie Ward, *Robert Browning and His World: The Private Face (1812–1861)* (London: Cassell, 1968); Bowles: Christopher Sawyer-Laucanno, *An Invisible Spectator: A Biography of Paul Bowles* (London: Bloomsbury, 1989); Saroyan, Grieg, Crane, O'Neill, Faulkner, Fitzgerald, Glasgow, Cather, Buck, Duncan, Anthony, Churchill: Goertzel and Goertzel, *Cradles of Eminence*; Einstein: Roger Highfield and Paul Carter, *The Private Lives of Albert Einstein* (New York: St. Martin's Press, 1993); Arbus: Patricia Bosworth, *Diane Arbus: A Biography* (New York: Alfred A. Knopf, 1984).（第3章（10）と同じ）

13. プッチーニ、チェーホフ、ピカソの試験にまつわるトラブルについての引用は、the Goertzels' *Cradles of Eminence*. ピカソについての補足的資料は、Roland Penrose, *Picasso: His Life and Work*, 3d ed. (Berkeley: Univ. of California Press, 1981).
14. Goertzel and Goertzel, *Cradles of Eminence*.
15. Omar N. Bradley, Jr., and Clay Blair, *A General's Life: An Autobiography* (New York: Simon and Schuster, 1983).
16. Paul D. Colford, *The Rush Limbaugh Story: Talent on Loan from God* (New York: St. Martin's Press, 1993), 12.
17. James Grant, *Bernard M. Baruch: The Adventures of a Wall Street Legend* (New York: Simon and Schuster, 1983).
18. Eric Lax, *Woody Allen* (New York: Alfred A. Knopf, 1991), 20, 32.
19. Marshall Frady, *Billy Graham: A Parable of American Righteousness* (Boston: Little, Brown, 1979), 61.
20. Robert Sardello, ed., *The Angels* (Dallas: Dallas Institute of Humanities and Culture, 1994).
21. David L. Miller, *Hells and Holy Ghosts: A Theopoetics of Christian Belief* (Nashville: Abingdon Press, 1989).（ミラー, D. L. ／河合隼雄解説、桑原知子他訳『甦る神々―新しい多神論―』1991、春秋社）

第5章　ESSE IS PERCIPI――あることと見られること

CHAPTER 5: "ESSE IS PERCIPI" : TO BE IS TO BE PERCEIVED

1. Barnaby Conrad, *The Death of Manolete* (Boston: Houghton Mifflin, 1958), 9–10.
2. Robert A. Caroのエッセイ "Lyndon Johnson and the Roots of Power" は、*Extraordinary Lives: The Art and Craft of American Biography* (Boston: Houghton Mifflin, 1988). に見られる。
3. James Thomas Flexner, *The Young Hamilton: A Biography* (Boston: Little, Brown, 1978), 143.
4. James Hillman, *Egalitarian Typologies Versus the Perception of the Unique*, Eranos Lecture Series (Dallas: Spring Publications, 1986), 4–5.
5. Elia Kazan, *Elia Kazan: A Life* (New York: Doubleday Anchor, 1989), 26.
6. トルーマン・カポーティについての引用はすべて、Gerald Clarke, *Capote: A Biography* (New York: Simon and Schuster, 1988). より。
7. Golda Meir, *My Life* (New York: Putnam, 1975), 40–42.（第1章(12)と同じ）
8. Karen Monson, *Alban Berg* (London: MacDonald General Books, 1980), 6.
9. Wiktor Woroszylski, *The Life of Mayakovsky* (London: Victor Gollancz, 1972), 11.
10. ランボーに関しての引用はすべて、Elisabeth Hanson, *My Poor Arthur: A Biography of Arthur Rimbaud* (New York: Henry Holt, 1960). より。
11. David Leeming, *James Baldwin: A Biography* (New York: Alfred A. Knopf, 1994), 14–16, 19.
12. Andrés Rodríguez, *The Book of the Heart: The Poetics, Letters and Life of John Keats* (Hudson, N.Y.: Lindisfarne Press, 1993), 48.
13. James Hillman, "Oedipus Revisited," in *Oedipus Variations: Studies in Literature and Psychoanalysis* (Dallas: Spring Publications, 1991), 137–145.
14. E. H. Gombrich, *Art and Illusion: A Study in the Psychology of Pictorial Representation*, Bollingen Series 35 (Princeton: Princeton Univ. Press, 1961), 6.（ゴンブリッチ, E. H. ／瀬戸慶久訳『芸術と幻影―絵画的表現の心理学的研究』1979、岩崎美術社）
15. José Ortega y Gasset, *On Love: Aspects of a Single Theme* (London: Victor Gollancz, 1959), 116.
16. Rodríguez, *Book of the Heart*, 51.
17. 発達の「遅れ」についての逸話の情報源は、以下のようなものである。Teller: Stanley A. Blumberg and Gwinn Owens, *Energy and Conflict: The Life and Times of Edward Teller* (New York: Putnam, 1976); Spock: Lynn Z. Bloom, *Doctor Spock: Biography of a Conservative Radical* (Indianapolis: Bobbs-Merrill, 1972); Buber: Maurice Friedman, *Encounter on the Narrow Ridge: A Life of Martin Buber* (New York: Paragon House, 1991);

17. Diane E. Eyer, *Mother-Infant Bonding: A Scientific Fiction* (New Haven: Yale Univ. Press, 1992), 2, 199, 200.
18. John Bowlby, *Child Care and the Growth of Love*, 2d ed., abridged and edited by Margery Fry (Harmondsworth, England: Penguin, 1965), 53.
19. Rowe, *The Limits of Family Influence*, 163.
20. Robert Coles, *The Spiritual Life of Children* (Boston: Houghton Mifflin, 1990).
21. John Demos, "The Changing Faces of Fatherhood," in *The Child and Other Cultural Inventions*, Frank S. Kessel and Alexander W. Siegel, eds. (New York: Praeger, 1983).
22. Rainer Maria Rilke, *Selected Poems of Rainer Maria Rilke*, trans. Robert Bly (New York: Harper and Row, 1981).（リルケ, R. M. ／塚越敏監修『リルケ全集』1990、河出書房新社）
23. Michael Ventura and James Hillman, *We've Had a Hundred Years of Psychotherapy—And the World's Getting Worse* (San Francisco: Harper, 1993).
24. Camille Sweeney, "Portrait of The American Child," *The New York Times Magazine* (October 8, 1995): 52–53.
25. Edith Cobb, *The Ecology of Imagination in Childhood* (Dallas: Spring Publications, 1993).（コッブ, E. ／黒坂三和子・滝川秀子訳『イマジネーションの生態学―子ども時代における自然との詩的共感―』新思索社）
26. Paul Arthur Schilpp, *The Philosophy of Alfred North Whitehead* (New York: Tudor, 1951), 502.

第4章　見えないものへの帰還

CHAPTER 4: BACK TO THE INVISIBLES

1. A. Hilary Armstrong, "The Divine Enhancement of Earthly Beauties," *Eranos-Jahrbuch 1984* (Frankfurt a/M.: Insel, 1986).
2. Paul Friedländer, *Plato*, vol. 1 (New York: Bollingen Series 59, Pantheon, 1958), 189.
3. Henri Bergson, *Creative Evolution* (London: Macmillan, 1911), ix.（ベルクソン, H.／真方敬道訳『創造的進化』1979、岩波文庫）
4. William Wordsworth, "The Prelude," in *The Poems of William Wordsworth* (London: Oxford Univ. Press, 1926).
5. William James, "On a Certain Blindness in Human Beings," *Talks to Teachers on Psychology: And to Students on Some of Life's Ideals* (London: Longman's, Green, 1911).
6. Horace B. English and Ava C. English, *A Comprehensive Dictionary of Psychological and Psychoanalytical Terms* (New York: David McKay, 1958).
7. Howard C. Warren, ed., *Dictionary of Psychology* (Boston: Houghton Mifflin, 1934).
8. English and English, *A Comprehensive Dictionary of Psychological and Psychoanalytical Terms*. さらには以下のものを見よ。K. W. Wild, *Intuition* (Cambridge, England: Cambridge Univ. Press, 1938); Malcolm R. Westcott, *Toward a Contemporary Psychology of Intuition: A Historical, Theoretical and Empirical Inquiry* (New York: Holt, Rinehart and Winston, 1968); Josef Koenig, *Der Begriff der Intuition* (Halle, Germany: Max Niemeyer, 1926); Sebastian J. Day, *Intuitive Cognition: A Key to the Significance of the Later Scholastics* (St. Bonaventure, N.Y.: Franciscan Institute, 1947).
9. C. G. Jung, *Psychological Types* (London: Routledge and Kegan Paul, 1923).（ユング,C. G. ／林道義訳『タイプ論』1987、みすず書房）
10. 詩的インスピレーションと数学についての引用は、Rosamond E. M. Harding, *An Anatomy of Inspiration*, 2d ed. (Cambridge, Mass.: Heffer and Sons, 1942); 数学的発見についての引用は、Jacques Hadamard, *The Psychology of Invention in the Mathematical Field* (Princeton: Princeton Univ. Press, 1945). より。
11. Ralph Waldo Emerson, "Self-Reliance," in *Essays: First Series*, vol. 1 (New York: Harper and Bros., n.d.), 43.
12. 文献から集められたように、多くの有名な人々は学校時代に問題を抱えていた。この逸話は、以下の文献に見ることができる。学校での問題一般についてはVictor Goertzel and Mildred G. Goertzel, *Cradles of Eminence* (Boston: Little, Brown, 1962); Gandhi and Undset: Robert Payne, *The Life and Death of Mahatma Gandhi* (New York: Dutton, 1969); Feynman: James Gleick, *Genius: The Life and Science of Richard Feynman* (New York: Vintage Books, 1993)（グリック, J. ／大貫昌子訳『ファインマンさんの愉快な人生』1995、岩波書店）; Branagh: Kenneth Branagh, *Beginning* (London: Chatto and Windus, 1989)（ブラナー, K. ／喜志哲雄訳『私のはじまり―ケネス・ブラナー自伝―』1993、白水社）; Fassbinder: Robert Katz, *Love Is Colder Than Death: Life and Times of Rainer Werner Fassbinder* (London: Jonathan Cape, 1987); Pollock: Steven Naifeh and Gregory W. Smith, *Jackson Pollock: An American Saga* (New York: Clarkson Potter, 1989); Lennon: Albert Goldman, *The Lives of John Lennon: A Biography* (New York: William Morrow, 1988)（ゴー

第2章　グロウイング・ダウン――この世への降誕

CHAPTER 2: GROWING DOWN

1. Gershom Scholem, ed., *Zohar—The Book of Splendor: Basic Readings from the Kabbalah* (New York: Schocken Books, 1963), 91.
2. Charles Ponce, *Kabbalah* (San Francisco: Straight Arrow Books, 1973), 137.
3. Plato, *Republic*, trans. Paul Shorey, in *Plato: The Collected Dialogues*, Edith Hamilton and Huntington Cairns, eds., Bollingen Series 71 (New York: Pantheon, 1963), 614ff. (プラトン／田中美知太郎責任編集『プラトンⅠ』『プラトンⅡ』〈世界の名著6、7〉1978、中央公論社)
4. Gerhard Kittel, ed., *Theological Dictionary of the New Testament*, 3d ed., vol. 3 (Grand Rapids, Mich.: Eerdmans, 1968).
5. Plato, *Republic*, 617d.
6. Plotinus, *Enneads*, vol. 2, trans. A. H. Armstrong, Loeb ed. (Cambridge, Mass.: Harvard Univ. Press, 1967), 3.15.
7. Joel Covitz, "A Jewish Myth of a Priori Knowledge," *Spring 1971: An Annual of Archetypal Psychology* (Zurich: Spring Publications, 1971), 55.
8. Aristotle, *Nicomachean Ethics*, trans. Martin Ostwald (Indianapolis: Bobbs-Merrill, 1962), 1106b. (アリストテレス／高田三郎訳『ニコマコス倫理学(上・下)』1971, 73、岩波書店)
9. ジュディ・ガーランドについての引用は、David Shipman, *Judy Garland: The Secret Life of an American Legend* (New York: Hyperion, 1993). (シップマン, D／袴塚紀子訳『ジュディ・ガーランド』1996、キネマ旬報社) より。
10. ジュディ・ガーランドについての補足的な引用は、Mickey Deans and Ann Pinchot, *Weep No More, My Lady* (New York: Hawthorne, 1972). より。
11. ジョセフィン・ベイカーについてのすべての引用は、Jean-Claude Baker and Chris Chase, *Josephine: The Hungry Heart* (New York: Random House, 1993).より。

第3章　両親の力という幻想

CHAPTER 3: THE PARENTAL FALLACY

1. トマス・ウルフについての引用はすべて、Andrew Turnbull, *Thomas Wolfe* (New York: Scribners, 1967). より。
2. David C. Rowe, *The Limits of Family Influence: Genes, Experience and Behavior* (New York: Guilford, 1993), 132.に引用された、Peter B. Neubauer and Alexander Neubauer, *Nature's Thumbprint: The Role of Genetics in Human Development* (Reading, Mass.: Addison-Wesley, 1990), 20–21, より。
3. Stephen Citron, *Noel and Cole: The Sophisticates* (Oxford: Oxford Univ. Press, 1993), 8.
4. Victor Goertzel and Mildred G. Goertzel, *Cradles of Eminence* (Boston: Little, Brown, 1962), 13.
5. Stanley A. Blumberg and Gwinn Owens, *Energy and Conflict: The Life and Times of Edward Teller* (New York: Putnam, 1976), 6.
6. Pupul Jayakar, *Krishnamurti: A Biography* (New York: Harper and Row, 1988), 20.
7. ヴァン・クライバーンについてのすべての引用は、Howard Reich, *Van Cliburn: A Biography* (Nashville: Thomas Nelson, 1993). より。
8. Lee Congdon, *The Young Lukács* (Chapel Hill: Univ. of North Carolina Press, 1983), 6.
9. Joan Peyser, *Leonard Bernstein* (London: Bantam, 1987), 22. (パイザー, J／鈴木主税訳『レナード・バーンスタイン』1990、文藝春秋)
10. Patricia Bosworth, *Diane Arbus: A Biography* (New York: Alfred A. Knopf, 1984), 25. (ボズワース, P／名谷一郎訳『炎のごとく―写真家ダイアン・アーバス―』1990、文藝春秋)
11. Roy Cohn and Sidney Zion, *The Autobiography of Roy Cohn* (Secaucus, N.J.: Lyle Stuart, 1988), 33.
12. Elisabeth Young-Bruehl, *Hannah Arendt: For Love of the World* (New Haven: Yale Univ. Press, 1982), xii, 4.
13. Evelyn Fox Keller and W. H. Freeman, *A Feeling for the Organism: The Life and Work of Barbara McClintock* (New York: W. H. Freeman, 1983), 20.
14. Goertzel and Goertzel, *Cradles of Eminence*, 255.
15. Tina Turner and Kurt Loder, *I, Tina: My Life Story* (New York: William Morrow, 1986), 8, 10. (ターナー, T., ロダー, K. ／大河原正訳『愛は傷だらけ』1992、講談社)
16. Rowe, *The Limits of Family Influence*, 193.

原注

第1章　まとめの一粒――どんぐり理論と心理学の救済

CHAPTER *1*: IN A NUTSHELL

1. E. R. Dodds, *Proclus: The Elements of Theology*, 2d ed. (Oxford: Oxford Univ. Press, *1963*), *313–321*.
2. Edward B. Tylor, *Primitive Culture*, vol. *1* (London, *1871*), *387*.（タイラー, E.B.／比屋根安定訳『原始文化』*1963*、誠信書房）
3. Åke Hultkrantz, *Conceptions of the Soul Among North American Indians* (Stockholm: Statens Etnografiska Museum, *1953*), *387*.
4. Jane Chance Nitzsche, *The Genius Figure in Antiquity and the Middle Ages* (New York: Columbia Univ. Press, *1975*), *18*, *19*.
5. Sid Colin, *Ella: The Life and Times of Ella Fitzgerald* (London: Elm Tree Books, *1986*), *2*.
6. R. G. Collingwood, *An Autobiography* (Oxford: Oxford Univ. Press, *1939*), *3–4*.（コリングウッド, R.G.／玉井治訳『思索への旅―自伝―』*1981*、未来社）
7. Barnaby Conrad, *The Death of Manolete* (Boston: Houghton Mifflin, *1958*), *3–4*.
8. Evelyn Fox Keller and W. H. Freeman, *A Feeling for the Organism: The Life and Work of Barbara McClintock* (New York: W. H. Freeman, *1983*), *22*.
9. Yehudi Menuhin, *Unfinished Journey* (New York: Alfred A. Knopf, *1976*), *22–23*.（メニューイン, Y.／和田旦訳『果てしなき旅』*1979*、みすず書房）
10. Ibid.
11. Colette, *Earthly Paradise: An Autobiography*, trans. Herma Briffault, Derek Coltman, and others, Robert Phelps, ed. (New York: Farrar, Straus and Giroux, *1966*), *48*, *76*, *77*.
12. Golda Meir, *My Life* (New York: Putnam, *1975*), *38–39*.（メイア, G.／林弘子訳『ゴルダ・メイア回想録』*1980*、評論社）
13. Eleanor Roosevelt, *You Learn by Living* (New York: Harper and Bros., *1960*), *30*.（ルーズヴェルト, E.／坂西志保訳『エリノア・ルーズベルト自叙伝』*1964*、時事通信社）
14. Blanche Wiesen Cook, *Eleanor Roosevelt*, vol. *1*, *1884–1933* (New York: Viking Penguin, *1992*), *70–72*.
15. Roosevelt, *You Learn by Living*, *18*.
16. Brian Crozier, *Franco: A Biographical History* (London: Eyre and Spottiswoode, *1967*), *34–35*.
17. Desmond Young, *Rommel: The Desert Fox* (New York: Harper and Bros., *1950*), *12*.（ヤング, D／清水政二訳『ロンメル将軍』*1978*、早川書房）
18. References to Peary, Stefansson, and Gandhi drawn from Victor Goertzel and Mildred G. Goertzel, *Cradles of Eminence* (Boston: Little, Brown, *1962*).
19. James Hillman, "What Does the Soul Want—Adler's Imagination of Inferiority," in *Healing Fiction* (Dallas: Spring Publications, *1994*).
20. Steven Naifeh and Gregory W. Smith, *Jackson Pollock: An American Saga* (New York: Clarkson Potter, *1989*), *62*, *50–51*.
21. David Irving, *The Trail of the Fox* (New York: E. P. Dutton, *1977*), *453*.（アーヴィング, D／赤羽龍夫訳『将軍たちの戦い―連合国首脳の対立―』*1986*、早川書房）
22. Albert Rothenberg, *Creativity and Madness: New Findings and Old Stereotypes* (Baltimore: Johns Hopkins Univ. Press, *1990*), *8*.
23. Elias Canetti, *The Tongue Set Free: Remembrance of a European Childhood* (London: André Deutsch, *1988*), *28–29*.（カネッティ, E.／岩田行一訳『救われた舌―ある青春の物語』*1981*、法政大学出版局）
24. Peter R. Breggin and Ginger R. Breggin, *The War Against Children: The Government's Intrusion into Schools, Families and Communities in Search of a Medical "Cure" for Violence* (New York: St. Martin's Press, *1994*).
25. Mary Sykes Wylie, "Diagnosing for Dollars?" *The Family Therapy Networker 19*(*3*) (*1995*): *23–69*.
26. Patricia Cox, *Biography in Late Antiquity: A Quest for the Holy Man* (Berkeley: Univ. of California Press, *1983*).
27. Edgar Wind, *Pagan Mysteries in the Renaissance* (Harmondsworth, England: Penguin, *1967*), *238*.（ウィント, E／田中英道・藤田博他訳『ルネサンスの異教秘儀』*1986*、晶文社）
28. Wallace Stevens, "Notes Toward a Supreme Fiction," in *The Collected Poems of Wallace Stevens* (New York: Alfred A. Knopf, *1978*), *383*.

Wheelwright, Philip. *Heraclitus*. New York: Atheneum, 1968.
Wild, K. W. *Intuition*. Cambridge, England: Cambridge Univ. Press, 1938.
Wilson, James Q., and Richard J. Herrnstein. *Crime and Human Nature*. New York: Simon and Schuster, 1985.
Wilson-Smith, Timothy. *Delacroix—A Life*. London: Constable, 1992.
Wind, Edgar. *Pagan Mysteries in the Renaissance*. Harmondsworth, England: Penguin, 1967.
Wordsworth, William. "The Prelude." In *The Poems of William Wordsworth*. London: Oxford Univ. Press, 1926.
The World Almanac and Book of Facts. New York: Pharos Books, 1991.
Woroszylski, Wiktor. *The Life of Mayakovsky*. London: Victor Gollancz, 1972.
Wright, Lawrence. "Double Mystery." *The New Yorker* (August 7, 1995): 52.
Wylie, Mary Sykes. "Diagnosing for Dollars?" *The Family Therapy Networker* 19(3) (1995): 23–69.
Young, Desmond. *Rommel: The Desert Fox*. New York: Harper and Bros., 1950.
Young-Bruehl, Elisabeth. *Hannah Arendt: For Love of the World*. New Haven: Yale Univ. Press, 1982.
Zeldin, Theodore. *An Intimate History of Humanity*. New York: HarperCollins, 1994.
Zolotow, Maurice. *Shooting Star: A Biography of John Wayne*. New York: Simon and Schuster, 1974

PERMISSIONS

eds., Bollingen Series 71. New York: Pantheon, 1963.
Plomin, Robert. "Environment and Genes." *American Psychologist* 44(2) (1989): 105–111.
Plomin, Robert, J. C. De Fries, and G. E. McClearn. *Behavioral Genetics: A Primer*. New York: W. H. Freeman, 1990.
Plotinus. *Enneads*. Trans. A. H. Armstrong. Loeb ed. Cambridge, Mass.: Harvard Univ. Press, 1967.
Pokorny, Julius. *Indogermanisches etymologisches Wörterbuch*. Bern: Francke Verlag, 1959.
Ponce, Charles. *Kabbalah*. San Francisco: Straight Arrow Books, 1973.
Porteous, Alexander. *Forest Folklore, Mythology, and Romance*. London: George Allen and Unwin, 1928.
Radin, Paul. *Monotheism Among Primitive Peoples*. Basel: Ethnographic Museum, Bollingen Foundation, Special Publ. 4, 1954.
Rauschning, Hermann. *The Voice of Destruction*. New York: Putnam, 1940.
Raymond, John. *Simenon in Court*. New York: Harcourt, Brace and World, 1968.
Reich, Howard. *Van Cliburn: A Biography*. Nashville: Thomas Nelson, 1993.
Reiss, David, Robert Plomin, and E. Mavis Hetherington. "Genetics and Psychiatry: An Unheralded Window on the Environment," *American Journal of Psychiatry* 148(3) (1991): 283–291.
Rilke, Rainer Maria. *Selected Poems of Rainer Maria Rilke*. Trans. Robert Bly. New York: Harper and Row, 1981.
Rodríguez, Andrés. *The Book of the Heart: The Poetics, Letters and Life of John Keats*. Hudson, N.Y.: Lindisfarne Press, 1993.
Roiphe, Anne. In *An American Family*. Ron Goulart, ed. New York: Warner Books, 1973.
Roosevelt, Eleanor. *You Learn by Living*. New York: Harper and Bros., 1960.
Rothenberg, Albert. *Creativity and Madness: New Findings and Old Stereotypes*. Baltimore: Johns Hopkins Univ. Press, 1990.
Rowe, David C. *The Limits of Family Influence: Genes, Experience and Behavior*. New York: Guilford, 1993.
Sardello, Robert, ed. *The Angels*. Dallas: Dallas Institute of Humanities and Culture, 1994.
Sawyer-Laucanno, Christopher. *An Invisible Spectator: A Biography of Paul Bowles*. London: Bloomsbury, 1989.
Schilpp, Paul Arthur. *The Philosophy of Alfred North Whitehead*. New York: Tudor, 1951.
Scholem, Gershom, ed. *Zohar—The Book of Splendor: Basic Readings from the Kabbalah*. New York: Schocken Books, 1963.
Schreckenberg, Heinz. *Ananke*. Munich: C. H. Beck, 1964.
Secrest, Meryle. *Frank Lloyd Wright*. New York: Alfred A. Knopf, 1992.
Sereny, Gitta. *The Case of Mary Bell*. New York: McGraw-Hill, 1973.
Seroff, Victor. *The Real Isadora*. New York: Dial Press, 1971.
Shakespeare, William. *The Tempest. In The Complete Works of William Shakespeare*, W. J. Craig, ed. London: Oxford University Press, 1952.
Shipman, David. *Judy Garland: The Secret Life of an American Legend*. New York: Hyperion, 1993.
Smith, Richard Norton. *Thomas E. Dewey and His Times*. New York: Simon and Schuster, 1982.
Stevens, Wallace. "Notes Toward a Supreme Fiction." In *The Collected Poems of Wallace Stevens*. New York: Alfred A. Knopf, 1978. Sweeney, Camille. "Portrait of the American Child." *The New York Times Magazine*, October 8, 1995.
Szulc, Tad. *Fidel: A Critical Portrait*. New York: William Morrow, 1986.
Toland, John. *Adolf Hitler*. New York: Doubleday, 1976.
Turnbull, Andrew. *Thomas Wolfe*. New York: Scribners, 1967.
Turner, Tina, and Kurt Loder. I, *Tina: My Life Story*. New York: William Morrow, 1986.
Tylor, Edward B. *Primitive Culture*, vol. 1. London: 1871.
Ventura, Michael, and James Hillman. *We 've Had a Hundred Years of Psychotherapy—And the World 's Getting Worse*. San Francisco: Harper, 1993.
Waite, Robert G. *The Psychopathic God: Adolf Hitler*. New York: Basic Books, 1977.
Walker, Margaret. *Richard Wright: Daemonic Genius*. New York: Amistad, 1988.
Waller, Niels G., and Phillip R. Shaver. "The Importance of Nongenetic Influences on Romantic Love Styles: A Twin-Family Study." *Psychological Science* 5(5) (1994): 268–274.
Ward, Maisie. *Robert Browning and His World: The Private Face* (1812–1861). London: Cassell, 1968.
Warren, Howard C., ed. *Dictionary of Psychology*. Boston: Houghton Mifflin, 1934.
Watkins, Mary. *Invisible Guests: The Development of Imaginal Dialogues*. Hillsdale, N.J.: Analytic Press, 1986.
Weinstein, Edwin A. *Woodrow Wilson: A Medical and Psychological Biography*. Princeton: Princeton Univ. Press, 1981.
Westcott, Malcolm R. *Toward a Contemporary Psychology of Intuition: A Historical, Theoretical, and Empirical Inquiry*. New York: Holt, Rinehart and Winston, 1968.

Kittel, Gerhard, ed. *Theological Dictionary of the New Testament*, 3d ed., vol. 3. Grand Rapids, Mich.: Eerdmans, 1968.
Kobler, John. *Capone: The Life and World of Al Capone*. New York: Putnam, 1971.
Koenig, Josef. *Der Begriff der Intuition*. Halle, Germany: Max Niemeyer, 1926.
Koestler, Arthur. *The Ghost in the Machine*. New York: Viking Penguin, 1990.
Kovecses, Zoltan. "A Linguist' s Quest for Love." *Journal of Social and Personal Relationships* 8(1) (1991): 77–97.
Krafft-Ebing, Richard von. *Psychopathia Sexualis: A Medico-Forensic Study*. New York: Pioneer Publications, 1946.
Kunkel, Thomas. *Genius in Disguise: Harold Ross of The New Yorker*. New York: Random House, 1995.
Kurth, Peter. *American Cassandra: The Life of Dorothy Thompson*. Boston: Little, Brown, 1990.
Lacey, Robert. *Ford: The Men and the Machine*. Boston: Little, Brown, 1986.
Lax, Eric. *Woody Allen*. New York: Alfred A. Knopf, 1991.
Leamer, Laurence. *As Time Goes By: The Life of Ingrid Bergman*. London: Hamish Hamilton, 1986.
Leeming, David. *James Baldwin: A Biography*. New York: Alfred A. Knopf, 1994.
Levinson, Daniel J. *The Seasons of a Man's Life*. New York: Alfred A. Knopf, 1978.
Liddell, Henry George, and Robert Scott. *A Greek-English Lexicon*, 7th ed. Oxford: Clarendon Press, 1890.
Lindeman, Bard. *The Twins Who Found Each Other*. New York: William Morrow, 1969.
Lombroso, Cesare. *The Man of Genius*. London: Walter Scott, 1891.
Lykken, D. T., M. McGue, A. Tellegen, and T. J. Bouchard. "Emergenesis: Genetic Traits That May Not Run In Families." *American Psychologist* 47(12) (December 1992): 1565–1566.
Marcovich, M. *Heraclitus: Editio Maior*. Merida, Venezuela: Los Andes Univ., 1967.
Marek, George R. *Toscanini*. New York: Atheneum, 1975.
Maser, Werner. *Hitler: Legend, Myth and Reality*. Trans. Peter and Betty Ross. New York: Harper and Row, 1973.
Masters, Brian. *Killing for Company: The Story of a Man Addicted to Murder*. New York: Random House, 1993.
McCullough, David. *Truman*. New York: Simon and Schuster, 1992.
Meir, Golda. *My Life*. New York: Putnam, 1975.
Menuhin, Yehudi. *Unfinished Journey*. New York: Alfred A. Knopf, 1976.
Meyers, Kate. "Tarantino's Shop Class." *Entertainment Weekly* (October 14, 1994): 35.
Miller, Alice. *For Your Own Good: Hidden Cruelty in Child-rearing and the Roots of Violence*. New York: Farrar, Straus and Giroux, 1983.
Miller, David L. *Hells and Holy Ghosts: A Theopoetics of Christian Belief*. Nashville: Abingdon Press, 1989.
Monson, Karen. *Alban Berg*. London: MacDonald General Books, 1980.
Mullan, Bob. *Mad To Be Normal—Conversations with R. D. Laing*. London: Free Associations Books, 1995.
Naifeh, Steven, and Gregory W. Smith. *Jackson Pollock: An American Saga*. New York: Clarkson Potter, 1989.
Neubauer, Peter B., and Alexander *Neubauer. Nature's Thumbprint: The Role of Genetics in Human Development*. Reading, Mass.: Addison-Wesley, 1990.
The New Oxford English Dictionary, corrected ed., Leslie Brown, ed. Oxford: Clarendon Press, 1993.
Nitzsche, Jane Chance. *The Genius Figure in Antiquity and the Middle Ages*. New York: Columbia Univ. Press, 1975.
Norris, Joel. *Serial Killers: The Causes of a Growing Menace*. New York: Doubleday, 1988.
Ortega y Gasset, José. *On Love: Aspects of a Single Theme*. London: Victor Gollancz, 1959.
Oxford Latin Dictionary. P.G.W. Glare, ed. Oxford: Clarendon Press, 1982.
Pagels, Elaine. *The Origin of Satan*. New York: Random House, 1995.
Pangle, Thomas L. *The Laws of Plato*. New York: Basic Books, 1980.
Parke, H. W. *The Oracles of Zeus: Dodona, Olympia, Ammon*. Oxford: Basil Blackwell, 1967.
Payne, Robert. *The Life and Death of Mahatma Gandhi*. New York: Dutton, 1969.
Peck, M. Scott. *People of the Lie: The Hope for Healing Human Evil*. New York: Simon and Schuster, 1983.
Penrose, Roland. *Picasso: His Life and Work*, 3d ed. Berkeley: Univ. of California Press, 1981.
Perlman, Michael. *The Power of Trees: The Reforesting of the Soul*. Dallas: Spring Publications, 1994.
Petrova, Ada, and Peter Watson. *The Death of Hitler: The Full Story with New Evidence from Secret Russian Archives*. New York: W. W. Norton, 1995.
Peyser, Joan. *Leonard Bernstein*. London: Bantam, 1987.
Plato. *Phaedrus*. Trans. R. Hackforth. In *Plato: The Collected Dialogues*, Edith Hamilton and Huntington Cairns, eds., Bollingen Series 71. New York: Pantheon, 1963.
——. *Republic*. Trans. Paul Shorey. In *Plato: The Collected Dialogues*, Edith Hamilton and Huntington Cairns,

Grant, James. *Bernard M. Baruch: The Adventures of a Wall Street Legend.* New York: Simon and Schuster, 1983.
Graver, Neil A. *Remember Laughter: A Life of James Thurber.* Lincoln: Univ. of Nebraska Press, 1994.
Graves, Robert. *The White Goddess: A Historical Grammar of Poetic Myth.* London: Faber and Faber, 1948.
Greene, William Chase. *Moira: Fate, Good, and Evil in Greek Thought.* New York: Harper Torchbooks, 1963.
Grimm, Jacob. *Teutonic Mythology.* Trans. from 4th ed. by James S. Stallybrass. London: George Bell, 1882–1888.
Gubernatis, Angelo de. *La Mythologie des plantes*, vol. 2. Paris: C. Reinwald, 1878.
Guggenbühl-Craig, Adolf. *The Emptied Soul: The Psychopath in Everyone's Life.* Woodstock, Conn.: Spring Publications, 1996.
Guthrie, W.K.C. *A History of Greek Philosophy*, vol. 1. Cambridge, England: Cambridge Univ. Press, 1962.
Hadamard, Jacques. *The Psychology of Invention in the Mathematical Field.* Princeton: Princeton Univ. Press, 1945.
Hanson, Elisabeth. *My Poor Arthur: A Biography of Arthur Rimbaud.* New York: Henry Holt, 1960.
Harding, Rosamond E. M. *An Anatomy of Inspiration.* 2d ed. Cambridge, Mass.: Heffer and Sons, 1942.
Haule, John R. *Divine Madness: Archetypes of Romantic Love.* Boston: Shambhala, 1990.
Heilbrun, Carolyn G. *Writing a Woman's Life.* New York: W. W. Norton, 1988.
Hendrick, Susan S., and Clyde Hendrick. *Romantic Love.* Newbury Park, Calif.: Sage Publications, 1992.
Herakleitos and Diogenes. Trans. Guy Davenport. San Francisco: Grey Fox Press, 1979.
Herrnstein, Richard J., and Charles Murray. *The Bell Curve: Intelligence and Class Structure in American Life.* New York: Free Press, 1994.
Herzog, Edgar. *Psyche and Death: Death-Demons in Folklore, Myths and Modern Dreams.* Dallas: Spring Publications, 1983.
Highfield, Roger, and Paul Carter. *The Private Lives of Albert Einstein.* New York: St. Martin's Press, 1993.
Hillary, Sir Edmund. *Nothing Venture, Nothing Win.* New York: Coward, McCann and Geoghegan, 1975.
Hillman, James. "Archetypal Psychology: Monotheistic or Polytheistic?" In *Spring 1971: An Annual of Archetypal Psychology and Jungian Thought.* Zurich: Spring Publications, 1971.
——. *The Dream and the Underworld.* New York: Harper and Row, 1979.
——. *Egalitarian Typologies Versus the Perception of the Unique.* Eranos Lecture Series. Dallas: Spring Publications, 1986.
——. "Oedipus Revisited." In *Oedipus Variations: Studies in Literature and Psychoanalysis.* Dallas: Spring Publications, 1991.
——. "What Does the Soul Want—Adler's Imagination of Inferiority." In *Healing Fiction.* Dallas: Spring Publications, 1994.
——, ed. *Puer Papers.* Dallas: Spring Publications, 1980.
Holmes, Richard. *Coleridge—Early Visions.* London: Hodder and Stoughton, 1989.
Holroyd, Michael. "Literary and Historical Biography." In *New Directions in Biography*, A. M. Friedson, ed. Manoa: Univ. of Hawaii Press, 1981.
Hultkrantz, Åke. *Conceptions of the Soul Among North American Indians.* Stockholm: Statens Etnografiska Museum, 1953.
Irving, David. *The Trail of the Fox.* New York: E. P. Dutton, 1977.
Isaacson, Walter. *Kissinger: A Biography.* New York: Simon and Schuster, 1992.
Jaeger, Werner. *Paideia: The Ideals of Greek Culture*, vol. 1. Trans. Gilbert Highet. Oxford: Oxford Univ. Press, 1965.
James, William. "On a Certain Blindness in Human Beings." *Talks to Teachers on Psychology: And to Students on Some of Life's Ideals.* London: Longman's, Green, 1911.
Jayakar, Pupul. *Krishnamurti: A Biography.* New York: Harper and Row, 1988.
Jones, Evan. *Epicurean Delight: The Life and Times of James Beard.* New York: Alfred A. Knopf, 1990.
Jung, C. G. *Psychological Types.* London: Routledge and Kegan Paul, 1923.
Jung, Emma. *Animus and Anima.* Dallas: Spring Publications, 1979.
Kagan, Jerome. *Galen's Prophecy: Temperament in Human Nature.* New York: Basic Books, 1994.
Katz, Jack. *Seductions of Crime: Moral and Sensual Attractions of Doing Evil.* New York: Basic Books, 1988.
Katz, Robert. *Love Is Colder Than Death: Life and Times of Rainer Werner Fassbinder.* London: Jonathan Cape, 1987.
Kazan, Elia. *Elia Kazan: A Life.* New York: Doubleday Anchor, 1989.
Keller, Evelyn Fox, and W. H. Freeman. *A Feeling for the Organism: The Life and Work of Barbara McClintock.* New York: W. H. Freeman, 1983.
Kirk, G. S., and J. E. Raven. *The Presocratic Philosophers: A Critical History with a Selection of Texts.* Cambridge, England: Cambridge Univ. Press, 1957.

Colin, Sid. *Ella: The Life and Times of Ella Fitzgerald.* London: Elm Tree Books, 1986.
Collingwood, R. G. *An Autobiography.* Oxford: Oxford Univ. Press, 1939.
Congdon, Lee. *The Young Lukács.* Chapel Hill: Univ. of North Carolina Press, 1983.
Conrad, Barnaby. *The Death of Manolete.* Boston: Houghton Mifflin, 1958.
Cook, Albert. "Heraclitus and the Conditions of Utterance." *Arion* 2(4) (n.d.).
Cook, Blanche Wiesen. *Eleanor Roosevelt,* vol. 1, 1884–1933. New York: Viking Penguin, 1992.
Cornford, Francis MacDonald. Plato's Cosmology: The "Timaeus" of *Plato Translated with a Running Commentary.* London: Routledge and Kegan Paul, 1948.
Covitz, Joel. "A Jewish Myth of a Priori Knowledge." *Spring 1971: An Annual of Archetypal Psychology.* Zurich: Spring Publications, 1971.
Cox, Patricia. *Biography in Late Antiquity: A Quest for the Holy Man.* Berkeley: Univ. of California Press, 1983.
Crozier, Brian. *Franco: A Biographical History.* London: Eyre and Spottiswoode, 1967.
Cullen, Robert. *The Killer Department: The Eight-Year Hunt for the Most Savage Serial Killer of Modern Times.* New York: Pantheon, 1993.
Dahmer, Lionel. *A Father's Story.* New York: Avon, 1995.
Daniel, Oliver. *Stokowski: A Counterpoint of View.* New York: Dodd, Mead, 1982.
Davis, Bette. *The Lonely Life: An Autobiography.* London: MacDonald, 1963.
Day, Sebastian J. *Intuitive Cognition: A Key to the Significance of the Later Scholastics.* St. Bonaventure, N.Y.: Franciscan Institute, 1947.
Deans, Mickey, and Ann Pinchot. *Weep No More, My Lady.* New York: Hawthorne, 1972.
Demos, John. "The Changing Faces of Fatherhood." In *The Child and Other Cultural Inventions,* Frank S. Kessel and Alexander W. Siegel, eds. New York: Praeger, 1983.
Dietrich, B. C. *Death, Fate and the Gods: Development of a Religious Idea in Greek Popular Belief and in Homer.* London: Athlone Press, Univ. of London, 1965.
Dodds, E. R. *The Greeks and the Irrational.* Berkeley: Univ. of California Press, 1951.
——. Proclus: *The Elements of Theology,* 2d ed. Oxford: Oxford Univ. Press, 1963.
Dunbar, Janet. J. M. Barrie: *The Man Behind the Image.* Newton Abbot, England: Readers Union, 1971.
Dunn, Judy, and Robert Plomin. *Separate Lives: Why Siblings Are So Different.* New York: Basic Books, 1990.
Edel, Leon. *Writing Lives—Principia Biographica.* New York: W. W. Norton, 1984.
Eells, George. *The Life That Late He Led: A Biography of Cole Porter. London*: W. H. Allen, 1967.
Eliot, T. S. "Burnt Norton." In *Four Quartets.* London: Faber and Faber, 1944.
——. "The Dry Salvages." In *Four Quartets.* London: Faber and Faber, 1944.
Emerson, Ralph Waldo. "Self-Reliance." In *Essays: First Series,* vol. 1. New York: Harper and Bros., n.d.
English, Horace B., and Ava C. English. *A Comprehensive Dictionary of Psychological and Psychoanalytical Terms.* New York: David McKay, 1958.
Epstein, William H. *Recognizing Biography.* Philadelphia: Univ. of Pennsylvania Press, 1987.
Eyer, Diane E. *Mother-Infant Bonding: A Scientific Fiction.* New Haven: Yale Univ. Press, 1992.
Fest, Joachim. *Hitler.* Trans. Clara Winston. New York: Harcourt, Brace and Company, 1974.
Fisher, Helen E. *Anatomy of Love: The Natural History of Monogamy, Adultery, and Divorce.* New York: W. W. Norton, 1992.
Flexner, James Thomas. *The Young Hamilton: A Biography.* Boston: Little, Brown, 1978.
Flood, Charles Bracelen. *Hitler: The Path to Power.* Boston: Houghton Mifflin, 1989.
Forrest, D. W. *Francis Galton: The Life and Work of a Victorian Genius.* London: Paul Elek, 1974.
Frady, Marshall. *Billy Graham: A Parable of American Righteousness.* Boston: Little, Brown, 1979.
Franey, Pierre. *A Chef's Tale: A Memoir of Food, France, and America.* New York: Alfred A. Knopf, 1994.
Freeman, Kathleen. *Ancilla to the Pre-Socratic Philosophers: A Complete Translation of the Fragments in Diels, Fragmente der Vorsokratier.* Oxford: Blackwell, 1948.
Friedländer, Paul. *Plato,* vol. 1, Bollingen Series 59. New York: Pantheon, 1958.
Friedman, Maurice. *Encounter on the Narrow Ridge: A Life of Martin Buber. New York*: Paragon House, 1991.
Gantner, Joseph. "L'Immagine del Cuor." In *Eranos-Yearbook,* 35–1966. Zurich: Rhein Verlag, 1967.
Gilmore, Mikal. "Family Album." *Granta* 37 (Autumn 1991): 11–52.
Gleick, James. *Genius: The Life and Science of Richard Feynman.* New York: Vintage Books, 1993.
Goertzel, Victor, and Mildred G. Goertzel. *Cradles of Eminence.* Boston: Little, Brown, 1962.
Goldman, Albert. *The Lives of John Lennon: A Biography.* New York: William Morrow, 1988.
Gombrich, E. H. *Art and Illusion: A Study in the Psychology of Pictorial Representation,* Bollingen Series 35. Princeton: Princeton Univ. Press, 1961.

参考文献

Abram, David. *The Spell of the Sensuous: Perception and Language in a More-than-Human World.* New York: Pantheon, 1996.

Abt, Samuel. *LeMond.* New York: Random House, 1990.

Aigremont, Dr. *Volkserotik und Pflanzenwelt.* Halle, Germany: Gebr. Tensinger, n.d.

Ainslie, Ricardo C. *The Psychology of Twinship.* Lincoln: Univ. of Nebraska Press, 1985.

Ambrose, Stephen E. *Nixon: The Education of a Politician, 1913–1962.* New York: Simon and Schuster, 1987.

American Psychiatric Association Staff, *Diagnostic and Statistical Manual of Mental Disorders,* 3d ed., vol. 3. Washington, D.C.: American Psychiatric Press, 1987.

Aristotle. *Nicomachean Ethics.* Trans. Martin Ostwald. Indianapolis: Bobbs-Merrill, 1962.

——. *Physics II.* Trans. R. P. Hardie and R. K. Gaye. In *The Works of Aristotle,* W. D. Ross, ed. Oxford: Clarendon Press, 1930.

Armstrong, A. Hilary. "The Divine Enhancement of Earthly Beauties." *Eranos-Jahrbuch 1984.* Frankfurt a/ M.: Insel, 1986.

Astor, Gerald. The "*Last*" *Nazi: The Life and Times of Dr. Joseph Mengele.* New York: Donald I. Fine, 1985.

Athens, Lonnie H. *The Creation of Dangerous Violent Criminals.* Urbana: Univ. of Illinois Press, 1992.

Baker, Jean-Claude, and Chris Chase. *Josephine: The Hungry Heart.* New York: Random House, 1993.

Bauer, Jan. *Impossible Love—Or Why the Heart Must Go Wrong.* Dallas: Spring Publications, 1993.

Bell, E. T. *Men of Mathematics.* New York: Simon and Schuster, 1937.

Bergman, Ingmar. *The Magic Lantern: An Autobiography.* Trans. Joan Tate. London: Hamish Hamilton, 1988.

Bergson, Henri. *Creative Evolution.* London: Macmillan, 1911.

Berscheid, Ellen, and Elaine Hatfield Walster. *Interpersonal Attraction.* Menlo Park, N.J.: Addison-Wesley, 1983.

Bloom, Lynn Z. *Doctor Spock: Biography of a Conservative Radical.* Indianapolis: Bobbs-Merrill, 1972.

Blumberg, Stanley A., and Gwinn Owens. *Energy and Conflict: The Life and Times of Edward Teller.* New York: Putnam, 1976.

Bosworth, Patricia. *Diane Arbus: A Biography.* New York: Alfred A. Knopf, 1984.

Bowlby, John. *Child Care and the Growth of Love,* 2d ed. Abridged and edited by Margery Fry. Harmondsworth, England: Penguin, 1965.

Bradlee, Ben, Jr. *Guts and Glory: The Rise and Fall of Oliver North.* New York: Donald I. Fine, 1988.

Bradley, Omar N., Jr., and Clay Blair. A *General's Life: An Autobiography.* New York: Simon and Schuster, 1983.

Branagh, Kenneth. *Beginning.* London: Chatto and Windus, 1989.

Branden, Nathaniel. "A Vision of Romantic Love." In *The Psychology of Love,* Robert J. Sternberg and Michael L. Barnes, eds. New Haven: Yale Univ. Press, 1988.

Brandon, Ruth. *The Life and Many Deaths of Harry Houdini.* New York: Random House, 1993.

Breggin, Peter R., and Ginger R. Breggin. *The War Against Children: The Government's Intrusion into Schools, Families and Communities in Search of a Medical "Cure" for Violence.* New York: St. Martin's Press, 1994.

Brome, Vincent. *Havelock Ellis: Philosopher of Sex.* London: Routledge and Kegan Paul, 1979.

Burnet, John. *Early Greek Philosophy.* London: Adam and Charles Black, 1948.

Canetti, Elias. *The Tongue Set Free: Remembrance of a European Childhood.* London: André Deutsch, 1988.

Caro, Robert A. "Lyndon Johnson and the Roots of Power." In *Extraordinary Lives: The Art and Craft of American Biography.* Boston: Houghton Mifflin, 1988.

Chantraine, Pierre. *Dictionnaire étymologique de la langue grecque.* Paris: Klincksieck, 1968.

Charles-Roux, Edmonde. *Chanel: Her Life, Her World—And the Woman Behind the Legend She Herself Created.* Trans. Nancy Amphoux. London: Jonathan Cape, 1976.

Chasins, Abram. *Leopold Stokowski: A Profile.* New York: Hawthorn Books, 1979.

Citron, Stephen. *Noel and Cole: The Sophisticates.* Oxford: Oxford Univ. Press, 1993.

Clarke, Gerald. *Capote: A Biography.* New York: Simon and Schuster, 1988.

Cobb, Edith. *The Ecology of Imagination in Childhood.* Dallas: Spring Publications, 1993.

Cohn, Roy, and Sidney Zion. *The Autobiography of Roy Cohn.* Secaucus, N.J.: Lyle Stuart, 1988.

Coles, Robert. *The Spiritual Life of Children.* Boston: Houghton Mifflin, 1990.

Colette. *Earthly Paradise: An Autobiography.* Trans. Herma Briffault, Derek Coltman, and others. Robert Phelps, ed. New York: Farrar, Straus and Giroux, 1966.

Colford, Paul D. *The Rush Limbaugh Story: Talent on Loan from God.* New York: St. Martin's Press, 1993.

著者=ジェイムズ・ヒルマン

1926年生まれ。ユング派分析家。ソルボンヌ大学、トリニティ・カレッジで学び、チューリヒ大学でPh.D.を取得。その後、チューリヒのユング研究所で分析家となり、元型的心理学の創始者として知られる。2011年没。邦訳された著書として『自殺と魂』『内的世界への探求』『ユング「赤の書」の心理学:死者の嘆き声を聴く』(すべて創元社)、『元型的心理学』『魂の心理学』(ともに青土社)などがある。

訳者=鏡リュウジ(かがみ・りゅうじ)

占星術研究家、翻訳家。国際基督教大学卒業、同大学院修士課程修了(比較文化)。占星術の心理学的アプローチを日本に紹介し、従来の「占い」のイメージを一新。占星術の歴史やユング心理学にも造詣が深い。英国占星術協会会員、日本トランスパーソナル学会理事。平安女学院大学客員教授。京都文教大学客員教授。近著に『鏡リュウジの実践タロット・リーディング』(朝日新聞出版)、『鏡リュウジの占星術の教科書I、II、III』(原書房)、『タロットの秘密』(講談社)、『占いはなぜ当たるのですか』(講談社)など。主な訳書に『ユングと占星術』(青土社)、『占星術とユング心理学』(原書房)など多数。

魂のコード

2021年7月30日　第1刷発行

著　者　ジェイムズ・ヒルマン
訳　者　鏡リュウジ

装　丁　宮崎絵美子(製作所)
イラスト　阿部　結

発行者　三宮博信

発行所　朝日新聞出版
〒104-8011 東京都中央区築地5-3-2
電　話　03-5541-8832(編集)
03-5540-7793(販売)
印刷所　大日本印刷株式会社

Published in Japan by Asahi Shimbun Publications Inc.
ISBN 978-4-02-251769-2